KB215012

사도행전(연구)

성령님과 증인들

The Holy Spirit & Witnesses

사도행전(연구) 성령님과 증인들

총 편 집 인	김 의 원	
지 은 이	안 오 순	
발 행 일	2025년 3월 20일	
발 행 처	도서출판 사무엘	
등 록	제972127호 (2020.10.16)	
주 소	안양시 동안구 관악대로 282 고려빌딩 3층	
표 지	김 별 아	

ISBN 979-
값 22,000원

성경 교사와 설교자를 위하는 기본과정 201

사도행전(연구)

성령님과 증인들

The Holy Spirit & Witnesses

총편집인 김 의 원

지은이 안 오 순

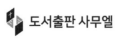

도서출판 사무엘

차례

제4차 산업혁명

제4차 산업혁명 시대에서 성경 본문 공부의 중요성

제4차 산업혁명 시대에서는 정보의 폭발적인 증가와 인간 삶의 급격한 변화가 이루어지고 있습니다. 이러한 시대적 변화 속에서 기독교 신앙을 지키고, 성도들이 바른 신앙을 형성하며 살아가기 위해서는 성경 본문 공부의 중요성을 강조하지 않을 수 없습니다.

첫째로, 성경 본문은 변하지 않는 진리입니다. 제4차 산업혁명 시대에는 기술과 문화, 사회적 가치관이 빠르게 변화하고 있으며, 상대주의적 사고방식이 더욱 확산하고 있습니다. 그러나 성경은 이러한 변화 속에서도 변함없는 절대 진리를 제시하는 하나님의 말씀입니다. 따라서 성도들은 성경 본문을 깊이 연구함으로써, 시대의 흐름에 휩쓸리지 않고 변하지 않는 진리를 붙잡을 수 있습니다.

둘째로, 정보의 홍수 속에서 바른 신앙의 분별력을 강화할 수 있습니다. 오늘날 우리는 수많은 정보가 실시간으로 제공되는 시대에 살고 있습니다. 하지만 모든 정보가 올바른 것은 아니며, 가짜 뉴스나 왜곡된 신학적 해석이 난무하는 현실 속에서 성경을 바르게 연구하고 해석하는 능력이 중요합니다. 성경 본문을 체계적으로 공부함으로써 성도들은 신학적 깊이를 갖추고, 비성경적 가르침과 혼합주의적 신앙을 분별할 수 있는 능력을 키울 수 있습니다.

셋째로, 신행일치(信行一致)를 실천할 수 있습니다. 제4차 산업혁명 시대는 비대면 예배, 온라인 신앙 콘텐츠, 인공지능을 활용한 신앙 교육 등의 새로운 신앙 패턴을 형성하고 있습니다. 그러나 단순히 신앙을 지식적으로 소비하는 것을 넘어, 삶 속에서 실천하는 신앙이 더욱 중요해지고 있습니다. 성경 본문을 깊이 연구하고 삶에 적실하게 적용할 때, 성도들은 신앙과 행위가 일치하는 삶을 실천할

제4차 산업혁명

수 있습니다.

넷째로, 기독교 공동체의 정체성과 대안 공동체를 형성할 수 있습니다. 제4차 산업혁명 시대에는 개인주의적 사고와 소외 현상이 더욱 심화하고 있습니다. 하지만 성경은 개인의 구원뿐만 아니라 공동체적 신앙을 강조합니다. 성경 본문을 연구하는 과정에서 성도들은 교회의 공동체성을 회복하고, 세상을 향한 대안 공동체로서 역할을 감당할 수 있습니다.

제4차 산업혁명 시대는 정보와 기술이 지배하는 시대이지만, 기독교 신앙의 본질은 변하지 않습니다. 오히려 이러한 시대일수록 성경 본문을 깊이 연구하는 일이 더욱 절실합니다. 성경 본문 공부를 통해 우리는 변하지 않는 진리를 붙잡고, 바른 신앙을 분별하며, 신행 일치를 이루고, 교회를 건강하게 세우는 사명을 감당할 수 있습니다. 성경 본문 연구는 단순한 학문적 활동이 아니라, 신앙을 지키고 다음 세대에 올바른 복음을 전하는 필수적인 과정입니다. 이 사역은 성경 교사로부터 시작합니다. 성경 교사들은 더욱 깊이 있는 성경 연구를 통해 변화하는 시대에 적실한 메시지를 전달해야 합니다.

이러한 배경에서 우리는 '성경 교사와 설교자를 위한 기본과정' 시리즈를 기획하여, 본문 연구 교재와 이를 바탕으로 한 설교집을 제작하였습니다. 본문 중심의 철저한 연구를 통해 성도들의 영적 성장을 돕고, 신앙 공동체를 건강하게 세우는 데 중요한 역할을 하기를 기대합니다.

2025년 3월 20일

전 총신대학교 총장
AETA(Association of Educators and Trainers in All-tribes) 대표

김의원 박사 (Ph. D.)

성경 교재

성경 교재 개요 및 구성 원리

이 교재는 사도행전을 체계적으로 연구하고 설교할 수 있도록 돕기 위해 총 39개의 강의로 구성했습니다. 각 강의는 한 주 동안 공부하고, 이후 그 내용을 바탕으로 설교하도록 설계되었습니다. 이를 통해 성경 본문을 깊이 있게 이해하고, 교회 공동체 안에서 실제로 적용할 수 있도록 돕는 것을 목표로 합니다.

교재의 구성 원칙

첫째로, 성경 본문의 철저한 분석(석의)과 중심사상을 발견하도록 했습니다. 각 강의에서는 사도행전 본문에 나타난 동사를 중심으로 질문하고 답하는 방식을 채택하였습니다. 동사는 성경 내에서 하나님의 행위와 사도들의 활동을 강조하는 중요한 요소이며, 이를 중심으로 본문을 분석하면 사건의 흐름과 의미를 명확하게 파악할 수 있습니다. 그리하여 단순한 사실 확인이 아니라, 문맥 안에서 하나님의 역사와 초대교회의 신앙적 원리를 발견하도록 합니다.

둘째로, 실천적 적용과 신앙적 성찰을 강조했습니다. 이 교재는 단순한 지식 전달이 아니라, 성도들이 말씀을 삶에 실천할 수 있도록 돕는 데 초점을 맞추었습니다. 말씀에서 발견한 중심사상을 오늘날의 신앙생활과 연결하여 실천 방안을 모색하도록 인도합니다. 본문을 개인적은 물론이고 교회 공동체적 차원에서 적용할 수 있는 가이드를 제공합니다.

셋째로, 설교 준비를 위한 기초를 제공합니다. 각 강의는 성경 연구뿐만 아니라, 설교문을 작성하는 데 필요한 기초 자료로 활용할 수 있도록 구성했습니다. 본문의 석의를 통해 중심사상을 발견하는 과정에서 설교의 핵심 메시지를 정리할 수 있도록 도와줍니다.

교재의 활용 방법

첫째로, 성경 본문을 연구하여 중심사상을 찾고, 신학적 의미를 정리합니다. 둘째로, 강의 내용을 기반으로 적용의 질문을 고민하며, 신앙적 성찰을 진행합니다. 셋째로, 설교문 작성의 기초 자료로 활용하여 설교의 논리적 틀을 세웁니다. 넷째로, 주일 설교에서 본문의 메시지를 선포하고, 성도들이 말씀을 실천할 수 있도록 구체적인 방향을 제시합니다.

이 교재는 단순한 성경 공부 자료가 아니라, 성경 본문의 깊은 이해와 실천적 적용, 나아가 설교 준비까지 돕는 종합적인 도구입니다. 사도행전의 핵심 메시지를 올바르게 해석하고, 이를 현대적 상황 속에서 효과적으로 적용할 수 있도록 설계되었습니다. 이를 통해 성도들이 성경을 살아 있는 말씀으로 경험하고, 교회 공동체가 더욱 건강하게 성장할 수 있기를 기대합니다.

2025년 3월 20일

AETA 학교장 위원장
Hessed Bible Seminary 원장
한남교회 담임 목사

안오순 박사 (Ph. D.)

미리 보기

성령님과 증인들

"오직 성령이 너희에게 임하시면 너희가 권능을 받고
예루살렘과 온 유대와 사마리아와 땅끝까지 이르러 내 증인이
되리라 하시니라"(1:8).

1. 기록자와 기록 연대

몇몇 학자는 사도행전을 이렇게 불렀다: "신약의 핵심(a storm center, van Unnik, 1966)", "종잡을 수 없는 상황(shifting sands, Charles Talbert, 1976)", "열매로 가득 찬 현장(a fruitful field, W. Ward Gasque, 1988)."[1] 사도행전은 누가복음을 기록한 누가가 쓴 두 번째 책이다. 누가복음과 사도행전은 하나의 연속적인 책이다(눅 24:44-53, 행 1:1-11).[2] 그래서 '누가행전(Luke-Acts)'이라고 부르기도 한다.[3]

누가는 어떤 렌즈로 사도행전을 기록했는가? 누가는 의사이며(골 4:14), 신약성경 기자 중 유일하게 이방인(골 4:11)이었다. 그는 믿음의 제2세대에 속했다. 그는 예수님의 사역에 접근하는 관점이 좀 더

---

1) Mikeal Carl Parsons, *Acts: Paideia* (Grand Rapids; Baker Academic, 2008), 3.

2) David Wenahm · Steve Walton, *Exploring the New Testament: A Guide to the Gospels and Acts*, 박대영 옮김, 『성경이해 1: 복음서와 사도행전』 (서울: 성서유니온선교회, 2007), 431.

3) John Stott, *The Message of Acts: To the ends of the earth*, 정옥배 옮김, 『사도행전 강해: 땅끝까지 이르러』 (서울: IVP, 2002), 15.

체계적이었고, 좀 더 특수했다.[4] 그는 복음을 전하고 그 복음이 흘러가는 경로를 알려 주려고 필요한 자료를 정리했는데, 구속사를 중심으로 기록했다.[5] 예루살렘에서부터 시작한 복음이 당시 세계의 중심지인 로마에까지 어떻게 전파되었는가의 과정을 추적했다. 따라서 '누가행전'은 '복음이 전파되는 역사', 즉 '복음사'라고 할 수 있다.

사도행전을 언제 기록했는가? 기록 연도는 60년으로부터 유대 전쟁이 일어나기 전, 그리고 네로 황제가 교회를 박해하기 전인 64년 이전으로 추정한다.[6]

2. 기록 목적

누가는 '데오빌로'에게 그가 지금까지 듣고 믿은 그 복음의 메시지가 참되다는 확신을 심고자 한다. '데오빌로'란 이름의 뜻은 '하나님의 친구', '하나님을 사랑하는 사람'이다. 그에게 붙여진 '각하(most excellent, 눅 1:3)'란 명칭을 식민지 최고 통치자 베릭스와 베스도에게도 사용했다. 그는 사회적 신분이 높은 특권층이었을 것이다(24:3; 26:25).[7]

한편 데오빌로는 지금 막 믿음을 가진 초신자를 대변하기도 한다. 그 초신자는 유대인보다는 이방인이었을 것이다.[8] 그들은 복음서의

4) 한규삼, 『세상을 바꾼 부흥 공동체』 (서울: 아가페, 2000), 11-12.
5) 정훈택, 『복음을 따라서』 (서울: 한국로고스연구원, 1996), 9-10.
6) 70년대 후반부터 80년대 초에 기록했다는 주장도 있다. Ben Witherington III, The Acts of The Apostles; A Socio-Rhetorical Commentary (Grand Rapids: Eerdmans Publishing Co., 1998), 62.
7) Craig S. Keener, Acts: An Exegetical Commentary v.1 Introduction and 1:1-2:47 (Grand Rapids: Baker Academic, 2012), 424.
8) Jacob Jervell은 독자를 유대인 출신으로 본다. 유대적 배경이나 유대교에 대한 직접적인 정보가 없는 사람은 누가의 표현을 이해할 수 없기 때문이다. Jacob Jervell, Theology of the Acts of the Apostles, 윤철원 옮김, 『사도행전 신학』 (서울: 한들출판사, 2000), 45; 그러나 한편으로는 비유대인, 즉 이방인도 포함하고 있음을 인정한다. 이방인은 유대인과 민족적이고 종교적인 그룹(national-religious group)과 합류하는 데 문제가 있었기 때문이다. 위의 책, 197; 그러므로 많은 이방인, 정확하게는 이방인과 유대인이 혼합된 디아스포라(Diaspora)를 위해서 쓴 것이다. Craig S. Keener, Acts: An Exegetical Commentary v.1 Introduction and 1:1-2:47, 402.

청중보다는 더 부자이고 더 많은 교육을 받았을 것이다.9) 그들은 복음을 듣고 알고는 있지만, 확신이나 결단에는 도달하지 못했다. 또는 복음에 흥미를 느끼면서도 그 진실성에 의문을 품었을 것이다. 누가는 이런 그에게, 또는 그들에게 이미 배운 말씀이 확실함을 강조했다.

그 외에 아직 주님을 믿지 않은 사람을 위한 복음 전도의 목적도 있다.10) 누가는 기독교의 복음이 유대교의 율법이나 로마제국의 관심사와 근본적으로 대립하지 않음을 보여준다. 기독교가 위험한 사교 집단이 아님을 강조한다.11)

교회의 의무는 메시아를 증언하는 일이다.12) 그리고 그 일은 성령님께서 주도적으로 하신다. 성령님께서 사도들을 세우고 쓰신다. 누가는 사도행전을 통해 그 일을 하려고 자기를 부인하고 자기 십자가를 지고 순종하는 증인의 모습을 보여주고 있다.13)

3. 특징

누가복음과 사도행전의 차이점은 무엇인가? 누가복음은 하나님의 아들이 낮아지심으로부터 시작하여 돌아가심, 살아나심, 그리고 하나님 나라로 가심까지를 기록했다(눅 2:12; 24:51). 반면 사도행전은 예수님의 높아지심으로부터 시작한다. 그리고 그 약속이 지리적으로(예루살렘에서 로마까지), 혈통적으로(유대인에서 이방인까지) 확장하는 교회의 성장과 발전의 이야기를 담고 있다. 누가복음에서는 예수님의 육체를 통한 사역을, 사도행전에서는 성령님과 교회, 그리고 제자들을 통한 사역을 증언한다.14)

---

9) 위의 책, 423.
10) Leon Morris, "사도행전을 어떻게 읽을 것인가", 『그 말씀』, 1997-9, 72.
11) 이상원, 『자기 십자가를 지고』(서울: 솔로몬, 2001), 12.
12) 유상섭, 『분석 사도행전I』(서울: 생명의말씀사, 2002), 20-21.
13) 이상원, 『자기 십자가를 지고』, 12-13.
14) 정훈택, 『복음을 따라서』, 9-10.

사도행전은 신약성경 가운데서 가장 긴 책으로 광범위한 사상과
문화를 다루고 있다. 하지만 모든 것이 예수 그리스도의 메시지를
그 시대에 전하기 위해 하나님께서 하신 일에 초점을 맞추고 있
다.15) 사도행전은 기독교 운동의 기원과 성장을 기록하고 있다. 따라
서 오늘 우리에게 처음 신자들이 어떻게 살았는지, 즉 그들의 시련
과 열정, 그리고 승리의 메시지와 삶을 말해준다.16)

4. 주제

1) 하나님

하나님의 활동이 사도행전의 중심 역할을 한다. 첫째로, 하나님은
예수님의 이름을 통하여 일하신다. 성전 미문에 앉아 있는 지체 장
애인이 예수님의 이름으로 나음을 입었다(3:6). 이 예수님은 하나님
께서 죽은 자 가운데서 일으키심으로써 영화롭게 되신 분이다
(3:13-16; 4:10). 부활하신 예수님과 '이방의 빛'으로 부름을 받은 사울
이 만난다(9:3-9). 그 모든 일은 다 하나님께서 하신 일이다.17)

둘째로, 하나님은 성령님을 통하여 일하신다. 사도행전은 하나님께
서 보내실 성령님을 기다리는 모임과 함께 시작한다(1:4-5). 교회는
오순절에 성령님이 신자들의 입술에 새로운 언어를 가져다주심으로
써 시작한다(2:1-11). 베드로의 설교는 하나님께서 예수 그리스도 안
에서 하신 일과 하나님이 지금 성령님을 통해서 하시는 일을 설명한
다.18)

셋째로, 하나님은 당신의 말씀을 통하여 일하신다. 사도들과 다른
사역자들이 전한 것은 하나님의 말씀이었다. 그 결과 말씀이 왕성했

---

15) David Wenahm · Steve Walton, 『성경이해 1: 복음서와 사도행전』,
431.

16) Ajith Fernando, *Acts: The NIV Application Commentary* (Grand Rapids;
Zondervan, 1998), 24.

17) David Wenahm · Steve Walton, 『성경이해 1: 복음서와 사도행전』,
467.

18) 위의 책.

다. 사도행전에 설교가 많은 이유 중 하나는 말씀을 하나님의 강력한 활동으로 생각하기 때문이다.[19]

2) 예수님

누가는 예수님의 이름을 매우 강조하고 있다. 예수님의 이름이 예수님의 능력과 권세를 제공하기 때문이다. 죄 사함(2:38), 치유(3:6; 4:10, 30), 말씀 전파(4:17-18; 5:40; 8:12; 9:27), 세례(10:48; 19:5), 고난(15:26; 21:13), 그리고 귀신을 쫓아냄(16:18)과 같은 일들이 모두 예수님의 이름으로 일어나고 있다.[20] 예수 그리스도 외에는 그 누구에게도 구원이 없다.

3) 성령님

사도행전을 "성령님의 복음(the Gospel of the Holy Spirit)"으로 부른다. 이 말은 "성령님께서 하신 말씀과 사역(said and did)에 관한 기록"이라는 뜻이다.[21] 따라서 '복음 행전'이나 복음 전파의 주체가 성령님이란 의미에서 '성령 행전(The Acts of the Holy Spirit)'이 더 잘 어울린다. 이 모든 내용을 다 포함하여 "사도들과 다른 초대교회 지도자들을 통해 성령님으로 일하시는 주님 예수 그리스도의 계속적 행적"이라고 부르기도 한다.[22]

이런 점에서 볼 때 사도행전에는 사도의 활동은 일부분만 나타난다. 오히려 성령님의 약속과 오심, 그리고 교회 안에서와 교회를 통한 성령님의 사역(work)을 더 많이 증언하고 있다. 예수님은 승천으로 그 사역을 끝내신 것이 아니라, 성령님을 통하여 계속 일하신다. 성령님이 모든 사역의 실제적인 주체이시다.[23] 성령님의 사역이 증

---

19) 위의 책, 468.
20) Mark A. Powell, *What are they saying about Acts?* 이운연 역, 『사도행전 신학』(서울: 기독교문서선교회, 2000), 85.
21) Craig S. Keener, *Acts: an Exegetical commentary: Introduction and 1:1-2:47; v.1*, 520.
22) 유상섭, 『분석 사도행전I』, 13.
23) 정훈택, 『복음을 따라서』, 26-30.

인들의 입을 열어주신다. 그리고 만민에게 이르는 길을 여시고, 또 청중의 마음을 열어주신다. 성령님은 구약 시대에도 이미 계셨다. 그런데 그 성령님께서 믿는 사람 속으로 오신다. 믿는 사람은 성령님으로 세례를 받는다. 그리고 성령님은 그들에게 필요한 선물을 주신다. 그들을 통하여 일하신다.[24]

성령님은 어떤 일을 하는가? 첫째로, 하나님의 생각과 뜻을 드러내는 환상과 꿈(2:17; 7:55-56/ 9:10-18; 10:10-20; 16:9-10; 18:9-10; 22:17-18, 21; 23:11)을 꾸게 하신다. 둘째로, 하나님의 말씀과 가르침을 주신다(1:2; 8:29; 10:19; 11:12, 28; 13:2, 4; 15:28; 16:6-7; 19:21; 20:22-23; 21:4, 11/ 1:16; 4:25; 7:51; 28:25). 셋째로, 하나님이 주신 지혜나 분별력(5:3; 6:3, 5, 10; 9:31; 13:9; 16:18)을 갖게 하신다. 넷째로, 방언하게 하신다(2:4; 10:46; 19:6). 다섯째로, 말씀을 전파하고 가르치게 하신다(1:4, 8; 4:8, 31; 5:32; 6:10; 9:17, 31; 13:52).[25] 여섯째로, 성령님은 증인에게 고난도 당하게 하신다(5:32, 40-41).

스데반도 성령님으로 충만하여 돌에 맞아 죽었다(7:55, 59). 바울은 '성령님에 매인 자 되어' 고난을 받으러 예루살렘으로 갔다(20:22-24).[26] 이 모든 일은 구체적으로 누구를 통하여 나타나는가?

4) 교회와 선교

사도행전은 선교를 교회의 핵심으로 여기고 있다. 자기 공동체의 울타리 너머를 바라보지 못하거나 선교가 교회 삶의 주변적인 것이 되어 버린 것에 각성을 불러일으킨다. 그리고 그 선교사역의 핵심은 하나님의 말씀을 선포하는 일이다. 모든 그리스도인은 복음을 전하는 일에 참여해야 한다.[27] 그 일을 위해서 성령님께서 교회에 오시고 능력을 주신다(4:8, 31; 5:31-32; 6:3-4; 8:29, 39). 성령님은 처음부

---

24) C.K. Barrett, *The Acts of the Apostles: A shorter commentary* (England; T&T Clark, 2002), liii.

25) David Wenahm · Steve Walton, 『성경이해 1: 복음서와 사도행전』, 471.

26) 위의 책.

27) 위의 책, 481.

터 끝까지 교회의 선교를 지도하신다. 선교의 확장은 하나님의 활동에 대한 다른 언급일 뿐만 아니라 성령님의 활동이다(8:29, 39; 10:19; 11:15; 13:2; 15:28; 16:6; 20:22; 21:4, 11).[28]

복음 전도에 사용하는 방식은 두 가지인데, 기적과 변증이다. 모든 메시지는 강력한 변증적 내용을 담고 있다.[29] 그 복음 전도를 통하여 구원과 선교를 이루신다.[30] 사도행전의 초점은 증인을 보내서 온 세상에 복음을 전하는 일이다(행 1:8).

어떻게 이 사역을 시작했는가? 오순절에 성령님께서 오셔서 교회를 세우심으로 시작하셨다. 예루살렘에 하나의 공동체를 세우셨다 (5:11; 8:1, 3; 11:22; 12:5; 15:4, 22). 여기에서 '에클레시아(ἐκκλησία)'라는 단어가 나왔다. 에클레시아는 '안디옥 교회'(13:1), '에베소 교회'(20:17)처럼 하나의 지역 공동체의 개념을 갖는다.[31] 그런데 그 교회는 지역과 민족의 경계를 넘기 시작했다. 유대를 넘어 사마리아로, 에티오피아 내시에게로, 하나님을 경외하는 백부장에게로, 그리고 세상 끝까지 나아갔다. 물론 그 일을 하는 분은 성령 하나님이시다.[32]

교회의 역할은 '그 말씀'을 선포하고 하나님과 동역하는 일이다. 교회가 이방인을 영접하는 일은 가장 중요한 사건 가운데 하나이다. 이방인에게로의 선교의 발전과 더불어 유대인을 향한 지속적인 관심도 함께 나타나고 있다.[33]

5) 말씀의 확장

사도행전의 또 다른 특징은 '하나님(주님)의 말씀' 전파에 초점을 맞춘 것이다: "하나님의 말씀이 왕성하다"(6:7; 9:31; 12:34; 16:5; 19:20; 28:30-31). 하나님의 말씀을 생명력 있는 유기체처럼 묘사한다.

---

28) 위의 책, 470.

29) Ajith Fernando, *Acts: The NIV Application Commentary*, 30.

30) Craig S. Keener, *Acts: An Exegetical Commentary v.1*, 437.

31) C. K. Barrett, T*he Acts of the Apostles: A shorter commentary*, lvii.

32) David Wenahm · Steve Walton, 『성경이해 1: 복음서와 사도행전』, 471.

33) 위의 책, 472.

그래서 '성장한다.'라는 단어를 사용한다. 말씀의 성장과 신자들의 수적인 증가, 혹은 내적 성숙을 연결하면서 의도적으로 기록하고 있다. 말씀 성장은 하나님의 말씀을 힘써서 증언한 결과이다. 이것은 초대교회의 성장이 하나님의 말씀과 그에 대한 반응으로 일어났음을 보여준다.

6) 그리스도 안에서 인간의 장벽 허물기(Breaking human barriers in Christ)

사도행전은 복음이 대 위임명령(the Great Commission)(1:8)에 따라서 예루살렘에서 유대와 사마리아, 그리고 땅끝까지 어떻게 전파되었는지를 보여준다. 이 과정에서 이방인이 구원받는다. 이것은 서로 다른 사회적 차이를 어떻게 극복했는지를 말한다. 그리스도 안에서 인간의 장벽을 어떻게 허물었는가를 보여준다. 그리고 그 장벽을 왜 허물 수밖에 없었는지에 관한 이유를 제시한다.[34]

7) 예수님을 닮은 증인들

사도들은 예수님처럼 기도하고, 말씀을 전하며, 능력과 기적을 행하고, 심지어 죽은 사람까지도 살린다. 제자들이 예수님을 본받는 방법에는 두 가지가 있다. 하나는, 직접적으로 주님을 본받는 것이다. 다음으로는, 예수님을 본받은 사람을 본받는 것이다. 그뿐만 아니라 주님께서 가신 그 십자가의 길, 즉 고난도 함께 본받는다. 증인은 주님의 고난에 참여해야 하나님 나라에 들어간다.[35]

5. 내용 구분

1) 구조

사건의 흐름을 요약하는 절들이 많이 나타나는데, 그중에는 여섯 개의 특별한 요약 절이 있다(6:7; 9:31; 12:24; 16:5; 19:20; 28:31). 그것

---

34) Ajith Fernando, *Acts: The NIV Application Commentary*, 30-31.
35) 유상섭, 『분석 사도행전I』, 38.

들은 주제 절인 1:8을 발전시켜서 "땅끝까지 복음을 전하라."라는 주제를 강조한다. 이것을 다시 크게 두 부분, 즉 인물과 교회를 중심으로 나눌 수 있다. 전반부(1:1-12:25)는 베드로 중심의 유대인 선교를, 후반부(13:1-28:31)는 바울 중심의 이방인 선교를 다룬다.

전반부와 후반부는 각각 세 부분으로 나눌 수 있는데, 모두 요약 절로 끝나는 공통점이 있다.[36] ① 예루살렘에서의 복음 확장 (1:1-7:60). ② 유대와 사마리아에서의 복음 확장(8:1-12:25). ③ 땅끝으로 가는 로마까지의 복음 확장(13:1-28:31).

    1:1-2:47, 배경과 상황설정: 성령님의 오심과 함께 출발한 교회

    3:1-6:7, 예루살렘에서의 선교

    6:8-9:31, 세 명의 주요 인물: 스데반, 빌립, 사울

    9:32-12:25, 시리아-팔레스타인에서의 복음의 확산

    13:1-15:35, 제1차 선교여행(탐방, exploration)

    15:36-18:23, 제2차 선교여행(확장, expansion)

    18:24-21:26, 제3차 선교여행(훈계, exhortation)[37]

    21:27-28:31, 로마로의 여정

2) 사역 기간

    1:1-2:47, 약 50일

    3:1-9:31, 약 3년~4년

    9:32-12:24, 약 10년

    12:25-16:5, 약 5년

    16:6-19:41, 약 6년

    20:1-28:31, 약 7년[38]

3) 설교문

사도행전의 22%는 설교이다. 그 내용을 두 가지로 구분할 수 있

---

36) 한규삼, 『세상을 바꾼 부흥 공동체』, 16-17.

37) John Phillips, *Exploring Acts: An Expository Commentary* (Grand Rapids: Kregel Publications, 2001), 10.

38) Craig S. Keener, *Acts: An Exegetical Commentary: Introduction and 1:1-2:47; v.1*, 462.

다. 첫째는, 청중을 예수님의 제자가 되게 하려고 설득할 목적으로
하는 전도 설교이다. 둘째는, 사도들이 재판받으면서 자신을 변호하
기 위한 법률적 설교이다.[39]

6. 오늘 우리는

1) 공동체성의 회복
"사도행전을 통해서 되돌아가야 할 샘물을 많이 발견할 수 있다."
라는 말이 있다.[40] 샘 근원의 핵심은 삶이다. 사도행전은 사람에 관
한 것이다. 사도행전이 교회에 관한 이야기이지만, 건물에 관한 것이
아니다. 교회는 결코 건물이 아니다.[41] 성령님의 역사는 언제나 사람
을 통해서 나타나셨다.[42] 사도행전은 초대 교인의 영적 도덕적 특성
을 분명하게 묘사하고 있다. 또 그들이 누린 기쁨을 증언하고 있
다.[43] 그 삶의 핵심은 공동체성이다. 공동체성은 사도의 가르침에 몰
두하며, 서로 사귀는 일과 빵을 떼는 일과 기도에 힘쓰는 데서 왔다
(행 2:42).
그 점에서 개인주의, 자기중심주의를 사는 현대교회는 도전받는다.
교회의 생명력인 공동체 정신을 회복해야 한다.

2) 말씀 사역에 헌신
사도행전의 모든 사역은 말씀과 더불어 시작하고, 말씀과 함께 성

---

39) David Wenahm · Steve Walton, 『성경이해 1: 복음서와 사도행전』,
464.
40) 김회권, 『(하나님 나라 신학으로 읽는) 사도행전』 (서울: 복 있는 사
람, 2007), 9.
41) 편집부, "사도행전을 통해 보는 현대의 쟁점", 『그 말씀』, 1996-2,
126.
42) 오성종, "사도행전은 왜 쓰였고, 무엇을 가르치는가", 『그 말씀』,
1996-2, 109.
43) Donald Guthrie, New Testament Introduction, 김병국 · 정광욱 옮김,
『신약서론』 (서울: 크리스챤 다이제스트, 2000), 317.

장한다. 오늘 우리 시대의 성숙과 성장 또한 이 진리에 기초해야 한다. 특히 말씀 사역의 핵심은 예수님의 죽으심과 살아나심, 그리고 하나님 나라에 계심과 다시 오심이다. 다원주의가 지배하는 이 시대에서 이 절대적 진리를 회복해야 한다. 여기에 생명이 있다.

3) 성령님의 능력을 덧입음

온 세상에 복음을 확장하려면, 증인이 변해야 하고, 성장해야 한다. 그런데 그 일을 위해서 꼭 필요한 능력은 오직 성령님께서 주시는 능력뿐이다.44) 성령님은 말씀과 함께 말씀을 통하여 일하신다. 증인이 말씀을 배우고 순종하면 성령님의 능력을 덧입는다.

4) 성공주의를 극복하고 고난을 감당

사도행전은 현재 진행형으로 그 끝을 맺고 있다. 그 점에서 슈베르트의 교향곡 제8번 "미완성(Symphony No. 8 in b minor Unfinished D. 79)"을 떠올릴 수 있다.45) '미완성'의 사도행전 역사가 주님 오시는 그날까지 계속되어 완성되어야 한다는 뜻이다. 그 핵심은 복음을 땅끝까지 전파하는 일이다.46) 그 일을 하려면 증인이 고난을 감당해야 한다. 미완성의 사도행전을 감당하려면 나 한 사람이, 우리 교회 공동체가 고난을 감당해야 한다. 증인의 삶은 성공보다는 고난을 통해서 나타난다.

---

44) Craig S. Keener, *The Bible Background Commentary-NT*, 정옥배 · 김현희 · 유선명 옮김, 『성경배경주석-신약』 (서울: 한국기독학생회출판부, 2001), 374.

45) 고무송, "미완성 교향곡", 『그 말씀』, 1996-2, 98.

46) 박형룡, 『사도행전』 (서울: 성광문화사, 1983), 23-24.

01

내 증인이 되리라

본문 사도행전 1:1-11
요절 사도행전 1:8
찬송 505, 515장

1. '먼저 쓴 글'은 무엇을 말하며, 그 핵심은 무엇입니까(1-2)? '데오빌로'는 누구를 말할까요?

2. 예수님은 친히 살아 계심을 어떻게 나타내셨습니까(3a)? 또 무엇을 말씀하셨습니까(3b)? 예수님의 살아 계심과 하나님 나라의 관계가 어떠합니까?

3. 예수님은 사도에게 무슨 방향을 주십니까(4)? '약속하신 것'은 무엇을 말합니까(5)? 그들은 예수님께 무엇을 묻습니까(6)? 왜 그들은 그렇게 물을까요?

4. 예수님은 무엇이라고 대답하셨습니까(7-8)? 그들이 신경을 써야 할 일은 무엇입니까? '예수님의 증인이 된다.'라는 말은 무슨 뜻입니까?

5. 예수님은 어떻게 올라가십니까(9)? 제자들의 눈과 마음은 어디로 향해야 합니까(10-11)? 이 사실이 제자들과 오늘 우리에게 주는 뜻은 무엇입니까?

01

내 증인이 되리라

본문 사도행전 1:1-11
요절 사도행전 1:8
찬송 505, 515장

1. '먼저 쓴 글'은 무엇을 말하며, 그 핵심은 무엇입니까(1-2)? '데오
   빌로'는 누구를 말할까요?

   1, "데오빌로여 내가 먼저 쓴 글에는 무릇 예수께서 행하시며 가르
   치시기를 시작하심부터"

   "데오빌로여"(Θεόφιλος, *Theophilus*) - '하나님(θεός, *theos*)'+'사랑하
   는', '친구(φίλος, *philus*)'에서 유래했다. 즉 '하나님께 사랑을 받는 사
   람', '하나님의 친구'를 뜻한다. 그는 누가복음과 사도행전을 처음 들
   었던 청중이었다(눅 1:3). 그는 한 개인을 말하면서 동시에 '하나님께
   사랑을 받는 사람', 즉 이방 교회 공동체를 말한다. 그들 중에는 부
   유층과 교육 수준이 높은 사람도 있었다. 하지만 그들 신앙의 수준
   은 초보 단계였다.

   "내가" - '누가복음'을 쓴 '누가'이다. "먼저 쓴" - 첫 번째'이다.
   "글에는" - '말'이다. '첫 번째 책'인 '누가복음'이다. 누가는 누가복음
   과 사도행전을 자연스럽게 연결한다. 따라서 우리는 사도행전을 공
   부할 때 누가복음과 연결해서 생각해야 한다.

   누가복음의 핵심은 무엇이었는가? "행하시며" - '행한다.'(부정사
   현재)이다. "가르치시기를" - '가르친다.'(부정사 현재)이다. "시작하심

17

부터" - '시작한다.'(동직설 과거)이다. 예수님은 세상에 오셔서 여러 일을 하시고 가르치는 일을 시작하셨다.

2, "그가 택하신 사도들에게 성령으로 명하시고 승천하신 날까지의 일을 기록하였노라"

"그가 택하신" - '선택한다.'(동직설 과거)이다. "사도들에게" - 그분은 사도들을 선택하셨다. "명하시고" - '명령한다.'(분사 과거)이다. "승천하신" - '들어 올린다.'(동직설 과거)이다. "일을" - '모든'이다. "기록하였노라" - '만들다.'(동직설 과거)이다. 누가복음은 예수님의 사역과 가르침의 시작부터 승천까지를 포함했다. '승천'은 예수 그리스도 사역의 두 국면을 가르는 분기점이다. 누가복음은 승천으로 끝을 맺었다(눅 24:51). 사도행전은 승천으로부터 시작한다(행 1:9). 예수님은 승천을 전후하여 이 땅에서 행하신 사역을 끝맺고, 하늘에서 사역을 시작하신다.

2. 예수님은 친히 살아 계심을 어떻게 나타내셨습니까(3a)? 또 무엇을 말씀하셨습니까(3b)? 예수님의 살아 계심과 하나님 나라의 관계가 어떠합니까?

3, "그가 고난받으신 후에 또한 그들에게 확실한 많은 증거로 친히 살아 계심을 나타내사 사십 일 동안 그들에게 보이시며 하나님 나라의 일을 말씀하시니라"

"그가 고난 받으신" - '고난을 겪는다.'(부정사 과거)이다. 예수님께서 십자가에서 돌아가신 사건을 말한다. "친히" - '그 자신의'라는 뜻이다. "나타내사" - '나타낸다.'(동직설 과거)이다. "사십 일 동안" - 예수님은 하나님 나라로 가실 때까지 40일 동안 세상에 계셨다.

"보이시며" - '본다.'(분사 현재)이다. "말씀하시니라" - '말한다.'(분사 현재)이다. 예수님은 보이시며 말씀하시며 나타나셨다. "나라" - '왕국(kingdom)'이다. "하나님 나라" - '하나님께서 다스리는 왕국'이다. 장소 개념보다 다스림, 즉 통치 개념이다.

01, 1:1-11 내 증인이 되리라

예수님의 살아 계심과 하나님 나라는 어떤 연관성이 있는가? 예
수님의 살아 계심과 하나님의 나라는 같은 뜻이다. 예수님을 선포하
는 것과 하나님 나라를 선포하는 것은 같은 뜻이다. 예수님을 믿음
은 곧 하나님의 다스림 받음을 뜻하기 때문이다. 사도행전의 핵심은
하나님 나라에 관한 것이고, 그것은 예수님의 살아나심에 기초한다.

3. 예수님은 사도에게 무슨 방향을 주십니까(4)? '약속하신 것'은
   무엇을 말합니까(5)? 그들은 예수님께 무엇을 묻습니까(6)? 왜
   그들은 그렇게 물을까요?

4, "사도와 함께 모이사 그들에게 분부하여 이르시되 예루살렘을 떠
나지 말고 내게서 들은바 아버지께서 약속하신 것을 기다리라"
　"함께 모이사" - '모은다.' '(소금을) 같이 먹는다.'(분사 현재)이다.
예수님과 사도들 사이의 '식탁 교제'를 말한다. "분부하여 이르시되"
- '명령을 내린다.'(동직설 과거)이다.
　"예루살렘을" - 예수님이 돌아가신 곳이고, 제자의 삶을 실패한
곳이다. 그래서 떠나고 싶은 곳이다. "떠나지" - '떠난다.'(부정사 현
재)이다. "말고" - '아니'이다. "들은" - '듣는다.'(동직설 과거)이다.
"기다리라" - '기다린다.'(부정사 현재)이다. 사도들은 떠나지 말고 약
속하신 것을 기다려야 한다.
　약속하신 그것은 무엇인가?

5, "요한은 물로 세례를 베풀었으나 너희는 몇 날이 못 되어 성령으
로 세례를 받으리라 하셨느니라"
　"요한은" - '세례 요한'이다. "세례를 베풀었으나" - '세례를 베풀
다.'(동직설 과거)이다. 세례 요한은 물로 세례를 베풀었다(눅 3:16).
"(그러나)" - '그러나'이다. 전환이다. "너희는" - '사도들'이다. "되
어" - '~와 함께'이다. "세례를 받으리라" - '세례를 베풀다.'(동직설
미래)이다. 사도들은 '물 뿌림' 대신에 '성령님의 함께하심'을 체험할
것이다.

그들은 예수님께 무엇을 물었는가?

6, "그들이 모였을 때에 예수께 여쭈어 이르되 주께서 이스라엘 나라를 회복하심이 이 때니이까 하니"

"모였을 때에" - '모인다.'(분사 과거)이다. "여쭈어" - '묻는다.'(동직설 미완료)이다. "나라를" - '왕국(kingdom)'이다. "회복하심이" - '재건한다.'(동직설 현재)이다. '나라를 다시 세운다.'라는 뜻이다. "때"(χρόνος, chronos) - '기간(period of time)'이다. 일반적 '시간'을 뜻한다. 사도들이 몇 날이 못 되어 성령님의 세례를 받을 때이다. 사도들은 "우리가 성령님의 세례를 받을 때 예수님께서 이스라엘에 하나님 나라를 회복할 것인가?"라고 묻는다.

왜 그들은 물을까? 첫째로, 그들은 하나님의 나라를 이스라엘이 정치적으로 해방하는 것으로 오해했기 때문이다. 그들은 하나님 나라를 이스라엘이라는 영토와 백성에게 제한했다. 둘째로, 그들은 예수님의 죽으심과 살아나심을 통하여 이스라엘 백성의 개념이 바뀐 것을 몰랐기 때문이다. 그들은 "예수님의 이름으로 죄 사함을 받게 하는 회개가 예루살렘에서 시작하여 모든 족속에게 전파될 것"을 몰랐다(눅 24:47). 예수님은 유대인만이 아닌 온 세상 만민을 구원하기 위해 십자가에서 죽으시고 살아나셨다. 그런데 그들은 자기 나라, 자기 민족을 벗어나지 못했다.

4. 예수님은 무엇이라고 대답하셨습니까(7-8)? 그들이 신경을 써야 할 일은 무엇입니까? '예수님의 증인이 된다.'라는 말은 무슨 뜻입니까?

7, "이르시되 때와 시기는 아버지께서 자기의 권한에 두셨으니 너희가 알 바 아니요"

"이르시되" - '대답한다.'(동직설 과거)이다. "때"(χρόνος, chronos) - '기간(period of time)'이다. "시기"(καιρός, kairos) - '시점(a point of time)'이다. "권한" - '권위'이다. "두셨으니" - '지정한다.'(동직설 과

거)이다. 이스라엘을 다시 세울 때와 시기는 아버지의 권한으로 정하셨다. "알 바" - '알다.'(부정사 과거)이다. "아니" - '~(은) 아니다.'이다. "(아니)요" - '그것은 ~이다.'(동직설 현재)이다. 사도가 신경 쓴 일이 아니다.

그들은 무엇을 신경 써야 하는가?

8, "오직 성령이 너희에게 임하시면 너희가 권능을 받고 예루살렘과 온 유대와 사마리아와 땅끝까지 이르러 내 증인이 되리라 하시니라"

"오직" - '그러나'이다. "성령이" - 예수님은 '이스라엘 나라 회복'을 생각하는 사도들에게 성령님으로 방향을 바꾸신다. "임하시면" - '온다.'(분사 과거)이다. 예수님의 돌아가심과 살아나심을 통해 예수님과 성령님의 관계에 획기적인 전환이 일어났다. 그동안 하나님 나라의 일은 육신을 입고 세상에 오신 예수님을 통해서 일어났다. 하지만 이제부터 하나님 나라에 관한 일은 성령님을 통해서 일어난다.

사도들은 성령님의 오심에 신경을 써야 한다. 그들은 성령님이 오시면 능력을 덧입는다. 그들은 이제부터 자기 능력으로 일하지 않고 성령님의 능력으로 일한다. 따라서 '사도행전'이라고 쓰고 '성령행전(The Acts of the Holy Spirit)'으로 읽는다.

"권능을" - '능력'이다. "받고" - '받는다.'(동직설 미래)이다. "예루살렘과 온 유대와 사마리아와 땅끝까지" - 하나님 나라는 예루살렘에서 시작하여 온 유대와 사마리아를 거쳐 땅끝까지 이루어진다. 사도행전은 하나님의 나라가 예루살렘(1:1-7:60), 유대와 사마리아(8:1-12:25), 그리고 땅끝으로(13:1-28:31) 어떻게 전파되었는지를 기록했다.

"땅" - '세상'이다. "끝" - '맨 끝의'이다. 사도들은 '이스라엘'을 생각했는데, 예수님은 '땅끝'을 말씀하신다. 예수님은 편협한 지역주의를 뛰어넘는다. 하나님 나라의 거센 물결은 예루살렘과 유대라는 지역을 힘차게 넘어서서 유대인이 무시했던 사마리아, 그리고 온 땅을 향하여 확장할 것이다. 하나님의 나라가 전파되면 인종과 국가의 장벽, 빈부의 차이, 지역감정, 그리고 이념의 갈등이 무너질 것이다.

　　"이르러" - '안에'이다. "내" - '나를 위해'이다. '예수님에 관해,' 또는 '예수님을 위해'라는 뜻이다. "증인이"(μάρτυς, martys) - '증인'이다. 여기서는 '증인들(witnesses)'이다. 기억이나 회상으로 어떤 것에 대하여 알고 있고, 그것을 말할 수 있는 사람을 뜻한다. "되리라 하시니라" - '하리라.'(동사직설 미래)이다. 사도들이 신경을 써야 할 일은 예수님의 증인으로 사는 것이다.

　　당시 로마는 새 황제가 즉위하면 전령을 서쪽으로는 스페인, 북쪽으로는 영국, 남서쪽으로는 이집트까지 보내서 그 소식을 알렸다. 이처럼 성령님은 증인을 땅끝까지 보내서 하나님 나라의 일을 알리려고 하신다.

　　'내 증인으로 산다.'라는 말은 무슨 뜻인가? '예수님에 관해', '예수님을 위해' 증언하는 사람으로 산다는 뜻이다. 증인은 예수님을 모르는 사람은 예수님을 알고 믿도록 돕고, 예수님을 알지만, 확신이 없는 사람은 확신하도록 돕는 사람으로 산다. 이 땅에, 세상 사람에게 하나님의 나라가 임하도록 힘쓴다. 그러므로 지금 사도가 신경 써야 할 일은 증인으로 사는 일이다.

5. 예수님은 어떻게 올라가십니까(9)? 제자들의 눈과 마음은 어디로 향해야 합니까(10-11)? 이 사실이 제자들과 오늘 우리에게 주는 뜻은 무엇입니까?

　　9, "이 말씀을 마치시고 그들이 보는데 올려져 가시니 구름이 그를 가리어 보이지 않게 하더라"

　　"말씀을 마치시고" - '말한다.'(분사 과거)이다. "보는데" - '본다.'(분사 현재)이다. "올려져 가시니" - '들어 올린다.'(동사직설 과거)이다. 예수님은 사도들이 보는 가운데 하늘로 들려 올라가셨다. "구름이" - 예수님께서 구름을 타고 하늘로 올라가신 모습은 살아나신 예수님의 영광스러운 모습을 증언한다. 또 예수님이 구약의 여호와 하나님과 같이 구름을 타고 다니시는 분임을 증언한다(시 68:4). "가리어" - '받아들인다.'(동사직설 과거)이다. "보이지" - '눈(eye)'이다. "않게 하더라" - '~에서'이다.

그때 그들은 무슨 말을 들었는가?

10, "올라가실 때에 제자들이 자세히 하늘을 쳐다보고 있는데 흰옷 입은 두 사람이 그들 곁에 서서"

"올라가실" - '간다.'(분사 현재)이다. "쳐다보고" - '열중하여 본다.'(분사 현재)이다. "있는데" - '나는 ~이다.'(동직설 미완료)이다. "흰옷 입은 두 사람" - '두 천사'이다(눅 24:4). "곁에 서서" - '둔다.'(동직설 과거완료)이다.

11, "이르되 갈릴리 사람들아 어찌하여 서서 하늘을 쳐다보느냐 너희 가운데서 하늘로 올려지신 이 예수는 하늘로 가심을 본 그대로 오시리라 하였느니라"

"이르되" - '말한다.'(동직설 과거)이다. "갈릴리 사람들아" - 사도들을 '갈릴리 사람'으로 불렀다. "쳐다보느냐" - '~를 주목한다.'(분사 현재)이다. "올려지신" - '집어 올린다.'(분사 과거)이다. "가심을" - '간다.'(분사 현재)이다. "오시리라" - '온다.'(동직설 미래)이다. 천사는 하늘로 올라가신 예수님께 마음을 빼앗기고 있는 제자들의 관심을 다시 오실 예수님께로 돌린다. 예수님의 살아나심과 관련하여 천사의 말이 중요했듯이(눅 24:5b-6), 예수님의 다시 오심에 관한 천사의 말도 중요하다. 예수님은 하늘로 올려지신 그대로 다시 오신다.

이 말씀이 사도에게 주는 의미는 무엇인가? 그들은 예수님의 약속을 기다릴 수 있다. 즉 성령님을 기다릴 수 있다.

02

기도에 힘쓰더라

본문 사도행전 1:12-26
요절 사도행전 1:14
찬송 361장 368장

1. 제자들은 어디로 돌아옵니까(12)? 예루살렘으로 돌아온 그들로
   부터 무엇을 배웁니까? 그들은 누구입니까(13)?
2. 그들은 그곳에서 먼저 무엇에 힘씁니까(14)? 왜 그들은 기도에
   힘씁니까? 그 일에 얼마나 많은 사람이 참여했습니까(15a)?
3. 그때 베드로는 유다 문제를 어떤 렌즈로 진단하고 처방했습니
   까(15b-20)? 유다의 빈자리를 채울 수 있는 사람의 자격이 어떠
   합니까(21-22)?
4. 누구를 후보자로 추천했습니까(23)? 그들은 한 사람을 선택하기
   전에 무엇을 했습니까(24-25)?
5. 누가 뽑혔습니까(26)? 여기에는 어떤 뜻이 있습니까?

02
기도에 힘쓰더라

본문 사도행전 **1:12-26**
요절 사도행전 **1:14**
찬송 **361장 368장**

1. 제자들은 어디로 돌아옵니까(12)? 예루살렘으로 돌아온 그들로
부터 무엇을 배웁니까? 그들은 누구입니까(13)?

12, "제자들이 감람원이라 하는 산으로부터 예루살렘에 돌아오니 이
산은 예루살렘에서 가까워 안식일에 가기 알맞은 길이라"

"감람원" - '올리브 과수원(olive-orchard)'이다. "이라 하는" - '부
른다.'(분사 현재)이다. "돌아오니" - '돌아온다.'(동직설 과거)이다.
제자들은 예수님께서 하늘로 올라가신 것을 본 후에 올리브 산에서
예루살렘으로 돌아왔다. "안식일" - 안식과 여호와를 예배하는 날,
한 주간의 일곱째 날(the seveth)이다. "가기 알맞은" - '가진다.'(분사
현재)이다. "(길)이라" - '그것은 ~이다.'(동직설 현재)이다. '다닐 수
있는 거리였다.'라는 뜻이다. 제자들이 올리브 산에서 예루살렘까지
걸어간 거리는 통상적인 안식일 준수 규정을 위반한 것이 아니었다.
안식일에 걸을 수 있는 거리는 1,000m~1,100m(약 2,000걸음)이었다.
예루살렘으로 돌아온 그들로부터 무엇을 배우는가? 말씀에 대한
순종이다. 그들은 "예루살렘을 떠나지 말라."(1:4)라는 말씀에 순종했
다. 그런데 그 일은 쉽지 않았다. 왜냐하면 예루살렘은 제자들이 영
적으로 실패한 곳이기 때문이다. 예수님이 돌아가신 곳이기 때문이

다. 종교 지도자의 압력을 계속해서 받는 곳이기 때문이다. 그런데도 그들은 순종했다.

13, "들어가 그들이 유하는 다락방으로 올라가니 베드로, 요한, 야고보, 안드레와 빌립, 도마와 바돌로매, 마태와 및 알패오의 아들 야고보, 셀롯인 시몬, 야고보의 아들 유다가 다 거기 있어"

"들어가" - '들어간다.'(동사직설 과거)이다. "그들이 유하는" - '머무른다.'(분사 현재)이다. "다락방" - '위층', 혹은 '옥상에 있는 가장 아늑한 거실(upper room)'이다. 마가 요한의 어머니 마리아의 집일 것이다(12:12). "올라가니" - '올라간다.'(동직설 과거)이다. "있어" - '나는 ~이다.'(동직설 과거)이다. 가룟 유다를 제외한 열한 사도의 이름과 같다(눅 6:14-16). 누가복음에서 나타났던 이름의 순서와는 다르다.

2. 그들은 그곳에서 먼저 무엇에 힘씁니까(14)? 왜 그들은 기도에 힘씁니까? 그 일에 얼마나 많은 사람이 참여했습니까(15a)?

14, "여자들과 예수의 어머니 마리아와 예수의 아우들과 더불어 마음을 같이하여 오로지 기도에 힘쓰더라"

"여자들" - 갈릴리에서부터 예수님을 따라다녔고(눅 23:55), 안식 후 첫날 새벽에 향품을 가지고 무덤에 간 그 여인들(눅 24:1)이다. "아우들" - 예수님의 살아나심과 40일간의 부활 증언을 통하여 믿음의 사람이 되었다(고전 15:7). "더불어" - '함께'이다. "마음을 같이하여" - '마음을 같이하여.'이다. 그들은 먼저 한마음을 품었다. '함께 마음을 같이하여'를 강조한다. 왜냐하면 제자들, 여인들, 어머니, 그리고 동생들이 함께 마음을 같이하는 일이 쉽지 않기 때문이다.

"힘쓰(더라)" - '머무른다.'(분사 현재)이다. "(힘쓰)더라" - '나는 ~이다.'(동직설 미완료)이다. 그들은 계속해서 기도한다. 그들은 아버지 하나님께서 약속하신 성령님의 능력을 덧입고, 예수님의 증인으로 살아야 한다.

15a, "모인 무리의 수가 약 백이십 명이나 되더라…."
"백이십 명" - 120은 12×10이다. '12'라는 숫자는 새롭게 회복할 영적인 이스라엘의 열두 지파를 상징한다. "되더라" - '나는 ~이다.' (동직설 미완료)이다.

3. 그때 베드로는 유다 문제를 어떤 렌즈로 진단하고 처방했습니까(15b-20)? 유다의 빈자리를 채울 수 있는 사람의 자격이 어떠합니까(21-22)?

15b, "… 그 때에 베드로가 그 형제들 가운데 일어서서 이르되"
"베드로" - 베드로가 사도들 속에서 주도적인 역할을 시작한다. "일어서서" - '일어난다.'(분사 과거)이다. "이르되" - '말한다.'(동직설 과거)이다.

16, "형제들아 성령이 다윗의 입을 통하여 예수 잡는 자들의 길잡이가 된 유다를 가리켜 미리 말씀하신 성경이 응하였으니 마땅하도다"
"잡는" - '붙잡는다.'(분사 과거)이다. "가리켜" - '~에 관하여'이다. "미리 말씀하신" - '앞서 말한다.'(동직설 과거)이다. "응하였으니" - '채운다.'(부정사 과거)이다. "마땅하도다" - '반드시 ~해야 한다.'(동직설 미완료)이다. 유다에 관하여, 성령님이 다윗의 입을 빌어 미리 말씀하신 그 성경 말씀은 마땅히 이루어져야만 했다.

17, "이 사람은 본래 우리 수 가운데 참여하여 이 직무의 한 부분을 맡았던 자라"
"참여하여" - '함께 수에 넣는다.'(분사 완료)이다. "맡았던" - '제비를 뽑아 얻다(동직설 과거).'이다. "자라" - '나는 ~이다.'(동직설 미완료)이다.

18, "(이 사람이 불의의 삯으로 밭을 사고 후에 몸이 곤두박질하여 배가 터져 창자가 다 흘러나온지라"

"불의의" - '부정한 행위'이다. "사고" - '얻는다.'(동직설 과거)이다. "몸이 곤두박질" - '거꾸러져서'이다. "하여" - '일어난다.'(분사 과거)이다. "터져" - '소리 내며 터진다.'(동직설 과거)이다. "흘러나온지라" - '쏟아져 나온다.'(동직설 과거)이다.

19, "이 일이 예루살렘에 사는 모든 사람에게 알리어져 그들의 말로는 그 밭을 아겔다마라 하니 이는 피 밭이라는 뜻이라)"
"사는" - '살다.'(분사 현재)이다. "알리(어져)" - '알려진'이다. "(알리)어져" - '된다.'(동직설 과거)이다. "이라는 뜻이라" - '그것은 ~이다.'(동직설 현재)이다.

20, "시편에 기록하였으되 그의 거처를 황폐하게 하시며 거기 거하는 자가 없게 하소서 하였고 또 일렀으되 그의 직분을 타인이 취하게 하소서 하였도다"
"시편" - 그는 시편 69:25와 109:8을 인용했다. "기록하였으되" - '기록한다.'(동직설 완료)이다. "그의" - '의인을 괴롭히는 악인'이다. 유다를 뜻한다. "하시며" - '된다.'(동명령 과거)이다. "거하는" - '살다.'(분사 현재)이다. "없게" - '아니'이다. "하소서 하였고" - '너는 ~이 되라.'(동명령 현재)이다. "또 일렀으되" - '그리고'이다. "취하게 하소서 하였도다" - '취한다.'(동명령 과거)이다. 베드로는 유다의 악함과 죽음의 역사적 배경을 이 말씀에 근거하여 설명했다. 그는 성경의 렌즈로 유다 문제를 진단하고 처방했다. 사도들이 새 역사를 시작하려고 할 때 배반의 역사는 큰 걸림돌이었다. 그래서 베드로는 이 문제를 해결함으로써 새 역사를 시작할 발판을 마련했다.
그러므로 이제 그는 무엇을 하는가?

21, "이러하므로 요한의 세례로부터 우리 가운데서 올려져 가신 날까지 주 예수께서 우리 가운데 출입하실 때에"
22, "항상 우리와 함께 다니던 사람 중에 하나를 세워 우리와 더불어 예수께서 부활하심을 증언할 사람이 되게 하여야 하리라 하거늘"

- "그러므로 주 예수께서 우리와 함께 지내시는 동안에, 곧 요한이 세례를 주던 때로부터 예수께서 우리를 떠나 하늘로 올라가신 날까지 늘 우리와 함께 다니던 사람 가운데서 한 사람을 뽑아서, 우리와 더불어 부활의 증인으로 삼아야 한다."

"올려져 가신" - '데리고 간다.'(동직설 과거)이다. "함께 다니던" - '함께 온다.'(분사 과거)이다. "출" - '나간다.'(동직설 과거)이다. "입하실" - '들어온다.'(동직설 과거)이다. "되게" - '된다.'(부정사 과거)이다. "하여야 하리라" - '반드시 ~해야 한다.'(동직설 현재)이다. 유다의 빈자를 채울 수 있는 새사람을 세우려고 한다.

그 자격은 무엇인가? 첫째로, 세례 요한이 세례를 주던 때부터 예수님이 하늘로 올라가실 때까지 항상 함께했던 사람이다. 둘째로, 예수님의 부활을 증언할 사람이다.

4. 누구를 후보자로 추천했습니까(23)? 그들은 한 사람을 선택하기 전에 무엇을 했습니까(24-25)?

23, "그들이 두 사람을 내세우니 하나는 바사바라고도 하고 별명은 유스도라고 하는 요셉이요 하나는 맛디아라"

"내세우니" - '내밀었다.'(동직설 과거)이다. "바사바" - '사바의 아들', '안식일의 아들'이라는 뜻이다. "라고도 하고" - '이름 짓는다.'(분사 현재)이다. "별명은" - '부르다.'(동직설 과거)이다. "유스도" - '올바른'이라는 뜻이다. 그 이름은 유대인과 개종자 중에 흔했다. "요셉" - 바사바, 유스도, 그리고 요셉은 한 사람이다. 이름을 세 개나 가지고 있는 것을 볼 때 꽤 유명한 인물이다. "맛디아" - '여호와의 선물'이라는 뜻이다. 그에 관해서는 아무런 설명이 없다.

사도들은 한 사람을 선택하기 전에 무엇을 했는가?

24, "그들이 기도하여 이르되 뭇 사람의 마음을 아시는 주여 이 두 사람 중에 누가 주님께 택하신 바 되어"

"기도하여" - '기도한다.'(분사 과거)이다. "이르되" - '말한다.'(동직설 과거)이다. 그들은 기도하면서 말했다. 그들은 자기 뜻보다 성령님의 뜻을 알고, 순종하려고 했다. "마음을 아시는" - '마음을 아시는 이'이다. "택하신 바 되어" - '선택한다.'(동직설 과거)이다.

25, "봉사와 및 사도의 직무를 대신할 자인지를 보이시옵소서 유다는 이 직무를 버리고 제 곳으로 갔나이다 하고"

"봉사"(διακονία, diakonia) - '봉사', '직무"이다. "직무" - '어떤 모임에서 사람이 차지하는 지위나 위치'를 뜻한다. "봉사와 및 사도의 직무" - '이 직분, 곧 사도직의 지위'라는 뜻이다. 유다의 계승자가 차지할 지위는 사도직이다. 그리고 그것은 봉사하는 일이다. "대신할" - '취한다.'(부정사 과거)이다. "보이시옵소서" - '임명한다.'(동명령 과거)이다. "버리고" - '위반하다.'(동직설 과거)이다. "갔나이다" - '간다.'(부정사 과거)이다. 그들은 자기들이 세운 기준으로 사람을 추천했다. 그 후에는 기도했다. 그들은 자기들이 세운 기준, 즉 경륜과 능력 위에 성령님의 인도하심을 더 했다.

5. 누가 뽑혔습니까(26)? 여기에는 어떤 뜻이 있습니까?

26, "제비 뽑아 맛디아를 얻으니 그가 열한 사도의 수에 들어가니라"

"제비" - '몫'이다. "뽑아" - '준다.'(동직설 과거)이다. 그들은 하나님이 제비뽑기를 통해 일하신다고 믿었다(잠 16:33). "얻으니" - '삶으로 들어간다.'(동직설 과거)이다. "수에 들어가니라" - '아무에게 ~ 중에 한자리를 투표하여 부여한다.'(동직설 과거)이다. 성령님께서 그를 열두 번째 사도 세우셨다.

여기에는 어떤 뜻이 있는가? 그들은 자기들이 기준을 세우고, 자기들이 후보자를 추천했지만, 결국에는 성령님의 뜻이 이루어지기를 바랐다. 성령님께서 친히 일하시도록 언제나 그 자리를 비웠다. 사도행전 대장정의 사역을 시작할 수 있는 준비를 마쳤다. 그러나 예수님의 빈자리를 채울 성령님은 아직 오시지 않았다.

03

성령님의 오심

본문 사도행전 2:1-13
요절 사도행전 2:3
찬송 184장, 185장

1. 오순절은 어떤 날입니까(1, 레 23:16, 출 23:16)? 그때 무슨 일이 연달아 일어났습니까(3)? 그들은 어떻게 되었습니까(4a)?

2. "그들이 다 성령의 충만함을 받았다."라는 말을 통해 무엇을 배웁니까? 성령님의 오심을 '강력한 바람', '불의 혀처럼 갈라진 혀들'로 표현한 데는 무슨 뜻이 있습니까? 성령님이 '그들이 앉은 온 집에 가득했다.' '각 사람 위에 하나씩 임했다.'라는 말은 무슨 뜻입니까? 성령님께서 오신 데는 무슨 뜻이 있습니까?

3. 그들은 어떻게 다른 언어들로 말하기를 시작했습니까(4b)? '다른 언어'는 무엇을 말하며, 왜 성령님은 그런 능력을 주셨습니까?

4. 그때 누가 예루살렘에 있었습니까(5)? 그들의 반응은 어떠합니까(6)? 왜 그들은 놀랄 수밖에 없습니까(7-8)? 그곳에 모인 사람들은 어디에서 왔습니까(9-11a)?

5. 그들이 놀라는 또 다른 이유는 무엇입니까(11b-12)? '각 언어로 하나님의 큰일을 말한 데'는 무슨 뜻이 있습니까? 그러나 어떤 반응도 있습니까(13)? 왜 그들은 그렇게 말할까요?

03

성령님의 오심

본문 사도행전 **2:1-13**
요절 사도행전 **2:3**
찬송 **184**장, **185**장

1. 오순절은 어떤 날입니까(1, 레 23:16, 출 23:16)? 그때 무슨 일이
   연달아 일어났습니까(3)? 그들은 어떻게 되었습니까(4a)?

   1, "오순절 날이 이미 이르매 그들이 다 같이 한곳에 모였더니"
   "오순절" - 유월절, 초막절과 함께 구약의 3대 축제이다. 오순절
   은 유월절로부터 50일째 되는 날이다. 그리스어로 '50번째 날'이라는
   뜻인 'Pentecost'로 부른다. '칠칠절'로도 부르는데, 이것은 유월절과
   오순절 사시에 안식일이 7번이 지나가기 때문이다(레 23:16). 또 '맥
   추절'로도 부르는데, 이것은 수고하여 밭에 뿌린 곡식의 첫 열매를
   거두었기 때문이다(출 23:16).
   예수님은 유월절에 돌아가셨다(막 15:42, 눅 23:54). 예수님은 사흘
   후에 살아나셨고, 40일 동안 세상에 계셨다가 하나님 나라로 가셨다
   (1:3, 9). 교회는 예수님이 살아나신 후부터 50일째 되는 날, 예수님
   이 하나님 나라로 가신 날로부터 10일째 되는 날을 오순절로 지킨
   다. 그날을 성령님께서 오신 날, 즉 '성령 강림절(Whitsunday)'로 부른
   다.
   "이미 이르(매)" - '완전히 채운다.'(부정사 현재)이다. "모였더니"
   - '나는 ~이다.'(동직설 미완료)이다. 사도들이 기다리던 기간이 다

찼다.

2, "홀연히 하늘로부터 급하고 강한 바람 같은 소리가 있어 그들이 앉은 온 집에 가득하며"

"홀연히" - '갑자기'이다. "급하고" - '가져온다.'(분사 현재)이다. "강한" - '강력한'이다. "바람"(πνοη, pnoe) - '바람', '숨'이다. "소리" - '소리'이다. "있어" - '일어난다.'(동직설 과거)이다. 갑자기 하늘에서 강력한 바람이 부는 듯한 소리가 났다. "가득하며" - '충만하다.'(동직설 과거)이다. 그 소리가 온 집에 가득 찼다. 바람 소리는 사람이 귀로 들을 수 있다.

3, "마치 불의 혀처럼 갈라지는 것들이 그들에게 보여 각 사람 위에 하나씩 임하여 있더니"

"혀"(γλῶσσα, glo:ssa) - '방언(tongue)', '언어(language)'이다. "갈라지는" - '나누어진다.'(분사 현재)이다. "불의 혀처럼 갈라지는 것들" - '불의 혀처럼 갈라진 혀들', '혀처럼 생긴 불'을 뜻한다. 불길이 솟아오를 때 혓바닥처럼 갈라지는 모습이다. "보여" - '본다.'(동직설 과거)이다. 그 모습이 그들에게 나타났다. "하나씩 임하여 있더니" - '앉는다.'(동직설 과거)이다. 그 불이 각 사람 위에 앉았다. 눈으로 볼 수 있는 모습이다.

그러자 그들은 어떻게 되었는가?

4a, "그들이 다 성령의 충만함을 받고…"

"다" - '모든'이다. "온 집에"(2), "각 사람"(3), "다"(4)라는 표현을 강조한다. "성령의" - 마침내 예수님께서 약속하셨던 그 성령님이 오셨다. "충만함을 받고" - '가득 찬다.'(동직설 과거)이다. 그들은 모두 성령님으로 충만했다. "가득했다."(2) "임했다."(3)라는 말과 같은 뜻이다.

2. "그들이 다 성령의 충만함을 받았다."라는 말을 통해 무엇을 배

웁니까? 성령님의 오심을 '강력한 바람', '불의 혀처럼 갈라진 혀들'로 표현한 데는 무슨 뜻이 있습니까? 성령님이 '그들이 앉은 온 집에 가득했다.' '각 사람 위에 하나씩 임했다.'라는 말은 무슨 뜻입니까? 성령님께서 오신 데는 무슨 뜻이 있습니까?

"그들이 다 성령의 충만함을 받았다."라는 말을 통해 무엇을 배우는가? 예수님은 제자들에게 "너희는 여러 날이 되지 않아서 성령으로 세례를 받을 것이다."(1:5)라고 약속하셨다. 그 약속대로 마침내 성령님께서 오셨다.

성령님의 오심을 '강력한 바람', '불의 혀처럼 갈라진 혀들'로 표현한 데는 무슨 뜻이 있는가? 성령님의 오심을 귀로 듣고 눈으로 볼 수 있음을 강조했다. 사도들이 청각과 시각으로 성령님께서 실제로 오셨음을 깨닫도록 하기 위함이다.

성령님이 '그들이 앉은 온 집에 가득했다.' '각 사람 위에 하나씩 임했다.'라는 말은 무슨 뜻인가? 구약에서 영광의 구름으로 오신 성령님은 성막에 가득했다(출 30:4). 그 성령님이 오늘은 사도들이 있는 그 집에 가득했다. 그리고 각 사람 위에 하나씩 임했다. 이제부터 하나님의 집, 즉 성막은 건물이 아니다. 예수님의 말씀을 믿고 사는 그 사람이 하나님의 집이다. 왜냐하면 성령님이 그 사람 위에 임하기 때문이다. 우리는 그 성전을 '건물 성전'과 대조하여 '인격 성전'으로 부른다.

성령님께서 오심의 의미는 무엇인가? 첫째로, 성령님이 시대가 열렸다. 마치 예수님께서 육신의 몸을 입고 오심으로 예수님의 시대가 열렸던 때와 같다. 이제부터 성령님께서 오셔서 모든 사역을 주체적으로 이끄신다. 성령님은 말씀을 깨우쳐 예수님을 믿도록 도와주신다. 성령님은 그 사람을 예수님의 증인으로 쓰신다.

둘째로, 성령님의 오심은 역사에서 반복할 수 없는 독특한 사건이다. 누구든지 죄와 죽음으로부터 구원받으려면 성령님이 오셔야 한다. 그런데 그 오심은 한 개인의 삶에서 반복하는 일이지, 역사에서 반복하는 일은 아니다. 구원받을 때 성령님을 받고, 증인으로 살 때 성령님을 또 받는 그런 반복은 일어나지 않는다. 누구든지 예수님을 믿으면 성령님께서 오신다. 성령님께서 오시니 예수님을 믿는다. 그리고 그 성령님 안에서 증인으로 산다.

3. 그들은 어떻게 다른 언어들로 말하기를 시작했습니까(4b)? '다른 언어'는 무엇을 말하며, 왜 성령님은 그런 능력을 주셨습니까?

4b, "…성령이 말하게 하심을 따라 다른 언어들로 말하기를 시작하니라"

"성령이 말하게 하심을 따라" - '성령께서 주시는 능력으로', '성령이 말하게 하심을 따라'라는 뜻이다. "다른"(ἕτερος, heteros) - '다른(other)'이다. '다른 집단'을 말한다. "언어들로"(γλῶσσα, glo:ssa) - '혀'(3)와 같은 단어를 쓰고 있다. '방언(tongue)', '언어'라는 뜻이다. 여기서는 '언어들(tongues)' 복수형이다. "말하기를" - '말한다.'(부정사 현재)이다. "시작하니라" - '시작한다.'(동직설 과거)이다. 그들은 성령님으로 가득 채워진 후에 성령님께서 주시는 능력으로 다른 언어로 말하기 시작했다. 왜냐하면 그들은 다른 나라에서 증인으로 살아야 하기 때문이다.

4. 그때 누가 예루살렘에 있었습니까(5)? 그들의 반응은 어떠합니까(6)? 왜 그들은 놀랄 수밖에 없습니까(7-8)? 그곳에 모인 사람들은 어디에서 왔습니까(9-11a)?

5, "그 때에 경건한 유대인들이 천하 각국으로부터 와서 예루살렘에 머물러 있더니"

"경건한" - '하나님을 믿는(God-fearing)', '독실한(devout, 믿음이 두텁고 성실한)'이다. "천하 각국" - '하늘 아래 모든 나라'이다. 흩어진 유대인이 대부분 거주하고 있는 유대 지역을 포함한 15개 지역이다(9-11). 이 지역은 당시 천하, 즉 모든 민족을 대표한다. "으로부터 와서" - '~에서부터'이다. "머물러" - '살다.'(분사 현재)이다. "있더니" - '나는 이다.'(동직설 미완)이다. 그들은 일시적으로 예루살렘을 방문한 사람이 아니다. 그들은 아예 살려고 돌아온 사람이다.

6, "이 소리가 나매 큰 무리가 모여 각각 자기의 방언으로 제자들이 말하는 것을 듣고 소동하여"

"이 소리가" - '이런 말소리'이다. 즉 '다른 언어들로 말하는 것'을 뜻한다(4). "나매" - '일어난다.'(분사 과거)이다. "모여" - '함께 오다.' (동직설 과거)이다. 이 소리에 사람들이 모였다. "방언"(διάλεκτος, *dialektos*) - '말'이다. '어떤 국민이나 지방의 고유한 언어(his own language/ the native language/ his own dialect)'를 뜻한다. 지중해 전역에서 모든 사람이 그리스어를 제2 언어로 사용했다.

"듣고" - '듣는다.'(동직설 미완료)이다. 그들은 제자들이 자기네 말로 하는 것을 듣는다. "소동하여" - '혼란하다.' '놀란다.'(동직설 과거)이다. 그들은 어리둥절했다.

7, "다 놀라 신기하게 여겨 이르되 보라 이 말하는 사람들이 다 갈릴리 사람이 아니냐"

"놀라" - '놀란다.'(동직설 미완료)이다. "신기하게 여겨" - '이상하게 여기다.'(동직설 미완료)이다. "이르되" - '말한다.'(분사 현재)이다. "보라" - '보라!'이다. "(아니)냐" - '나는 ~ 이다.'(동직설 현재)이다. 갈릴리 사람이 어떻게 다른 나라 말을 할 수 있는가? 그들은 다른 언어를 배울 기회가 적었기 때문이다.

8, "우리가 우리 각 사람이 난 곳 방언으로 듣게 되는 것이 어찌 됨이냐"

"난" - '낳는다.'(동직설 과거)이다. "방언으로"(διάλεκτος, *dialektos*) - '말'이다. "듣게 되는 것이" - '듣는다.'(동직설 현재)이다. 그들은 각자 태어난 나라의 말로 들었다. 그들은 그 사실에 놀랐다.

그곳에 모인 사람들은 어디에서 왔는가?

9, "우리는 바대인과 메대인과 엘람인과 또 메소보다미아, 유대와 갑

바도기아, 본도와 아시아"

"바대인" - 바대(Parthia)에서 사는 사람이다. "메대인"(Medes) - 이 란 산맥에 거주했던 인도 아리안 민족이다. "엘람인" - 이란고원의 남부 지역에 있었다. "메소보다미아" - 히브리어로 '두 강 사이의 높 은 지대', 헬라어로는 '두 강 사이'라는 뜻이다. 티그리스강과 유프라 테스강 유역과 그 사이의 땅을 가리킨다. "유대" - 유다 지파가 사 는 곳이다. "갑바도기아" - 그리스도교 발전에 주도적 역할을 했다. "본도" - 소아시아 북동쪽의 거친 지역이다. "아시아" - 에베소에 근 거를 둔 소아시아에 있는 지역이다.

10, "브루기아와 밤빌리아, 애굽과 및 구레네에 가까운 리비야 여러 지방에 사는 사람들과 로마로부터 온 나그네 곧 유대인과 유대교에 들어 온 사람들과"

"브루기아" - 서부 소아시아 지역이다. "밤빌리아" - 소아시아의 한 지방이다. "구레네" - 크고 매우 번창한 항구 도시였다. "리비야" - 북아프리카의 큰 지역으로 애굽과 접경을 이루고 있었다.

11a, "그레데인과 아라비아인들이라…."

"그레데인" - '그레데섬에서 사는 사람'(딛 1:21)이다. "아라비아인 들" - 요단강 건너 먼 남쪽에서 왔다. 그들은 15개 나라에서 왔다.

5. 그들이 놀라는 또 다른 이유는 무엇입니까(11b-12)? '각 언어로 하나님의 큰일을 말한 데'는 무슨 뜻이 있습니까? 그러나 어떤 반응도 있습니까(13)? 왜 그들은 그렇게 말할까요?

11b, "… 우리가 다 우리의 각 언어로 하나님의 큰일을 말함을 듣는 도다 하고"

"큰일" - '위대한'이다. "하나님의 큰일" - '예수님의 이름으로 죄 를 용서받음'(눅 24:47)이다. "말함을" - '말한다.'(분사 현재)이다. "듣 는도다" - '듣는다.'(동직설 현재)이다. 그들은 하나님의 놀라운 일을 그들 나라의 말로 듣는다.

12, "다 놀라며 당황하여 서로 이르되 이 어찌 된 일이냐 하며"
"놀라며" - '놀란다.'(동직설 미완료)이다. "당황하여" - '어쩔 줄 몰라 한다.'(동직설 미완료)이다. "이르되" - '말한다.'(분사 현재)이다. "(일)이냐" - '나는 ~ 이다.'(부정사 현재)이다. 그들은 서로 물으며 놀랐고, 당황했다.

'각 언어로 하나님의 큰일을 말한 데'는 무슨 뜻이 있는가? 첫째로, 하나님께서는 천하만국이 예수님의 이름으로 죄 용서의 소식을 듣고 구원받을 때가 왔음을 알려 주신다. 예루살렘에서 땅끝까지 죄 용서의 소식을 증언하는 시대가 왔다.

둘째로, 바벨탑 사건의 반전을 보여준다. 하나님께서 바벨탑을 쌓던 사람의 언어를 혼잡하게 하셨다. 그들을 천하 각국으로 흩으셨다(창 11:8-9). 그러나 오늘 성령님의 사역을 통하여 흩어졌던 열방이 하나님의 구원 사역의 소식을 듣는다. 성령님의 오심은 흩어졌던 열방을 모으고 모두가 하나님의 한 백성으로 사는 시대가 왔음을 보여준다. 성령님께서 언어의 장벽과 민족과 나라의 경계를 허물어뜨렸다. 성령님은 모든 사람을 그리스도 안에서 '한 새 사람'으로 만드신다(엡 2:15).

그러나 어떤 반응도 있는가?

13, "또 어떤 이들은 조롱하여 이르되 그들이 새 술에 취하였다 하더라"
"어떤 이들" - '다른'이다. 경건하지 못한 사람을 말한다. "조롱하여" - '조롱한다.'(분사 현재)이다. "이르되" - '말한다.'(동직설 미완료)이다. "새 술에" - '달콤한 새 포도주'이다. "취(하였다)" - '가득 채웠다.'이다. "(취)하였다 하더라" - '그들은 있다.'(동직설 현재)이다. 새 술이 사람을 더 취하게 한다. 그들은 성령님의 사역을 이해하지 못하니 조롱할 수밖에 없다. 그들이야말로 포도주에 취한 사람이다.

04

주님께서 더하게 하신다

본문 사도행전 2:14-47
요절 사도행전 2:47
찬송 251장, 255장

1. 베드로는 조롱하는 그들에게 무엇이라고 반박했습니까(14-15)? 사도들은 다른 언어로 말한 데는 무슨 뜻이 있습니까(16)? 하나님은 요엘에게 무엇을 말씀했습니까(17-20)? 그때 누가 구원을 받습니까(21)?

2. 예수님은 누구십니까(22-24)? 예수님의 부활을 누가 예언했습니까(25)? 다윗은 어떻게 살았습니까(26-28)? 베드로는 다윗에 대해 무엇을 말합니까(29-31)? 이 사실이 사도들에게 주는 뜻은 무엇입니까(32)?

3. 그들이 증언해야 할 예수님은 어떤 분입니까(33-35)? 이스라엘은 무엇을 알아야 합니까(36)? 사람들의 반응은 무엇이며, 그들은 무엇을 해야 합니까(37-38)? '회개'와 '세례', 그리고 '성령님의 선물'과의 관계가 어떠합니까?

4. 이 약속을 누구에게 하셨습니까(39)? 그 목적은 무엇입니까(40)? 베드로의 메시지를 받은 사람들은 무엇을 했습니까(41)?

5. 그들은 무엇에 힘씁니까(42)? 그때 무슨 일이 있습니까(43)? 믿는 사람은 무엇을 합니까(44-47a)? 주님은 무엇을 하십니까(47b)? '주님께서 더하게 하신다.'라는 말씀을 통해 무엇을 배웁니까?

04
주님께서 더하게 하신다

본문 사도행전 2:14-47
요절 사도행전 2:47
찬송 251장, 255장

1. 베드로는 조롱하는 그들에게 무엇이라고 반박했습니까(14-15)? 사도들은 왜 다른 언어로 말한 데는 무슨 뜻이 있습니까(16)? 하나님은 요엘에게 무엇을 말씀했습니까(17-20)? 그때 누가 구원을 받습니까(21)?

14, "베드로가 열한 사도와 함께 서서 소리를 높여 이르되 유대인들과 예루살렘에 사는 모든 사람들아 이 일을 너희로 알게 할 것이니 내 말에 귀를 기울이라"

"서서" - '선다.'(분사 과거)이다. "높여" - '들어 올린다.'(동직설 과거)이다. "이르되" - '선언한다.'(동직설 과거)이다. "할 것이니" - '너는 이 되라.'(동명령 현재)이다. "귀를 기울이라" - '주의를 기울이다.'(동명령 과거)이다. 베드로는 그들이 "새 술에 취했다."(13)라고 조롱한 것을 반박했다.

15, "때가 제 삼 시니 너희 생각과 같이 이 사람들이 취한 것이 아니라"

"제 삼 시" - 오전 9시를 말한다. "생각과" - '추측한다.'(동직설 현재)이다. "취한 것이" - '(술) 취한다.'(동직설 현재)이다. "아니라" -

'~아니다.'이다. 아침부터 새 술에 취할 사람은 없다. 특히 오순절 축제일에는 더 그러하다.

여기에는 무슨 뜻이 있는가?

16, "이는 곧 선지자 요엘을 통하여 말씀하신 것이니 일렀으되"

"(그러나)"- '그러나'이다. "이는" - '이 일', 곧 '다른 언어'로 말하는 것을 말한다. 즉 성령님의 오심을 말한다. "곧" - '그러나'이다. "말씀하신" - '말한다.'(분사 완료)이다. "이니" - '그것은 ~이다.'(동직설 현재)이다. 그 일은 선지자 요엘의 예언을 이루신 일이다.

하나님은 요엘에게 무엇을 말씀하셨는가?

17, "하나님이 말씀하시기를 말세에 내가 내 영을 모든 육체에 부어 주리니 너희의 자녀들은 예언할 것이요 너희의 젊은이들은 환상을 보고 너희의 늙은이들은 꿈을 꾸리라"

"말씀하시기를" - '말한다.'(동직설 현재)이다. "말세" - '마지막 날'이다. "내 영" - '성령님'이다. "모든 육체" - '아들과 딸', '젊은 사람과 늙은 사람' 등을 말한다. "부어 주리니" - '붓는다.'(동직설 미래)이다. "예언할 것이요" - '예언한다.'(동직설 미래)이다. "젊은이들은" - '젊은이'이다. "환상" - '환상'이다. "보고" - '계시의 영상을 본다.'(동직설 미래)이다. "늙은이들" - '장로(elder/ presbyter)'이다. "꿈을" - '잠에서 나타나는 환상'이다. "꾸리라" - '꿈꾼다.'(동직설 미래)이다.

요엘서는 모든 육체에 성령님을 부어주실 시점을 모호하게 말했다. "그 후에"(요엘 2:28)라는 말을 베드로는 "마지막 날"로 받았다. 요엘의 예언이 오늘 성령님의 오심을 통해 이루어졌다. 사도가 다른 나라의 말을 했기 때문이다.

18, "그 때에 내가 내 영을 내 남종과 여종들에게 부어 주리니 그들이 예언할 것이요"

"남종과 여종" - '남자 종들'과 '여자 종들'을 뜻한다. "부어 주리니" - '붓는다.'(동직설 미래)이다. "그들이 예언할 것이요" - '예언한다.'(동직설 미래)이다.

19, "또 내가 위로 하늘에서는 기사를 아래로 땅에서는 징조를 베풀리니 곧 피와 불과 연기로다"

"위로 하늘에서는" - '위의 하늘에서'이다. "기사" - '경이로움'을 뜻한다. 성령님이 갑작스럽게 오신 놀라운 사건을 가리킨다. "아래로 땅에서는" - '아래 땅에서'이다. "징조" - '표적'이다. "베풀리니" - '보여준다.'(동직설 미래)이다. "피" - 예수님의 십자가 사건을 말한다. 20절로 이어진다.

"불", "연기" - 구약에서 하나님은 그 백성을 불기둥과 구름 기둥으로 함께하며 인도하셨다(출 13:22). 하나님께서 불과 연기로 성전에 임하셨던 것처럼 성령님께서 그 백성과 함께하신다.

20, "주의 크고 영화로운 날이 이르기 전에 해가 변하여 어두워지고 달이 변하여 피가 되리라"

"크고 영화로운 날이" - 예수님이 십자가에서 죽으시고 살아나신 그날이다. "이르기" - '온다.'(부정사 과거)이다. "변하여" - '변한다.'(동직설 미래)이다. "어두워" - '암흑'이다. "지고" - '~로 향하여'이다. "되리라" - '~로 향하여'이다. 달이 피와 같이 붉어진다. 이것은 예수님께서 십자가에서 돌아가셨을 때의 모습이다(눅 23:44). 이 표현은 일식이나 다른 자연 현상을 일컫는 표현일 수 있다. 그러나 사회 구조의 기초를 흔들만한 사회적이고 정치적인 어떤 사건을 일컫는다. 심판의 때를 뜻한다.

그때 누가 구원을 받는가?

21, "누구든지 주의 이름을 부르는 자는 구원을 받으리라 하였느니라"

"주의"(κύριος, *kyrios*) - '주인(master)'이다. 요엘서에서는 '여호와 하나님'이다. 본문에서는 '예수님'이다. 예수님은 지금 하늘에서 다스리시는 주님이다. "부르는" - '부른다.'(가정 과거)이다. "구원을 받으

리(라)” - ‘구원한다.’(동직설 미래)이다. “(받으리)라” - ‘나는 ~이다.’
(동직설 미래)이다. 누구든지 주님이신 예수님의 이름을 부르면 구원
받는다.

2. 예수님은 누구십니까(22-24)? 예수님의 부활을 누가 예언했습니
까(25)? 다윗은 어떻게 살았습니까(26-28)? 베드로는 다윗에 대
해 무엇을 말합니까(29-31)? 이 사실이 사도들에게 주는 뜻은 무
엇입니까(32)?

22, “이스라엘 사람들아 이 말을 들으라 너희도 아는 바와 같이 하나
님께서 나사렛 예수로 큰 권능과 기사와 표적을 너희 가운데서 베푸사
너희 앞에서 그를 증언하셨느니라”
“들으라” - ‘듣는다.’(동명령 과거)이다. “아는” - ‘알다.’(동직설 완
료)이다. “나사렛 예수로” - 갈릴리 나사렛에서 사셨던 역사적인 예
수님이다(눅 4:16). “큰 권능” - ‘능력’이다. “기사” - ‘기적적 표적’이
다. “표적” - ‘표적’이다. “베푸사” - ‘행한다.’(동직설 과거)이다. 하나
님은 나사렛 예수님을 통해 기적과 놀라운 일을 하셨다. “그를” -
‘남자’이다. “증언하셨느니라” - ‘증명한다.’(분사 완료)이다. 그분을 사
람에게 증언하셨다.

23, “그가 하나님께서 정하신 뜻과 미리 아신 대로 내준 바 되었거늘
너희가 법 없는 자들의 손을 빌려 못 박아 죽였으나”
“그가” - ‘예수님’이다. “정하신” - ‘결정한다.’(분사 완료)이다.
“뜻” - ‘목적’이다. “미리 아신대로” - ‘예지(foreknowledge, 어떤 일이
일어나기 전에 미리 앎)’이다. “내 준바 되었거늘” - ‘내어준’(형용사)
이다. 하나님은 이 예수님을 당신이 미리 아시고 정하신 계획에 따
라 그들에게 내어주셨다. “법 없는 자들의” - ‘불법한(unlawful)’이다.
‘악한 사람’, ‘이방인’을 뜻한다. “빌려” - ‘~을 통하여’이다. “못 박
아” - ‘고정한다.’(분사 과거)이다. “죽였으나” - ‘죽인다.’(동직설 과거)

이다. 그들은 악한 사람의 손을 빌려 그분을 십자가에 못 박아 죽였다.

하나님께서 그 예수님을 어떻게 하셨는가?

24, "하나님께서 그를 사망의 고통에서 풀어 살리셨으니 이는 그가 사망에 매여 있을 수 없었음이라"

"그를 사망의" - '죽음'이다. "고통에서" - '해산의 고통(pain of labor)'이다. "풀어" - '풀다.'(분사 과거)이다. "살리셨으니" - '일으킨다.'(동직설 과거)이다. 하나님은 예수님을 죽음에서 풀어서 살리셨다.

왜 그렇게 하셨는가? "매여 있을" - '소유한다.'(부정사 현재)이다. "었음" - '나는 ~이다.'(동직설 미완료)이다. "이라" - '~때문에'이다. 예수님은 죽음에 매여 있을 수 없기 때문이다.

예수님의 살아나심을 누가 예언했는가?

25, "다윗이 그를 가리켜 이르되 내가 항상 내 앞에 계신 주를 뵈었음이여 나로 요동하지 않게 하기 위하여 그가 내 우편에 계시도다"

"가리켜" - '~로 향하여'이다. "이르되" - '말한다.'(동직설 현재)이다. 25절-28절은 시편 16:8-11의 인용이다. 베드로는 이 말씀을 메시아의 부활에 관한 예언으로 해석한다.

"앞에 계신" - '앞에'이다. "뵈었음이여" - '미리 본다.'(동직설 미완료)이다. 다윗은 그 앞에 계신 주님을 보았다. "나로 요동하지" - '흔들린다.'(가정 과거)이다. "않게 하기" - '~하지 않도록'이다. 그의 마음은 흔들리지 않았다. "우편에" - '능력'을 상징한다. "계시도다" - '그것은 ~이다.'(동직설 현재)이다. 주님께서 그의 오른편에 계시기 때문이다.

다윗은 어떻게 살았는가?

26, "그러므로 내 마음이 기뻐하였고 내 혀도 즐거워하였으며 육체도 희망에 거하리니"

"기뻐하였고" - '기쁘게 한다.'(동직설 과거)이다. "즐거워하였으며"

44

- '즐거워한다.'(동직설 과거)이다. 다윗의 마음은 기쁨에 넘쳤고, 혀는 즐거워 노래했다. "거하리니" - '살다.'(동직설 미래)이다. 육체는 희망으로 살았다. 그는 부활의 소망이 있었기 때문이다.

왜 그는 그 소망을 품었는가?

27, "이는 내 영혼을 음부에 버리지 아니하시며 주의 거룩한 자로 썩음을 당하지 않게 하실 것임이로다"

"이는" - '왜냐하면'이다. 소망을 가진 이유를 설명한다. "음부" - '음부(Hades)', '죽은 사람의 영역'이다. "버리지" - '포기한다.'(동직설 미래)이다. "아니하시며" - '~아니다.'이다. 주님께서 다윗의 영혼을 지옥에 버리지 않으시기 때문이다. "거룩한 자로" - '신앙심이 깊은'이다. '거룩한 분(Holy One, 남성 단수)', '예수님'을 뜻한다. "썩음을" - '파멸'이다. "당하지" - '알다.'(부정사 과거)이다. "않게" - '그리고 아니'이다. "하실 것임이로다" - '준다.'(동직설 미래)이다. 하나님께서 당신의 거룩한 예수님을 썩지 않게 하실 것이기 때문이다.

28, "주께서 생명의 길을 내게 보이셨으니 주 앞에서 내게 기쁨이 충만하게 하시리로다 하였으므로"

"보이셨으니" - '알게 한다.'(동직설 과거)이다. 주님께서 그에게 생명의 길을 알려 주셨다. "충만하게 하시리로다" - '넘치게 한다.'(동직설 미래)이다. 그는 주님 앞에서 기쁨이 가득할 것이다.

베드로는 다윗에 대해 무엇을 말하는가?

29, "형제들아 내가 조상 다윗에 대하여 담대히 말할 수 있노니 다윗이 죽어 장사되어 그 묘가 오늘까지 우리 중에 있도다"

"담대히" - '확신'이다. "말할" - '말한다.'(부정사 과거)이다. "수 있노니" - '가능하다.'(분사 현재)이다. "다윗이 죽어" - '종말에 이른다.'(동직설 과거)이다. "장사되어" - '매장한다.'(동직설 과거)이다. "있도다" - '그것은 ~이다.'(동직설 현재)이다. "오늘까지" - 다윗은 죽어서 묻혔고, 그 무덤이 오늘까지 그들 가운데 있다.

30, "그는 선지자라 하나님이 이미 맹세하사 그 자손 중에서 한 사람을 그 위에 앉게 하리라 하심을 알고"

"선지자" - '선지자'이다. "(선지자)라" - '시작한다.'(분사 현재)이다. "(맹세)하사" - '맹세한다.'(동직설 과거)이다. 하나님은 그에게 맹세하셨다. "앉게 하리라" - '앉게 한다.'(부정사 과거)이다. "하심을" - '~ 때문에'이다. "알고" - '알다.'(분사 완료)이다. 다윗은 하나님께서 자기 후손 가운데 한 사람을 왕위에 앉혀 주겠다고 하심을 알고 있었다. 그는 자기 후손에서 그리스도가 태어나고, 그리스도가 부활하여 왕위에 오를 것을 알았다.

이 사실을 안 다윗은 무엇을 했는가?

31, "미리 본 고로 그리스도의 부활을 말하되 그가 음부에 버림이 되지 않고 그의 육신이 썩음을 당하지 아니하시리라 하더니"

"미리 본 고로" - '미리 본다.'(분사 과거)이다. "그리스도의 부활을" - 다윗은 그리스도의 부활을 미리 내다보고 말했다. "말하되" - '말한다.'(동직설 과거)이다. "버림이 되지" - '포기한다.'(동직설 과거)이다. "당하지" - '알다.'(동직설 과거)이다. "아니하시리라 하더니" - '그리고 ~아니'이다.

32, "이 예수를 하나님이 살리신지라 우리가 다 이 일에 증인이로다"

"살리신지라" - '일으킨다.'(동직설 과거)이다. 하나님께서 이 예수님을 죽은 자 가운데서 살리셨다. "이로다" - '우리는 ~이다.'(동직설 현재)이다. 그 일에 다윗은 물론이고 사도도 증인이다. 다윗이 예수님의 부활을 영접한 거나 베드로가 영접한 거나 오늘 우리가 영접한 거나 같다. 우리도 부활의 증인이다.

3. 그들이 증언해야 할 예수님은 어떤 분입니까(33-35)? 이스라엘은 무엇을 알아야 합니까(36)? 사람들의 반응은 무엇이며, 그들은 무엇을 해야 합니까(37-38)? '회개'와 '세례', 그리고 '성령님의 선물'과의 관계가 어떠합니까?

33, "하나님이 오른손으로 예수를 높이시매 그가 약속하신 성령을 아버지께 받아서 너희가 보고 듣는 이것을 부어주셨느니라"

"높이시매" - '높인다.'(분사 과거)이다. 예수님은 하나님의 오른편으로 높임을 받으셨다. "받아서" - '받는다.'(분사 과거)이다. "보고" - '본다.'(동직설 현재)이다. "듣는" - '듣는다.'(동직설 현재)이다. 이 일을 보기도 하고 듣기도 한다. "부어주셨느니라" - '붓는다.'(동직설 과거)이다. 예수님은 약속하신 성령님을 아버지께 받아서 사도한테 부어주셨다.

34, "다윗은 하늘에 올라가지 못하였으나 친히 말하여 이르되 주께서 내 주에게 말씀하시기를"

"올라가지" - '올라간다.'(동직설 과거)이다. "못하였으나" - '~아니다.'이다. "말하여 이르되" - '말한다.'(동직설 현재)이다. "주께서" - '주님'이다. 하나님을 뜻한다. "주에게" - '주님'이다. 예수님을 뜻한다. "말씀하시기를" - '말한다.'(동직설 과거)이다. 하나님께서 예수님께 말씀하셨다.

35, "내가 네 원수로 네 발등상이 되게 하기까지 너는 내 우편에 앉아 있으라 하셨도다 하였으니"

"원수로" - '적의 있는'이다. "등상이" - '발판(footstool)'이다. "되게" - '놓는다.'(가정 과거)이다. "하기까지" - '세상의 악한 영을 완전히 제압하실 때까지'라는 뜻이다. "앉아 있으라" - '앉는다.'(동명령 현재)이다. 예수님은 온 세상의 왕으로 다스림을 뜻한다. 예수님은 종교 지도자들과 논쟁할 때 시편 110:1을 인용하셨다(눅 20:44). 예수님은 당신께서 부활하셔서 하늘의 왕위에 오르실 것을 내다보셨다. 성령님의 오심은 예수님께서 온 세상을 다스리기 시작하셨음을 알려주는 역사적인 사건이다.

그러므로 이스라엘이 확실히 알아야 할 바는 무엇인가?

36, "그런즉 이스라엘 온 집은 확실히 알지니 너희가 십자가에 못 박

은 이 예수를 하나님이 주와 그리스도가 되게 하셨느니라 하니라"

"그런즉" - '그러므로'이다. "집은" - '집'이다. '집의 거주자들', '가족을 형성하는 모든 사람'을 뜻한다. "알지니" - '알다.'(동명령 현재)이다. "십자가에 못 박은 이 예수를" - 유대인이 십자가에 못 박아 죽인 그 예수님이시다. "주"(κύριος, kyrios) - '주인'이다. "그리스도"(Χριστός, Christos) - '어떤 직책을 위해 의식적으로 기를 부음 받은 사람'을 뜻한다. 메시아이다. "되게 하셨느니라" - '행한다.'(동직설 과거)이다. 하나님께서는 예수님을 주님과 그리스도로 삼으셨다. 하나님께서 예수님을 보좌 우편에 올리신 사건은 주님과 메시아로 삼으신 일이다. 예수님은 탄생하실 때 다윗의 보좌에 즉위하신다는 약속을 받으셨다(눅 1:69). 그 약속이 마침내 이루어졌다.

그들의 반응은 어떠한가?

37, "그들이 이 말을 듣고 마음에 찔려 베드로와 다른 사도들에게 물어 이르되 형제들아 우리가 어찌할꼬 하거늘"

"찔려" - '찌른다.'(동직설 과거)이다. 그들은 마음의 고통을 받았다. 그들은 그리스도를 죽였음을 알았기 때문이다. "물어 이르되" - '말한다.'(동직설 과거)이다. "할꼬" - '행한다.'(가정 과거)이다. 그들은 그 고통에서 벗어나려면 뭔가를 해야 한다고 생각했다.

그들은 무엇을 해야 하는가?

38, "베드로가 이르되 너희가 회개하여 각각 예수 그리스도의 이름으로 세례를 받고 죄 사함을 받으라 그리하면 성령의 선물을 받으리니"

"이르되" - '선언한다.'(동직설 현재)이다. "회개하여" - '마음을 바꾼다.'(동명령 과거)이다. 회개는 예수님의 십자가와 부활을 통해 죄를 용서하시는 하나님의 사랑에 대한 반응이다.

이것을 어떻게 표현하는가? "세례를 받고" - '물에 담근다.'(동명령 과거)이다. 회개의 표현으로 세례를 받는다. "예수 그리스도의 이름으로" - '예수님의 권위로'라는 뜻이다. 세례는 예수 그리스도의 이름으로 받는다. 그러므로 회개와 세례를 분리할 수 없다. 개인적인 회개와 믿음을 통하여 예수님을 영접한 사람은 공적인 세례를 통하여 회개와 믿음을 공식화해야 한다.

그러면 무엇을 받는가? "그리하면" - '그리고'이다. "성령의 선물을" - '성령님이 가져오는 선물', '성령님께서 주시는 선물'이다. "받으리니" - '받는다.'(동직설 미래)이다. 그것은 새 언약 백성으로 누리는 특권이다. 구원받았음의 내적 확신이다.

4. 이 약속을 누구에게 하셨습니까(39)? 그 목적은 무엇입니까(40)? 베드로의 메시지를 받은 사람들은 무엇을 했습니까(41)?

39, "이 약속은 너희와 너희 자녀와 모든 먼 데 사람 곧 주 우리 하나님이 얼마든지 부르시는 자들에게 하신 것이라 하고"

"이 약속은" - '이것은 ~에게 하신 약속이다.'라는 뜻이다. '성령님의 선물을 받는다.'라는 말은 하나님께서 하신 약속이다. "너희와 너희 자녀와 모든 먼 데 사람" - '유대인과 그 아들딸, 그리고 이방인'을 말한다. 그 약속은 유대인과 이방인 모두를 위한 것이다. 인종과 혈통을 가리지 않는다. 시간과 공간의 제한을 뛰어넘어, 땅끝까지 이른다. "얼마든지" - '얼마나 큰'이다. '모든 사람'을 뜻한다. "부르시는 자들에게" - '부른다.'(가정 과거)이다. "하신" - '그것은 ~이다.'(동직설 현재)이다. 하나님께서 부르시는 모든 사람에게 하신 약속이다.

그 목적은 무엇인가?

40, "또 여러 말로 확증하며 권하여 이르되 너희가 이 패역한 세대에서 구원을 받으라 하니"

"확증하며" - '증언한다.'(동직설 과거)이다. "권하여 이르되" - '권면한다.'(동직설 미완료)이다. "패역한" - '비뚤어진'이다. "구원을 받으라" - '구원한다.'(동명령 과거)이다. 세상은 하나님 앞에서 볼 때 비뚤어졌다. 베드로가 메시지를 전한 목적은 세상이 구원받도록 하는 데 있다.

그 말을 받은 사람은 무엇을 했는가?

41, "그 말을 받은 사람들은 세례를 받으매 이날에 신도의 수가 삼천 이나 더하더라"

"받은" - '영접한다.'(분사 과거)이다. "세례를 받으매" - '세례를 베풀다.'(동직설 과거)이다. "신도의 수"(ψυχη, psyche:) - '영혼(soul)'이 다. '그의 말을 받아들인 사람'을 뜻한다. 베드로의 메시지를 듣고 받 아들인 사람은 세례를 받았다. "더하더라"(προστίθημι, prostithemi) - '더한다.'(동직설 과거)이다. 그날에 120명에서 3,120명으로 늘었다.

5. 그들은 무엇에 힘씁니까(42)? 그때 무슨 일이 있습니까(43)? 믿 는 사람은 무엇을 합니까(44-47a)? 주님은 무엇을 하십니까 (47b)? '주님께서 더하게 하신다.'라는 말씀을 통해 무엇을 배웁 니까?

42, "그들이 사도의 가르침을 받아 서로 교제하고 떡을 떼며 오로지 기도하기를 힘쓰니라"

"가르침을"(διδαχη, didache:) - '가르침'이다. "서로 교제하 며"(κοινωνία, koino:nia) - '교제(communion)', '친교(fellowship)'이다. "떡" - '빵'이다. "떼며" - '부숨(breaking)'이다. "오로지 기도하기를" - '기도'이다. "힘쓰"(προσκαρτερέω, proskartereo) - '굳게 계속한다.'(분사 현재)이다. "니라" - '나는 ~이다.'(동직설 미완료)이다. '변함없이 계 속한다.'라는 뜻이다. 그들은 사도의 가르침을 받는 일과 교제하는 일과 빵을 떼는 것과 기도에 변함없이 계속했다.

첫째로, 사도의 가르침을 받는 일에 힘썼다. 지금까지 구성원은 예수님으로부터 직접 말씀을 배우고, 예수님께서 행하신 이적을 직 접 경험했던 사람들이었다. 그러나 이제 새 교인이 많이 생겼다. 그 들이 예수님의 증인으로 살려면 지속해 가르침이 필요했다.

둘째로, 교제에 힘썼다. 여기서는 '그 교제(the fellowship)'이다. 성 령님 안에서 함께 사귐을 갖는 일이다. 교회는 성령님 안에서 교제 하는 공동체이다.

셋째로, 빵을 떼는 일에 힘썼다. '빵을 떼는 일'은 두 가지로 나타난다. 음식을 먹는 것과 성찬 하는 일이다. 당시 성찬은 정규적인 식사를 하는 중에 이루어졌다. 각 가정에서 모여서 식사할 때마다 성찬을 했다. 그들은 동역자들과 교제하면서 예수님과 교제했다.

넷째로, 기도에 힘썼다. 그들의 기도는 120명의 기도를 본받고 있다(1:14). 이 모습은 교회가 3천 200명으로 늘었을 때도 이어진다. 교인의 수적인 성장은 곧 기도하는 사람이 늘어남을 뜻한다. 교인의 증가와 기도의 증가는 비례한다.

그때 무슨 일이 일어나는가?

43, "사람마다 두려워하는데 사도들로 말미암아 기사와 표적이 많이 나타나니"

"두려워" - '두려움'이다. "하는데" - '일어난다.'(동직설 미완료)이다. '경외심이 사람에게 임했다.'라는 뜻이다. "나타나니" - '일어난다.'(동직설 미완료)이다. 사도를 통하여 놀라운 일과 표징이 많이 일어났기 때문이다.

믿는 사람은 무엇을 하는가?

44, "믿는 사람이 다 함께 있어 모든 물건을 서로 통용하고"

"믿는 사람" - 하나님의 새 언약 백성이다. "함께" - '위에'이다. "있어" - '나는 ~이다.'(동직설 미완료)이다. "모든 물건을" - '모든'이다. "서로 통용" - '공공의'이다. "하고" - '가진다.'(동직설 미완료)이다. 그들은 서로 함께 지내고, 모든 것을 공동으로 소유한다.

45, "또 재산과 소유를 팔아 각 사람의 필요를 따라 나눠 주며"

"또" - '그리고'이다. "재산" - '토지'이다. "소유를" - '재산'이다. "팔아" - '팔다.'(동직설 미완료)이다. "나눠 주며" - '나눈다.'(동직설 미완료)이다. 그들은 재산을 팔고 나눠준다. 이것은 사유 재산의 포기를 말하는 것은 아니다. 성도가 물질의 어려움을 겪으면 여유 있는 사람이 그 필요를 채워준 것이다. 예루살렘 교회에는 갈릴리 등에서 온 가난한 사람이 있었다. 물질의 여유가 있는 사람이 가난한 사람과 함께 나누었다.

46, "날마다 마음을 같이하여 성전에 모이기를 힘쓰고 집에서 떡을 떼며 기쁨과 순전한 마음으로 음식을 먹고"

"날" - '날(day)'이다. "마다" - '동안'이다. "마음을 같이하여" - '마음을 같이하여(unanimous)'이다. "모이기를 힘쓰고"(προσκαρτερέω, proskartereo) - '굳게 계속한다.'(분사 현재)이다. '그들은 날마다 함께 성전에 모이기를 힘쓰면서'라는 뜻이다. "떼며" - '자른다.'(분사 현재)이다. '집집이 돌아가며 빵을 나누면서.'라는 뜻이다. 전체로는 성전에 모이고, 일부는 집집에서 모였다.

"순전한" - '진실하고 순결한'이다. "먹고" - '자기 몫을 받는다.'(동직설 미완료)이다. 그들은 자기 몫을 받는다. 이것은 서로 사랑하며 음식을 먹는 '애찬(a love feast)'이면서 예수님의 십자가를 기리는 '성찬(communion)'이다.

47, "하나님을 찬미하며 또 온 백성에게 칭송을 받으니 주께서 구원 받는 사람을 날마다 더하게 하시니라"

"찬미하며" - '찬양하다.'(분사 현재)이다. "칭송을"(χάρις, charis) - '은혜'이다. "받으니" - '가진다'(분사 현재)이다. 그들은 하나님을 찬양하며 사람에게 호의를 받는다.

주님은 무엇을 하는가? "(그리고)" - '그리고'이다. "주께서"(κύριος, kyrios) - '주님(master)'이다. "구원받는" - '구원한다.'(분사 현재)이다. "더하게 하시니라"(προστίθημι, prostithemi) - '더한다.'(동직설 미완료)이다. 교인의 수를 늘려 주신다.

'주님께서 더하게 하신다.'라는 말씀을 통해 무엇을 배우는가? 교회의 성장은 주님께서 하신다. 물론 그 교인을 통해서 하신다. 교인이 가르침 받는 일과 교제하는 일과 빵을 떼는 것과 기도에 힘쓰니 주님께서 수적인 성장을 허락하신다.

05

예수님의 이름으로

본문 사도행전 3:1-10
요절 사도행전 3:6
찬송 542장, 543장

1. 베드로와 요한은 언제 성전으로 갑니까(1)? 그때 어떤 사람이 성전 문에 있습니까(2)? 이 사람을 통해 무엇을 생각할 수 있습니까?

2. 그 장애인은 베드로와 요한에게 무슨 도움을 청합니까(3)? 베드로와 요한은 그에게 무슨 말을 합니까(4)? 그때 그 사람은 무슨 기대를 합니까(5)?

3. 베드로는 그런 그에게 무엇이라고 말했습니까(6)? 베드로는 자신에 대해서 어떤 점을 분명하게 알고 있습니까? 왜 '그리스도의 이름으로 걸으라.'라고 말합니까? 이 사실이 오늘 우리에게 주는 의미는 무엇입니까?

4. 베드로는 계속해서 무엇을 했으며, 그 사람은 어떻게 되었습니까(7-8)? 그의 변화에 대한 사람들의 반응이 어떠했습니까(9-10)?

05
예수님의 이름으로

본문 사도행전 3:1-10
요절 사도행전 3:6
찬송 542장, 543장

1. 베드로와 요한은 언제 성전으로 갑니까(1)? 그때 어떤 사람이 성전 문에 있습니까(2)? 이 사람을 통해 무엇을 생각할 수 있습니까?

1, "제 구 시 기도 시간에 베드로와 요한이 성전에 올라갈새"
"제 구 시" - '오후 3시'다. "기도 시간에" - '기도하는 시간'이다. 당시 사람은 하루에 두 번씩 성전에서 제물을 드렸다. 그리고 그때를 포함하여 하루에 세 번씩 기도했다: 오전 9시, 정오, 오후 3시. 그것은 언약 백성의 의무였다. "성전" - '예루살렘 성전'이다. "올라갈새" - '올라간다.'(동직설 미완료)이다. 요한과 베드로는 기도하러 성전으로 갔다.
그곳에 누가 있는가?

2, "나면서 못 걷게 된 이를 사람들이 메고 오니 이는 성전에 들어가는 사람들에게 구걸하기 위하여 날마다 미문이라는 성전 문에 두는 자라"
"나" - '어머니'이다. "면" - '배(belly)'이다. "서" - '때부터'이다. "못 걷게" - '절름발이의'이다. "된" - '있다.'(분사 현재)이다. "이를"

54

- '남자'이다. 태어날 때부터 걷지 못하는 장애인이다. 이름도 없이 등장하는 이 사람은 한 번도 자기 발로 걸어본 적이 없다. "사람들이 메고 오니" - '운반한다.'(동직설 미완료)이다. "들어가는" - '들어간다.'(분사 현재)이다. "구걸" - '구제(alms)'이다. "하기 위하여" - '달라고 부탁한다.'(부정사 현재)이다. "미문" - '아름다운', '아름다운 문(the Beautiful Gate)'이다. 이방인의 뜰에서 여인의 뜰로 통하는 '니카놀 문(Nicanor's gate)'이다. 그 문을 은과 금으로 장식했고, 기증하는 사람의 이름을 따라 지었다. "이라는" - '말한다.'(분사 현재)이다. "두는" - '둔다.'(동직설 미완료)이다.

성전에 구걸하러 온 장애인을 통해 무엇을 생각할 수 있는가? 베드로와 요한, 그리고 보통의 사람이 성전에 온 목적과 이 사람이 성전에 온 목적이 다르다. 베드로와 요한, 그리고 대부분 사람은 기도하려고 성전으로 왔다. 하지만 그 장애인은 사람들에게 도움을 청하려고 성전에 왔다. 성전은 그에게 빵 문제를 해결해 주는 은혜의 장소였다. 사람의 환경과 조건에 따라 성전에 오는 목적도 다르다.

2. 그 장애인은 베드로와 요한에게 무슨 도움을 청합니까(3)? 베드로와 요한은 그에게 무슨 말을 합니까(4)? 그때 그 사람은 무슨 기대를 합니까(5)?

3, "그가 베드로와 요한이 성전에 들어가려 함을 보고 구걸하거늘"
"들어" - '들어간다.'(부정사 현재)이다. "가려 함을" - '곧 ~하려고 한다.'(분사 현재)이다. "보고" - '본다.'(분사 과거)이다. "구걸" - '불쌍히 여김'이다. "(취한다)" - '취한다.'(부정사 과거)이다. "하거늘" - '묻는다.'(동직설 미완료)이다. 그는 빵을 살 수 있는 돈을 원했을 것이다.

베드로와 요한은 무엇을 하는가?

4, "베드로가 요한과 더불어 주목하여 이르되 우리를 보라 하니"
"주목하여" - '열중하여 본다.'(분사 과거)이다. "이르되" - '말한다.' (동직설 과거)이다. "보라 하니" - '본다.'(동명령 과거)이다.

5, "그가 그들에게서 무엇을 얻을까 하여 바라보거늘"

"얻을" - '받는다.'(부정사 과거)이다. "까 하여" - '기다린다.'(분사 현재)이다. "바라보거늘" - '주목한다.'(동직설 미완료)이다.

3. 베드로는 그런 그에게 무엇이라고 말했습니까(6)? 베드로는 자신에 대해서 어떤 점을 분명하게 알고 있습니까? 왜 '그리스도의 이름으로 걸으라.'라고 말합니까? 이 사실이 오늘 우리에게 주는 의미는 무엇입니까?

6, "베드로가 이르되 은과 금은 내게 없거니와 내게 있는 이것을 네게 주노니 나사렛 예수 그리스도의 이름으로 일어나 걸으라 하고"

"이르되" - '말한다.'(동직설 과거)이다. "(그런데)" - '그런데'이다. "없거" - '~아니다.'이다. "니와" - '있다.'(동직설 현재)이다. 베드로에게는 은과 금이 없다.

왜 그는 '은과 금'을 말했을까? 당시 은금은 보통 사람은 구경도 못 하는 보물이었다. 은금을 구걸하는 사람에게 주는 사람도 없었다. 고작해야 동전 정도에 지나지 않았다. 그렇다면 베드로는 이렇게 말한 셈이다. "은과 금이 있다면 당신이 이렇게 구걸하지는 않을 것이다. 나에게는 당신을 도와줄 큰돈은 없다. 아니, 아무리 큰돈일지라도 당신의 신세를 바꿀 수는 없다."

베드로에게 있는 것은 무엇인가? "내게 있는" - '소유한다.'(동직설 현재)이다. "주노니" - '준다.'(동직설 현재)이다. 그에게 있는 그것이 있다. "이름으로" - '이름'은 존재를 상징하고, 능력을 나타낸다. 로마 황제의 이름에는 놀라운 능력이 있었다. 그러나 그 능력은 예수님의 이름으로부터 나온다.

"일어나 걸으라 하고" - '걷는다.'(동명령 현재)이다. 베드로는 그냥 "일어나 걸으라."라고 하지 않는다. 자기에게 있는 "나사렛 예수 그리스도의 이름으로 걸으라."라고 한다. 그는 예수님께서 이 사람을 친히 일어나 걷게 하실 줄 믿었기 때문이다. 그는 그 이름을 가졌고, 그 이름을 준다.

우리는 무엇을 배우는가? 이 사건은 사도행전의 첫 번째 사건이다. 따라서 이 사건은 앞으로 전개될 내용의 예고편이다. 그것은 '교회가 사람을 어떻게 도울 수 있는가?' '교회가 세상을 향해 무엇을 해야 하는가?'에 관한 것이다. 우리에게는 돈이 없다. 그리고 그 돈으로 사람의 본질을 도울 수 없다. 반면 우리에게는 예수 그리스도의 이름이 있다. 그리고 그 이름으로 사람의 본질을 도울 수 있다.

4. 베드로는 계속해서 무엇을 했으며, 그 사람은 어떻게 되었습니까(7-8)? 그의 변화에 대한 사람들의 반응이 어떠했습니까(9-10)?

7, "오른손을 잡아 일으키니 발과 발목이 곧 힘을 얻고"

"잡아" - '붙잡는다.'(분사 과거)이다. "일으키니" - '일으킨다.'(동직설 과거)이다.

왜 베드로는 그를 일으켰을까? 그는 걸어 본 적이 없기 때문이다. 베드로는 그가 주저하거나 의심하거나 당황할 틈을 주지 않았다. 그가 예수 그리스도의 이름을 의지하고 일어나도록 도왔다.

그러자 그는 어떻게 되었는가? "힘을 얻고" - '굳게 한다.'(동직설 과거)이다. 베드로가 잡아 일으키니 즉시 다리와 발목이 힘을 얻었다.

8, "뛰어 서서 걸으며 그들과 함께 성전으로 들어가면서 걷기도 하고 뛰기도 하며 하나님을 찬송하니"

"뛰어" - '뛴다.'(분사 현재)이다. "서서" - '선다.'(동직설 과거)이다. "걸으며" - '걷는다.'(동직설 미완료)이다. 그는 뛰면서 섰다. 그리고 걸었다. "들어가면서" - '들어간다.'(동직설 과거)이다. 그는 성전으로 들어갔다. "걷기도 하고" - '걷는다.'(분사 현재)이다. "뛰기도 하며" - '뛴다.'(동분사 현재)이다. "찬송하니" - '찬양한다.'(동분사 현재)이다. 그는 걷기도 하고 뛰기도 하고 찬양하면서 성전으로 들어갔다. 사람의 도움을 받으려고 성전에 왔던 그가 이제는 하나님을 찬양하면서 성전으로 들어갔다. 그에게도 성전으로 들어갈 이유가 생겼기 때문이다. 그는 이제 사람의 도움이 아닌 하나님의 도움을 받고자 한다.

그의 변화에 대한 사람들의 반응은 어떠한가?

9, "모든 백성이 그 걷는 것과 하나님을 찬송함을 보고"
"보고" - '본다.' '알다.'(동직설 과거)이다.

10, "그가 본래 성전 미문에 앉아 구걸하던 사람인 줄 알고 그에게 일어난 일로 인하여 심히 놀랍게 여기며 놀라니라"
"알고" - '알다.'(동직설 미완료)이다. "놀라" - '혼란'이다. "니라" - '가득하다.'(동직설 과거)이다. 사람들은 그 사람이 구걸하던 사람인 줄 알고 놀라움으로 가득했다.

06

그 이름을 믿으므로

본문 사도행전 3:11-26
요절 사도행전 3:16
찬송 545장, 546장

1. 왜 사람들은 솔로몬 행각으로 모였습니까(11)? 베드로는 그들의 시선을 누구에게로 돌렸습니까(12-13)?

2. 백성은 어떤 죄를 지었습니까(14-15a)? 그러나 하나님께서는 그 예수님을 어떻게 하셨습니까(15b)?

3. 왜 장애인은 성하게 된 겁니까(16)? '그 이름을 믿는 믿음'의 능력이 얼마나 위대합니까? 그들이 예수님을 죽인 데는 무슨 뜻이 있었습니까(17-18)?

4. 그러므로 그들은 무엇을 해야 합니까(19a)? 그러면 어떤 은혜를 받습니까(19b-20)? 예수님은 언제까지 어디에 계셔야 합니까(21)?

5. 모세는 무엇을 말했습니까(22-23)? '나 같은 선지자'는 누구를 말하며, '그 선지자'의 말을 듣는 일이 얼마나 중요합니까? 또 누가 '이때'를 가리켜 말했습니까(24)? 이 사실이 그들에게 주는 의미는 무엇입니까(25)? 하나님은 그들에게 먼저 무엇을 하셨습니까(26)?

06

그 이름을 믿으므로

본 문 사도행전 **3:11-26**
요 절 사도행전 **3:16**
찬 송 **545장, 546장**

1. 왜 사람들은 솔로몬 행각으로 모였습니까(11)? 베드로는 그들의 시선을 누구에게로 돌렸습니까(12-13)?

11, "나은 사람이 베드로와 요한을 붙잡으니 모든 백성이 크게 놀라며 달려 나아가 솔로몬의 행각이라 불리우는 행각에 모이거늘"

"붙잡으니" - '붙잡는다.'(동분사 현재)이다. '그 사람은 베드로와 요한을 붙드는 동안에'라는 뜻이다.

그때 백성은 무엇을 했는가? "크게 놀라며" - '매우 놀란'이다. "달려 나아가" - '함께 달린다.'(동직설 과거)이다. 사람들은 매우 놀라서 솔로몬 행각으로 달려왔다. "솔로몬의 행각" - 이방인의 뜰 주위에 돌아가며 지붕과 기둥만 있고 벽이 없는 주랑(柱廊, parvis)이 있었다. 솔로몬 성전의 주랑을 보수하여 만들어서 '솔로몬 행각(行閣, colonnade)'으로 불렀다. 각종 모임과 토론의 공간이었다. "이라 불리우는" - '부른다.'(분사 현재)이다. "에 모이거늘" - '~가까이에'이다.

왜 사람들은 달려왔는가?

12, "베드로가 이것을 보고 백성에게 말하되 이스라엘 사람들아 이

일을 왜 놀랍게 여기느냐 우리 개인의 권능과 경건으로 이 사람을 걷게 한 것처럼 왜 우리를 주목하느냐"

"보고" - '본다.'(분사 과거)이다. "말하되" - '대답한다.'(동직설 과거)이다. "이스라엘 사람들" - 하나님의 백성으로서 예수님을 잘 알고 있다. "놀랍게 여기느냐" - '기이히 여긴다.'(동직설 현재)이다. 그들은 장애인이 일어나 걸은 일을 놀랍게 여겼다. "주목하느냐" - '응시한다.'(동직설 현재)이다. 사람들은 베드로와 요한의 능력과 경건을 주목한다. 그들은 베드로와 요한의 능력과 경건이 그 사람을 일어나 걷게 한 줄로 알았기 때문이다.

하지만 베드로는 그들의 관심을 누구에게 돌렸는가?

13, "아브라함과 이삭과 야곱의 하나님 곧 우리 조상의 하나님이 그의 종 예수를 영화롭게 하셨느니라 너희가 그를 넘겨주고 빌라도가 놓아주기로 결의한 것을 너희가 그 앞에서 거부하였으니"

"아브라함과 이삭과 야곱의 하나님" - 천지 만물을 창조하신 하나님, 아브라함, 이삭, 그리고 야곱과 함께하시며 인도하신 살아 계신 하나님이다. "조상의 하나님" - 아브라함 때부터 지금까지 이스라엘이 믿고 섬긴 그 하나님이시다. 베드로는 먼저 그 하나님께로 사람의 관심을 돌렸다.

그 하나님께서 예수님을 어떻게 하셨는가? "그의 종" - 예수님께서 받으신 고난의 독특성을 뜻한다. 예수님은 죄가 없지만, 우리의 죄를 대신 지고 돌아가셨다(사 53:12). "영화롭게 하셨느니라" - '영화롭게 한다.'(동직설 과거)이다. 하나님께서 그 예수님을 죽은 자 가운데서 살리시고, 하나님의 나라로 인도하셨다.

그런데 그들은 그 예수님을 어떻게 했는가? "넘겨주고" - '전달한다.'(동직설 과거)이다. "놓아주기로" - '석방한다.'(부정사 현재)이다. "결의한 것을" - '판단한다.'(분사 과거)이다. "거부하였으니" - '거절한다.'(동직설 과거)이다. 사람들은 빌라도가 예수님을 풀어주려고 했을 때 거부했다.

2. 백성은 어떤 죄를 지었습니까(14-15a)? 그러나 하나님께서는 그 예수님을 어떻게 하셨습니까(15b)?

14, "너희가 거룩하고 의로운 이를 거부하고 도리어 살인한 사람을 놓아주기를 구하여"

"거룩하고" - '신에게 바친'이다. 그분은 세상과 세상 사람과 다른 분이다. 즉 죄가 없는 분이다. "의로운 이를" - '의로운'이다. 그분은 하나님과 바른 관계를 맺으신 분이다. "거부하였으니" - '거절한다.' (동직설 과거)이다. 사람들은 이 예수님을 거절했다. "놓아 주기를" - '은혜를 보인다.'(부정사 과거)이다. "구하여" - '요구한다.'(동직설 과 거)이다. 그들은 살인자를 놓아달라고 했다(눅 23:19, 25).

15, "생명의 주를 죽였도다 그러나 하나님이 죽은 자 가운데서 그를 살리셨으니 우리가 이 일에 증인이라"

"주" - '통치자'이다. '생명의 주'는 '생명의 근원(the Author of life)'을 뜻한다. 예수님은 어둠과 죽음의 그늘에 앉은 사람을 살리고, 생명을 주시는 분이다(눅 1:79; 8:27-28, 55-56). "죽였도다" - '죽인 다.'(동직설 과거)이다. 그들은 생명의 주님을 죽였다. "그를 살리셨으 니" - '일으킨다.'(동직설 과거)이다. 그러나 하나님은 죽은 자 가운데 서 그분을 살리셨다. 사람들은 그분을 죽였지만, 하나님은 그분을 살 리셨다.

"(증인)이라" - '우리는 ~이다.'(동직설 현재)이다. 베드로와 요한은 이 일에 증인이다.

3. 왜 장애인은 성하게 된 겁니까(16)? '그 이름을 믿는 믿음'의 능 력이 얼마나 위대합니까? 그들이 예수님을 죽인 데는 무슨 뜻이 있었습니까(17-18)?

16, "그 이름을 믿으므로 그 이름이 너희가 보고 아는 이 사람을 성 하게 하였나니 예수로 말미암아 난 믿음이 너희 모든 사람 앞에서 이같

이 완전히 낫게 하였느니라"

"그 이름을" - '생명의 주님, 예수 그리스도의 이름'이다. "믿으(므로)" - '믿음'이다. "(믿으)므로" - '~위에'이다. "너희가 보고" - '응시한다.'(동직설 현재)이다. "아는" - '알다.'(동직설 완료)이다. "성하게 하였나니" - '굳게 한다.'(동직설 과거)이다. "말미암아 난" - '~ 때문에'이다. "완전히 낫게" - '건강'이다. "하였느니라" - '준다.'(동직설 과거)이다. "그 이름을 믿으므로, 그 이름이 이 사람을 견고하게 했다. 예수님을 통해서 온 바로 그 믿음이 이 사람을 온전히 낫게 했다." 그분의 이름은 그분의 이름을 믿는 사람을 완전히 낫게 할 만큼 강력하다.

왜 이스라엘 사람은 그 예수님을 죽였는가?

17, "형제들아 너희가 알지 못하여서 그리하였으며 너희 관리들도 그리한 줄 아노라"

"알지 못하" - '무지'이다. "여서" - '~으로부터'이다. "그리하였으며" - '행한다.'(동직설 과거)이다. 그들이 예수님을 거절하고 십자가에 잡아 죽인 일은 무지해서였다. "그리 한" - '마치 ~처럼'이다. "아노라" - '알다.'(동직설 완료)이다.

그러나 여기에 무슨 뜻이 있었는가?

18, "그러나 하나님이 모든 선지자의 입을 통하여 자기의 그리스도께서 고난 받으실 일을 미리 알게 하신 것을 이와 같이 이루셨느니라"

"그러나" - '그러나'이다. 반전을 말한다. "미리 알게 하신" - '미리 선언한다.'(동직설 과거)이다. 하나님은 모든 선지자의 입을 통해 "그리스도가 고난을 받아야 한다."라고 미리 선포하셨다. "이루셨으니라" - '이룬다.'(동직설 과거)이다.

4. 그러므로 그들은 무엇을 해야 합니까(19a)? 그러면 어떤 은혜를 받습니까(19b-20)? 예수님은 언제까지 어디에 계셔야 합니까(21)?

19, "그러므로 너희가 회개하고 돌이켜 너희 죄 없이 함을 받으라 이같이 하면 새롭게 되는 날이 주 앞으로부터 이를 것이요"

"너희가 회개하고" - '마음을 바꾼다.'(동명령 과거)이다. "돌이켜"(ἐπιστρέφω, *epistrepho*) - '돌아간다.'(동명령 과거)이다. 자기중심적이고, 세상 중심적인 마음을 바꾸고 하나님한테로 돌아가야 한다.

그러면 어떤 은혜를 받는가? "죄" - 생명의 주님이신 예수님을 죽인 일에 가담한 죄이다. "없이 함을 받으라" - '씻어버린다.'(부정사 과거)이다. 첫째로, 죄 없이 함을 받는다. 옛적에는 파피루스(papyrus)에 글을 썼는데, 그 글씨를 지우려면 물로 씻어야 했다. 누구든지 하나님한테로 가면 그 죄를 씻어서 없애신다.

"새롭게" - '상쾌하게 함'이다. "날이"(καιρός, *kairos*) - '시점'(복수형)이다. '숨통이 트이는 순간들', '상쾌한 날들(seasons of refreshing)'이다. "이를 것이요" - '온다.'(가정 과거)이다. "앞으로부터" - '얼굴에서부터'이다. 둘째로, 주님 얼굴에서부터 새롭게 되는 날이 이른다. 이 말씀은 한 개인에게는 물론이고 세상의 변화를 뜻한다.

20, "또 주께서 너희를 위하여 예정하신 그리스도 곧 예수를 보내시리니"

"너희를 위하여" - '너에게'이다. "예정하신" - '결정한다.'(분사 완료)이다. "보내시리니" - '보낸다.'(가정 과거)이다. 셋째로, 하나님은 미리 정하신 예수 그리스도를 보내신다. 예수님은 때가 오면 다시 오신다.

그분은 언제까지 어디에 계셔야 하는가?

21, "하나님이 영원 전부터 거룩한 선지자들의 입을 통하여 말씀하신 바 만물을 회복하실 때까지는 하늘이 마땅히 그를 받아 두리라"

"말씀하신" - '말한다.'(동직설 과거)이다. 하나님은 선지자의 입을 빌려 말씀하셨다. "만물" - '모든'이다. "회복하실" - '회복'이다. "마땅히" - '반드시 ~해야 한다.'(동직설 현재)이다. "받아 두리라" - '받는다.'(부정사 과거)이다. 예수님은 하나님이 거룩한 선지자를 통해

말씀하신 대로 만물을 새롭게 하실 때까지는 하늘에 머물러 계셔야
한다.

5. 모세는 무엇을 말했습니까(22-23)? '나 같은 선지자'는 누구를 말
하며, '그 선지자'의 말을 듣는 일이 얼마나 중요합니까? 또 누
가 '이때'를 가리켜 말했습니까(24)? 이 사실이 그들에게 주는 의
미는 무엇입니까(25)? 하나님은 그들에게 먼저 무엇을 하셨습니
까(26)?

22, "모세가 말하되 주 하나님이 너희를 위하여 너희 형제 가운데서
나 같은 선지자 하나를 세울 것이니 너희가 무엇이든지 그의 모든 말을
들을 것이라"

"모세" - 사도 베드로는 모세의 말을 인용한다. "말하되" - '말한
다.'(동직설 과거)이다. "같은" - '와 같이'이다. "선지자 하나를" - '선
지자'이다. 메시아이시다. "세울 것이니" - '일으킨다.'(동직설 미래)이
다. 모세는 하나님께서 메시아를 세우실 것을 말했다. "들을 것이라"
- '듣는다.'(동직설 미래)이다. 신 18:15의 인용이다. '그 선지자의 말
을 들어야 한다.'라는 뜻이다. 유대인은 예수님의 말씀을 들어야 한
다.
만일 그들이 듣지 않으면 어떻게 되는가?

23, "누구든지 그 선지자의 말을 듣지 아니하는 자는 백성 중에서 멸
망 받으리라 하였고"

"(그리고 그렇게 될 것이다)" - '나는 ~이다.'(동직설 미래)이다.
'멸망 받음'을 강조한다. "그" - '저 사람(that one)'이다. "선지자의 말
을" - '선지자'이다. "듣지" - '듣는다.'(가정 과거)이다. "아니하는" -
'아니'이다. "멸망 받으리라" - '완전히 멸망시킨다.'(동직설 미래)이다.
그 선지자의 말을 듣지 않으면 망한다.
또 누가 '이때'를 가리켜 말했는가?

24, "또한 사무엘 때부터 이어 말한 모든 선지자도 이때를 가리켜 말하였느니라"

"사무엘 때부터" - 이스라엘 역사에서 첫 번째 선지자이다. "이어" - '잇따라(one after another)'이다. "말한" - '말한다.'(동직설 과거)이다. "이때" - '이 날들(these days)'이다. '새롭게 되는 날'(19), '모든 만물이 회복되는 날'이다(21). "가리켜 말하였느니라" - '선포한다.'(동직설 과거)이다. 사무엘을 비롯하여 그 이후의 선지자들은 모두 이때를 선포했다. 예수님이 세상에 다시 오시는 날이며, 예수님의 말씀을 들으면 살고 듣지 않으면 죽는 날이다.

이 사실이 지금 베드로의 메시지를 듣는 청중에게 주는 의미는 무엇인가?

25, "너희는 선지자들의 자손이요 또 하나님이 너희 조상과 더불어 세우신 언약의 자손이라 아브라함에게 이르시기를 땅 위의 모든 족속이 너의 씨로 말미암아 복을 받으리라 하셨으니"

"이요" - '너희는 ~이다.'(동직설 현재)이다. "선지자들의 자손이요" - 베드로의 메시지를 듣는 사람은 선지자의 자손이다. "조상과 더불어 세우신 언약의 자손" - 언약의 자손이다. 그들은 하나님과의 관계에서 특별한 존재이다.

어느 정도 특별한가? "세우신" - '제정한다.'(동직설 과거)이다. "이르시기를" - '말한다.'(분사 현재)이다. "씨로" - '씨(seed)', '자손'이다. 예수 그리스도를 말한다. "복을 받으리라 하셨으니" - '축복한다.'(동직설 미래)이다. 그들 후손을 통해 세상의 모든 민족이 복을 받는다. 그들 후손을 통해 예수 그리스도가 세상에 오신다. 그 예수님을 통해 온 세상은 복을 받는다. 그들에게는 이런 특권이 있다.

그래서 하나님은 그들에게 먼저 무엇을 하셨는가?

26, "하나님이 그 종을 세워 복 주시려고 너희에게 먼저 보내사 너희로 하여금 돌이켜 각각 그 악함을 버리게 하셨느니라"

"세워" - '일어난다.'(분사 과거)이다. 하나님께서 예수님을 죽은 자 가운데서 살리심을 뜻한다. "복 주시려고" - '축복한다.'(분사 현재)이다. "보내사" - '보낸다.'(동직설 과거)이다. "너희로 하여금" - '너희를'이다. "돌이켜" - '피한다.'(부정사 현재)이다. "악함을 버리게 하셨느니라" - '악함에서부터'이다. '악에서 돌아서도록'이라는 뜻이다. 하나님은 예수님을 살리셔서 그들이 악에서 돌아서고 복을 주시려고 보내셨다. 그들이 복을 받으려면 악을 버려야 한다. 그 일을 위해 하나님은 먼저 그들에게 예수님을 보내셨다. 그들이 예수님의 이름을 믿고 능력 있는 삶, 복 받는 삶을 살도록 하셨다.

07
다른 이름은 없다

본문 사도행전 4:1-22
요절 사도행전 4:12
찬송 93장, 94장

1. 사도들이 백성에게 메시지를 전할 때 어떤 사람들이 왔습니까
   (1)? 그들은 무엇을 싫어합니까(2)? 그들은 사도들을 어떻게 했
   습니까(3)?
2. 사도들은 갇혔지만, 말씀은 어떻게 일했습니까(4)? 얼마나 많은
   종교 지도자가 모였습니까(5-6)? 그들은 사도들에게 무엇을 물었
   습니까(7)?
3. 베드로는 무엇이라고 대답했습니까(8-11)? '머릿돌이 되었다.'라
   는 말은 무슨 뜻입니까? 누구를 통해서만 구원받을 수 있습니
   까(12)? 이 사실이 당시 종교 지도자와 종교 다원주의 시대를
   사는 우리에게 주는 의미는 무엇입니까?
4. 종교 지도자들의 반응은 어떠합니까(13-14)? 그들은 무슨 경고를
   합니까(15-18)?
5. 사도들은 어떻게 반응했습니까(19-20)? 왜 관리들은 사도들을 놓
   을 수밖에 없었습니까(21-22)?

07

다른 이름은 없다

본문 사도행전 4:1-22
요절 사도행전 4:12
찬송 93장, 94장

1. 사도들이 백성에게 메시지를 전할 때 어떤 사람들이 왔습니까
(1)? 그들은 무엇을 싫어합니까(2)? 그들은 사도들을 어떻게 했
습니까(3)?

1, "사도들이 백성에게 말할 때에 제사장들과 성전 맡은 자와 사두개
인들이 이르러"

"사도들이" - '그들'이다. "말할 때에" - '말한다.'(분사 현재)이다.
"제사장" - 성전에서 백성을 가르칠 수 있는 합법적인 권한을 가진
지도자이다. "성전 맡은 자" - 성전의 경비대장(captain of the
temple)이다. 성전과 성전 주위의 질서와 치안 유지를 책임졌다. "사
두개인" - 대제사장과 그 가족을 포함한 귀족이다. 그들은 성전의
경비를 맡았고, 희생 제사를 감독했다. 경제적 사회적 정치적으로 권
력을 행사했다. "이르러" - '곁에 선다.'(동직설 과거)이다. 사도들은
3장에서 일반백성을 대상으로, 4장은 종교 지도자를 대상으로 메시
지를 전한다.
종교 지도자는 무엇을 싫어하는가?

2, "예수 안에 죽은 자의 부활이 있다고 백성을 가르치고 전함을 싫

어하여"

"부활이 있다고" - '부활'이다. '예수님을 믿는 사람은 죽어도 부활한다.'라는 뜻이다. "가르치(고)" - '가르친다.'(부정사 현재)이다. "전함을" - '선포한다.'(부정사 현재)이다. "싫어하여" - '크게 짜증을 낸다.'(분사 현재)이다.

그들은 사도들을 어떻게 했는가?

3, "그들을 잡으매 날이 이미 저물었으므로 이튿날까지 가두었으나"

"잡" - '손(hand)'이다. "으매" - '위에 던진다.'(동직설 과거)이다. '손을 얹었다.'라는 뜻이다. 그들은 사도들을 체포했다. "저물었" - '저녁때'이다. "으므로" - '왜냐하면'이다. "가두" - '준수'이다. "었" - '안으로'이다. "으나" - '놓는다.'(동직설 과거)이다. 예수님은 제자들에게 박해가 있을 것을 말씀하셨다(눅 21:12).

2. 사도들은 갇혔지만, 말씀은 어떻게 일했습니까(4)? 얼마나 많은 종교 지도자가 모였습니까(5-6)? 그들은 사도들에게 무엇을 물었습니까(7)?

4, "말씀을 들은 사람 중에 믿는 자가 많으니 남자의 수가 약 오천이나 되었더라"

"들은" - '듣는다.'(분사 과거)이다. "믿는" - '믿는다.'(동직설 과거)이다. 사도들의 말을 들은 사람들 가운데서 믿는 사람이 많았다. "되었더라" - '된다.'(동직설 과거)이다. "약 오천" - 놀라운 숫자이다. 그리고 그 숫자는 예수님께서 빵을 먹이셨던 그 숫자와 같다(눅 9:14).

사도들의 갇힘과 말씀의 사역을 통해 무엇을 배울 수 있는가? 사도들을 체포한다고 해서 그 말씀까지 체포할 수 없다. 말씀은 자유롭게 증언되고 사람 속에서 힘 있게 일한다.

종교 지도자들의 반응은 어떠한가?

5, "이튿날 관리들과 장로들과 서기관들이 예루살렘에 모였는데"

07, 4:1-22 다른 이름은 없다

"(이튿날)에" - '된다.'(동직설 과거)이다. "관리" - '통치자'이다. 대제사장을 의장으로 하는 71명으로 구성된 산헤드린 공회원이다. "장로" - 씨족 지도자로서 지파의 우두머리이다. "서기관" - 율법의 사본을 보존하고 해석했던 사람이다. 그들은 백성의 지도자들이다(2). "모였는데" - '모은다.'(부정사 과거)이다.

6, "대제사장 안나스와 가야바와 요한과 알렉산더와 및 대제사장의 문중이 다 참여하여"

"안나스", "가야바" - 대제사장 가문을 소개하는데, 안나스는 주후 6년부터 15년까지 직무를 감당했다. 가야바는 안나스의 사위인데, 18년~36년까지 직무를 섬겼다. 안나스는 전임 제사장이고 현 제사장은 가야바이다. "참여하여" - '나는 ~이다.'(동직설 미완료)이다. 최고 법정인 산헤드린은 안식일과 축제일을 제외하고는 매일 열렸다. 모든 종교 지도자가 참여할 만큼 사도의 메시지는 충격이었다.

7, "사도들을 가운데 세우고 묻되 너희가 무슨 권세와 누구의 이름으로 이 일을 행하였느냐"

"사도들을" - '그들'이다. "세우고" - '세운다.'(분사 과거)이다. "묻되" - '묻는다.'(동직설 미완료)이다. 종교 지도자들은 사도들을 심문했다. 예수님을 산헤드린 공회에서 재판했던 세 종류의 사람은 대제사장, 장로, 서기관 등이었다(눅 22:66).

무엇을 심문하는가? "권세" - '힘'이다. "이름" - '정체성'이다. "이 일" - '이것'이다. 장애인을 건강하게 한 일이다(3:8). "행하였느냐" - '행한다.'(동직설 과거)이다. 그들은 장애인이 나았다는 사실을 의심하지 않았다. 문제는 '무슨 힘'과 '누구의 이름'으로 그 일을 했냐는데 있다.

3. 베드로는 무엇이라고 대답했습니까(8-11)? '머릿돌이 되었다.'라는 말은 무슨 뜻입니까? 누구를 통해서만 구원받을 수 있습니까(12)? 이 사실이 당시 종교 지도자와 종교 다원주의 시대를

사는 우리에게 주는 의미는 무엇입니까?

8, "이에 베드로가 성령이 충만하여 이르되 백성의 관리들과 장로들아"

"이에" - '그때'이다. "충만하여" - '충만하다.'(분사 과거)이다. 베드로를 증인으로 세우신 성령님께서 그와 함께하신다. "이르되" - '대답한다.'(동직설 과거)이다. 그는 예전에 종교 지도자를 두려워하여 예수님을 "모른다."라고 말했다(눅 22:57-60). 그러나 지금 그는 담대하게 대답한다.

9, "만일 병자에게 행한 착한 일에 대하여 이 사람이 어떻게 구원을 받았느냐고 오늘 우리에게 질문한다면"

"착한 일에" - '선한 행위'이다. 장애인을 치료한 일을 '좋은 일'이다. "구원을 받았느냐" - '구원한다.'(동직설 완료)이다. '구원'은 '나음 받음'을 말한다. "질문한다면" - '심문한다.'(동직설 현재)이다. "그 장애인은 어떻게 나았느냐?"

10, "너희와 모든 이스라엘 백성들은 알라 너희가 십자가에 못 박고 하나님이 죽은 자 가운데서 살리신 나사렛 예수 그리스도의 이름으로 이 사람이 건강하게 되어 너희 앞에 섰느니라"

"알라" - '알게 한'이다. "(한다)" - '나는 ~이다.'(동명령 현재)이다. '알아야 한다.'라는 뜻이다. "십자가에 못 박고" - '십자가에 못 박는다.'(동직설 과거)이다. "살리신" - '죽은 자를 일으킨다.'(동직설 과거)이다. "그리스도의 이름으로" - 그들은 "누구의 이름으로 치료했느냐?"라고 따졌다. 사도는 "예수 그리스도의 이름으로"라고 분명하게 밝힌다. "건강하게 되어" - '건강한'이다. "섰느니라" - '나타낸다.'(동직설 완료)이다.

베드로는 그들 앞에서 두 가지를 증언한다. "그 장애인은 나사렛 예수 그리스도의 이름으로 건강하게 되었다." "그 나사렛 예수 그리스도는 종교 지도자들과 일반 백성이 십자가에 못 박았는데, 하나님께서 살리셨다.” 이 사실을 종교 지도자들은 물론이고 일반 백성도 알아야 한다. 베드로는 종교 지도자들 앞에서 나사렛 예수 그리스도의 이름을 담대히 증언한다.

그들이 십자가에 못 박은 예수님을 하나님이 살리신 데는 무슨 뜻이 있는가?

11, “이 예수는 너희 건축자들의 버린 돌로서 집 모퉁이의 머릿돌이 되었느니라”

“버린” - ‘멸시하여 거부한다.’(동분사 과거)이다. “집 모퉁이” - ‘모퉁이’이다. “머릿돌” - ‘머리’이다. “모퉁이의 머릿돌” - ‘가장 중요한 모퉁이 돌(the chief corner stone)’, ‘머릿돌(capstone)’이다. ‘머릿돌’은 집을 짓고 나서 마지막 꼭대기에 넣는 돌이다. “(돌)로서” - ‘나는 ~이다.’(동직설 현재)이다. “되었으니라” - ‘된다.’(분사 과거)이다. 이 말씀은 시 118:22-23의 인용이다. 어떤 건축자는 한 돌을 쓸모없다고 생각하여 버렸는데, 다른 건축자는 그 돌을 가장 중요한 머릿돌로 삼았다. 종교 지도자들은 예수님을 쓸모가 없다며 십자가에 못 박았는데, 하나님은 머릿돌로 삼으셨다.

‘머릿돌이 되었느니라.’라는 말은 무슨 뜻인가? ‘집’은 성전을 상징한다. 그런데 성전은 건물을 말하지 않는다. 건물 성전 시대는 끝났다. 이제 버린 돌 예수님을 머릿돌로 삼아서 새 성전을 지으신다. 이제부터 예수님을 머릿돌로 하는 새 성전 시대가 열렸다. 우리는 그것을 ‘인격 성전’이라고 부른다.

그러므로 누구를 통해서만 구원받을 수 있는가?

12, “다른 이로써는 구원을 받을 수 없나니 천하 사람 중에 구원을 받을 만한 다른 이름을 우리에게 주신 일이 없음이라 하였더라”

“다른 이”(ἄλλος, allos) - ‘다른’이다. ‘많이 있을 때 다르다.’라는 것을 말한다. “로써는” - ‘~와 함께’이다. ‘예수님이 아닌 다른 사람’을 뜻한다. “구원받을 수” - ‘구원’이다. 장애인이 건강하게 된 일이다(10). “없(나니)” - ‘~은 아니다.’이다. “(없)나니” - ‘그것은 ~이다.’

(동직설 현재)이다. 예수님 외에 다른 사람에게 구원은 없다. 다른 사람 이름으로는 건강하게 될 수 없다.

그 이유가 무엇인가? "구원을 받을" - '구원한다.'(부정사 과거)이다. "만한" - '반드시 ~해야 한다.'(동직설 현재)이다. "다른"(ἕτερος, *heteros*) - '다른(other)'이다. 오직 '둘이 다르다.'라는 말이다. "없음" - '도 아니다.'이다. "이(라)" - '그것은 ~이다.'(동직설 현재)이다. "(이)라 하였더라" - '왜냐하면'이다. "주신" - '준다.'이다. "없음" - '~은 아니다.'이다. "이(라)" - '그것은 ~이다.'(동직설 현재)이다. "(일)라 하였더라" - '왜냐하면'이다. 하나님은 예수님 외에 그 누구도 구원자로 세우지 않으셨다.

이 말씀이 당시 종교 지도자들에게 주는 뜻은 무엇인가? 그들은 장애인이 건강 하려면 종교적 행위를 통해서만 가능하다고 여겼다. 그 종교적 행위는 건물 성전에서 짐승을 잡아서 드리는 일이다. 그리고 그 일할 때 주체는 종교 지도자인 자신들이었다. 그런데 베드로는 그들을 향해 선언했다. "다른 이로써는 구원을 받을 수 없나니 천하 사람 중에 구원받을 만한 다른 이름을 우리에게 주신 일이 없음이라." 이 말씀은 그들의 영적 권위에 대한 도전이다. 성전 제도에 대한 도전이다. 이제는 건물 성전 안에서 하는 종교적 행위를 통해 구원받지 못한다. 오직 예수님의 이름을 믿음으로만 구원받는다.

종교 다원주의 시대에 사는 오늘 우리에게 주는 의미는 무엇인가? 인간은 누구나 구원받아야 한다. 종교 다원주의 시대에서도 구원은 오직 이 예수님의 이름을 믿음으로만 가능하다.

4. 종교 지도자들의 반응은 어떠합니까(13-14)? 그들은 무슨 경고를 합니까(15-18)?

13, "그들이 베드로와 요한이 담대하게 말함을 보고 그들을 본래 학문 없는 범인으로 알았다가 이상히 여기며 또 전에 예수와 함께 있던 줄도 알고"

"보고" - '응시한다.'(분사 현재)이다. "학" - '배운 것이 없는', '글을 모르는'이다. "문 없는" - '배운 것이 없는'이다. "범인" - '사람'이다. "으로" - '나는 ~이다.'(동직설 현재)이다. "알았다가" - '자기 것으로 삼는다.'(분사 과거)이다. "이상히 여기며" - '깜짝 놀란다.'(동직설 미완료)이다. "있던" - '나는 ~이다.'(동직설 현재)이다. "알고" - '알다.'(동직설 미완료)이다. 그들은 두 사도가 예수님과 함께 있었음도 안다.

14, "또 병 나은 사람이 그들과 함께 서 있는 것을 보고 비난할 말이 없는지라"

"서 있는 것을" - '선다.'(분사 완료)이다. "보고" - '본다.'(분사 현재)이다. 그들은 또 병 나은 사람이 두 사도와 함께 있는 것도 알았다. "비난할 말이" - '반박한다.'(부정사 과거)이다. "없는" - '하나도 아닌'이다. "지라" - '가진다.'(동직설 미완료)이다. 그들은 아무 트집도 잡을 수 없었다. 그들은 분명한 사실을 보기 때문이다.

그들은 무엇을 하는가?

15, "명하여 공회에서 나가라 하고 서로 의논하여 이르되"

"명하여" - '명령한다.'(분사 과거)이다. "공회" - '산헤드린(Sanhedrin)'이다. "나가라" - '떠나간다.'(부정사 과거)이다. 그들은 두 사도를 공회에서 나가게 했다. "의논하여" - '깊이 생각한다.'(동직설 미완료)이다. "이르되" - '말한다.'(동분사 현재)이다.

16, "이 사람들을 어떻게 할까 그들로 말미암아 유명한 표적 나타난 것이 예루살렘에 사는 모든 사람에게 알려졌으니 우리도 부인할 수 없는지라"

"할까" - '행한다.'(가정 과거)이다. "유명한" - '알려진'이다. "나타난" - '된다.'(동직설 완료)이다. "사는" - '살다.'(분사 현재)이다. "알려졌으니" - '분명한'이다. "부인할" - '부인한다.'(부정사 현재)이다. "수" - '할 수 있다.'(동직설 현재)이다. "없는지라" - '아니다.'이다. 그들과 백성은 장애인이 건강해진 자체를 부인할 수 없었다.

17, "이것이 민간에 더 퍼지지 못하게 그들을 위협하여 이후에는 이 이름으로 아무에게도 말하지 말게 하자 하고"

"민간" - '백성'이다. "퍼지지" - '나눈다.'(가정 과거)이다. "못(하게)" - '~하지 않도록'이다. "하게" - '~하도록'이다. "위협하여" - '위협한다.'(가정 과거)이다. "말하지" - '말한다.'(부정사 현재)이다. "말게 하자 하고" - '이미 ~아니다.'이다.

18, "그들을 불러 경고하여 도무지 예수의 이름으로 말하지도 말고 가르치지도 말라 하니"

"불러" - '부른다.'(분사 과거)이다. "경고하여" - '명령을 내린다.'(동직설 과거)이다. "도무지" - '완전히'이다. "말하지도" - '말한다.'(부정사 현재)이다. "말고" - '아니'이다. "가르치지도" - '가르친다.'(부정사 현재)이다. "말라 하니" - '~도 아니'이다. 그들은 사도들이 "예수님의 이름으로 더는 가르치지 못하도록" 경고했다.

5. 사도들은 어떻게 반응했습니까(19-20)? 왜 관리들은 사도들을 놓을 수밖에 없었습니까(21-22)?

19, "베드로와 요한이 대답하여 이르되 하나님 앞에서 너희의 말을 듣는 것이 하나님의 말씀을 듣는 것보다 옳은가 판단하라"

"대답하여" - '대답한다.'(분사 과거)이다. "이르되" - '말한다.'(동직설 과거)이다. 베드로와 요한은 그들의 경고에 정면으로 도전했다. "듣는 것이" - '듣는다.'(부정사 현재)이다. "옳(은가)" - '의로운'이다. "은가" - '나는 ~이다.'(동직설 현재)이다. "판단하라" - '판단한다.'(동명령 과거)이다. 두 사도는 종교 지도자들의 말보다 하나님의 말씀을 듣고자 했다. 그것이 더 옳다고 믿었기 때문이다.

20, "우리는 보고 들은 것을 말하지 아니할 수 없다 하니"

"보고" - '본다.'(동직설 과거)이다. "들은" - '듣는다.'(동직설 과거)이다. "말하지" - '말한다.'(부정사 현재)이다. "아니" - '아니'이다. "할 수” - ‘할 수 있다.’(동직설 현재)이다. “없다 하니” - ‘~아니다’이다. 그들은 그 일의 증인이다. 증인은 보고 들은 바를 말해야 한다. 목숨의 위험이 있을지라도 그 사명을 다해야 한다.

관리들은 무엇을 하는가?

21, “관리들이 백성들 때문에 그들을 어떻게 처벌할지 방법을 찾지 못하고 다시 위협하여 놓아 주었으니 이는 모든 사람이 그 된 일을 보고 하나님께 영광을 돌림이라”

“처벌할지” - ‘벌한다.’(가정 과거)이다. “찾지” - ‘찾는다.’(분사 현재)이다. “못하고” - ‘아무도 ~아닌’이다. “다시 위협하여” - ‘더욱 위협한다.’(분사 과거)이다. “놓아 주었으니” - ‘석방한다.’(동직설 과거)이다. 종교 지도자들은 사도들을 풀어줄 수밖에 없었다. “그 된” - ‘된다.’(분사 완료)이다. “보고” - ‘~가까이에’이다. “영광을 돌림이라” - ‘영화롭게 한다.’(동직설 미완료)이다. 사람들은 그 일이 하나님한테서 온 것임을 믿는다. 종교 지도자들과 백성이 서로 다른 편에 서 있다. 지도자들은 사도들을 반대하지만, 백성은 사도들 편에서 하나님을 찬양한다.

22, “이 표적으로 병 나은 사람은 사십여 세나 되었더라”

“이 표적” - 베드로는 오순절에 요엘서를 근거로 “땅에서는 표적들이 있을 것”을 예언했다(2:19). 그런데 그 표적이 오늘, 이 땅에서 그 사람을 통해서 나타났다. “사십여 세” - 그 장애인은 마흔 살이 넘었다. “되었더라” - ‘나는 ~이다.’(동직설 과거완료)이다. 그런 그에게 나타난 능력은 놀라울 뿐이다. 예수님의 이름 권세가 놀랍다.

08
한마음과 한뜻

본문 사도행전 **4:23-5:11**
요절 사도행전 **4:32**
찬송 218장, 220장

1. 사도들의 말을 들은 동료들은 무엇을 했습니까(4:23-26)? 다윗에게 하셨던 말씀은 누구를 통해 나타났으며, 여기에는 무슨 뜻이 있었습니까(27-28)?

2. 그들은 무엇을 기도했습니까(29-30)? 이렇게 기도하는 그들로부터 무엇을 배웁니까? 하나님은 그 기도에 어떻게 응답하셨습니까(31)?

3. 믿는 사람 삶의 모습이 어떠합니까(32)? 예루살렘 교회가 '한마음 한뜻이 되었다.'라는 사실이 왜 중요합니까? 그런 하나 됨 속에서 사도들은 무슨 일을 합니까(33)? '큰 은혜'는 어떻게 나타납니까(34)?

4. 이런 삶을 산 대표적 인물은 누구입니까(36-37)? 그러나 어떤 사람도 있었습니까(5:1-2)? 그의 문제는 무엇이며(3-4), 그는 어떤 벌을 받았습니까(5-6)?

5. 아나니아 아내의 문제는 무엇이며(7-9), 그는 어떤 벌을 받았습니까(10)? 교회와 사람의 반응은 어떠했습니까(11)?

08
한마음과 한뜻

본문 사도행전 **4:23-5:11**
요절 사도행전 **4:32**
찬송 **218장, 220장**

1. 사도들의 말을 들은 동료들은 무엇을 했습니까(4:23-26)? 다윗에게 하셨던 말씀은 누구를 통해 나타났으며, 여기에는 무슨 뜻이 있었습니까(27-28)?

4:23, "사도들이 놓이매 그 동료에게 가서 제사장들과 장로들의 말을 다 알리니"

"놓이매" - '석방한다.'(분사 과거)이다. 베드로와 요한은 풀려났다. "동료" - '자기의'이다. "가서" - '온다.'(동직설 과거)이다. 그들은 동료에게 갔다. "알리니" - '알린다.'(동직설 과거)이다. 종교 지도자들이 한 위협과 경고(4:18)를 알렸다.

그때 동료들은 무엇을 했는가?

24, "그들이 듣고 한마음으로 하나님께 소리를 높여 이르되 대주재여 천지와 바다와 그 가운데 만물을 지은이시오"

"듣고" - '듣는다.'(분사 과거)이다. "한마음으로" - '마음을 같이하여'이다. "높여" - '들어 올린다.'(동직설 과거)이다. "이르되" - '대답한다.'(동직설 과거)이다. 그들은 한마음으로 하나님께 큰소리로 기도했다.

"대주재" - '주인'이다. "만물을" - '모든'이다. "지은이시오" - '만들다.'(분사 과거)이다. 창조주 하나님이다. 당시 많은 사람은 로마 황제를 신으로 여겼다. 하지만 동역자들이 믿고 기도하는 분은 로마 황제와는 비교할 수 없는 위대한 분이다. 로마 황제는 지음을 받은 피조물이다.

25, "또 주의 종 우리 조상 다윗의 입을 통하여 성령으로 말씀하시기를 어찌하여 열방이 분노하며 족속들이 허사를 경영하였는고"

"주의" - '당신의(your)'이다. "종" - '아이'이다. "다윗의 입" - 시 2:1-2의 인용이다. 시 2편은 왜 민족이 그토록 소란을 피우고, 통치자가 음모를 꾸미는지에 대해서 하나님께 질문하는 내용이다.

"말씀하시기" - '말한다.'(분사 과거)이다. 주님은 다윗의 입을 빌려 성령님으로 말씀하셨다. "어찌하여" - '왜'이다. "열방이" - '이방인(Gentiles)'이다. "분노하며" - '격동한다.'(동직설 과거)이다. "족속들이" - '백성'이다. 이스라엘 백성을 말한다. "허사를" - '빈'이다. "경영하였는고" - '보살핀다.'(동직설 과거)이다. '왜 이방 민족이 날뛰며, 뭇 백성이 헛된 일을 꾀하였는가?'라는 뜻이다.

26, "세상의 군왕들이 나서며 관리들이 함께 모여 주와 그의 그리스도를 대적하도다 하신 이로소이다"

"세상의" - '땅'이다. "군왕들이" - '왕'이다. "나서며" - '둔다.'(동직설 과거)이다. "모여" - '모은다'(동직설 과거)이다. "주" - '주님(Lord)'이다. "대적하도다" - '~에 대하여'이다. "그리스도를" - '그의 기름 부음을 받은 사람'이다. 세상 왕과 관리가 주님과 그분의 그리스도를 대적했다.

이 말씀은 누구를 통해서 나타났는가?

27, "과연 헤롯과 본디오 빌라도는 이방인과 이스라엘 백성과 합세하여 하나님께서 기름 부으신 거룩한 종 예수를 거슬러"

"과(연)" - '근처에'이다. "(과)연" - '진리'이다. '진실로'라는 뜻이

08, 4:23-5:11 한마음과 한뜻

다. "헤롯" - '헤롯 안티파스(Herod Antipas)'이다. 그는 헤롯 대왕과 사마리아 여인 말다케 사이의 아들이다. 그의 첫 아내는 아라비아의 왕 아레타스(Aretas)의 딸이었다. 그러나 그는 후에 그녀와 이혼하고, 자기 형제 헤롯의 아내인 헤로디아(Herodias)를 취하였다. "합세하여" - '함께'이다. "기름 부으신" - '기름 붓는다.'(동직설 과거)이다. "거슬러" - '위에'이다. 헤롯과 빌라도는 이방 사람과 이스라엘과 한패가 되어 주님께서 기름 부으신 거룩한 종 예수님을 대적하려고 모여들었다.

여기에는 무슨 뜻이 있었는가?

28, "하나님의 권능과 뜻대로 이루려고 예정하신 그것을 행하려고 이 성에 모였나이다"

"권능" - '손(hand)'이다. "뜻대로" - '뜻'이다. "이루려고" - '된다.'(부정사 과거)이다. "예정하신" - '예정한다.'(동직설 과거)이다. "행하려고" - '한다.'(부정사 과거)이다. "모였나이다" - '모은다.'(동직설 과거)이다. 대적자들의 박해는 하나님께서 미리 정하신 일이었다.

2. 그들은 무엇을 기도했습니까(29-30)? 이렇게 기도하는 그들로부터 무엇을 배웁니까? 하나님은 그 기도에 어떻게 응답하셨습니까(31)?

29, "주여 이제도 그들의 위협함을 굽어보시옵고 또 종들로 하여금 담대히 하나님의 말씀을 전하게 하여 주시오며"

"주여" - '주님(Lord)'이다. "그들의" - 산헤드린, 헤롯, 빌라도, 그리고 종교 지도자들이 합세한 공격이다. "위협함" - '위협들', 즉 '잔인한 말들'이다. "굽어보시옵고" - '주목한다.'(동명령 과거)이다. 동역자들은 천지 만물의 주인님이신 하나님께서 지도자들의 위협을 주목하시도록 기도했다.

그렇게 기도한 목적은 무엇이었는가? "종들로 하여금" - '종'이다. 예루살렘 교회를 말한다. "담대" - '확신'이다. "전하게 하여" - '이야기한다.'(부정사 현재)이다. "주시오며" - '준다.'(동명령 과거)이다. 첫째로, "종들로 하여금 담대히 하나님의 말씀을 전하게 하여 주시오며." 그들은 하나님께 "대적자들을 죽여주세요."라고 기도하지 않았다. 그들은 오히려 대적자들 앞에서 적극적으로 말씀을 전파할 수 있도록 기도했다. 특별히 이 기도의 주체는 사도들이 아닌 동역자들이다. 동역자들은 사도들이 적극적으로 말씀을 전파할 수 없는 현실을 알고 자기들이 적극적으로 말씀을 전파할 수 있도록 기도했다. 이 기도는 예루살렘 교회에 새로운 방향 전환이었다.

둘째 기도 제목은 무엇인가?

30, "손을 내밀어 병을 낫게 하시옵고 표적과 기사가 거룩한 종 예수의 이름으로 이루어지게 하옵소서 하더라"

"내밀어" - '내뻗친다.'(부정사 현재)이다. "병을 낫게" - '병 고침'이다. "하시옵고" - '위하여'이다. "표적" - '표적'이다. "기사" - '기적적 표적(miraculous sign)'이다. "예수의 이름으로" - 그 일이 예수님의 이름으로 이루어지도록 기도했다. "이루어지게 하옵소서 하더다" - '~이 된다.'(부정사 현재)이다. 둘째로, 치유 사역도 일어나도록 기도했다.

하나님은 어떻게 응답하셨는가?

31, "빌기를 다하매 모인 곳이 진동하더니 무리가 다 성령이 충만하여 담대히 하나님의 말씀을 전하니라"

"빌기를 다하매" - '요청한다.'(분사 과거)이다. "진동하더니" - '흔들다.'(동직설 과거)이다. 하나님께서 시내 산에 강림하셨을 때 땅이 흔들렸다(출 19:18). 하나님의 오심이 그들이 모인 장소의 흔들림을 통해서 나타났다. "충만하여" - '채운다.'(동직설 과거)이다. 성령님께서 그들 안에 임하셨다.

그 결과는 무엇인가? "전하니라" - '이야기한다.'(동직설 미완료)이다. 하나님의 말씀을 담대하게 전한다. 성령님의 강력한 오심과 담대한 말씀 선포는 이미 사도 베드로 속에 나타난 바 있었다(4:8, 13).

08, 4:23-5:11 한마음과 한뜻

모든 성도도 사도들을 본받아 세상을 두려워하지 않는다. 세상을 향하여 말씀을 전파한다.

3. 믿는 사람 삶의 모습이 어떠합니까(32)? 예루살렘 교회가 '한마음 한뜻이 되었다.'라는 사실이 왜 중요합니까? 그런 하나 됨 속에서 사도들은 무슨 일을 합니까(33)? '큰 은혜'는 어떻게 나타납니까(34)?

32, "믿는 무리가 한마음과 한뜻이 되어 모든 물건을 서로 통용하고 자기 재물을 조금이라도 자기 것이라 하는 이가 하나도 없더라"

"믿는 무리가" - '많은 믿는 사람', '예루살렘 교회'이다. "한" - '하나'이다. "마음" - '마음'이다. "뜻이" - '영혼(soul)'이다. "되어" - '나는 ~이다.'(동직설 미완료)이다. '예루살렘 교회는 한마음과 뜻이 된다.'라는 뜻이다.

하나 됨은 삶의 현장에서 어떻게 나타나는가? "모든 물건" - '모든 것'이다. "통용" - '공동의'이다. "하고" - '나는 ~이다.'(동직설 미완료)이다. "재물을" - '손 가까이에 있다.'(분사 현재)이다. "하는" - '말한다.'(동직설 미완료)이다. "이가 하나도" - '하나'이다. "없더라" - '도 아니다.'이다. 누구나 자기에게 속한 것이 자기 것이라고 말하지 않는다. 2:42-47의 모습을 좀 더 구체적으로 말한다.

예루살렘 교회가 '한마음 한뜻이 되었다.'라는 사실이 왜 중요한가? 첫째로, 다양한 구성원이 가족처럼 되었기 때문이다. 예루살렘 교회의 주류는 예루살렘 출신 유대인과 지방에서 올라온 유대인이다. 여기에 여러 나라에 흩어져 살다가 돌아온 '헬라파 유대인'이 섞였다(6:1). 이런 분위기에서 구성원은 물과 기름처럼 합치는 일이 쉽지 않았다. 그러나 예수 그리스도를 믿는 믿음이 그들을 하나로 묶었다. 예수 그리스도의 증인으로 사는 그 삶이 그들을 가족 공동체로 만들었다.

둘째로, 한마음 한뜻이 박해를 이기고 말씀을 증언하는 힘이었기 때문이다. 교회가 한마음 한뜻을 이루니 밖에서 오는 박해를 이길 수 있었다. 그리고 적극적으로 세상을 향해 말씀을 증언할 수 있었다.

사도들은 성도의 하나 됨 속에서 무슨 일을 하는가?

33, "사도들이 큰 권능으로 주 예수의 부활을 증언하니 무리가 큰 은혜를 받아"

"(증언)하니" - '넘겨준다.'(동직설 미완료)이다. 사도들은 예수님의 부활을 증언했다. "받아" - '나는 ~이다.'(동직설 미완료)이다. '큰 능력으로' 증언하니 '큰 은혜를' 받았다.

큰 은혜는 어떻게 나타났는가?

34, "그중에 가난한 사람이 없으니 이는 밭과 집 있는 자는 팔아 그 판 것의 값을 가져다가"

"없(으니)" - '~도 ~도 아니다.'이다. "(없)으니" - '나는 ~이다.'(동직설 미완료)이다. "있는" - '손 가까이에 있다.'(동직설 미완료)이다. "팔아"- '팔다.'(분사 현재)이다. "가져다가" - '가져온다.'(동직설 미완료)이다. "그 판 것의 값을 가져다가" - 땅이나 집을 가진 사람은 그것을 팔아서 그 돈을 가져왔다. 공동체에서 서로 돕는 일이 일어났다.

35, "사도들의 발 앞에 두매 그들이 각 사람의 필요를 따라 나누어 줌이라"

"두매" - '둔다.'(동직설 미완료)이다. 그들은 그 돈을 사도들에게 준다. 그들은 사도에 대한 신뢰와 권위를 인정한다. "나누어 줌이라" - '나눠준다.'(동직설 미완료)이다. 사도들은 각 사람에게 필요에 따라 나눠주었다. 하나 됨은 물질생활로 나타났다. 이 모습이 예루살렘 교회의 특징이었고, 초대교회의 아름다운 모습이었다.

4. 이런 삶을 산 대표적 인물은 누구입니까(36-37)? 그러나 어떤 사람도 있었습니까(5:1-2)? 그의 문제는 무엇이며(3-4), 그는 어떤

벌을 받았습니까(5-6)?

36, "구브로에서 난 레위족 사람이 있으니 이름은 요셉이라 사도들이 일컬어 바나바라 (번역하면 위로의 아들이라) 하니"

"구브로" - 지중해 동북부에 있는 키프로스(Cyprus)이다. "레위족 사람이 있으니" - '레위인'이다. "일컬어" - '부른다.'(분사 과거)이다. "요셉" - 요셉은 본명이고, 바나바는 별명이다. '바나바'는 '위로의 아들(son of encouragement)'이라는 뜻이다.

37, "그가 밭이 있으매 팔아 그 값을 가지고 사도들의 발 앞에 두니라"

"있으매" - '손 가까이에 있다.'(분사 현재)이다. "팔아" - '팔다.'(분사 과거)이다. "가지고" - '가져온다.'(동직설 과거)이다. "두니라" - '놓는다.'(동직설 과거)이다. 그는 있는 재산을 팔아서 가지고 왔다. 그리고 사도들의 발 앞에 놓았다.

그러나 어떤 사람도 있었는가?

5:1, "아나니아라 하는 사람이 그의 아내 삽비라와 더불어 소유를 팔아"

"아나니아라" - '여호와는 은혜로우시다.'라는 뜻이다. "하는" - '이름'이다. "삽비라" - '아름다운'이다. "더불어" - '~와 함께'이다. "팔아" - '팔다.'(동직설 과거)이다.

2, "그 값에서 얼마를 감추매 그 아내도 알더라 얼마만 가져다가 사도들의 발 앞에 두니"

"에서 얼마를" - '~에서'이다. "감추매" - '따로 떼어둔다.'(동직설 과거)이다. 자기의 것이 아닌 남의 물건을 불법으로 가지는 것을 말한다. 성경은 그들의 행동을 횡령으로 기록한다. "알더라" - '함께 알다.'(분사 완료)이다. "가져다가" - '가져온다.'(분사 과거)이다. "두니" - '놓는다.'(동직설 과거)이다. 그들은 재산을 처분한 금액에서 일부만

바쳤다.

3, "베드로가 이르되 아나니아야 어찌하여 사탄이 네 마음에 가득하여 네가 성령을 속이고 땅값 얼마를 감추었느냐"

"이르되" - '말한다.'(동직설 과거)이다. "가득하여" - '채운다.'(동직설 과거)이다. 그의 마음에 사탄이 가득했다. "속이고" - '거짓말한다.'(부정사 과거)이다. "감추었느냐" - '따로 떼어둔다.'(부정사 과거)이다. 그는 사탄에게 홀려서 얼마의 돈을 횡령했다.

4, "땅이 그대로 있을 때에는 네 땅이 아니며 판 후에도 네 마음대로 할 수가 없더냐 어찌하여 이 일을 네 마음에 두었느냐 사람에게 거짓말한 것이 아니요 하나님께로다"

"땅이 그대로 있을 때에는" - '머무른다.'(분사 현재)이다. "땅이" - '머무른다.'(동직설 미완료)이다. "마음대" - '선택의 자유'이다. "할 수가" - '손 가까이에 있다.'(동직설 미완료)이다. 그 땅은 팔리기 전에도 그의 것이었고, 판 후에도 그의 것이다.

그런데도 왜 그 마음대로 할 수 없었는가? "두었느냐" - '놓는다.'(동직설 과거)이다. "거짓말한 것이" - '거짓말한다.'(동직설 과거)이다. "아니요" - '~아니다.'이다. 그 일은 하나님께 거짓말을 한 일이었다.

5, "아나니아가 이 말을 듣고 엎드러져 혼이 떠나니 이 일을 듣는 사람이 다 크게 두려워하더라"

"듣고" - '듣는다.'(분사 현재)이다. "엎드러져" - '넘어진다.'(동분사 과거)이다. "혼이 떠나니" - '숨을 거두다.'(동직설 과거)이다. "듣는" - '듣는다.'(분사 현재)이다. "두려워" - '두려움'이다. "하더라" - '일어난다.'(동직설 과거)이다. 하나님의 살아 계심을 알았기 때문이다.

6, "젊은 사람들이 일어나 시신을 싸서 메고 나가 장사하니라"

"일어나" - '일어난다.'(분사 과거)이다. "시신을" - '그것'이다. "싸서” - ‘함께 둔다.’(동직설 과거)이다. “메고 나가” - ‘메고 나간다.’(분사 과거)이다. “장사하니라” - ‘매장한다.’(동직설 과거)이다.

5. 아나니아 아내의 문제는 무엇이며(7-9), 그는 어떤 벌을 받았습니까(10)? 교회와 사람의 반응은 어떠했습니까(11)?

7, “세 시간쯤 지나 그의 아내가 그 일어난 일을 알지 못하고 들어오니”

“지나” - ‘된다.’(동직설 과거)이다. “알지” - ‘알다.’(분사 완료)이다. “못하고” - ‘아니’이다. “들어오니” - ‘들어온다.’(동직설 과거)이다.

8, “베드로가 이르되 그 땅 판 값이 이것뿐이냐 내게 말하라 하니 이르되 예 이것뿐이라 하더라”

“이르되” - ‘말하기 시작한다.’(동직설 과거)이다. “판 값이” - ‘팔다.’(동직설 과거)이다. “이것” - ‘그렇게 큰’이다. “뿐이냐” - ‘만일 ~이면’이다. “말하라 하니” - ‘대답한다.’(동명령 과거)이다. “이르되” - ‘대답한다.’(동직설 과거)이다. “이것뿐이라 하더라” - ‘그렇게 큰’이다. 그녀도 남편처럼 거짓말을 했다.

9, “베드로가 이르되 너희가 어찌 함께 꾀하여 주의 영을 시험하려 하느냐 보라 네 남편을 장사하고 오는 사람들의 발이 문 앞에 이르렀으니 또 너를 메어 내가리라 하니”

“이르되” - ‘대답한다.’(동직설 과거)이다. “함께 꾀하여” - ‘동의한다.’(동직설 과거)이다. “주의 영을” - ‘성령님’이시다. “시험하려 하느냐” - ‘시험한다.’(부정사 과거)이다. “장사하고 오는” - ‘매장한다.’(분사 과거)이다. “앞에 이르렀으니” - ‘~가까이에’이다. “메어 내가리라” - ‘메고 나가다.’(동직설 미래)이다.

10, “곧 그가 베드로의 발 앞에 엎드러져 혼이 떠나는지라 젊은 사람들이 들어와 죽은 것을 보고 메어다가 그의 남편 곁에 장사하ㅣ”

"발 앞에" - 사도의 권위를 나타낸다. "엎드러져" - '넘어진다.'(동직설 과거)이다. 삽비라는 죽음을 통해서 사도의 권위에 순종했다. "혼이 떠나는지라" - '숨을 거둔다.'(동직설 과거)이다. "들어와" - '들어온다.'(분사 과거)이다. "보고" - '발견한다.'(동직설 과거)이다. "메어다가" - '메고 나간다.'(분사 과거)이다. "장사하니" - '매장한다.'(동직설 과거)이다.

왜 하나님은 아나니아 부부를 그렇게 심하게 대하셨을까? 그들의 행동은 하나 됨을 무너뜨리는 독소였다. 하나님은 사도를 중심으로 하는 교회의 기초를 든든히 하려고 심한 벌을 내리셨다.

교회는 어떻게 반응했는가?

11, "온 교회와 이 일을 듣는 사람들이 다 크게 두려워하니라"

"두려워" - '놀람'이다. "하니라" - '된다.'(동직설 과거)이다. 교회는 성령님이 살아서 일하심을 깨달았다.

09

사람보다 하나님께 순종

본문 사도행전 5:12-42
요절 사도행전 5:29
찬송 321장, 323장

1. 사도들의 손을 통하여 얼마나 놀라운 일들이 일어납니까(12-16)?
   그러나 종교 지도자들은 어떻게 반응했습니까(17-18)?
2. 주님의 사자는 사도들에게 무슨 방향을 주었습니까(19-20)? 그들은
   어떻게 순종했습니까(21a)? 종교 지도자들은 무엇을 했습니까
   (21b-26)?
3. 대제사장은 사도들에게 무엇을 심문했습니까(27-28)? 사도들의 대답
   은 무엇이었습니까(29)? 그들로부터 무엇을 배웁니까?
4. 그들이 순종하는 하나님은 어떤 분이십니까(30-31)? 사도는 어떤 존
   재입니까(32)? 그러나 지도자들의 반응은 어떠했습니까(33)?
5. 그때 누가, 무엇을 말했습니까(34-39)? 종교 지도자들은 어떻게 했
   습니까(40)? 사도들은 무엇을 했습니까(41-42)?

09
사람보다 하나님께 순종

본문 사도행전 **5:12-42**
요절 사도행전 **5:29**
찬송 321장, 323장

1. 사도들의 손을 통하여 얼마나 놀라운 일들이 일어납니까(12-16)? 그러나 종교 지도자들은 어떻게 반응했습니까(17-18)?

12, "사도들의 손을 통하여 민간에 표적과 기사가 많이 일어나매 믿는 사람이 다 마음을 같이하여 솔로몬 행각에 모이고"

"사도들의" - '사도(apostle)'이다. "을 통하여" - '~을 통하여'이다. "민간" - '백성'이다. "일어나매" - '일어난다.'(동직설 미완료)이다. 사도들의 손을 거쳐서 표적과 기사가 많이 일어나고 있다. "모이고" - '나는 ~이다.'(동직설 미완료)이다. 믿는 사람이 한마음으로 모인다.

13, "그 나머지는 감히 그들과 상종하는 사람이 없으나 백성이 칭송하더라"

"(그러나)" - '그러나'이다. "그" - '이 사람'이다. "나머지는" - '남은'이다. '그러나 나머지 사람들은'이라는 뜻이다. '믿지 않은 사람'을 뜻한다. "감히" - '감히 ~하다.'(동직설 미완료)이다. "상종하는" - '결합한다.'(부정사 현재)이다. "사람이 없으나" - '하나도 아닌'이다. 믿지 않은 사람은 감히 믿는 사람의 모임에 끼어들 생각을 감히 하지 못한다. "백성이" - '하나님의 사람'이다. "칭송하더라" - '높이 평가

한다.'(동직설 미완료)이다. 그럴지라도 사도를 높이 평가한다.

14, "믿고 주께로 나아오는 자가 더 많으니 남녀의 큰 무리더라"
"믿고" - '믿는다.'(분사 현재)이다. "나아오는 자가" - '더한다.'(동직설 미완료)이다. "더 많으니" - '더욱'이다. 믿는 사람들이 더 늘어난다. "큰 무리더라" - '다수'이다. 남녀 다수이다.

15, "심지어 병든 사람을 메고 거리에 나가 침대와 요 위에 누이고 베드로가 지날 때에 혹 그의 그림자라도 누구에게 덮일까 바라고"
"심지어" - '그래서'이다. "병든 사람을 메고" - '환자'이다. "나가" - '메고 나간다.'(부정사 현재)이다. "누이고" - '놓는다.'(부정사 현재)이다. "지날 때에" - '온다.'(분사 현재)이다. "덮일까" - '덮는다.'(가정 과거)이다. "바라고" - '~하기 위해'이다. 사람들은 베드로의 그림자라도 덮이기를 바란다. 이것은 베드로를 통하여 얼마나 놀라운 일이 일어났는지를 보여준다.

16, "예루살렘 부근의 수많은 사람들도 모여 병든 사람과 더러운 귀신에게 괴로움 받는 사람을 데리고 와서 다 나음을 얻으니라"
"모여" - '모인다.'(동직설 미완료)이다. "괴로움 받는 사람을" - '괴로워한다.'(분사 현재)이다. "데리고 와서" - '가져온다.'(분사 현재)이다. "나음을 얻으니라" - '치료한다.'(동직설 미완료)이다.
그런데 종교 지도자들의 반응은 어떠한가?

17, "대제사장과 그와 함께 있는 사람 즉 사두개인의 당파가 다 마음에 시기가 가득하여 일어나서"
"당파가" - '종파(sect)', '학파(school)'이다. "가득하여" - '가득하다.'(동직설 과거)이다. 시기심이 가득 찼다. "일어나서" - '일어난다.'(분사 과거)이다. 백성은 주님을 믿었는데, 종교 지도자들은 시기심으로 대적자가 되었다.

18, "사도들을 잡아다가 옥에 가두었더니"

"잡아다가" - '손을 대거나 붙잡는다.'(동직설 과거)이다. "가두었더니" - '놓는다.'(동직설 과거)이다. 종교 지도자들은 공권력을 이용하여 사도들을 가두었다.

2. 주님의 사자는 사도들에게 무슨 방향을 주었습니까(19-20)? 그들은 어떻게 순종했습니까(21a)? 종교 지도자들은 무엇을 했습니까(21b-26)?

19, "주의 사자가 밤에 옥문을 열고 끌어내어 이르되"

"사자" - '천사'이다. "열고" - '열다.'(분사 과거)이다. 사두개인은 천사를 인정하지 않았다. "끌어내어" - '인도한다.'(분사 과거)이다. "이르되" - '명령한다.'(동직설 과거)이다. 주님의 천사가 감옥 문을 열고, 사도들을 인도하면서, 말했다.

천사는 사도들에게 무슨 말을 했는가?

20, "가서 성전에 서서 이 생명의 말씀을 다 백성에게 말하라 하매"

"가서" - '간다.'(동명령 현재)이다. "성전" - '성소(sanctuary)', '성전(temple)'이다. 성전은 하나님이 말씀하시고 백성이 듣는 곳이다. 성전은 말씀을 통하여 사람의 생명을 살리는 곳이다. "서서" - '굳게 선다.'(분사(명령적) 과거)이다. "말하라" - '말한다.'(동명령 현재)이다. 천사는 사도들이 성전으로 가서, 그곳에서 굳게 서서, 말하도록 했다.

사도는 무엇을 말해야 하는가? "생명의 말씀" - '생명을 살리는 말씀'이다. "예수 안에 죽은 자의 부활이 있다"(4:2). "다른 이로써는 구원을 받을 수 없나니"(4:12a). 이 말씀이 생명의 말씀이다. "백성에게" - 그 말씀을 듣는 대상이다. 사도는 성전에서 생명의 말씀을 백성에게 전해야 한다.

그들은 어떻게 순종했는가?

21, "그들이 듣고 새벽에 성전에 들어가서 가르치더니 대제사장과 그
와 함께 있는 사람들이 와서 공회와 이스라엘 족속의 원로들을 다 모으
고 사람을 옥에 보내어 사도들을 잡아 오라 하니"

"듣고" - '듣는다.'(분사 과거)이다. "들어가서" - '들어간다.'(동직설
과거)이다. "가르치더니" - '가르친다.'(동직설 미완료)이다. 그들은 성
전에서 말씀을 가르치다가 체포되었는데도, 순종하여 다시 가르친다.
종교 지도자들은 무엇을 했는가? "와서" - '온다.'(분사 과거)이다.
"원로들을" - '장로들의 회의(a senate/ council of elders)'이다. "모으
고" - '함께 부른다.'(동직설 과거)이다. "보내어" - '보낸다.'(동직설
과거)이다. "잡아 오라 하니" - '데리고 온다.'(부정사 과거)이다.

22, "부하들이 가서 옥에서 사도들을 보지 못하고 돌아와"

"가서" - '이른다.'(분사 과거)이다. "보지" - '찾는다.'(동직설 과거)
이다. "못하고" - '~아니다.'이다. "돌아와" - '되돌아온다.'(분사 과거)
이다.

23, "이르되 우리가 보니 옥은 든든하게 잠기고 지키는 사람들이 문
에 서 있으되 문을 열고 본즉 그 안에는 한 사람도 없더이다 하니"

"이르되" - '말한다.'(분사 현재)이다. "우리가 보니" - '찾는다.'(동
직설 과거)이다. "잠기고" - '닫는다.'(분사 완료)이다. "서 있으되" -
'선다.'(분사 완료)이다. "열고 본즉" - '열다.'(분사 과거)이다. "한 사
람도" - '하나도 아닌'이다. "없더이다 하니" - '찾는다.'(동직설 과거)
이다. 그 안에는 아무도 없었다.

24, "성전 맡은 자와 제사장들이 이 말을 듣고 의혹하여 이 일이 어
찌 될까 하더니"

"맡은 자" - '집정관(the captain)'이다. "듣고" - '듣는다.'(동직설
과거)이다. "의혹하여" - '심히 당황한다.'(동직설 미완료)이다. "될까"
- '된다.'(동희구 과거)이다.

25, "사람이 와서 알리되 보소서 옥에 가두었던 사람들이 성전에 서서 백성을 가르치더이다 하니"

"와서" - '온다.'(분사 과거)이다. "알리되" - '알린다.'(동직설 과거)이다. "보소서" - '보라!'이다. "가두었던" - '놓는다.'(동직설 과거)이다. "서서" - '선다.'(분사 완료)이다. "가르치더" - '가르친다.'(분사 현재)이다. "(가르치더)이다 하니" - '나는 ~이다.'(동직설 현재)이다. 종교 지도자들이 옥에 가둔 그 사람들이 성전에서 백성을 가르치고 있다.

26, "성전 맡은 자가 부하들과 같이 가서 그들을 잡아 왔으나 강제로 못함은 백성들이 돌로 칠까 두려워함이더라"

"가서" - '가버린다.'(분사 과거)이다. "잡아 왔으나" - '인도한다.'(동직설 미완료)이다. "강제로" - '폭력'이다. "못함은" - '~아니다.'이다. "돌로 칠" - '돌로 친다.'(가정 과거)이다. "두려워함" - '무서워한다.'(동직설 미완료)이다. "이더라" - '왜냐하면'이다. 그들은 사도를 강제로 대하지 않았는데, 백성이 돌로 칠지 두려웠기 때문이다.

3. 대제사장은 사도들에게 무엇을 심문했습니까(27-28)? 사도들의 대답은 무엇이었습니까(29)? 그들로부터 무엇을 배웁니까?

27, "그들을 끌어다가 공회 앞에 세우니 대제사장이 물어"

"끌어다가" - '데리고 온다.'(동분사 과거)이다. "세우니" - '선다.'(동직설 과거)이다. "물어" - '묻는다.'(동직설 과거)이다.

28, "이르되 우리가 이 이름으로 사람을 가르치지 말라고 엄금하였으되 너희가 너희 가르침을 예루살렘에 가득하게 하니 이 사람의 피를 우리에게로 돌리고자 함이로다"

"이르되" - '말한다.'(분사 현재)이다. "이 이름으로" - '예수님의 이름'이다. "가르치지" - '가르친다.'(부정사 현재)이다. "말라고" - '아니', 이다. "엄(금)" - '명령'이다. "(엄)금" - '~아니다.'이다. "하였으되” - ‘명령한다.’(동직설 과거)이다. 종교 지도자들은 “예수님의 이름으로 가르치지 말라고 강하게 말했다”(4:17).

“가득하게 하니” - ‘채운다.’(동직설 완료)이다. 하지만 그들은 온 예루살렘에 퍼뜨렸다. “이 사람의 피를” - ‘예수님이 십자가에서 돌아가심’을 뜻한다. “돌리고자” - ‘~에 가져온다.’(부정사 과거)이다. “함이로다” - ‘바란다.’(동직설 현재)이다. ‘예수님의 십자가 죽음에 대한 책임을 우리에게 씌우려 한다.’라는 뜻이다.

사도들의 대답은 무엇이었는가?

29, “베드로와 사도들이 대답하여 이르되 사람보다 하나님께 순종하는 것이 마땅하니라”

“대답하여” - ‘대답한다.’(분사 과거)이다. “이르되” - ‘말한다.’(동직설 과거)이다. “사람보다” - ‘대제사장’, ‘대제사장의 엄중한 경고’이다 (4:17). “하나님께” - ‘하나님의 말씀’이다. “가서 성전에 서서 이 생명의 말씀을 다 백성에게 말하라”(5:20).

그들은 선택의 갈림길에 섰다. 그들은 어떻게 하는가? “순종하는 것” - ‘순종한다.’(부정사 현재)이다. “마땅하니라” - ‘반드시 ~해야 한다.’(동직설 현재)이다. 사도들은 대제사장의 경고보다 하나님의 말씀에 순종한다. 그들은 증인으로서 정체성이 분명하다.

4. 그들이 순종하는 하나님은 어떤 분이십니까(30-31)? 사도는 어떤 존재입니까(32)? 그러나 지도자들의 반응은 어떠했습니까(33)?

30, “너희가 나무에 달아 죽인 예수를 우리 조상의 하나님이 살리시고”

“달아” - ‘매달다.’(동분사 과거)이다. “죽인” - ‘죽인다.’(동직설 과거)이다. “조상의 하나님” - ‘아브라함, 이삭, 그리고 야곱의 하나님’이다. “살리시고” - ‘일으킨다.’(동직설 과거)이다. 그 하나님께서 예수님을 다시 살리셨다. “너희”, “우리 조상” - 사도는 ‘너희’와 ‘우리 조상’을 대조한다. 예수님을 살리신 하나님은 더는 종교 지도자들의 하나님이 아니다. 그들 또한 하나님의 백성이 아니다. 그들이 예수님을 영접하지 않기 때문이다.

31, "이스라엘에게 회개함과 죄 사함을 주시려고 그를 오른손으로 높이사 임금과 구주로 삼으셨느니라"

"회개함" - '마음의 변화"이다. "사함을" - '용서'이다. "주시려고" - '준다.'(부정사 과거)이다. "높이사" - '높인다.'(동직설 과거)이다. 하나님은 예수님을 당신 오른편에 높이셨다. "임금" - '통치자'이다. "구주로 삼으셨느니라" - '구주'이다.

사도는 어떤 존재인가?

32, "우리는 이 일에 증인이요 하나님이 자기에게 순종하는 사람들에게 주신 성령도 그러하니라 하더라"

"(증인)이요" - '우리는 ~이다.'(동직설 현재)이다. 사도는 그 일에 증인이다. "주신" - '준다.'(동직설 과거)이다. 하나님은 당신에게 순종하는 사람에게 성령님을 보내셨다. "도 그러하니라" - '그리고'이다. 그 성령님도 그 일에 증인이다. 성령님은 사도들과 함께 그 일을 증언하신다.

그러나 종교 지도자들의 반응은 어떠한가?

33, "그들이 듣고 크게 노하여 사도들을 없이하고자 할새"

"그들이 듣고" - '듣는다.'(분사 과거)이다. "크게 노하여" - '격분한다.'(동직설 미완료)이다. "없이" - '죽인다.'(부정사 과거)이다. "하고자 할새" - '의논한다.'(동직설 미완료)이다.

5. 그때 누가, 무엇을 말했습니까(34-39)? 종교 지도자들은 어떻게 했습니까(40)? 사도들은 무엇을 했습니까(41-42)?

34, "바리새인 가말리엘은 율법 교사로 모든 백성에게 존경을 받는 자라 공회 중에 일어나 명하여 사도들을 잠깐 밖에 나가게 하고"

"가말리엘" - 사도 바울의 스승이었다. 그의 명성은 대단했다 (22:3). 미쉬나(Mishnah, 탈무드의 기초)에서는, 그가 죽었을 때 "율법에 대한 존경이 더는 없었고, 순결함과 절제가 동시에 사라졌다."라고 극찬했다. 그는 바리새인 중 '힐렐(Hillel) 학파'의 창시자인 힐렐의 후손으로 가말리엘 1세이다. 율법을 해석하는 두 학파가 있었는데, '샴마이(Shammai)'와 '힐렐'이었다. 샴마이는 율법의 적용에서 강경했지만, 힐렐은 부드러웠다. "존경을 받는" - '존경받는'이다. "일어나" - '일어난다.'(분사 과거)이다. "명하여" - '명령한다.'(동직설 과거)이다. "나가게 하고" - '행한다.'(부정사 과거)이다.

35, "말하되 이스라엘 사람들아 너희가 이 사람들에게 대하여 어떻게 하려는지 조심하라"

"말하되" - 말한다.'(동직설 과거)이다. "하(려는지)" - '한다.'(부정사 현재)이다. "(하)려는지" - 곧 ~하려고 한다.'(동직설 현재)이다. "조심하라" - '주의한다.'(동명령 현재)이다. 그는 종교 지도자들이 사도들에게 섣부른 판단을 하지 않기를 바란다.

왜 그렇게 해야 하는가?

36, "이 전에 드다가 일어나 스스로 선전하매 사람이 약 사백 명이나 따르더니 그가 죽임을 당하매 따르던 모든 사람들이 흩어져 없어졌고"

"드다" - 요세푸스의 기록에 의하면, "드다는 구스피우스 파디우스(Cuspius Fadius, 주후 44년경) 총독 때 큰 지지자를 요단강으로 끌고 가서 요단강을 갈라 건너게 해주겠다고 약속했다. 하지만 구스피오는 그를 체포해서 목을 베었다."(Jos., Antiq., XX). "일어나" - '일어난다.'(동직설 과거)이다. "선전하매" - '말한다.'(동분사 현재)이다. "따르더니" - '~에 속한다.'(동직설 과거)이다. "죽임을 당하매" - '죽인다.'(동직설 과거)이다. "따르던" - 설득한다.'(동직설 미완료)이다. "흩어져" - '흩어지게 한다.'(동직설 과거)이다. "없어" - '하나도 아닌'이다. "졌고" - '된다.'(동직설 과거)이다.

37, "그 후 호적할 때에 갈릴리의 유다가 일어나 백성을 꾀어 따르게 하다가 그도 망한즉 따르던 모든 사람들이 흩어졌느니라"

"호적할" - '인구 조사'이다. "유다" - 구레뇨(Quirinus) 총독 때 인구 조사할 때(눅 2:2) 갈릴리에서 반란을 일으킨 사람이다. "일어나" - '일어난다.'(동직설 과거)이다. "꾀어" - '유혹한다.'(동직설 과거)이다. "따르게 하다가" - '~후에'이다. "망한즉" - '멸망시킨다.'(동직설 과거)이다. "따르던" - '설득한다.'(동직설 미완료)이다. "흩어졌느니라" - '흩뿌린다.'(동직설 과거)이다. 거짓 지도자는 죽으면 그것으로 끝이다.

그가 말하려는 핵심은 무엇인가?

38, "이제 내가 너희에게 말하노니 이 사람들을 상관하지 말고 버려두라 이 사상과 이 소행이 사람으로부터 났으면 무너질 것이요"

"말하노니" - '말한다.'(동직설 현재)이다. "상관하지 말고" - '떠난다.'(동명령 과거)이다. "버려두라" - '가게 한다.'(동명령 과거)이다. "사상과" - '의도'이다. "소행이" - '일'이다. "났(으면)" - '나는 ~이다.'(가정 현재)이다. "(났)으면" - '만일 ~이라면'이다. "무너질 것이요" - '파괴한다.'(동직설 미래)이다. 사람의 일은 스스로 무너진다.

39, "만일 하나님께로부터 났으면 너희가 그들을 무너뜨릴 수 없겠고 도리어 하나님을 대적하는 자가 될까 하노라 하니"

"났으면" - '그것은 ~이다.'(동직설 현재)이다. "무너뜨릴" - '파괴한다.'(부정사 과거)이다. "수" - '할 수 있다.'(동직설 미래)이다. "없겠고" - '~아니다.'이다. "될까" - '찾는다.'(가정 과거)이다. "하노라 하니" - '결코 ~ 아니다.'이다. 하나님의 일은 사람이 막을 수 없다. 막으려고 하면 하나님의 대적자가 된다.

종교 지도자는 어떻게 했는가?

40, "그들이 옳게 여겨 사도들을 불러들여 채찍질하며 예수의 이름으로 말하는 것을 금하고 놓으니"

"그들이 옳게 여겨" - '설득한다.'(동직설 과거)이다. 종교 지도자들은 가말리엘의 조언을 받아들였다. "불러들여" - '부른다.'(분사 과거)이다. "채찍질하며" - '때린다.'(분사 과거)이다. "말하는 것을" - '말한다.'(부정사 현재)이다. 금" - '아니'이다. "하고" - '명령한다.'(동직설 과거)이다. "놓으니" - '석방한다.'(동직설 과거)이다. 종교 지도자들은 사도들을 때리고 예수님의 이름으로 말하지 말라고 명령하여 놓아주었다.

사도들은 무엇을 했는가?

41, "사도들은 그 이름을 위하여 능욕 받는 일에 합당한 자로 여기심을 기뻐하면서 공회 앞을 떠나니라"

"능욕 받는 일에" - '모욕한다.'(부정사 과거)이다. "합당한 자로 여기심을" - '합당하다고 생각한다.'(동직설 과거)이다. 사도는 예수님의 이름을 위하여 고난받는 일을 가치 있게 여겼다. "기뻐하면서" - '기뻐한다.'이다. "떠나니라" - '간다.'(동직설 미완료)이다. 그들은 기뻐하면서 공의회에서 나온다.

42, "그들이 날마다 성전에 있든지 집에 있든지 예수는 그리스도라고 가르치기와 전도하기를 그치지 아니하니라"

"날마다" - '모든 날'이다. "에 있든지" - '안에'이다. "에 있든지" - '~에 대하여'이다. "가르치기" - '가르친다.'(분사 현재)이다. "전도하기를" - '좋은 소식을 가져온다.'(동분사 현재)이다. "그치지" - '그친다.'(동직설 미완료)이다. "아니하니라" - '아니다.'이다. 그들은 시간과 장소에 상관없이 계속해서 "예수님은 그리스도이시다."라는 메시지를 쉬지 않고 전한다. 그들은 고개를 들기 시작하는 박해 앞에서 가르치고 전도하는 일을 쉬지 않는다. 왜냐하면 그들은 사람의 말보다 하나님의 말씀에 순종하기 때문이다.

10
말씀 사역에 힘쓰리라

본 문 사도행전 6:1-15
요 절 사도행전 6:4
찬 송 199장, 200장

1. 그때 교회 내에 무슨 문제가 생겼습니까(1)? '헬라파 유대인', '히브리파 사람'은 각각 누구를 말합니까?

2. 열두 사도는 그 문제 앞에서 무엇을 깨달았습니까(2)? 그들은 어떤 방향을 잡았습니까(3)? 그들은 무슨 일에 전념하고자 합니까(4)? 사도들의 방향을 통해 무엇을 배웁니까?

3. 이에 대한 사람들의 반응은 어떠했으며, 누가 세움을 받았습니까(5-6)? 그 열매가 어떻게 나타납니까(7)?

4. 스데반은 무슨 일을 합니까(8)? 그때 누가 일어나 스데반과 논쟁합니까(9)? 왜 그들은 스데반을 당하지 못합니까(10)?

5. 그들은 어떤 방법을 동원했습니까(11-14)? 그런데 사람들의 반응은 어떠합니까(15)?

10

말씀 사역에 힘쓰리라

본문 사도행전 6:1-15
요절 사도행전 6:4
찬송 199장, 200장

1. 그때 교회 내에 무슨 문제가 생겼습니까(1)? '헬라파 유대인', '히브리파 사람'은 각각 누구를 말합니까?

1, "그 때에 제자가 더 많아졌는데 헬라파 유대인들이 자기의 과부들이 매일의 구제에 빠지므로 히브리파 사람을 원망하니"

"때" - '날(day)'이다. 사도들이 쉬지 않고 가르쳤던 날들(5:42)을 말한다. "제자가" - '배우는 사람'이다. "더 많아졌는데" - '더 많아진다.'(분사 현재)이다.

그런데 무슨 문제가 있는가? "헬라파 유대인들이" - '헬라주의자(Hellenist/ the Grecian Jews)'이다. 해외로 이민하러 갔다가 예루살렘으로 돌아와 정착한 사람이다. 그들은 해외에서 살아서 헬라어는 잘하지만, 유대인 공용어인 아람어에 서툴렀다. "구제"(διακονία, *diakonia*) - '배급'이다. '음식을 제공하는 것'을 뜻한다. "빠지(므로)" - '소홀히 한다.'(동직설 미완료)이다. 헬라파 과부들이 구호 음식을 받을 때마다 소홀히 여김을 받았다. "므로" - '때문에'이다. "히브리파 사람" - '히브리인(the Hebrew/ the Hebraic Jews)'이다. 토박이 유대인 신자이다. 교회 안에서 주류는 히브리파이고, 비주류는 헬라파였다.

10, 6:1-15 말씀 사역에 힘쓰리라

"원망" - '불만'이다. "하니" - '일어난다.'(동직설 과거)이다. 헬라파가 히브리파에게 불평했다. 예루살렘 교회는 한마음 한뜻이었는데, 처음으로 내부 갈등이 생겼다.

2. 열두 사도는 그 문제 앞에서 무엇을 깨달았습니까(2)? 그들은 어떤 방향을 잡았습니까(3)? 그들은 무슨 일에 전념하고자 합니까(4)? 사도들의 방향을 통해 무엇을 배웁니까?

2, "열두 사도가 모든 제자를 불러 이르되 우리가 하나님의 말씀을 제쳐 놓고 접대를 일삼는 것이 마땅하지 아니하니"

"불러" - '부른다.'(분사 과거)이다. "이르되" - '말한다.'(동직설 과거)이다. "제쳐 놓고" - '뒤에 남긴다.'(동분사 과거)이다. "접대" - '빵을 떼는 것'을 뜻한다. "일삼는 것" - '섬긴다.'(부정사 현재)이다. "마땅하지" - '옳은'이다. "아니" - '~아니다.'이다. "하니" - '그것은 ~이다.'(동직설 현재)이다. 사도들은 말씀 사역을 포기하면서 식탁 섬기는 일을 한 그것이 옳지 않음을 안다. 그들은 성도가 갈등하는 원인을 그들 안에서 찾았다.

그들은 어떤 방향을 잡았는가?

3, "형제들아 너희 가운데서 성령과 지혜가 충만하여 칭찬받는 사람 일곱을 택하라 우리가 이 일을 그들에게 맡기고"

"성령과 지혜가" - '성령님이 함께하고 지혜로운'을 뜻한다. "충만하여" - '충만한'이다. "칭찬받는" - '증언한다.'(동분사 현재)이다. '평판이 좋고 영과 지혜가 충만한'이라는 뜻이다. "일곱" - 전체에 대한 대표성을 가진다. "택하라" - '뽑으라(pick out).'(동명령 과거)이다.

그들을 선택하는 목적은 무엇인가? "맡기고" - '임명한다.'(동직설 미래)이다. 그들에게 '대접하는 일'을 맡기려고 한다.

사도들은 무슨 일에 전념하고자 하는가?

4, "우리는 오로지 기도하는 일과 말씀 사역에 힘쓰리라 하니"

10, 6:1-15 말씀 사역에 힘쓰리라

"우리는"- '사도들'이다. "오로지" - '그러나'라는 뜻이다. "기도하는 일" - '기도'이다. "말씀" - '말'이다. "사역에"(διακονία, diakonia) - '직무'이다. "힘쓰리라" - '헌신한다.(동직설 미래)이다.

사도들의 방향을 통해 무엇을 배우는가? 첫째로, 역할 분담을 배운다. 교회는 해야 할 일이 많다. 그런데 사도 혼자 그 일을 다 할 수 없다. 예루살렘 교회는 최초로 역할을 분담하는 동역자를 세운다. 교회는 새의 두 날개처럼 각각의 역할을 섬기는 사람이 필요하다.

둘째로, 사도는 말씀 사역에 헌신해야 함을 배운다. 사도가 말씀 사역을 제쳐 놓고 구제에 힘쓰니 교회 안에서 갈등이 생겼다. 겉으로는 구제에 대한 차별이었는데, 안으로는 말씀 사역이 제대로 이루어지지 않아서였다. 교회가 말씀 사역에 헌신하면 내부 갈등은 일어나지 않는다.

3. 이에 대한 사람들의 반응은 어떠했으며, 누가 세움을 받았습니까(5-6)? 그 열매가 어떻게 나타납니까(7)?

5, "온 무리가 이 말을 기뻐하여 믿음과 성령이 충만한 사람 스데반과 또 빌립과 브로고로와 니가노르와 디몬과 바메나와 유대교에 입교했던 안디옥 사람 니골라를 택하여"

"이 말을" - '사도의 말', 즉 "기도하는 일과 말씀 사역에 힘쓰리라."(4)라는 말이다. "기뻐하여" - '기쁘게 하려고 노력한다.'(동직설 과거)이다. "믿음과 성령이 충만한" - '믿음이 있고 성령님이 함께하시는'이라는 뜻이다. "스데반"(Στέφανος, stephanos) - '왕관', '면류관'이다. 그는 예루살렘의 헬라파 유대인이었다. "빌립" - 사마리아 성에서 전도한다(8:5). "브로고로", "니가노르", "디몬", "바메나" - 그들은 이방인이 아닌 '디아스포라(Diaspora)', 즉 바벨론 포로 이후 팔레스타인 이외 지역에서 사는 유대인이다. "유대교에 입교했던" - '개종자(proselyte)', '하나님을 경외하는 사람'이다. "니골라를" - 유대교로 개종했다가 기독교로 개종한 이방인이었다. "택하여" - '선택한다.'(동직설 과거)이다. 그들은 모두 헬라파였다. 교회는 헬라파를 뽑아서 구제 사역을 섬기도록 했다.

6, "사도들 앞에 세우니 사도들이 기도하고 그들에게 안수하니라"

"세우니" - '지명한다.'(동직설 과거)이다. 그들을 사도들의 권위 아래 두었다. "기도하고" - '기도한다.'(분사 과거)이다. "안(수)" - '둔 다.'(동직설 과거)이다. "(안)수" - '손(hand)'이다. 사도는 그들에게 기도하고 손을 얹었다. 그들은 사도의 권위를 인정하고, 교회 질서에 순종한다. 그들은 사도와 역할을 나눠서 섬긴다.

그 열매가 어떻게 나타나는가?

7, "하나님의 말씀이 점점 왕성하여 예루살렘에 있는 제자의 수가 더 심히 많아지고 허다한 제사장의 무리도 이 도에 복종하니라"

"점점 왕성하여" - '계속해서 자란다.'(동직설 미완료)이다. 하나님 의 말씀이 계속해서 자란다. "많아지고" - '증가한다.'(동직설 미완료) 이다. 첫째로, 제자의 수가 많아진다. "도에" - '믿음'이다.

"복종하니라" - '말을 듣는다.' '순종한다.'(동직설 미완료)이다. 둘 째로, 제사장 중에서도 예수님을 믿는 사람이 많다.

4. 스데반은 무슨 일을 합니까(8)? 그때 누가 일어나 스데반과 논 쟁합니까(9)? 왜 그들은 스데반을 당하지 못합니까(10)?

8, "스데반이 은혜와 권능이 충만하여 큰 기사와 표적을 민간에 행하 니"

"충만하여" - '가득한'이다. 그는 은혜와 능력이 가득하다. "민간" - '백성'이다. "행하니" - '행한다.'(동직설 미완료)이다. 그는 놀라운 일과 굉장한 기적을 사람 속에서 행한다. 스데반은 구제 사역을 섬 기도록 세움을 받았는데, 복음 전파에서 큰일을 한다.

그때 어떤 사람이 일어났는가?

9, "이른바 자유민들 즉 구레네인, 알렉산드리아인, 길리기아와 아시

아에서 온 사람들의 회당에서 어떤 자들이 일어나 스데반과 더불어 논쟁할새"

"이른바 자유민들 즉"(Λιβερτῖνος, *Libertinos*) - '자유인(Freedman)'이다. '자유를 얻은 노예'나 '그 노예의 자손'을 말한다. 로마로 쫓겨났거나 사로잡혀 갔던 유대인 중에 자유민으로 돌아온 사람이다. 그들은 '자유민의 회당(the Synagogue of the Freedmen)'을 세웠다. "회당" - '회당'이다. "구레네"(Cyrene) - 북아프리카이다. "알렉산드리아" - 세계 최대의 상업과 무역 중심지이다. "길리기아" - 소아시아이다. 수도는 다소인데, 이곳에서 바울이 태어났다(22:3).

그들은 무엇을 하는가? "일어나" - '일어난다.'(동직설 과거)이다. 자유민과 구레네인과 알렉산드리아인과 길리기아와 아시아에서 온 사람들의 회당에 속한 몇 사람이 일어났다. "더불어 논쟁할새" - '논쟁한다.'(동분사 현재)이다.

논쟁의 결과는 어떠한가?

10, "스데반이 지혜와 성령으로 말함을 그들이 능히 당하지 못하여"

"말함을" - '말한다.'(동직설 미완료)이다. "그들이 능히" - '능력이 있다.'(동직설 미완료)이다. "당하지" - '대적한다.'(부정사 과거)이다. "못하여" - '아니다.'이다. 그들은 스데반을 당하지 못한다.

5. 그들은 어떤 방법을 동원했습니까(11-14)? 그런데 사람들의 반응은 어떠합니까(15)?

11, "사람들을 매수하여 말하게 하되 이 사람이 모세와 하나님을 모독하는 말을 하는 것을 우리가 들었노라 하게 하고"

"매수하여" - '비밀리 선동한다.'(동직설 과거)이다. "말하게 하되" - '말한다.'(동분사 현재)이다. 그들은 사람들이 거짓말을 하도록 선동했다. "모세" - 율법을 대변한다. "하나님" - 성전을 대신한다. "모독하는" - 불경스러운'이다. "하는" - '말한다.'(분사 현재)이다. "우리가 들었노라 하게 하고" - '듣는다.'(동직설 완료)이다.

12, "백성과 장로와 서기관들을 충동시켜 와서 잡아 가지고 공회에 이르러"

"충동시켜" - '선동한다.'(동직설 과거)이다. "와서" - '~에 둔다.'(동분사 과거)이다. "잡아 가지고" - '힘으로 붙잡는다.'(동직설 과거)이다. "이르러" - '인도한다.'(동직설 과거)이다.

13, "거짓 증인들을 세우니 이르되 이 사람이 이 거룩한 곳과 율법을 거슬러 말하기를 마지 아니하는도다"

"세우니" - '세운다.'(동직설 과거)이다. "이르되" - '말한다.'(분사 현재)이다. "거룩한 곳" - '거룩한 장소(holy place)', 즉 '성전'을 말한다. "거슬러" - '~에 대항하여'이다. "말" - '말'이다. "하기를" - '말한다.'(동분사 현재)이다. "마지" - '제지한다.'(동직설 현재)이다. "아니하는도다" - '~아니다.'이다. 거짓 증인은 "스데반은 거룩한 곳과 율법을 거슬러 말하기를 쉬지 않는다."라고 했다.

14, "그의 말에 이 나사렛 예수가 이곳을 헐고 또 모세가 우리에게 전하여 준 규례를 고치겠다 함을 우리가 들었노라 하거늘"

"그의 말에" - '스데반이 이렇게 말했다.'라는 뜻이다. "헐고" - '파괴한다.'(동직설 미래)이다. "나사렛 예수가" - '예수님이 이 성전을 헌다고 말했다.'라는 뜻이다. "전하여 준" - '전달한다.'(동직설 과거)이다. "규례를" - '관습'이다. "고치겠다" - '바꾼다.'(동직설 미래)이다. '모세의 규례를 고치겠다.'라는 뜻이다. "우리가 들었노라" - '듣는다.'(동직설 완료)이다. 그들은 거짓말을 확신 있게 말한다.

그들이 거짓으로 말하는 내용은 무엇인가? "모세와 하나님을 모독한다"(11). "거룩한 곳과 율법을 거슬러 말한다"(12). "나사렛 예수가 이곳을 헐고 모세가 전한 규례를 고치겠다"(14). '모세'는 율법을 대표하고, '거룩한 곳'은 성전을 뜻한다. 그들은 스데반이 율법과 성전을 무시했다고 말한다.

왜 그들은 이 점을 물고 늘어졌을까? '율법'과 '성전'은 유대 사회를 떠받치는 기둥이다. 이 기둥을 헐거나 고치는 일은 하나님을 모

독하는 행위이다. 스데반이 그런 말을 했으니 정말로 심각한 일이
아닐 수 없다.

그런데 사람들의 반응은 어떠한가?

15, "공회 중에 앉은 사람들이 다 스데반을 주목하여 보니 그 얼굴이
천사의 얼굴과 같더라"

"공회" - '산헤드린'이다. "앉은" - '앉는다.'(분사 현재)이다. "사람
들이" - '공회에 앉아 있는 사람'이다. 스데반을 심문하는 사람이다.
"주목하여 보니" - '열중하여 본다.'(분사 과거)이다. "(같)더라" - '본
다.'(동직설 과거)이다. 그의 얼굴은 천사처럼 보였다. 만일 그가 하
나님을 모독했다면 그의 얼굴은 악마처럼 보였을 것이다. 하지만 그
의 얼굴은 천사의 얼굴이다. 성령님께서 그와 함께하심을 증언한다.

11
순교자 스데반

본문 사도행전 7:1-60
요절 사도행전 7:59
찬송 336장, 585장

1. 대제사장은 스데반에게 무엇을 확인했습니까(1; 6:14)? 스데반은 누구로부터 이야기를 시작했습니까(2-7)? 할례의 언약은 어떻게 계속되었습니까(8)?

2. 하나님은 요셉과 어떻게 함께하셨습니까(9-13)? 요셉의 후손들은 어떻게 되었습니까(14-16)?

3. 모세는 어떤 환경에서 태어나 자랐습니까(17-22)? 그는 자기 형제들로부터 어떤 대우를 받았습니까(23-29)? 하나님은 그를 어떤 사람으로 세우셨습니까(30-38)?

4. 조상들은 어떤 죄를 지었습니까(39-43)? 성전은 언제부터 있었습니까(44-47)? 하나님은 어디에 계십니까(48-50)? 성전에 관해 무엇을 배울 수 있습니까?

5. 종교 지도자들의 죄는 무엇입니까(51-53)? 그들은 스데반의 메시지에 어떻게 반응합니까(54)? 스데반은 무엇을 보고, 무슨 말을 했습니까(55-56)?

6. 그들은 스데반에게 무슨 짓을 했으며, 스데반은 그들을 위해 무엇을 했습니까(57-60)? 스데반이 증언한 핵심은 무엇입니까?

11
순교자 스데반

본문 사도행전 **7:1-60**
요절 사도행전 **7:59**
찬송 **336장, 585장**

1. 대제사장은 스데반에게 무엇을 확인했습니까(1; 6:14)? 스데반은 누구로부터 이야기를 시작했습니까(2-7)? 할례의 언약은 어떻게 계속되었습니까(8)?

1, "대제사장이 이르되 이것이 사실이냐"

"대제사장" - '대제사장'이 등장했다. "이르되" - '명령한다.'(동직설 과거)이다. "사실" - '이렇게'이다. "이냐" - '가진다.'(동직설 현재)이다. 사람들은 스데반이 "성전과 율법을 거슬러 말한다."라며 공회로 끌고 왔다(6:13). 성전 모독과 율법 모독은 하나님 모독이며, 속죄 사역에 대한 모독이다.

스데반의 대답은 무엇인가?

2, "스데반이 이르되 여러분 부형들이여 들으소서 우리 조상 아브라함이 하란에 있기 전 메소보다미아에 있을 때에 영광의 하나님이 그에게 보여"

"이르되" - '선언한다.'(동직설 과거)이다. 그의 대답은 2절부터 53절까지이다. 본문을 스데반이 고소당한 두 가지 내용을 근거로 생각해야 한다.

11, 7:1-60 순교자 스데반

"부형들이여" - '아버지들과 형제들'이다. 원문은 '형제들과 아버지들'이다. 이런 호칭을 통하여 자신도 그들과 같은 입장임을 말한다. "들으소서" - '듣는다.'(동명령 과거)이다. "아브라함이" - 그의 대답은 '조상 아브라함'으로부터 시작한다. "하란" - 달의 신, '신(Sin)' 숭배의 중심지였다. 데라와 그의 아들 아브람과 다른 친척들이 우르에서 가나안으로 가는 길에 하란으로 갔다(창 11:31). 하란에서 데라는 죽었다(창 11:32). "있기" - '살다.'(부정사 과거)이다. "메소보다미아" - 티그리스강과 유브라데스강 유역과 그 사이의 땅을 가리킨다. "있을 때에" - '나는 ~이다.'(분사 현재)이다. 이스라엘의 역사는 아브라함이 메소보다미아(Mesopotamia)에 있을 때부터 시작한다(창 11:31-32).

어떻게 시작했는가? "영광의 하나님" - 그는 조상의 하나님을 이렇게 부른다. 하나님을 모독한다고 말했기 때문이다. 그의 하나님, 조상의 하나님은 영광의 하나님이시다. 그 또한 영광스러운 하나님의 후손이다. "그에게 보여" - '본다.'(동직설 과거)이다. 영광의 하나님께서 아브라함에게 나타나셨다.

무엇을 말씀하셨는가?

3, "이르시되 네 고향과 친척을 떠나 내가 네게 보일 땅으로 가라 하시니"

"이르시되" - '명령한다.'(동직설 과거)이다. "떠나" - '나가다.'(동명령 과거)이다. "가라" - '오라.'(동명령 과거)이다. 하나님께서 아브라함에게 조상의 땅을 떠나 새로운 땅으로 가도록 방향을 주셨다(창 12:1-3).

아브라함은 그 방향 앞에서 어떻게 했는가?

4, "아브라함이 갈대아 사람의 땅을 떠나 하란에 거하다가 그의 아버지가 죽으매 하나님이 그를 거기서 너희 지금 사는 이 땅으로 옮기셨느니라"

"갈대아 사람의" - '갈대아에 사는 사람(Chaldean)'이다. "떠나" -

110

'나가다.'(분사 과거)이다. "거하다가" - '살다.'(동직설 과거)이다. "죽
(으매)" - '죽는다.'(부정사 과거)이다. "(죽)으매" - '~후에'이다. "이
땅으로" - '팔레스타인', 즉 '이스라엘'이다. "옮기셨느니라" - '이주민
을 옮긴다.'(동직설 과거)이다. 아브라함의 아버지는 하란에서 죽었다.
아브라함을 가나안으로 옮겼다.

5, "그러나 여기서 발붙일 만한 땅도 유업으로 주지 아니하시고 다만
이 땅을 아직 자식도 없는 그와 그의 후손에게 소유로 주신다고 약속하
셨으며"

"그러나" - '그리고'이다. "(발)붙일" - '걸어갈 때의 걸음(step)'이
다. "만한 땅도" - '~도 ~도 아니다.'이다. "유업으로" - '상속 재산'
이다. "주지" - '준다.'(동직설 과거)이다. "아니하시고" - '~아니다.'이
다. 그러나 하나님은 그에게 실제로는 땅을 주지 않으셨다. "없(는)"
- '~아니다.'이다. "(없)는" - '나는 ~이다.'(분사 현재)이다. "주신다
고" - '준다.'(부정사 과거)이다. "약속하셨으며" - '약속한다.'(동직설
과거)이다. 하나님은 그에게 약속하셨다.

6, "하나님이 또 이같이 말씀하시되 그 후손이 다른 땅에서 나그네가
되리니 그땅 사람들이 종으로 삼아 사백 년 동안을 괴롭게 하리라 하시
고"

"또" - '그리고'이다. "말씀하시되" - '말한다.'(동직설 과거)이다.
"되리니"- '되리라.'(동직설 미래)이다. "그땅 사람들이 종으로 삼아"
- '종으로 삼는다.'(동직설 미래)이다. "괴롭게 하리라" - '해한다.'(동
직설 미래)이다.이다. 그의 후손은 종으로 400년을 살 것이다(창
15:13).

7, "또 이르시되 종 삼는 나라를 내가 심판하리니 그 후에 그들이 나
와서 이곳에서 나를 섬기리라 하시고"

"이르시되" - '말한다.'(동직설 과거)이다. "종 삼는" - '섬긴다.'(동
직설 미래)이다. "심판하리니" - '심판한다.'(동직설 미래)이다. 하나님

께서 이스라엘을 종으로 삼았던 그 나라를 심판하신다. "그들이 나와서" - '나온다.'(동직설 미래)이다. "이곳" - 예루살렘을 말한다. "섬기리라" - '섬긴다.'(동직설 미래)이다. 이스라엘은 다시 돌아와서 하나님을 섬길 것이다.

8, "할례의 언약을 아브라함에게 주셨더니 그가 이삭을 낳아 여드레만에 할례를 행하고 이삭이 야곱을, 야곱이 우리 열두 조상을 낳으니라"

"할례" - 할례는 언약 백성의 표시이다. "주셨더니" - '준다.'(동직설 과거)이다. 아브라함은 할례를 받음으로 언약 백성이라는 표시를 받았다(창 17:10). "낳아" - '낳는다.'(동직설 과거)이다. "할례를 행하고" - '할례를 행한다.'(동직설 과거)이다. "조상을 낳으니라" - '한 부족의 시조'이다. 하나님의 언약은 후손에게까지 이어졌다.

2. 하나님은 요셉과 어떻게 함께하셨습니까(9-13)? 요셉의 후손들은 어떻게 되었습니까(14-16)?

9, "여러 조상이 요셉을 시기하여 애굽에 팔았더니 하나님이 그와 함께 계셔"

"시기하여" - '열심이다.'(분사 과거)이다. "팔았더니" - '팔다.'(동직설 과거)이다. 형들은 요셉을 시기하여 애굽으로 팔았다(창 37:11, 28). "계셔" - '나는 ~이다.'(동직설 미완료)이다. 하나님이 요셉과 함께하신다.

10, "그 모든 환난에서 건져내사 애굽 왕 바로 앞에서 은총과 지혜를 주시매 바로가 그를 애굽과 자기 온 집의 통치자로 세웠느니라"

"건져내사" - '빼낸다.'(동직설 과거)이다. "주시매" - '준다.'(동직설 과거)이다. "세웠느니라" - '임명한다.'(동직설 과거)이다. 하나님께서 모든 어려움에서 그를 건져내셨고, 그에게 은혜와 지혜를 주셨다. 그를 총리로 임명하셨다.

11, "그 때에 애굽과 가나안 온 땅에 흉년이 들어 큰 환난이 있을새 우리 조상들이 양식이 없는지라"

"흉년이" - 기근'이다. "들어" - '나타난다.'(동직설 과거)이다. "없는(지라)" - '~아니다.'이다. "(없는)지라" - '찾는다.'(동직설 미완료)이다. 요셉을 팔았던 그 가족이 위기를 맞았다.

12, "야곱이 애굽에 곡식 있다는 말을 듣고 먼저 우리 조상들을 보내고"

"있다는" - '나는 ~이다.'(분사 현재)이다. "말을 듣고" - '듣는다.'(분사 과거)이다. "보내고" - '보낸다.'(동직설 과거)이다.

13, "또 재차 보내매 요셉이 자기 형제들에게 알려지게 되고 또 요셉의 친족이 바로에게 드러나게 되니라"

"재(차)" - '둘째'이다. "차 보내매" - '~안에'이다. "알려지게 되고" - '알게 된다.'(동직설 과거)이다. 요셉은 자신의 존재를 형제에게 알렸다. "드러나게" - '보이는'이다. "되니라" - '된다.'(동직설 과거)이다.

14, "요셉이 사람을 보내어 그의 아버지 야곱과 온 친족 일흔다섯 사람을 청하였더니"

"사람을 보내어" - '보낸다.'(분사 과거)이다. "청하였더니" - '부른다.'(동직설 과거)이다. 요셉은 75명의 가족을 애굽으로 초청했다.

15, "야곱이 애굽으로 내려가 자기와 우리 조상들이 거기서 죽고"

"내려가" - '내려간다.'(동직설 과거)이다. "거기서 죽고" - '죽음에 이른다.'(동직설 과거)이다.

16, "세겜으로 옮겨져 아브라함이 세겜 하몰의 자손에게서 은으로 값 주고 산 무덤에 장사되니라"

"옮겨져" - '옮긴다.'(동직설 과거)이다. "값 주고" - '값'이다. "산"

- '산다(buy).'(동직설 과거)이다. 아브라함이 은전을 주고 샀었다. 아브라함이 산 무덤은 헤브론에 있는 막벨라 굴이다(창 23:19). 세겜에 있는 무덤은 아니다. 그러나 언약의 관점에서 보면 가나안 땅은 모두 아브라함의 소유라고 할 수 있다. "장사되니라" - '놓는다.'(동직설 과거)이다. 야곱은 애굽에서 나그네처럼 살았지만, 죽어서는 약속의 땅에 묻혔다. 본래 야곱의 매장지는 세겜이 아니라 헤브론에 있는 막벨라 굴이었다(창 50:13). 이곳에는 사라(23:19), 아브라함(25:9), 이삭(49:30), 그리고 리브가(49:30), 레아(49:30) 등이 묻혀 있었다. 요셉의 해골을 세겜에 매장했다(창 33:19).

3. 모세는 어떤 환경에서 태어나 자랐습니까(17-22)? 그는 자기 형제들로부터 어떤 대우를 받았습니까(23-29)? 하나님은 그를 어떤 사람으로 세우셨습니까(30-38)?

17, "하나님이 아브라함에게 약속하신 때가 가까우매 이스라엘 백성이 애굽에서 번성하여 많아졌더니"

"하신" - '약속한다.'(동직설 과거)이다. "때가" - '기간(period of time)'이다. "가까우(매)" - '접근한다.'(동직설 미완료)이다. 하나님의 약속은 중단되지 않고 계속된다. "(우)매" - '~에 따라서'이다. "번성하여" - '자란다.'(동직설 과거)이다. "많아졌더니" - '많아진다.'(동직설 과거)이다. 하나님의 약속대로 이스라엘은 애굽에서 민족과 백성으로 번성했고, 많아졌다.

18, "요셉을 알지 못하는 새 임금이 애굽 왕위에 오르매"

"알지" - '알다.'(동직설 과거)이다. "못하는" - '~아니다.'이다. "새" - '다른(other)'이다. "왕위에" - '~위에'이다. '애굽을 다스리는 다른 왕'이라는 뜻이다. "오르매" - '일어난다.'(동직설 과거)이다.

19, "그가 우리 족속에게 교활한 방법을 써서 조상들을 괴롭게 하여 그 어린아이들을 내버려 살지 못하게 하려 할새"

"족속에게" - '자손'이다. "교활한 방법을 써서" - '교활하게 다룬다.'(분사 과거)이다. "괴롭게 하여" - '비참하게 한다.'(동직설 과거)이다. "내버려" - '버려진'이다. "살지" - '살려둔다.'(동부정사 현재)이다. "못" - '아니'이다. "하게 하려" - '~을 위하여'이다. "할새" - '만들다.' '한다.'(부정사 현재)이다. 그 왕은 교활한 정책을 써서 이스라엘이 살아남지 못하도록 했다(출 1:15-22). 애굽의 역사가 바뀌니 이스라엘의 위치도 바뀌었다.

하나님은 어떻게 하셨는가?

20, "그 때에 모세가 났는데 하나님 보시기에 아름다운지라 그의 아버지의 집에서 석 달 동안 길리더니"

"모세" - 스데반은 "모세와 율법을 느슨하게 다루었다."라는 비난받았다. "났는데" - '낳는다.'(동직설 과거)이다. 애굽에서 이스라엘의 사내를 살지 못하도록 할 때 모세가 태어났다. "아름다운" - '아름다운'이다. "지라" - '나는 ~이다.'(동직설 미완료)이다. "길리더니" - '기른다.'(동직설 과거)이다.

21, "버려진 후에 바로의 딸이 그를 데려다가 자기 아들로 기르매"

"버려진 후에" - '버린다.'(분사 과거)이다. "그를 데려다가" - '취한다.'(동직설 과거)이다. "기르매" - '기른다.'(동직설 과거)이다. 바로의 딸이 그를 데려다가 길렀다.

22, "모세가 애굽 사람의 모든 지혜를 배워 그의 말과 하는 일들이 능하더라"

"배워" - '교육한다.'(동직설 과거)이다. 모세는 궁중에서 교육받으며 기초를 탄탄하게 다졌다. "능하(더라)" - '능력 있는'이다. "(능하)더라" - '나는 ~이다.'(동직설 미완료)이다. 그는 말과 행동이 뛰어났다. 모세는 실제로는 말을 잘하지 못했다(출 4:10).

모세는 어떻게 일했는가?

23, "나이가 사십이 되매 그 형제 이스라엘 자손을 돌볼 생각이 나더니"

"사십이" - 모세는 40세에 등장했다. 스데반은 모세의 삶과 사역을 40년으로 구분한다: 40세에 백성을 구원하고자 등장(23-29), 미디안에서 40년을 보낸 후에 사명을 맡음(30-35), 광야에서 백성이 40년 동안 모세를 배척(36). "되(매)" - '~할 때'이다. "(되)매" - '채운다.'(동직설 미완료)이다. "돌볼" - '방문한다.'(부정사 과거)이다. "생각" - '마음'이다. "나더니" - '오른다.'(동직설 과거)이다. 그는 동족을 구원하려는 마음을 품었다.

24, "한 사람이 원통한 일 당함을 보고 보호하여 압제 받는 자를 위하여 원수를 갚아 애굽 사람을 쳐 죽이니라"

"원통한 일 당함을" - '불의하게 행한다.'(분사 현재)이다. "보고" - '본다.'(분사 과거)이다. "보호하여" - '어떤 자를 돕는다.'(동직설 과거)이다. 모세는 부당하게 취급당하는 한 사람을 보고 보호했다. "압제 받는" - '압제한다.'(분사 현재)이다. "갚아" - '행한다.'(동직설 과거)이다. "쳐 죽이니라" - '때린다.'(동분사 과거)이다. 그는 애굽 사람을 쳐서 원수를 갚았다.

그는 형제들에게 어떤 기대를 했는가?

25, "그는 그의 형제들이 하나님께서 자기의 손을 통하여 구원해 주시는 것을 깨달으리라고 생각하였으나 그들이 깨닫지 못하였더라"

"주시는" - '준다.'(동직설 현재)이다. "깨달으리라고" - '이해한다.'(동직설 과거)이다. 모세는 형제들이 하나님께서 그의 손으로 구원을 주신다는 것을 이해할 줄 생각한다. "생각하였으나" - '생각한다.'(동직설 미완료)이다. "깨닫지" - '이해한다.'(부정사 현재)이다. "못하였더라" - '~아니다.'이다. 그러나 그들은 깨닫지 못한다.

26, "이튿날 이스라엘 사람끼리 싸울 때에 모세가 와서 화해시키려 하여 이르되 너희는 형제인데 어찌 서로 해치느냐 하니"

"싸울 때에" - '싸운다.'(동분사 현재)이다. "모세가 와서" - '본다.'(동직설 과거)이다. "화해" - '평화'이다. "시키려하여" - '강권한다.'(동직설 미완료)이다. "이르되" - '말한다.'(분사 과거)이다. "(형제)인데" - '나는 ~이다.'(동직설 현재)이다. "해치느냐 하니" - '잘못한다.'(동직설 현재)이다.

27, "그 동무를 해치는 사람이 모세를 밀어뜨려 이르되 누가 너를 관리와 재판장으로 우리 위에 세웠느냐"

"해치는" - '잘못한다.'(분사 현재)이다. "밀어뜨려" - '밀어버린다.'(동직설 과거)이다. "이르되"- '말한다.'(분사 과거)이다. "세웠느냐" - '임명한다.'(동직설 과거)이다.

28, "네가 어제는 애굽 사람을 죽임과 같이 또 나를 죽이려느냐 하니"

"죽임과" - '죽인다.'(부정사 과º)이다. "죽이" - '죽인다.'(동직설 과거)이다. "(죽이)려느" - '바란다.'(동직설 현재)이다. "(려느)냐" - '아니'이다. 그들은 모세를 지도자로 인정하지 않았다.

모세는 무엇을 했는가?

29, "모세가 이 말 때문에 도주하여 미디안 땅에서 나그네 되어 거기서 아들 둘을 낳으니라"

"도주하여" - '도망한다.'(동직설 과거)이다. 모세는 도망했다. "나그네" - '낯선 사람(stranger)'이다. "되어" - '된다.'(동직설 과거)이다. 그는 미디안에서 나그네가 되었다. "낳으니라" - '낳는다.'(동직설 과거)이다.

하나님은 모세를 어떻게 하셨는가?

30, "사십 년이 차매 천사가 시내 산 광야 가시나무 떨기 불꽃 가운데서 그에게 보이거늘"

"차매" - '성취한다.'(분사 과거)이다. "보이거늘" - '본다.'(동직설 과거)이다. 하나님은 버림받은 모세를 40년이 지나서 찾아오셨다.

31, "모세가 그 광경을 보고 놀랍게 여겨 알아보려고 가까이 가니 주의 소리가 있어"

"보고" - '보다.'(분사 과거)이다. "놀랍게 여겨" - '기이히 여긴다.'(동직설 미완료)이다. 모세는 그 광경을 보고 기이하게 여긴다. "알아보려고" - '자세히 보다.'(부정사 과거)이다. "가까이 가니" - '접근한다.'(분사 현재)이다. "있어" - '된다.'(동직설 과거)이다. 그는 자세히 보려고 가까이 가는데, 주님의 음성이 들렸다.

32, "나는 네 조상의 하나님 즉 아브라함과 이삭과 야곱의 하나님이라 하신대 모세가 무서워 감히 바라보지 못하더라"

"조상의 하나님" - 역사에서 일하신 하나님께서 모세에게 말씀하셨다. "무서" - '무서워하는'이다. "(무서)워" - '된다.'(분사 과거)이다. "감히" - '감히 한다.'(동직설 미완료)이다. "바라보지" - '자세히 보다.' (부정사 과거)이다. "못하더라" - '~아니다.'이다. 모세는 무서워서 감히 쳐다보지 못했다. 하나님은 사람에게 버림을 받은 모세를 부르셨다.

어떻게 부르셨는가?

33, "주께서 이르시되 네 발의 신을 벗으라 네가 서 있는 곳은 거룩한 땅이니라"

"이르시되" - '말한다.'(동직설 과거)이다. "벗으라" - '풀다.'(동명령 과거)이다. 지금까지 생활했던 모습과는 달라야 한다. "네가 서 있는" - '선다.'(동직설 완료)이다. "(땅)이니라" - '그것은 ~이다.'(동직설 현재)이다. 하나님께서 모세를 부르신 그곳은 거룩한 땅이기 때문이다.

모세는 무슨 일을 해야 하는가?

34, "내 백성이 애굽에서 괴로움 받음을 내가 확실히 보고 그 탄식하

는 소리를 듣고 그들을 구원하려고 내려왔노니 이제 내가 너를 애굽으로 보내리라 하시니라"

"괴로움 받음을" - '학대'이다. "확실히" - '보다.'(동분사 과거)이다. "보고" - '보다.'(동직설 과거)이다. "탄식하는 소리를" - '탄식'이다. "듣고" - '듣는다.'(동직설 과거)이다. "구원하려고" - '빼낸다.'(부정사 과거)이다. "내려왔노니" - '내려간다.'(동직설 과거)이다. "(자)" - '오라.'(동명령 과거)이다. "보내리라" - '보낸다(send).'(가정 과거)이다. "보고", "듣고", "내려왔노니", "보내리라" - 하나님은 그들의 괴로움을 확실히 보셨고(have surely seen), 탄식 소리를 들으셨고(have heard), 내려오셨다(have come down). 그리고 모세를 애굽으로 보내신다(will send). 모세는 하나님이 준비하신 사람이다. 스데반은 그런 모세를 무시하지 않았다.

하나님은 모세를 어떤 사람으로 보내셨는가?

35, "그들의 말이 누가 너를 관리와 재판장으로 세웠느냐 하며 거절하던 그 모세를 하나님은 가시나무 떨기 가운데서 보이던 천사의 손으로 관리와 속량하는 자로서 보내셨으니"

"그들의 말이" - '말한다.'(분사 과거)이다. "세웠으냐 하며" - '임명한다.'(동직설 과거)이다. 하나님은 동족으로부터 버림받은 모세를 지도자와 재판관으로 세우셨다. "거절하던" - '거절한다.'(동직설 과거)이다. "속량하는 자로서" - '구속자'이다. "보내셨으니" - '보낸다.'(동직설 완료)이다. 그를 지도자와 구속자로 보내셨다.

그는 가서 무엇을 하는가?

36, "이 사람이 백성을 인도하여 나오게 하고 애굽과 홍해와 광야에서 사십 년간 기사와 표적을 행하였느니라"

"인도하여 나오게 하고" - '인도한다.'(동직설 과거)이다. "행하였느니라" - '행한다.'(동분사 과거)이다.

37, "이스라엘 자손에 대하여 하나님이 너희 형제 가운데서 나와 같

은 선지자를 세우리라 하던 자가 곧 이 모세라"

"세우리라" - '일어난다.'이다. '하나님께서 나를 세우신 것처럼 너희 동족 중에서 한 사람을 세우실 것이다.'라는 뜻이다. "선지자" - '하나님의 말씀을 선포하는 사람'이다. "하던" - '말한다.'(동분사 과거)이다. "(모세)라" - '그는 ~이다.'(동직설 현재)이다.

38, "시내 산에서 말하던 그 천사와 우리 조상들과 함께 광야 교회에 있었고 또 살아 있는 말씀을 받아 우리에게 주던 자가 이 사람이라"

"말하던" - '말한다.'(동분사 현재)이다. "광야" - '버림받은'이다. "교회"(ἐκκλησία, ekkle:sia) - '회중', '교회(church)'이다. "있었고" - '된다.'(분사 과거)이다. 이스라엘은 애굽에서 나와서 40년 동안 광야에서 생활했다. 그때 그들은 성막을 짓고 하나님께 제사했다. 그 성막을 '광야 교회(the congregation in the wilderness)'로 부른다. 그 교회는 '광야에 있는 이스라엘 공동체'이다. 그때 모세는 그곳에 있었다.

"말씀" - '말씀', '하나님의 메시지(oracle/ divine messages)'이다. "받아" - '받는다.'(동직설 과거)이다. "주던" - '준다.'(부정사 과거)이다. "사람이라" - '그는 ~이다.'(동직설 현재)이다. 모세는 백성에게 주기 위해 하나님한테서 살아 있는 말씀을 받았다.

4. 조상들은 어떤 죄를 지었습니까(39-43)? 성전은 언제부터 있었습니까(44-47)? 하나님은 어디에 계십니까(48-50)? 성전에 관해 무엇을 배울 수 있습니까?

39, "우리 조상들이 모세에게 복종하지 아니하고자 하여 거절하며 그 마음이 도리어 애굽으로 향하여"

"(복종)하지" - '된다.'(부정사 과거)이다. "아니" - '~아니다.'이다. "하고자 하여" - '원한다.'(동직설 과거)이다. "거절하며" - '거절한다.'(동직설 과거)이다. 조상들은 모세의 말에 순종하지 않고 거절했다. "향하여" - '돌린다.'(동직설 과거)이다. 그들은 애굽으로 돌아가려고 했다.

그들은 무엇을 했는가?

40, "아론더러 이르되 우리를 인도할 신들을 우리를 위하여 만들라 애굽 땅에서 우리를 인도하던 이 모세는 어떻게 되었는지 알지 못하노라 하고"

"아론더러" - 레위의 자손으로, 아므람과 요게벳의 아들(출 6:16), 모세의 형(출 7:7), 미리암의 남동생(출 15:20), 엘리세바의 남편(출 6:23), 나답, 아비후, 엘르아살, 이다말의 아버지이다(출 6:23). "이르되" - '말한다.'(분사 과거)이다. "인도할" - '앞서간다.'(동직설 미래)이다. "신들" - '하나님들'이다. "우리를 위하여" - '우리에게'이다. "만들라" - '만들다.'(동명령 과거)이다. 그들은 모세와 하나님을 거역하고 새로운 신을 만들려고 했다. "인도하던" - '인도한다.'(동직설 과거)이다. "되었는지" - '된다.'(동직설 과거)이다. "알지" - '알다.'(동직설 완료)이다. "못하노라 하고" - '~아니다.'이다.

그들은 어떤 신을 만들었는가?

41, "그 때에 그들이 송아지를 만들어 그 우상 앞에 제사하며 자기 손으로 만든 것을 기뻐하더니"

"그들이 송아지를 만들어" - '송아지(의 형상)를 만들다.'(동직설 과거)이다. "제사" - '희생 제사(sacrifice)'이다. "하며" - '데리고 올라간다.'(동직설 과거)이다. "만든 것을" - '일'이다. "기뻐하더니" - '기쁘게 한다.'(동직설 미완료)이다. 그들은 송아지 형상을 만들어 제사하며 기뻐했다(출 32:8).

그 결과는 무엇인가?

42, "하나님이 외면하사 그들을 그 하늘의 군대 섬기는 일에 버려두셨으니 이는 선지자의 책에 기록된바 이스라엘의 집이여 너희가 광야에서 사십 년간 희생과 제물을 내게 드린 일이 있었느냐"

"외면하사" - '돌린다.'(동직설 과거)이다. 하나님은 그들에게서 얼굴을 돌리셨다. "군대" - '천체'를 뜻한다. '하늘의 군대'는 '하늘의 천

체'를 뜻한다. "섬기는 일에" - '섬긴다.'(부정사 현재)이다. "버려두셨
으니" - '전달한다.'(동직설 과거)이다. 하나님은 그들을 하늘의 군대
를 섬기도록 버려두셨다.

"선지자의 책" - 아모스 5:25를 인용한다. "기록된바" - '기록한
다.'(동직설 완료)이다. "드린 일이" - '바친다.'(동직설 과거)이다. "있
었느냐" - '아니'이다. 그들은 광야에서 희생제물을 드린 일이 없었
다. 그들은 이방 사람처럼 되었다.

43, "몰록의 장막과 신 레판의 별을 받들었음이여 이것은 너희가 절
하고자 하여 만든 형상이로다 내가 너희를 바벨론 밖으로 옮기리라 함과
같으니라"

"몰록"(Molech) - 아이를 희생제물로 요구하는 우상이다(레 18:21).
암몬 자손의 가증한 우상이다(왕상 11:5, 7). "레판"(Rephan) - 암
5:26에서 '기윤(Chiun, 토성과 같거나 관련이 있다고 생각하는 신의
이름)'으로 언급했고, 앗시리아 신 중 하나이다. "받들었음이여" - '따
른다.'(동직설 과거)이다. "절하고자 하여" - '예배한다.'(부정사 현재)
이다. "만든" - '만들다.'(동직설 과거)이다. "형상이로다" - '원형
(pattern/ prototype)'이다. 그들은 몰록과 레판을 만들어서 섬겼다.

그 결과는 무엇인가? "옮기리라 함과" - '이주민을 옮긴다.'(동직설
미래)이다. "같으니라" - '바로 ~처럼'이다. 하나님께서는 그들을 바
벨론 밖으로 옮길 것이라고 경고했다. 그들이 이렇게 된 데는 성전
이 없었기 때문인가?

성전은 언제부터 있었는가?

44, "광야에서 우리 조상들에게 증거의 장막이 있었으니 이것은 모세
에게 말씀하신 이가 명하사 그가 본 그 양식대로 만들게 하신 것이라"

"광야" - '버림받은'이다. 성전은 이스라엘이 광야에서 생활할 때
부터 있었다. 그때는 성막이었다. "장막이" - '천막(tabernacle)'이다.
'증거의 장막'을 '몰록의 장막'(43)과 대조한다. '증거의 장막'은 언약
궤가 있는 성막을 뜻한다. "있었으니" - '나는 ~이다.'(동직설 미완

료)이다. 조상들이 하나님을 섬기는 장막이 없어서 이방 신의 장막에서 몰록과 레판을 섬긴 것이 아니었다. 조상에게는 증거의 장막이 있었다. "말씀하신" - '말한다.'(분사 현재)이다. "명하사" - '명령한다.'(동직설 과거)이다. "그가 본" - '본다.'(동직설 과거완료)이다. "양식" - '원형'이다. "만들게 하신 것이라" - '만들다.'(부정사 과거)이다. 그 장막은 하나님께서 모세에게 지시하신 대로 모세가 만든 것이었다.

45, "우리 조상들이 그것을 받아 하나님이 그들 앞에서 쫓아내신 이방인의 땅을 점령할 때에 여호수아와 함께 가지고 들어가서 다윗 때까지 이르니라"

"그것을" - '그 성막'이다. "받아" - '계승한다.'(분사 과거)이다. "쫓아내신" - '쫓아낸다.'(동직설 과거)이다. "점령할" - '소유'이다. "가지고 들어가서" - '가지고 들어간다.'(동직설 과거)이다. 조상들은 그 성막을 물려받아 하나님이 그들 앞에서 쫓아내신 이방인의 땅을 점령할 때 여호수아와 함께 그것을 가지고 들어갔다. 그 성막은 다윗 때까지 있었다.

46, "다윗이 하나님 앞에서 은혜를 받아 야곱의 집을 위하여 하나님의 처소를 준비하게 하여 달라고 하더니"

"받아" - '찾는다.'(동직설 과거)이다. "처소를" - '거처'이다. "준비하게 하여" - '찾는다.'(부정사 과거)이다. "달라고 하더니" - '구한다.'(동직설 과거)이다. 다윗은 하나님의 처소를 짓고자 기도했다.

47, "솔로몬이 그를 위하여 집을 지었느니라"

"지었느니라" - '짓는다.'(동직설 과거)이다. 그 집을 솔로몬이 지었다. 그것을 '솔로몬 성전'이라고 부른다.

그러나 하나님은 그곳에 계실 수 있는 분인가?

48, "그러나 지극히 높으신 이는 손으로 지은 곳에 계시지 아니하시

나니 선지자가 말한바"

"그러나" - '그러나'이다. 전환이 일어난다. "지극히 높으신" - '가장 높은'이다. "손으로 지은 곳" - '손으로 만든'이다. "계시지" - '에 살다(inhabit).'(동직설 현재)이다. "아니하시나니" - '~아니다.'이다. 하나님은 사람이 지은 집에서 살지 않으신다. 하나님은 그 손으로 모든 것을 만드셨다. 따라서 하나님을 모실 건물을 사람의 손으로 만들 수 없다.

"말한바" - '말한다.'(동직설 현재)이다. 이 사실에 관해서는 선지자(사 66:1)가 말한다.

49, "주께서 이르시되 하늘은 나의 보좌요 땅은 나의 발등상이니 너희가 나를 위하여 무슨 집을 짓겠으며 나의 안식할 처소가 어디냐"

"이르시되" - '말한다.'(동직설 현재)이다. "보좌요" - '왕좌(throne)',이다. "등상이니" - '발판(footstool)'이다. 하늘은 하나님의 보좌, 즉 의자이고, 땅은 발등상, 즉 발을 놓는 곳이다. 그러므로 아무리 엄청나게 큰 성전일지라도 하나님은 그 안에 계실 수 없다. "짓겠으며" - '짓는다.'(동직설 미래)이다. "안식할" - '휴식처'이다. "처소가" - '장소'이다. '하나님이 계시는 곳'을 뜻한다. "어디냐" - '어느 것'이다. 하나님은 인간의 손으로 만든 성전에만 계시지 않는다. 하나님은 영으로 계신 분이셔서 장소와 시간을 초월하여 계신다.

50, "이 모든 것이 다 내 손으로 지은 것이 아니냐 함과 같으니라"

"지은 것이" - '만들다.'(동직설 과거)이다. "아니냐" - '전혀 ~아니'이다. "함과 같으니라" - '바로 ~처럼'이다. 세상에 존재하는 모든 것은 하나님께서 지으신 피조물이다. 하나님은 천지 만물을 창조하신 창조주이다.

성전에 관해 무엇을 배우는가? 고정된 성전이 아닌 움직이는 성전에 관해 배울 수 있다. 성전은 하나님이 계시는 하나님의 집이다. 그 집을 물리적 장소로 제한할 수 없다. 역사적으로 하나님은 아브라함과 함께 화란에도 계셨고, 가나안에도 계셨다. 하나님은 요셉과 함께 애굽에도 계셨고, 모세와 함께 광야에도 계셨다. 그리고 다윗과 솔로몬과 함께 예루살렘 성전에도 계셨다. 하나님은 세상 어느 곳에나 계신다. 하나님이 계신 그곳이 하나님의 집, 성전이다.

그런데 종교 지도자들은 자기 손으로 만든 건물을 성전으로만 제한했다. 하나님을 예루살렘 성전에 가두어 놓았다. 그들은 예루살렘 성전을 우상화했다. 스데반은 그런 그들의 태도를 지적한다.

5. 종교 지도자들의 죄는 무엇입니까(51-53)? 그들은 스데반의 메시지에 어떻게 반응합니까(54)? 스데반은 무엇을 보고, 무슨 말을 했습니까(55-56)?

51, "목이 곧고 마음과 귀에 할례를 받지 못한 사람들아 너희도 너희 조상과 같이 항상 성령을 거스르는도다"

"목이 곧고" - '완고한(obstinate)'이다. "할례를 받지 못한 사람" - '할례를 받지 않은'이다. '이방 사람'을 뜻한다. "거스르는도다" - '대항한다.'(동직설 현재)이다. 그들은 성령님을 대항한다. 조상이 성령님을 대항한 죄는 그들 시대에서 끝나지 않고 이어진다.

그들은 어떻게 성령님을 거스르는가?

52, "너희 조상들이 선지자들 중의 누구를 박해하지 아니하였느냐 의인이 오시리라 예고한 자들을 그들이 죽였고 이제 너희는 그 의인을 잡아 준 자요 살인한 자가 되나니"

"박해하지" - '박해한다.'(동직설 과거)이다. "아니하였느냐" - '~아니다.'이다. 조상들이 박해하지 않은 예언자가 한 사람이나 있었는가? 조상들은 선지자를 박해했다. "오시(리라)" - '옴(coming)'이다. "(오시)리라" - '~에 관하여'이다. "예고한" - '미리 알린다.'(분사 과거)이다. "그들이 죽였고" - '죽인다.'(동직설 과거)이다. "잡아 준 자요" - '배신자'이다. "되나니" - '된다.'(동직설 과거)이다. 조상들은 의인이 올 것을 예언한 사람들을 죽였다. 그런데 오늘의 종교 지도자들도 예수님을 죽였다. 그리고 예수님을 증언하는 스데반도 죽이려한다.

53, "너희는 천사가 전한 율법을 받고도 지키지 아니하였도다 하니라"

"전(한)" - '법령'이다. "(전)한" - '~안으로'이다. "받고도" - '받는다.'(동직설 과거)이다. 그들은 율법을 받았다. "지키지" - '지킨다.'(동직설 과거)이다. "아니하였도다" - '~아니다.'이다. 그러나 그들은 지키지 않았다. 율법을 정말 무시한 사람은 스데반이 아니라 바로 그들이었다.

그들은 그 메시지에 어떻게 반응하는가?

54, "그들이 이 말을 듣고 마음에 찔려 그를 향하여 이를 갈거늘"

"듣고" - '듣는다.'(분사 현재)이다. "찔려" - '화난다.'(동직설 미완료)이다. "갈거늘" - '이를 갈다.'(동직설 미완료)이다. 그들은 마음에 찔렸으면 회개해야 하는데, 오히려 이를 간다.

그때 스데반은 무엇을 보았는가?

55, "스데반이 성령 충만하여 하늘을 우러러 주목하여 하나님의 영광과 및 예수께서 하나님 우편에 서신 것을 보고"

"충만" - '충만한'이다. "(충만)하여" - '있다.'(분사 현재)이다. "우러러" - '~로 향하여'이다. "주목하여" - '열중하여 본다.'(분사 과거)이다. "우편에" - '오른쪽의'이다. "서신 것을" - '선다.'(동분사 완료)이다. "보고" - '본다.'(동직설 과거)이다. 그는 예수님께서 하나님의 오른쪽에 서 계신 것을 보았다. 예수님은 세상을 다스리시는 왕이시다.

그때 스데반은 무슨 말을 했는가?

56, "말하되 보라 하늘이 열리고 인자가 하나님 우편에 서신 것을 보노라 한 대"

"말하되" - '명령한다.'(동직설 과거)이다. "보라" - '보라(behold).'

이다. "열리고" - '열다.'(분사 완료)이다. 산헤드린 공회에서 열린 법정이 하늘에 닿았다. 땅의 법정과 하늘 법정이 함께 있다. "인자" - '사람의 아들', 예수님이시다. "서신 것을" - '선다.'(분사 완료)이다. 예수님은 하나님 우편에서 세상의 통치자로 계신다. 주님은 세상에 계셨을 때도 제자들이 흔들리지 않도록 끊임없이 변호하셨다. 그 주님께서 스데반을 위해 변호하며 도와주신다. "보노라" - '응시한다.'(동직설 현재)이다. 그는 예수님을 본다.

이 사실은 스데반에 대해서 무엇을 말하는가? 종교 지도자들은 스데반에게 사형 선고를 내릴지라도 하늘의 법정은 스데반을 지지한다. 위기의 순간에 선 스데반에게 주님께서 함께하신다. 스데반은 이 주님을 보고 다른 사람도 그분을 보기를 바란다.

6. 그들은 스데반에게 무슨 짓을 했으며, 스데반은 그들을 위해 무엇을 했습니까(57-60)? 스데반이 증언한 핵심은 무엇입니까?

57, "그들이 큰 소리를 지르며 귀를 막고 일제히 그에게 달려들어"
"지르며" - '크게 소리 지른다.'(분사 과거)이다. "막고" - '포위한다.'(동직설 과거)이다. 그들은 귀를 막았다. 스데반의 메시지를 듣지 않았다. "일제히" - '마음을 같이하여'이다. "달려들어" - '돌진한다.'(동직설 과거)이다. 그들은 스데반에게 강력하게 저항했다.

58, "성 밖으로 내치고 돌로 칠새 증인들이 옷을 벗어 사울이라 하는 청년의 발 앞에 두니라"
"내치고" - '쫓아낸다.'(분사 과거)이다. 예수님의 죽음과 연결한다. "돌로 칠새" - '돌로 쳐 죽인다.'(동직설 미완료)이다. 그를 성 밖으로 쫓아내고 돌로 친다. "옷을 벗어" - '겉옷'이다. "(사울)이라" - '부른다.'(분사 현재)이다. "두니라" - '벗어 버린다'(동직설 과거)이다. 증인들은 옷을 벗어서 사울이라는 청년의 발 앞에 두었다.
무슨 뜻인가? 이것은 그들이 맡은 일을 다 끝냈음을 암시한다. 그들이 스데반에게 폭력을 행사한 것은 사울의 허락 내지는 지시에 따

11, 7:1-60 순교자 스데반

른 것이다. 8:1a에서는 "사울은 그가 죽임당함을 마땅히 여기더라." 라고 한다.

59, "그들이 돌로 스데반을 치니 스데반이 부르짖어 이르되 주 예수 여 내 영혼을 받으시옵소서 하고"

"돌로" - '돌로 쳐 죽인다.'(동직설 미완료)이다. 그들은 스데반을 돌로 친다. "스데반을 치니" - '스데반'이다.

스데반은 그들을 위해서 무엇을 하는가? "부르짖어" - '부른다.'(분 사 현재)이다. "이르되" - '말한다.'(분사 현재)이다. "받으시옵소서" - '받는다.'(동명령 과거)이다. 그는 자신의 영혼을 주님께 맡겼다. 그는 절대적으로 주님을 믿었다. 그의 마지막 모습은 예수님의 마지막 모 습과 같았다(눅 23:46).

60, "무릎을 꿇고 크게 불러 이르되 주여 이 죄를 그들에게 돌리지 마옵소서 이 말을 하고 자니라"

"꿇고" - '놓는다.'(분사 과거)이다. "불러" - '소리'이다. "이르되" - '소리 지른다.'(동직설 과거)이다. 그는 큰 소리로 외쳤다. "이 죄" - 스데반을 죽인 죄이다. "돌리지" - '부과한다.'(동명령 과거)이다. "마 옵소서" - '아니'이다. 스데반은 용서의 기도를 했다. 주님의 용서 기 도가 스데반 자신을 살렸듯이, 스데반의 용서 기도가 자기를 죽인 사람을 살리기를 소망한다. 이 기도도 주님의 모습과 같다(눅 23:34a). "말을 하고" - '말한다.'(분사 과거)이다. "자니라" - '잠잔다.' (동직설 과거)이다. 스데반은 이렇게 숨을 거두었다. 그의 죽음을 '순 교'라고 부르고, 그를 '순교자(martyr)'라고 부른다. 순교자는 예수님을 증언하다가 죽는 사람이다.

스데반이 목숨을 걸고 증언한 핵심은 무엇이었는가? 그는 민족이 걸어온 역사의 파노라마를 한 눈으로 보여준다. 그 역사를 통해서 하나님의 구속사를 깨닫고, 구원자이신 예수님을 믿으라는 것이다. 조상들처럼 불순종하지 말고, 새로운 성전관 구원관을 영접하라는 것이다.

12
사마리아 전도

본문 사도행전 8:1-25
요절 사도행전 8:12
찬송 516장, 520장

1. 사울은 스데반의 죽임당함을 어떻게 여깁니까(1a)? 그날에 예루살렘 교회에는 무슨 일이 일어났습니까(1b)? 스데반의 죽음 앞에서 경건한 사람들과 사울은 어떤 대조를 보였습니까(2-3)?

2. 흩어진 사람들은 무엇을 합니까(4)? 그 대표적 인물과 사역은 무엇입니까(5)? 사마리아까지 복음이 전해진 데는 무슨 뜻이 있습니까? 그 열매가 어떻게 나타납니까(6-8)? '큰 박해'(1)와 '큰 기쁨'을 통해 무엇을 배웁니까?

3. 그 성에는 누가 있으며, 그의 영향력이 어느 정도입니까(9-11)? 그러나 사람들이 어떻게 변화합니까(12)? 시몬도 무엇을 합니까(13)?

4. 그때 누가, 왜 이곳에 왔습니까(14-16)? 두 사도가 기도하자 무슨 일이 일어납니까(17)? 세례를 받았는데도 성령님이 오시지 않다가 두 사도가 기도하자 성령님이 오신 데는 무슨 뜻이 있습니까?

5. 시몬은 사도들에게 무슨 부탁을 합니까(18-19)? 베드로는 그를 어떻게 책망했습니까(20-23)? 그의 반응은 무엇이었습니까(24)? 두 사도는 무슨 일에 힘씁니까(25)?

12

사마리아 전도

본문 사도행전 8:1-25
요절 사도행전 8:12
찬송 516장, 520장

1. 사울은 스데반의 죽임당함을 어떻게 여깁니까(1a)? 그날에 예루
살렘 교회에는 무슨 일이 일어났습니까(1b)? 스데반의 죽음 앞
에서 경건한 사람들과 사울은 어떤 대조를 보였습니까(2-3)?

1, "사울은 그가 죽임당함을 마땅히 여기더라 그날에 예루살렘에 있
는 교회에 큰 박해가 있어 사도 외에는 다 유대와 사마리아 모든 땅으
로 흩어지니라"

"사울" - 사도 바울의 유대 이름이다. 사울이 무대 위로 등장한
다. "그가" - 스데반이다. "마땅" - '함께 기뻐한다.'(분사 현재)이다.
"히 여기더라" - '나는 ~이다.'(동직설 미완료)이다. 사울은 스데반이
죽임당한 일을 함께 기뻐한다. 그가 스데반의 죽임을 지휘했던 것처
럼 보인다.

"그날에" - '스데반이 순교한 날'이다. "있어" - '된다.'(동직설 과
거)이다. 스데반이 순교한 그날에 예루살렘 교회에 큰 박해가 있었
다. "사도 외에는" - 사도들만 박해 현장에 남았다. "흩어지니라" -
'흩뿌린다.'(동직설 과거)이다. 그 박해 앞에서 모든 성도는 흩어졌다.

스데반의 죽음 앞에서 경건한 유대인과 사울은 어떤 대조를 보였
는가?

12, 8:1-25 사마리아 전도

2, "경건한 사람들이 스데반을 장사하고 위하여 크게 울더라"

"경건한" - '독실한'이다. "사람들" - 유대교로 개종한 '신실한 믿음의 사람'이다. "장사하고" - '매장한다.'(동직설 과거)이다. "울" - '통곡(lamentation)'이다. "더라" - '한다.'(동직설 과거)이다. 그들은 스데반을 장사하고 그의 죽음을 슬퍼했다.

그러나 사울은 무엇을 하는가?

3, "사울이 교회를 잔멸할새 각 집에 들어가 남녀를 끌어다가 옥에 넘기니라"

"잔멸할새" - '해친다.'(동직설 미완료)이다. 그는 교회를 파괴하기 시작한다. "집" - '가정교회'를 뜻한다. "들어가" - '들어간다.'(동분사 현재)이다. "끌어다가" - '끌어낸다.'(동분사 현재)이다. "넘기니라" - '전달한다.'(동직설 미완료)이다. 그는 가정교회에 들어가 형제자매를 끌어다가 옥에 넘긴다.

2. 흩어진 사람들은 무엇을 합니까(4)? 그 대표적 인물과 사역은 무엇입니까(5)? 사마리아까지 복음이 전해진 데는 무슨 뜻이 있습니까? 그 열매가 어떻게 나타납니까(6-8)? '큰 박해'(1)와 '큰 기쁨'을 통해 무엇을 배웁니까?

4, "그 흩어진 사람들이 두루 다니며 복음의 말씀을 전할새"

"그 흩어진 사람" - 사도가 아닌 일반 성도들이다. "두루 다니며" - '통과한다.'(동직설 과거)이다. "복음의 말씀" - '말씀'이다. "예수님 안에 죽은 자의 부활이 있다"(4:2)라는 말씀이다. "전할새" - '선포한다.'(분사 현재)이다. 그들은 말씀을 전하면서 두루 다녔다. 박해는 말씀을 더 넓은 지역으로 전파하는 역설적인 결과를 가져왔다.

어디까지 복음을 전파하는가?

5, "빌립이 사마리아 성에 내려가 그리스도를 백성에게 전파하니"

"빌립" - 흩어진 성도 중에서 대표적 인물이다. 그는 구제 사역을

12, 8:1-25 사마리아 전도

섬기도록 선택을 받은 일곱 명 중의 한 사람이다(6:5). 그는 헬라파 소속이었으며 '전도자 빌립'으로 불린다(21:8). "사마리아" - 북이스라엘의 수도였다. 유대인은 사마리아 사람을 이방 사람으로 여겼다. 그들은 서로 상대하지 않았다(요 4:3). "전파하니" - '선포한다.'(동직설 미완료)이다. 빌립은 사마리아로 가서 그리스도를 그들에게 알린다.

그 결과가 어떻게 나타나는가?

6, "무리가 빌립의 말도 듣고 행하는 표적도 보고 한마음으로 그가 하는 말을 따르더라"

"듣고" - '듣는다.'(부정사 현재)이다. "행하는" - '한다.'(동직설 미완료)이다. "보고" - '본다.'(부정사 현재)이다. "한마음으로" - '하나같이'이다. "하는(말을)" - '말한다.'(동분사 현재)이다. "따르더라" - '전념한다.'(동직설 미완료)이다. 사마리아 사람도 유대인 메시아에 대한 유대인 전도자가 전한 메시지에 귀를 기울인다.

7, "많은 사람에게 붙었던 더러운 귀신들이 크게 소리를 지르며 나가고 또 많은 중풍병자와 못 걷는 사람이 나으니"

"붙었던" - '가진다.'(분사 현재)이다. "지르며"- '외친다.'(분사 현재)이다. "나가고" - '나간다.'(동직설 미완료)이다. "나으니" - '고친다.'(동직설 과거)이다. 말씀 사역을 통하여 더러운 귀신도 나가고, 병도 고쳤다. 빌립의 사역은 예수님의 사역과 함께 사도들의 사역을 본받고 있다.

8, "그 성에 큰 기쁨이 있더라"

"있더라" - '된다.'(동직설 과거)이다. 사마리아는 큰 기쁨이 임했다. 예루살렘 교회에는 '큰 박해'(1)가 있었는데, 사마리아에는 큰 기쁨이 있었다.

'큰 박해'(1)와 '큰 기쁨'을 통해 무엇을 배우는가? 말씀 사역에는 '큰 박해'도 있고, '큰 기쁨'도 있다. 흩어진 그들은 아팠지만, 다른 사람에게 말씀을 전파하여 큰 기쁨을 주었다. 아픔을 통한 기쁨, 이것이 말씀 사역의 비밀이며, 성경 교사요 전도자로 사는 사람이 누리는 양면성이다.

3. 그 성에는 누가 있으며, 그의 영향력이 어느 정도입니까(9-11)? 그러나 사람들이 어떻게 변화합니까(12)? 시몬도 무엇을 합니까(13)?

9, "그 성에 시몬이라 하는 사람이 전부터 있어 마술을 행하여 사마리아 백성을 놀라게 하며 자칭 큰 자라 하니"

"이라 하는" - '이름'이다. "전부터 있어" - '전에 존재한다.'(동직설 미완료)이다. "마술을 행하여" - '마술한다.'(분사 현재)이다. "놀라게 하며" - '놀란다.'(분사 현재)이다. "하니" - '말한다.'(분사 현재)이다. 시몬은 마술로 사마리아 사람을 놀라게 하며 스스로 신적인 존재로 여긴다.

그 영향력이 어느 정도인가?

10, "낮은 사람부터 높은 사람까지 다 따르며 이르되 이 사람은 크다 일컫는 하나님의 능력이라 하더라"

"낮은 사람" - '작은', '적은'이다. "높은 사람" - '큰'이다. "따르며" - '주의한다.'(동직설 미완료)이다. 모든 계층의 사람이 그에게 전념한다. '시몬의 바람'이 전국에 불고 있다. "이르되" - '말한다.'(분사 현재)이다. "크다 일컫는" - '큰'이다. "(능력)이라 하더라" - '그것은 ~이다.'(동직설 현재)이다. '이 사람은 위대하다고 불리는 하나님의 힘이다(This man is the power of God that is called Great).'라는 뜻이다. 사람들은 그를 신적 존재로 인정한다.

왜 그렇게 인정하는가?

11, "오랫동안 그 마술에 놀랐으므로 그들이 따르더니"

"놀랐" - '놀란다.'(부정사 완료)이다. "(놀랐)으므로" - '~때문에'이다. "그들이 따르더니" - '전념한다.'(동직설 미완료)이다. 사람들은 그

12, 8:1-25 사마리아 전도

마술에 놀라서 그를 따르고 있다.
그러나 그들이 어떻게 변화했는가?

12, "빌립이 하나님 나라와 및 예수 그리스도의 이름에 관하여 전도함을 그들이 믿고 남녀가 다 세례를 받으니"

"전도함을" - '좋은 소식을 전파한다.'(분사 현재)이다. "그들이 믿고" - '믿는다.'(동직설 과거)이다. "하나님 나라와 및 예수 그리스도의 이름" - 하나님 나라와 예수 그리스도의 이름을 같은 맥락에서 표현한다. 하나님 나라는 십자가에서 우리 죄를 위해 죽으시고 살아나신 예수님을 믿음으로 나타나고 완성된다. 사마리아는 빌립이 증언한 그분의 이름을 믿음으로 하나님 나라를 체험했다.

"세례를 받으니" - '씻는다.'(동직설 미완료)이다. 그들은 믿음의 표현으로 세례를 받는다. 그들은 거짓 신 '시몬'에서 돌이켜 참 신 예수님께로 돌아왔다.

시몬도 무엇을 했는가?

13, "시몬도 믿고 세례를 받은 후에 전심으로 빌립을 따라다니며 그 나타나는 표적과 큰 능력을 보고 놀라니라"

"믿고" - '믿는다.'(동직설 과거)이다. "세례를 받은 후" - '씻는다.'(분사 과거)이다. "따라다니(며)" - '충성한다.'(분사 현재)이다. "(다니)며" - '나는 ~이다.'(동직설 미완료)이다. 그는 세례받은 후에 따라다닌다.

그 이유는 무엇인가? "그 나타나는" - '이 된다'(분사 현재)이다. "보고" - '응시한다.'(분사 현재)이다. "놀라니라" - '놀란다.'(동직설 미완료)이다. 왜냐하면 그는 표적과 능력에 놀라기 때문이다.

4. 그때 누가, 왜 이곳에 왔습니까(14-16)? 두 사도가 기도하자 무슨 일이 일어납니까(17)? 세례를 받았는데도 성령님이 오시지 않다가 두 사도가 기도하자 성령님이 오신 데는 무슨 뜻이 있습니까?

14, "예루살렘에 있는 사도들이 사마리아도 하나님의 말씀을 받았다 함을 듣고 베드로와 요한을 보내매"

"있는" - '~안에'이다. "받았다" - '받는다.'(동직설 완료)이다. "듣고" - '듣는다.'(분사 과거)이다. "보내매" - '보낸다.'(동직설 과거)이다. 예루살렘 사도들은 사마리아도 하나님의 말씀을 받았다 함을 듣고는 베드로와 요한을 보냈다.

왜 보냈는가?

15, "그들이 내려가서 그들을 위하여 성령 받기를 기도하니"

"내려가서" - '내려간다.'(분사 과거)이다. "받(기를)" - '취한다.'(가정 과거)이다. "(받)기를" - '~하기 위하여'이다. "기도하니" - '기도한다.'(동직설 과거)이다. 두 사도는 그들이 성령님을 받을 수 있도록 기도했다.

왜 성령님을 받도록 기도했는가?

16, "이는 아직 한 사람에게도 성령 내리신 일이 없고 오직 주 예수의 이름으로 세례만 받을 뿐이더라"

"이는" - '왜냐하면'이다. "내리" - '임한다.'(분사 완료)이다. "신 일이" - '나는 ~이다.'(동직설 미완료)이다. "없고" - '하나도 아닌'이다. 성령님이 아직 그들에게 오시지 않는다. "받을 뿐이더라" - '있다.'(동직설 미완료)이다. 그들은 예수님의 이름으로 세례만 받았을 뿐이다.

두 사도가 기도하자 무슨 일이 일어나는가?

17, "이에 두 사도가 그들에게 안수하매 성령을 받는지라"

"안(수)" - '둔다.'(동직설 미완료)이다. "(안)수하매" - '손'이다. "받는지라" - '받는다.'(동직설 미완료)이다. 사도들이 기도하니 성령님이 오신다. 일반적으로 예수님을 그리스도로 믿고 세례를 받으면 성령님이 함께하신다(2:38). 본질로는 성령님이 함께하셔야만 예수님을 믿을 수 있다. 그런데 사마리아는 예수님을 믿었는데도 성령님이 오시지 않았다. 성령님께서 그들에게 특별한 뜻을 두고 연기했기 때문이다.

그 특별한 뜻은 무엇인가? 첫째로, 사마리아도 이제는 하나님의 언약 백성임을 공표한 것이다. 성령님은 사도들을 통하여 사마리아 인도 유대인과 똑같이 예수님을 믿고, 구원받았음을 공식적으로 보여준다. 이로써 복음은 마침내 유대를 뛰어넘어 땅끝까지 이르기 위한 첫발을 내디뎠다.

둘째로, 빌립의 전도와 사도의 전도가 다르지 않음을 공표한 것이다. 성령님은 빌립의 전도도 완전함을 사도들을 통해서 보여준다. 전도는 사도들만의 전유물이 아니라, 예수님을 믿는 사람이라면 누구나 해야 하는 일이다. 특별히 복음 사역의 세계화를 위한 첫발을 사도가 아닌 빌립을 통해서 시작했음 또한 중요하다.

5. 시몬은 사도들에게 무슨 부탁을 합니까(18-19)? 베드로는 그를 어떻게 책망했습니까(20-23)? 그의 반응은 무엇이었습니까(24)? 두 사도는 무슨 일에 힘씁니까(25)?

18, "시몬이 사도들의 안수로 성령 받는 것을 보고 돈을 드려"
"보고" - '본다.'(분사 과거)이다. "받는" - 준다.'(동직설 현재)이다. "드려" - '가져온다.' '바친다.'(동직설 과거)이다. 시몬은 돈을 가져왔다.

19, "이르되 이 권능을 내게도 주어 누구든지 내가 안수하는 사람은 성령을 받게 하여 주소서 하니"
"이르되" - '말한다.'(분사 현재)이다. "주어" - '준다.'(동명령 과거)이다. "내가 안(수하는)" - '둔다.'(동가정 과거)이다. "받게" - '받는다.'(가정 현재)이다. "하여 주소서 하니" - '~하기 위해'이다. 그는 돈으로 권능을 사려고 한다. 이것을 빗대어 역사적으로 성직을 사고 파는 것을 '사이머니(Simony)'라고 부른다.

20, "베드로가 이르되 네가 하나님의 선물을 돈 주고 살 줄로 생각하였으니 네 은과 네가 함께 망할지어다"

"이르되" - '대답한다.'(동직설 과거)이다. "선물" - '선물', '하나님께서 주시는 것'이다. 성령님의 오심은 하나님의 선물이다. 예수님을 믿음은 하나님의 은혜이다. "주고" - '~을 통하여'이다. "살 줄로" - '얻는다.'(동부정사 현재)이다. "생각하(였으니)" - '생각한다.'(동직설 과거)이다. "였으니" - '~때문에'이다. "망할" - '멸망'이다. "지어다" - '나는 ~이다.'(동희구 현재)이다. 그는 그 돈과 함께 망할 것이다.

21, "하나님 앞에서 네 마음이 바르지 못하니 이 도에는 네가 관계도 없고 분깃 될 것도 없느니라"

"바르지" - '정직한'이다. "못(하니)" - '~아니다.'이다. "(못)하니" - '그것은 ~이다.'(동직설 현재)이다. "도" - '말'이다. 성령님을 받도록 도와주는 말씀이다. "관계도" - '몫'이다. "없(고)" - '~아니다.'이다. "(없)고" - '그것은 ~이다.'(동직설 현재)이다. "분깃" - '상속'이다. "될 것도" - '그것은 ~이다.'(동직설 현재)이다. "없느니라" - '그리고 아니'이다. 그는 하나님이 보시기에 마음이 바르지 못하여 성령님의 함께하심에 차지할 자리도 몫도 없다.

22, "그러므로 너의 이 악함을 회개하고 주께 기도하라 혹 마음에 품은 것을 사하여 주시리라"

"악함" - '나쁨'이다. 하나님의 선물을 돈으로 사려는 마음, 즉 물질에 대한 욕심을 말한다. "회개하고" - '마음을 바꾼다.'(동명령 과거)이다 "기도하라" - '기도한다.'(동명령 과거)이다. 그는 회개하고 기도해야 했다. "품은 것을" - '의도'이다. "사하여 주시리라" - '용서한다.'(동직설 미래)이다. 주님께서 용서하실 것이다.

23, "내가 보니 너는 악독이 가득하며 불의에 매인 바 되었도다"

"(왜냐하면)" - 이유를 설명한다. "내가 보니" - '본다.'(동직설 현재)이다. "악" - '쓴(bitterness)'이다. "독이" - '쓸개즙(bile)'이다. "가득하며" - '안으로'이다. '쓰라림에 빠져 있다.'라는 뜻이다. "불의에" - '불의'이다. "매인 바" - '속박'이다. "되었도다" - '나는 ~이다.'(동분사 현재)이다. 그는 불의에 매여 있다.

시몬의 반응은 무엇인가?

24, "시몬이 대답하여 이르되 나를 위하여 주께 기도하여 말한 것이 하나도 내게 임하지 않게 하소서 하니라"

"대답하여" - '대답한다.'(분사 과거)이다. "이르되" - '말한다.'(동직설 과거)이다. "기도하여" - '기도한다.'(동명령 과거)이다. "말한" - '말한다.'(동직설 완료)이다. "임하지" - '온다.'(가정 과거)이다. "않게" - '아무도 ~아닌'이다. "하소서 하니라" - '~하기 위하여'이다. 베드로의 책망이 자기에게 임하지 않기를 바란다.

사도들은 무엇을 하는가?

25, "두 사도가 주의 말씀을 증언하여 말한 후 예루살렘으로 돌아갈새 사마리아인의 여러 마을에서 복음을 전하니라"

"증언하여" - '증언한다.'(분사 과거)이다. "말한 후" - '말한다.'(분사 과거)이다. "돌아갈새" - '돌아온다.'(동직설 미완료)이다. 두 사도는 말씀을 증언한 후에 돌아간다. "복음을 전하니라." - '좋은 소식을 전파한다.'(동직설 미완료)이다. 그들은 여러 마을에서 복음을 전한다. 사마리아는 버려진 땅이 아니라, 선택받은 곳이다. 사도들로부터 인정받는 교회로 자란다.

13
에티오피아 사람에게 전도

본문 사도행전 **8:26-40**
요절 사도행전 **8:35**
찬송 **495**장, **499**장

1. 주님의 사자가 빌립에게 어떤 방향을 줍니까(26)? 그곳에는 어떤 사람이 있습니까(27-28)?

2. 성령님은 빌립더러 무엇을 하도록 하셨습니까(29)? 성령님께서 빌립은 그에게 보내신 데는 무슨 뜻이 있습니까? 빌립의 질문과 그의 대답은 무엇이었습니까(30-31)?

3. 그가 읽고 있는 본문은 무엇입니까(32-33)? 그는 무엇을 물었습니까(34)? 빌립은 그에게 무엇을 가르쳤습니까(35)? '예수님을 좋은 소식으로 전했다.'라는 말은 무슨 뜻입니까?

4. 그는 빌립의 가르침 앞에서 무엇을 했습니까(36-38)? 그의 변화를 통해서 무엇을 배웁니까?

5. 두 사람이 물에서 올라왔을 때 무슨 일이 있었습니까(39)? 빌립은 무엇을 합니까(40)? 복음 사역은 누구에 의해서, 어떻게 이루어집니까?

13
에디오피아 사람에게 전도

본문 사도행전 8:26-40
요절 사도행전 8:35
찬송 495장, 499장

1. 주님의 사자가 빌립에게 어떤 방향을 줍니까(26)? 그곳에는 어떤 사람이 있습니까(27-28)?

26, "주의 사자가 빌립에게 말하여 이르되 일어나서 남쪽으로 향하여 예루살렘에서 가사로 내려가는 길까지 가라 하니 그 길은 광야라"

"주의 사자가" - 성령 하나님께서 빌립의 전도사역을 주도적으로 이끄신다. 주님의 사자가 빌립에게 새로운 방향을 준다. "말하여" - '말한다.'(동직설 과거)이다. "이르되" - '권면한다'(분사 현재)이다. "일어나서" - '일어난다.'(동명령 과거)이다. "가사로" - 블레셋의 5대 도시 중 하나이다. 애굽으로 내려가는 고대 국제 고속도로의 마지막 휴게소가 있었다. "내려가는" - '내려간다.'(분사 현재)이다. "가라" - '간다.'(동명령 현재)이다. 주님의 사자가 북쪽 사마리아에서 남쪽으로 가도록 한다. "(광야)라" - '그것은 ~이다.'(동직설 현재)이다. 그 길은 광야이다.

27, "일어나 가서 보니 에디오피아 사람 곧 에디오피아 여왕 간다게의 모든 국고를 맡은 관리인 내시가 예배하러 예루살렘에 왔다가"

"일어나" - '일어난다.'(분사 과거)이다. "가서" - '간다.'(동직설 과

거)이다. "보니" - '보라!'이다. "에디오피아" - 현재의 에티오피아보다
는 지금의 수단 나일강 변에 있던 메로에(Meroe) 왕국이다. 당시에는
세상의 맨 끝 경계로 여겼다. "간다게"(Candace) - 에티오피아 여왕
의 이름이 아니라 공식 명칭이다. 주후 25(22)년~41년 사이에 통치
한 '아만티테레(Amantitere)'이다. 그녀의 피라미드와 무덤을 메로에
(Meroe)에서 발견했다. "맡(은)" - '~가까이에'이다. "(맡)은" - '나는
~이다.'(동직설 미완료)이다. "국고를 맡은 관리인" - 여왕의 재정 담
당자이다. "내시" - '환관(eunuch)', '시종(chamberlain)'이다. 왕가에서
여인의 숙소를 담당한 사람이다. "예배하러" - '예배한다.'(분사 미래)
이다. "왔다가" - '온다.'(동직설 과거완료)이다. 그는 피부색이 검은
이방인이고 신체장애가 있는데도 하나님을 예배하러 왔다.

  28, "돌아가는데 수레를 타고 선지자 이사야의 글을 읽더라"
  "돌아가" - '돌아간다.'(동분사 현재)이다. "(돌아)는데" - '나는 ~
이다.'(동직설 미완료)이다. "수레" - '탈 것'이다. "타고" - '앉는다.'
(분사 현재)이다. "읽더라" - '읽는다.'(동직설 미완료)이다. 그는 개인
이 소장하기 어려운 두루마리 성경(LXX, The Septuagint, Greek Old
Testament)을 가지고 있다. 그는 그것을 마차(chariot)에서 읽고 있다.

2. 성령님은 빌립더러 무엇을 하도록 하셨습니까(29)? 성령님께서
   빌립은 그에게 보내신 데는 무슨 뜻이 있습니까? 빌립의 질문과
   그의 대답은 무엇이었습니까(30-31)?

  29, "성령이 빌립더러 이르시되 이 수레로 가까이 나아가라"
  "이르시되" - '말한다'(동직설 과거)이다. "가까이" - '~에게 간다.'
(동명령 과거)이다. "나아가라" - '달라붙는다.'(동명령 과거)이다. 성
령님은 빌립을 이방인이며 신체장애가 있는 그에게 가까이 가도록
하셨다.
  무슨 뜻이 있는가? 성령님께서 기존의 고정관념을 깨신다. 민족과
신체장애라는 틀에 갇힌 경계선을 허무신다. 그 일은 이사야 선지자

가 예언했다(사 56:3). 여호와는 사람을 차별하지 않으신다. 성령님은 이 사실을 유대인 빌립에게 보여주신다. 동시에 이방인 내시에게도 보여주신다. 그리고 오늘 우리에게도 보여주신다.

30, "빌립이 달려가서 선지자 이사야의 글 읽는 것을 듣고 말하되 읽는 것을 깨닫느냐"

"달려가서" - '~에게 달려간다.'(동분사 과거)이다. "듣고" - '듣는다.'(동직설 과거)이다. "말하되" - '말한다.'(동직설 과거)이다. "읽는" - '읽는다.'(동직설 현재)이다. "깨닫느냐" - '깨닫는다.'(동직설 현재)이다.

그의 대답은 무엇인가?

31, "대답하되 지도해 주는 사람이 없으니 어찌 깨달을 수 있느냐 하고 빌립을 청하여 수레에 올라 같이 앉으라 하니라"

"대답하되" - '말한다.'(동직설 과거)이다. "지도해 주는" - '인도한다.'(동직설 미래)이다. "없으니" - '~아니면'이다. "깨달을 수 있느냐" - '할 수 있다.'(동희구 현재)이다. 그에게는 성경을 안내하는 사람, 가르쳐 주는 사람이 없다. "청하여" - '초청한다.'(동직설 과거)이다. "수레에 올라" - '올라간다.'(분사 과거)이다. "앉으라" - '앉는다.'(부정사 과거)이다. 그는 빌립에게 도움을 청했다. 이방인과 유대인의 첫 번째 '1대1 말씀 공부'는 이렇게 시작했다.

3. 그가 읽고 있는 본문은 무엇입니까(32-33)? 그는 무엇을 물었습니까(34)? 빌립은 그에게 무엇을 가르쳤습니까(35)? '예수님을 좋은 소식으로 전했다.'라는 말은 무슨 뜻입니까?

32, "읽는 성경 구절은 이것이니 일렀으되 그가 도살자에게로 가는 양과 같이 끌려갔고 털 깎는 자 앞에 있는 어린양이 조용함과 같이 그의 입을 열지 아니하였도다"

"읽는" - '읽는다.'(동직설 미완료)이다. "(이것)이니 일렀으되" -

'나는 ~이다.'(동직설 미완료)이다. "성경 구절은" - 사 53:7-8의 인용이다. 고난을 받는 여호와의 종, 즉 고난을 받는 메시아에 관한 예언이다. "에게로 가는" - '~가까이에'이다. "끌려갔고" - '이끌다.'(동직설 과거)이다. "열지" - '열다.'(동직설 현재)이다. "아니하였도다" - '~아니다.'이다.

33, "그가 굴욕을 당했을 때 공정한 재판도 받지 못하였으니 누가 그의 세대를 말하리요 그의 생명이 땅에서 빼앗김이로다 하였거늘"

"그가 굴욕을 당했을" - '굴욕(abasement)'이다. "공정한 재판도" - '판단'이다. "받지 못하였으니" - '빼앗아 간다.'(동직설 과거)이다. 그는 굴욕을 당하면서 공평한 재판을 박탈당하였다. "세대를" - '세대', 이다. "말하리요" - '묘사한다.'(동직설 미래)이다. "빼앗김" - '빼앗아 간다.'(동직설 현재)이다. "이로다 하였거늘" - "~때문에'이다. '그의 생명이 땅에서 빼앗겼으니, 누가 그의 세대를 말할 수 있겠는가?'라는 뜻이다. 이 내용은 예수님께서 십자가에서 고난을 받고 죽으실 것에 대한 예언이다.

그는 무엇을 물었는가?

34, "그 내시가 빌립에게 말하되 청컨대 내가 묻노니 선지자가 이 말한 것이 누구를 가리킴이냐 자기를 가리킴이냐 타인을 가리킴이냐"

"말하되" - '말한다.'(동직설 과거)이다. "청컨대" - '요청한다.'(동직설 현재)이다. "내가 묻노니" - '대답한다.'(동분사 과거)이다. "이 말" - '이것'이다. "(이 말)한 것이" - '말한다'(동직설 현재)이다. "가리킴이냐" - '~에 관하여'이다. "자기를 두고 한 말인가, 아니면 다른 사람을 두고 한 말인가?" 에디오피아 내시는 이 내용의 뜻을 깨닫지 못했다.

빌립은 그에게 무엇을 가르쳤는가?

35, "빌립이 입을 열어 이 글에서 시작하여 예수를 가르쳐 복음을 전하니"

"열어" - '열다.'(분사 과거)이다. "시작하여" - '시작한다.'(분사 과거)이다. "이 글에서" - 이사야서이다. "예수를 가르쳐" - '예수님'이다. "복음을 전하니" - '좋은 소식을 전파한다.'(동직설 과거)이다.

이 말은 무슨 뜻인가? 이사야의 예언대로 예수님은 도살자에게로 가는 양과 같이 끌려갔고, 털 깎는 자 앞에 있는 어린양이 조용함과 같이 그의 입을 열지 아니했다. 예수님은 굴욕을 당했을 때 공정한 재판도 받지 못했다. 그분은 생명을 이 땅에서 빼앗겼다. 그러나 죽은 자 가운데서 살아나셔서 하나님의 나라로 가시고, 그곳에서 왕으로서 다스리신다. 빌립은 그분이 곧 예수님이심을 가르쳤다.

4. 그는 빌립의 가르침 앞에서 무엇을 했습니까(36-38)? 그의 변화를 통해서 무엇을 배웁니까?

36, "길 가다가 물 있는 곳에 이르러 그 내시가 말하되 보라 물이 있으니 내가 세례를 받음에 무슨 거리낌이 있느냐"

"가다가" - '간다.'(동직설 미완)이다. "이르러" - '온다.'(동직설 과거)이다. "말하되" - '말한다.' '자기 생각을 알린다.'(동직설 현재)이다. "보라" - '보라!'이다. "물이 있으니" - '물'이다. 그는 광야 길에서 오아시스를 발견했다. 그는 광야 같은 삶의 현장에서 생명수를 찾았다. "세례를 받음에" - '세례를 베푼다.'이다. "거리낌이 있느냐" - '방해한다.'(동직설 현재)이다. 그는 예수님을 믿는 표현으로 세례를 받고자 한다. 그는 성경 교사의 가르침을 통해 성경을 깨닫고, 예수님을 믿었다. 그 믿음의 표현으로 세례를 받는다.

37, "(없음)"

38, "이에 명하여 수레를 멈추고 빌립과 내시가 둘 다 물에 내려가 빌립이 세례를 베풀고"

"이에" - '그리고'이다. "명하여" - '명령한다.'(동직설 과거)이다. "멈추고" - '멈춘다.'(부정사 과거)이다. "물에" - '물 안으로'이다. "내

려가" - '내려간다.'(동직설 과거)이다. "빌립이 세례를 베풀고" - '세
례를 준다.'(동직설 과거)이다. 빌립은 그에게 세례를 주었다. '세례'는
예수님을 믿는 표현이다. 그는 세례를 받음으로 하나님한테 '소외당
한 사람'이 아니라, '환영받는 존재'가 되었다. 그는 예수님의 증인으
로서 정체성을 분명하게 했다.

그의 변화를 통해서 무엇을 배우는가? 성경 교사의 필요성과 중
요성이다. 하나님은 우리에게 성경을 주셨다. 하나님은 성경을 통해
예수 그리스도를 믿도록 하셨다. 그런데 그 성경을 혼자 깨닫기는
쉽지 않다. 성경 교사가 없이는 말씀을 바르게 깨닫지 못한다. 그래
서 성경 교사를 주셨다. 한 사람이 예수님을 믿으려면 성경 교사가
필요하다.

5. 두 사람이 물에서 올라왔을 때 무슨 일이 있었습니까(39)? 빌립
   은 무엇을 합니까(40)? 복음 사역은 누구에 의해서, 어떻게 이루
   어집니까?

39, "둘이 물에서 올라올새 주의 영이 빌립을 이끌어간지라 내시는
기쁘게 길을 가므로 그를 다시 보지 못하니라"

"올라올(새)" - '올라간다.'(동직설 과거)이다. "주의 영이" - '성령
님'이시다. "이끌어 간지라" - '붙잡는다.'(동직설 과거)이다. 성령님께
서 빌립을 다른 곳으로 인도하셨다. "기쁘게" - '기뻐한다.'(분사 현
재)이다. 내시는 빌립이 없는 데도 기쁨으로 길을 간다.

"가(므로)" - '간다.'(동직설 미완료)이다. "(가)므로" - '왜냐하면'이
다. "다시 보지" - '본다.'(동직설 과거)이다. "못하니라" - '이제는 ~
아니다.'이다.

성령님은 빌립을 어디로 인도하셨는가?

40, "빌립은 아소도에 나타나 여러 성을 지나다니며 복음을 전하고
가이사랴에 이르니라"

"아소도" - 블레셋 5대 도시 중 하나인 '아스돗'에 해당하는 도시

이다. 가사와 욥바 중간 지점에 있었다. 성령님께서 그를 이곳으로 인도하셨다. "나타나" - '찾는다.'(동직설 과거)이다. "지나다니며" - '통과한다.'(분사 현재)이다. "복음을 전하고" - '좋은 소식을 전파한다.'(동직설 미완료)이다. 그는 여러 성을 지나면서 복음을 전한다.

"가이사랴" - 팔레스타인의 해안 도시로서 갈멜산에서 남쪽으로 약 37km에 있었다. 백부장 고넬료와 빌립이 살던 곳이었다(행 10:1, 21:8). 행정상으로는 유대 지역으로 지중해 쪽이다. "이르(니라)" - '온다.'(부정사 과거)이다. "(이르)니라" - '~까지'이다. 그는 가이사랴까지 복음을 전한다.

복음 사역은 누구에 의해서, 어떻게 이루어지는가? 첫째로, 복음 사역의 주체는 성령님이시다. 예루살렘, 사마리아, 땅끝의 에디오피아 내시, 유대 지역을 복음화하는 주체는 성령 하나님이시다. 이것을 '하나님의 선교(*Missio Dei*, The Mission of God)'라고 부른다.

둘째로, 성령님은 당신의 증인을 통해서 일하신다. 성령님께서 그 증인을 보내서 사람을 만나도록 하신다. 증인을 보내서 온 세상에 복음을 전하신다.

14
택한 나의 그릇

본문 사도행전 **9:1-31**
요절 사도행전 **9:15**
찬송 **310장, 320장**

1. 사울은 주님의 제자들을 어떻게 하려고 했습니까(1-2)? 그때 사울에게 무슨 일이 일어났습니까(3-5)?

2. 주님은 사울에게 무슨 방향을 주셨습니까(6-9)? 왜 주님은 사울에게 이런 방향을 주셨을까요? 주님께서 누구를 사울에게로 보내셨습니까(10-12)?

3. 아나니아는 무엇이라고 대답했습니까(13-14)? 왜 주님은 그를 사울에게 가도록 하셨습니까(15)? '택한 나의 그릇'이란 무슨 뜻입니까? 박해자를 택한 그릇으로 쓰시는 주님은 누구십니까? '그 그릇으로' 사는 데는 무엇도 따릅니까(16)?

4. 아나니아는 사울을 어떻게 도왔습니까(17-19)? 사울은 즉시 무엇을 합니까(20)? 사람들의 반응이 어떠했습니까(21-23)? 사울은 어디로 피합니까(24-25)?

5. 예루살렘의 제자들이 사울과의 사귐을 두려워할 때 누가 그 문제를 해결했습니까(26-28)? 사울은 다시 어디로 피했습니까(29-30)? 그리하여 교회는 어떠합니까(31)?

14

택한 나의 그릇

본문 사도행전 **9:1-31**
요절 사도행전 **9:15**
찬송 **310장, 320장**

1. 사울은 주님의 제자들을 어떻게 하려고 했습니까(1-2)? 그때 사울에게 무슨 일이 일어났습니까(3-5)?

1, "사울이 주의 제자들에 대하여 여전히 위협과 살기가 등등하여 대제사장에게 가서"

"사울" - 사울이 전면에 등장한다. "등등하여" - '헐떡인다.'(동분사 현재)이다. 사울은 여전히 주님의 제자들을 위협하는데, 그의 숨소리에서 살기가 느껴진다. "대제사장에게" - 사두개인이다. 반면 사울은 바리새인이다. 그들은 서로 자존심 싸움을 했다. "가서" - '~에게 간다.'(동분사 과거)이다. 사울이 대제사장에게 가는 일은 쉽지 않았다.

2, "다메섹 여러 회당에 가져갈 공문을 청하니 이는 만일 그 도를 따르는 사람을 만나면 남녀를 막론하고 결박하여 예루살렘으로 잡아 오려 함이라"

"다메섹" - 시리아의 수도인 '다마스쿠스(Damascus)'의 히브리식 발음이다. 구약성경에서는 아람의 수도였지만, 주전 732년 앗시리아 제국에 의해 망했다. 주전 64년부터 로마제국의 지배를 받았다. 스데반의 순교를 기점으로 박해받았을 때 많은 믿음의 사람이 예루살렘으로부터 유대와 사마리아와 모든 땅으로 흩어졌다. "가져갈" - '~을 향하여'이다. "청하니" - '요구한다.'(동직설 과거)이다. 사울은 대제사장에게 편지를 써 달라고 부탁했다.

그 이유는 무엇인가? "도를" - '길', '생활 방식'이다. "따르는" - '나는 ~이다.'(분사 현재)이다. "사람" - '그 길에 속한 사람', 즉 '예수님의 말씀을 믿는 제자'를 말한다. "만나면" - '찾는다.'(동가정 과거)이다. "결박하여" - '묶는다.'(분사 완료)이다. "잡아 오려 함이라" - '데리고 온다.'(가정 과거)이다. 그는 믿음의 사람을 닥치는 대로 묶어서 끌고 오려고 했다. 대제사장은 외국으로 도피한 유대인을 본국으로 송환을 요구할 수 있는 권한이 있었다.

사울은 왜 예수님의 제자를 박해할까? 그의 박해는 철저한 유대교 신앙에서 나왔다. 그는 "메시아는 십자가에서 죽을 수 없다. 십자가에서 죽은 예수님은 메시아가 아니다. 그는 그런 예수님을 믿는 사람은 잘못된 길을 가는 것으로" 여겼기 때문이다.

3, "사울이 길을 가다가 다메섹에 가까이 이르더니 홀연히 하늘로부터 빛이 그를 둘러 비추는지라"

"길을 가다가" - '간다.' '여행한다.'(부정사 현재)이다. "가까이" - '접근한다.' '가까이 온다.'(부정사 현재)이다. "이르더니" - '일어난다.' '된다.'(동직설 과거)이다. "둘러 비추는지라" - '두루 비춘다.'(동직설 과거)이다. 하늘에서 환한 빛이 그를 둘러 비추었다. 그 빛은 사울이 대적하는 예수님이시다.

4, "땅에 엎드려져 들으매 소리가 있어 이르시되 사울아 사울아 네가 어찌하여 나를 박해하느냐 하시거늘"

"엎드려져" - '넘어진다.'(동분사 과거)이다. "들으매" - '듣는다.'(동직설 과거)이다. 그는 엎드려지면서 음성을 들었다. "소리가 있어" - '소리'이다. "이르시되" - '말한다.'(분사 현재)이다. "나를" - 예수님이시다. "박해하느냐" - '박해한다.'(동직설 현재)이다. 사울은 예수님의

14, 9:1-31 택한 나의 그릇

제자를 박해했는데, 예수님은 당신을 박해했다고 말씀하신다. 예수님의 제자를 박해한 일은 예수님을 박해한 일과 같다.

5, "대답하되 주여 누구시니이까 이르시되 나는 네가 박해하는 예수라"

"대답하되" - '말한다.'(동직설 과거)이다. "(누구)시니이까" - '당신은 ~이다.'(동직설 현재)이다. 그는 지금 빛으로 나타나 말씀하시는 분의 정체에 관해 묻는다. "이르시되" - '대답한다.'(동직설 과거)이다. "박해하는" - '박해한다.'(동직설 현재)이다. "(예수)라" - '나는 ~이다.'(동직설 현재)이다. 지금 말씀하시는 주님은 사울이 박해한 예수님이시다.

2. 주님은 사울에게 무슨 방향을 주셨습니까(6-9)? 왜 주님은 사울에게 이런 방향을 주셨을까요? 주님께서 누구를 사울에게로 보내셨습니까(10-12)?

6, "너는 일어나 시내로 들어가라 네가 행할 것을 네게 이를 자가 있느니라 하시니"

"너는 일어나" - '일어나라.'(동명령 과거)이다. "들어가라" - '들어간다.'(동명령 과거)이다. 그는 일어나서, 시내로 들어가야 했다. "네가 행" - '행한다.'(부정사 현재)이다. "할" - '반드시 해야 한다.'(동직설 현재)이다. "이를 자가 있으니라 하시니" - '말한다.'(동직설 미래)이다. 그가 해야 할 일을 알려줄 사람이 있다. 일반적으로 주님은 직접 그 사람에게 할 일을 말씀하셨다. 그런데 사울에게는 다른 사람을 통해서 방향을 주신다. 왜냐하면 그의 변화를 다른 동역자들이 인정할 수 없기 때문이다. 그래서 중요한 인물에게 인정을 먼저 받은 후에 다른 동역자에게도 인정받도록 도와주신다.

7, "같이 가던 사람들은 소리만 듣고 아무도 보지 못하여 말을 못하고 서 있더라"

"같이 가던" - '함께 여행한다.'(분사 현재)이다. "듣고" - '듣는다.'(동분사 현재)이다. "아무도 보지" - '응시한다.'(동분사 현재)이다. "못하여" - '아무도 ~아닌'이다. "말을 못하고" - '말할 수 없는'이다. "서있더라" - '선다.'(동직설 과거완료)이다.

사울은 무엇을 했는가?

8, "사울이 땅에서 일어나 눈은 떴으나 아무것도 보지 못하고 사람의 손에 끌려 다메섹으로 들어가서"

"일어나" - '죽은 자를 일으킨다.'(동직설 과거)이다. "떴으나" - '열다.'(분사 완료)이다. "아무것도 보지" - '본다.'(동직설 미완료)이다. "못하고" - '하나도 아닌'이다. "손에 끌려" - '손으로 인도한다.'(동분사 현재)이다. "들어가서" - '데리고 들어간다.'(동직설 과거)이다.

9, "사흘 동안 보지 못하고 먹지도 마시지도 아니하니라"

"보지" - '본다.'(동분사 현재)이다. "못(하고)" - '아니,'이다. "(못)하고" - '나는 ~이다.'(동직설 미완료)이다. "먹지도" - '먹는다.'(동직설 과거)이다. "마시지도" - '마신다.'(동직설 과거)이다. "아니하니라" - '~도 ~도 아니다.'이다.

10, "그 때에 다메섹에 아나니아라 하는 제자가 있더니 주께서 환상 중에 불러 이르시되 아나니아야 하시거늘 대답하되 주여 내가 여기 있나이다 하니"

"아나니아" - 자기 소유를 팔아 다 바치기로 약속하고 일부를 감추었다가 죽은 사람(5:1-6)과는 다른 사람이다. 대제사장의 이름이기도 하다(23:2). "라하는" - '이름'이다. "있더니" - '나는 ~이다.'(동직설 미완료)이다. "환상" - '이상'이다. "불러 이르시되" - '대답한다.'(동직설 과거)이다. "대답하되" - '대답한다.'(동직설 과거)이다. "여기 있나이다 하니" - '보라!'이다. 그는 주님의 부르심에 대기했다.

11, "주께서 이르시되 일어나 직가라 하는 거리로 가서 유다의 집에

서 다소 사람 사울이라 하는 사람을 찾으라 그가 기도하는 중이니라"

"이르시되 일어나" - '일어난다.'(분사 과거)이다. "직가" - '바른'이라는 뜻이다. "라 하는" - '부른다.'(분사 현재)이다. "거리" - '곧은 길이라 부르는 거리(the street called Straight)'를 뜻한다. 다메섹 성안에 동서로 똑바로 연결된 주요 도로이다. "가서" - '간다.'(동명령 과거)이다. "(사울)이라 하는" - '이름'이다. "사람을 찾으라" - '찾는다.'(동명령 과거)이다. "다소" - 길리기아의 수도이며 바울이 태어난 고향이다(9:11). 지리적으로 동서를 연결하는 중요한 무역도시였다. 철학을 비롯한 학문이 발달한 곳이었다. "그가 기도하는 중이니라" - '기도한다.'(동직설 현재)이다. 사울은 기도하고 있다.

그는 기도 중에 무엇을 보는가?

12, "그가 아나니아라 하는 사람이 들어와서 자기에게 안수하여 다시 보게 하는 것을 보았느니라 하시거늘"

"라하는" - '이름'이다. "들어와서" - '들어온다.'(분사 과거)이다. "안(수)" - '둔다.'(분사 과거)이다. "다시 보게 하는" - '다시 본다.'(가정 과거)이다. "보았느니라" - '안다.'(동직설 과거)이다. 사울은 기도 중에 아나니아가 와서 자기에게 안수하여 다시 보도록 하는 것을 보았다.

3. 아나니아는 무엇이라고 대답했습니까(13-14)? 왜 주님은 그를 사울에게 가도록 하셨습니까(15)? '택한 나의 그릇'이란 무슨 뜻입니까? 박해자를 택한 그릇으로 쓰시는 주님은 누구십니까? '그 그릇으로' 사는 데는 무엇도 따릅니까(16)?

13, "아나니아가 대답하되 주여 이 사람에 대하여 내가 여러 사람에게 듣사온즉 그가 예루살렘에서 주의 성도에게 적지 않은 해를 끼쳤다 하더니"

"대답하되" - '대답한다.'(동직설 과거)이다. "듣사온즉" - '듣는다.'(동직설 과거)이다. "해를" - '나쁘다'이다. "끼쳤다 하더니" - '행한다.'

(동직설 과거)이다. 아나니아는 사울이 예루살렘에서 성도들에게 해를 끼쳤음을 많은 사람한테 들었다.

14, "여기서도 주의 이름을 부르는 모든 사람을 결박할 권한을 대제사장들에게서 받았나이다 하거늘"

"여기서도" - 사울은 이곳에서도 성도를 결박할 권세를 가지고 있다. "부르는" - '부른다.'(동분사 현재)이다. "결박할" - '묶는다.'(부정사 과거)이다. "받았나이다 하거늘" - '가진다.'(동직설 현재)이다. 아나니아는 주님의 방향을 부담스러워했다.

그런데도 주님은 그에게 무엇을 말씀하셨는가?

15, "주께서 이르시되 가라 이 사람은 내 이름을 이방인과 임금들과 이스라엘 자손들에게 전하기 위하여 택한 나의 그릇이라"

"이르시되" - '명령한다.'(동직설 과거)이다. "가라" - '간다.'(동명령 현재)이다. 아나니아는 그래도 사울에게 가야 한다. "이방인" - '백성', '이교도(heathen/ pagans)'이다. "임금들" - '왕'이다. "자손들" - '아들들'이다. "전하기" - '진다.'(부정사 과거)이다. "택한" - '선택되어진(chosen)'이다. "그릇" - '특정한 목적을 위해 쓰는 도구(instrument)', '그릇(vessel)'이다. "이라" - '그것은 ~이다.'(동직설 현재)이다. 사울은 주님께서 택한 주님의 그릇이다(my chosen instrument).

'택한 나의 그릇이다.'라고 하신 데는 무슨 뜻이 있는가? '그릇'은 특정한 목적을 위해 쓰는 도구이다. 그릇은 자기 의지가 없다. 누가 어떻게 쓰느냐에 따라 그 그릇의 수준과 질이 다르다. 사울도 이런 그릇에 불과하다. 그는 지금까지 그 그릇의 주인으로 살았다. 이른바 '사울의 그릇'으로 살았다. 하지만 그는 '예수님의 그릇'으로 선택받았다. 따라서 그는 예수님의 뜻과 목적을 위해, 예수님께서 하고 싶은 일을 위해 살아야 한다. 그것은 예수님의 이름을 이방인과 임금들과 이스라엘 자손들에게 전하는 일이다.

그러면 박해자를 증언하는 그릇으로 쓰시는 그분은 어떤 분인가?

14, 9:1-31 택한 나의 그릇

그분은 복음의 지역적 확장은 한 사람의 변화를 통해 이루어짐을 보여주신다. 사람이 변화하지 않고서는 지역적 확장은 의미가 없다. 복음이 땅끝으로 나가려면 사울 같은 사람이 복음 앞에서 변화해야 한다. 예수님은 극단적인 박해자를 구원하여 쓰심으로 복음의 우월성과 절대성을 높이신다.

'그 그릇'으로 사는 데는 무엇도 따르는가?

16, "그가 내 이름을 위하여 얼마나 고난을 받아야 할 것을 내가 그에게 보이리라 하시니"

"고난을 받아" - '고난을 겪는다.'(부정사 과거)이다. "야 할 것을" - '반드시 ~해야 한다.'(동직설 현재)이다. 그가 예수님의 이름을 전하는 그릇으로 살려면, 고난을 반드시 받아야 한다. 그는 지금까지 해를 끼치는 사람이었는데, 이제는 해를 받는 사람이 되었다. "보이라" - '보여준다.'(동직설 미래)이다.

4. 아나니아는 사울을 어떻게 도왔습니까(17-19)? 사울은 즉시 무엇을 합니까(20)? 사람들의 반응이 어떠했습니까(21-23)? 사울은 어디로 피합니까(24-25)?

17, "아나니아가 떠나 그 집에 들어가서 그에게 안수하여 이르되 형제 사울아 주 곧 네가 오는 길에서 나타나셨던 예수께서 나를 보내어 너로 다시 보게 하시고 성령으로 충만하게 하신다 하니"

"떠나" - '떠나간다.'(동직설 과거)이다. "들어가서" - '들어간다.'(동직설 과거)'이다. 아나니아는 그곳을 떠났고, 그 집으로 들어갔다. "안(수하여)" - '둔다.'(분사 과거)이다. 그는 사울에게 손을 얹었다. "이르되" - '말한다.'(동직설 과거)이다. "형제" - 그는 사울을 형제로 영접한다. "네가 오는" - '온다.'(동직설 미완료)이다. "나타나셨던" - '본다.'(분사 과거)이다. "보내어" - '보낸다.'(동직설 완료)이다. 아나니아는 사울에게 예수님을 증언한다. "너로 다시 보게 하시고" - '다시 본다.'(가정 과거)이다. "충만하게 하신다" - '가득 찬다.'(가정 과

154

거)이다. 사울이 눈을 뜨고 성령님을 영접하도록 도왔다.

18, "즉시 사울의 눈에서 비늘 같은 것이 벗어져 다시 보게 된지라 일어나 세례를 받고"

"벗어져" - '벗겨진다.'(동직설 과거)이다. "다시 보게 된지라" - '다시 본다.'(동직설 과거)이다. 사울은 눈에서 즉시 비늘 같은 것이 떨어지면서 다시 보았다. "일어나" - '일어난다.'(분사 과거)이다. "세례를 받고" - '세례를 베풀다.'(동직설 과거)이다. 그는 세례를 받았다. 그는 공식적으로 주님을 믿고 고백했다. 그는 주님을 만남으로 완전히 변하여 새사람이 되었다. 그는 예수님이 선택한 그릇이 되었다.

19, "음식을 먹으매 강건하여지니라 사울이 다메섹에 있는 제자들과 함께 며칠 있을새"

"먹으매" - '취한다.'(분사 과거)이다. "강건하여지니라" - '강해진다.'(동직설 과거)이다. 그는 음식을 먹고 기운을 회복했다. "있을새" - '된다.'(동직설 과거)이다. 그는 자기가 잡아서 죽이려고 했던 예수님의 제자들과 함께했다. 그는 동역자들로부터 '그 그릇'으로 인정받았다.

사울은 즉시 무엇을 했는가?

20, "즉시로 각 회당에서 예수가 하나님의 아들이심을 전파하니"

"즉시로" - '곧'이다. "각 회당" - 초기 사역의 장소였다. "예수가 하나님의 아들이심" - '예수는 하나님의 아들이시다.'라는 뜻이다. "전파하니" - '선포한다.'(동직설 미완료)이다. 그는 즉시 회당에서 증인의 삶을 시작한다. 그의 첫 메시지는 '예수님은 하나님의 아들이시다.'이다.

그가 이렇게 선포한 데는 무슨 뜻이 있는가? 사울은 그동안 예수님을 하나님의 아들로 믿지 않았다. 그는 예수님을 하나님의 아들로 믿는 사람을 박해했다. 그랬던 그가 이제는 예수님을 하나님의 아들로 증언한다. 누구든지, 예수님을 하나님의 아들로 믿으면 삶이 바뀐다. 박해자에서 증인으로 산다.

사람들의 반응은 어떠한가?

21, "듣는 사람이 다 놀라 말하되 이 사람이 예루살렘에서 이 이름을 부르는 사람을 멸하려던 자가 아니냐 여기 온 것도 그들을 결박하여 대제사장들에게 끌어 가고자 함이 아니냐 하더라"

"드는" - '듣는다.'(분사 현재)이다. "놀라" - '놀란다.'(동직설 미완료)이다. 사람들은 사울의 메시지를 듣고 놀란다. 왜냐하면 그가 박해자였음을 알기 때문이다. 사람들은 사울의 변화를 아직 인정하지 못한다. "말하되" - '말한다.'(동직설 미완료)이다. "부르는" - '부른다.'(분사 현재)이다. "멸하려던" - '파괴한다.'(분사 과거)이다. "(아니)냐" - '그는 ~이다.'(동직설 현재)이다. "온" - '온다.'(동직설 과거완료)이다. "결박하여" - '묶는다.'(분사 완료)이다. "끌어 가고자" - '데리고 간다.'(가정 과거)이다. "함이 아니냐 하더라" - '~하기 위해'이다. 사람들은 사울을 아직도 예수 믿는 사람을 죽이던 사람으로 알고 있다.

22, "사울은 힘을 더 얻어 예수를 그리스도라 증언하여 다메섹에 사는 유대인들을 당혹하게 하니라"

"힘을" - '힘을 얻는다.'(동직설 미완료)이다. "더 얻어" - '더욱더',이다. "(그리스도)라" - '그는 ~이다.'(동직설 현재)이다. "증언하여" - '논증한다.'(분사 현재)이다. 그는 예수님은 그리스도라고 증명하면서 더욱 힘을 얻는다. "사는" - '살다.'(분사 현재)이다. "당혹하게 하니라" - '혼란하다.'(동직설 미완료)이다. 유대인을 당황하게 했다. 유대인이 아는 예수님과 사울이 증언하는 예수님이 충돌하기 때문이다. 그 사실을 증언하는 사울도 충격이다.

23, "여러 날이 지나매 유대인들이 사울 죽이기를 공모하더니"

"여러" - '충분한'이다. "지나" - '채운다.'(동직설 미완료)이다. 약

3년의 세월이 흐른 것으로 본다(갈 1:17-18). "죽이기를" - '죽인다.' (부정사 과거)이다. "공모하더니" - '함께 의논한다.'(동직설 과거)이다. 그들은 사울을 제거하려고 함께 의논했다. 스데반을 제거하는 일에 앞장섰던 사울이 이제는 유대인의 제거 대상이 되었다.

24, "그 계교가 사울에게 알려지니라 그들이 그를 죽이려고 밤낮으로 성문까지 지키거늘"

"계교가" - '음모'이다. "알려지니라" - '알다.'(동직설 과거)이다. 그들의 음모가 사울에게 알려졌다. "지키거늘" - '가까이서 지켜본다.'(동직설 미완료)이다. 그들은 사울을 죽일 기회를 틈틈이 노리고 있다.

25, "그의 제자들이 밤에 사울을 광주리에 담아 성벽에서 달아 내리니라"

"담아" - '취한다.'(분사 과거)이다. "달아" - '내린다.'(동분사 과거)이다. "내리니라" - '내려보낸다.'(동직설 과거)이다. 사울의 메시지를 듣고 예수님을 믿은 제자들이 사울의 안전을 도왔다.

5. 예루살렘의 제자들이 사울과의 사귐을 두려워할 때 누가 그 문제를 해결했습니까(26-28)? 사울은 다시 어디로 피했습니까(29-30)? 그리하여 교회는 어떠합니까(31)?

26, "사울이 예루살렘에 가서 제자들을 사귀고자 하나 다 두려워하여 그가 제자 됨을 믿지 아니하니"

"가서" - '온다.'(동분사 과거)이다. "사귀고자" - '달라붙는다.'(부정사 현재)이다. "하나" - '시험한다.'(동직설 미완료)이다. 사울은 예루살렘으로 가서 제자들과 사귀려고 한다. "두려워하여" - '무서워한다.'(동직설 미완료)이다. "됨" - '그는 ~이다.'이다. "믿지" - '믿는다.'(분사 현재)이다. "아니하니" - '아니'이다. 그러나 그 제자들은 사울을 믿지 않아서 두려워한다. 그만큼 사울에 대한 적대감이 컸다.

14, 9:1-31 택한 나의 그릇

그들은 사울의 변화를 믿지 못했다.
　그때 누가 이 문제를 해결하는가?

　27, "바나바가 데리고 사도들에게 가서 그가 길에서 어떻게 주를 보았는지와 주께서 그에게 말씀하신 일과 다메섹에서 그가 어떻게 예수의 이름으로 담대히 말하였는지를 전하니라"
　"데리고" - '붙잡는다.'(분사 과거)이다. "가서" - '데리고 간다.'(동직설 과거)이다. 다른 사람은 사울을 만나는 것조차도 두려워했지만, 바나바는 사울을 영접했다. 그리고 사도들에게 그를 데리고 갔다. 그리고 사울에 관해 전했다. "보았는지" - '본다.'(동직설 과거)이다. 첫째로, 사울은 길에서 주님을 보았다.
　"말씀하신" - '말한다.'(동직설 과거)이다. 둘째로, 주님께서 그에게 '택한 나의 그릇'이라고 말씀하셨다. "일" - '~ 때문에'이다.
　"담대히 말하였는" - '터놓고 말한다.' '공공연하게 말한다.'(동직설 과거)이다. "지를" - '~ 때문에'이다. 셋째로, 그는 예수님이 하나님이심을 담대하게 전했다. "전하니라" - '이야기한다.'(동직설 과거)이다. 바나바는 세 가지 사실을 들어서 사울을 변호했다.

　28, "사울이 제자들과 함께 있어 예루살렘에 출입하며"
　"함께" - '와 함께'이다. "있어" - '나는 ~이다.'(동직설 미완료)이다. 제자들이 사울을 동역자로 영접한다. "출(입)" - '나간다.'(분사 현재)이다. "(출)입하며" - '들어간다.'(분사 현재)이다. 사울은 자유롭게 드나든다. 사울이 동역자한테 인정받은 데는 바나바의 도움이 컸다.
　사울은 또 무엇을 하는가?

　29, "또 주 예수의 이름으로 담대히 말하고 헬라파 유대인들과 함께 말하며 변론하니 그 사람들이 죽이려고 힘쓰거늘"
　"담대히 말하고" - '터놓고 말한다.'(동분사 현재)이다. "헬라파 유대인들과" - '헬라어를 말하는 유대인'이다. 그들은 스데반을 죽이는 데 앞장섰던 사람이다. "말하며" - '이야기한다.'(동직설 미완료)이다.

158

"변론하니" - '논쟁한다.'(동직설 미완료)이다. 사울은 예수님의 이름을 터놓고 말하면서 헬라파 유대인과 논쟁한다. "죽이려고" - '죽인다.'(부정사 과거)이다. "힘쓰거늘" - '시도한다.'(동직설 미완료)이다. 그들은 사울을 죽이려고 시도한다. 그들은 스데반을 제거한 것과 같이 사울도 죽이려고 한다.

30, "형제들이 알고 가이사랴로 데리고 내려가서 다소로 보내니라"

"알고" - '알다.'(동분사 과거)이다. "데리고 내려가서" - '데리고 간다.'(동직설 과거)이다. 형제들은 그 일을 알고 사울을 가이사랴로 데리고 갔다. "보내니라" - '보낸다.'(동직설 과거)이다. 다소로 보냈다.

31, "그리하여 온 유대와 갈릴리와 사마리아 교회가 평안하여 든든히 서가고 주를 경외함과 성령의 위로로 진행하여 수가 더 많아지니라"

"그리하여" - '그러는 동안에'이다. 사울의 전도에 관한 결과보다도 박해에 대한 결론이다. "유대와 갈릴리와 사마리아 교회" - 스데반이 순교하기 전에는 교회가 예루살렘에만 있었다. 그러나 박해로 성도들이 각 지역으로 흩어졌다. 그들을 통하여 교회는 여러 지역에 세워졌다.

교회는 어떠한가? "평안" - '평화'이다. "하여" - '가진다.'(동직설 미완료)이다. "든든히 서가고" - '짓는다.'(동분사 현재)이다. 첫째로, 교회는 든든히 서가면서 평안하다. 교회는 밖으로는 박해받았는데도, 안으로는 평화를 누린다. 교회는 비바람을 통해서 뿌리가 깊어지고 내면이 성숙하면서 평화를 누린다.

"진행하여" - '간다.'(동분사 현재)이다. '주님을 두려워하는 마음과 성령님의 위로를 받으며'라는 뜻이다. "수가 더 많아지니라" - '더 많아진다.'(동직설 미완료)이다. 둘째로, 교회는 주님을 경외하는 마음과 성령님의 위로를 받으며 그 수가 많아진다. 교회는 박해받았는데도, 외적으로는 그 수가 늘고 있다.

15, 9:32-10:16 잡아먹어라

15
잡아먹어라

본문 사도행전 9:32-10:16
요절 사도행전 10:13
찬송 507장, 515장

1. 그때 베드로는 어디에서, 무엇을 했습니까(9:32-34)? '그리스도께서 너를 낫게 하신다.'라는 말은 무슨 뜻입니까? 그 일로 어떤 열매를 맺었습니까(35)?

2. 다비다는 어떤 사람이었으며, 사람들은 그녀의 죽음 앞에서 무엇을 했습니까(36-39)? 베드로는 그녀를 어떻게 살렸으며(40-41), 사람들의 반응은 어떠했습니까(42)? 시몬이 무두장이의 집에 있는 데는 무슨 뜻이 있습니까(43)?

3. 고넬료는 어떤 사람이며(10:1-2), 그에게 무슨 일이 있었습니까(3-4)? 이 말씀에 나타난 하나님은 어떤 분입니까? 천사는 그에게 무슨 방향을 주었습니까(5-8)?

4. 베드로는 어떤 상태에 있었으며, 그때 무엇을 보았습니까(9-12)? 그때 무슨 소리를 들었습니까(13)? 그러나 그는 어떻게 반응했습니까(14)? 그가 그렇게 반응하는 근거는 무엇입니까(레 11:2-30)?

5. 하나님은 어떤 기준을 제시하셨습니까(15)? 왜 하나님은 그 일을 세 번이나 말씀하셨습니까(16)? 이것을 통해서 베드로와 오늘 우리에게 주고자 하시는 메시지는 무엇입니까?

160

15
잡아먹어라

본문 사도행전 **9:32-10:16**
요절 사도행전 **10:13**
찬송 **507장, 515장**

1. 그때 베드로는 어디에서, 무엇을 했습니까(9:32-34)? '그리스도께
서 너를 낫게 하신다.'라는 말은 무슨 뜻입니까? 그 일로 어떤
열매를 맺었습니까(35)?

9:32, "그 때에 베드로가 사방으로 두루 다니다가 룻다에 사는 성도
들에게도 내려갔더니"

"그 때에" - '그리고'이다. "베드로가" - 베드로가 등장한다. "두루
다니다가" - '통과한다.'(분사 현재)이다. "룻다"(Lydda) - 예루살렘에
서 약 16km 떨어진 곳이며 욥바로부터는 동남쪽으로 약 18km 떨어
진 곳이다. 국제 해상 고속도로가 통과하는 요충지이다. "내려갔더
(니)" - '내려온다.'(부정사 과거)이다. "(갔더)니" - '된다.'(동직설 과
거)이다. 베드로는 이곳저곳으로 사역을 확장하면서 룻다로 갔다.

33, "거기서 애니아라 하는 사람을 만나매 그는 중풍병으로 침상 위
에 누운 지 여덟 해라"

"라 하는" - '이름'이다. "만나매" - '찾는다.'(동직설 과거)이다.
"(중풍병)으로" - '나는 ~이다.'(동직설 미완료)이다. "누운지" - '드러
눕는다(lie down).'(분사 현재)이다. "(해)라" - '~의 때부터'이다.

34, "베드로가 이르되 애니아야 예수 그리스도께서 너를 낫게 하시니 일어나 네 자리를 정돈하라 한대 곧 일어나니"

"이르되" - '명령한다.'(동직설 과거)이다. "예수 그리스도께서" - 베드로는 자기의 능력이 아닌 그리스도의 능력으로 치유를 선포한다. "낫게 하시니" - '치료한다.'(동직설 현재)이다. "일어나" - '일어난다.'(동명령 과거)이다. "정돈하라" - '깔다.'(동명령 과거)이다. "일어나니" - '일어난다.'(동직설 과거)이다. 그에게 즉각적인 치유가 일어났다.

사람들은 어떻게 반응했는가?

35, "룻다와 사론에 사는 사람들이 다 그를 보고 주께로 돌아오니라"

"사론" - 룻다 북쪽에 있는 해안 평야이며, 가이사랴 항구로 가는 길목이다. "보고" - '알다.'(동직설 과거)이다. "돌아오니라" - '돌아온다.'(동직설 과거)이다. 이 사건을 보고 사람들이 주님께로 돌아왔다.

2. 다비다는 어떤 사람이었으며, 사람들은 그녀의 죽음 앞에서 무엇을 했습니까(36-39)? 베드로는 그녀를 어떻게 살렸으며(40-41), 사람들의 반응은 어떠했습니까(42)? 시몬이 무두장이의 집에 있는 데는 무슨 뜻이 있습니까(43)?

36, "욥바에 다비다라 하는 여제자가 있으니 그 이름을 번역하면 도르가라 선행과 구제하는 일이 심히 많더니"

"욥바" - 예루살렘에서 서북쪽으로 55km 떨어진 지중해 연안의 항구도시이다. 현재의 '텔아비브(Tel Aviv)'에 해당한다. "다비다" - 아람어이다. 헬라어로는 '도르가'인데, '사슴'이라는 뜻이다. "라 하는" - '이름'이다. "있으니" - '나는 ~이다.'(동직설 미완료)이다. "(도르가)라" - '말한다.'(동직설 현재)이다. "선행" - 좋은 일이다. "구제" - '구제(alms)'이다. "하는" - '한다.'(동직설 미완료)이다. "심히 많(더니)" - '충만한'이다. "(많)더니" - '나는 ~이다.'(동직설 미완료)이다. 그녀는 착한 일과 구제를 많이 한다. 그녀는 믿음과 삶이 일치한다.

37, "그 때에 병들어 죽으매 시체를 씻어 다락에 누이니라"

"그 때에" - '그 무렵에'이다. "병들어" - '약하다.'(분사 과거)이다. "죽으(매)" - '죽는다.'(부정사 과거)이다. "(죽으)매" - '된다.'(동직설 과거)이다. 그녀가 병들어 죽었다. "씻어" - '씻는다.'(분사 과거)이다. "뉘이니라" - '놓는다.'(동직설 과거)이다. 사람들은 그녀의 시신을 묻지 않고 다락에 두었다. 그들은 아름다운 믿음의 여인을 떠나보내고 싶지 않았을 것이다.

사람들은 무엇을 했는가?

38, "룻다가 욥바에서 가까운지라 제자들이 베드로가 거기 있음을 듣고 두 사람을 보내어 지체 말고 와 달라고 간청하여"

"가까운(지라)" - '가까이'이다. "(가까운)지라" - '나는 ~이다.'(분사 현재)이다. "있음" - '그것은 ~이다.'(동직설 현재)이다. "듣고" - '듣는다.'(분사 과거)이다. "보내어" - '보낸다.'(동직설 과거)이다. "지체" - '망설인다.'(동가정 과거)이다. "말고" - '아니'이다. "와 달라고" - '지나간다.'(부정사 과거)이다. "간청하여" - '애원한다.'(동분사 현재)이다. 욥바 사람들은 베드로에게 사람을 보내어 속히 오라고 부탁한다.

39, "베드로가 일어나 그들과 함께 가서 이르매 그들이 데리고 다락방에 올라가니 모든 과부가 베드로 곁에 서서 울며 도르가가 그들과 함께 있을 때에 지은 속옷과 겉옷을 다 내보이거늘"

"일어나" - '일어난다.'(분사 과거)이다. "함께 가서" - '함께 온다.'(동직설 과거)이다. "이르매" - '이른다.'(분사 과거)이다. "그들이 데리고 다락방" - '다락방'이다. "올라가니" - '데리고 올라간다.'(동직설 과거)이다. "모든 과부" - 과부들은 교회의 삶에서 아주 중요한 그룹을 형성하고 있었다. 그들은 물질적으로는 교회로부터 지원받았다. 하지만 그들은 교회에서 중요한 역할을 했다. 기도와 섬김의 종들이었다. "곁에 서서" - '둔다.'(동직설 과거)이다. "울며" - '울다.'(분사 현재)이다. "지은" - '행한다.'(동직설 미완료)이다. "내보이거늘" - '보인다.'(동분사 현재)이다. 도르가는 다른 과부들과 함께 봉사의 일을 했다. 그녀의 선행을 구체적인 물증을 통하여 베드로에게 보여주었다. 이런 일을 통해, 그들은 베드로에게 동역자와 하나님의 영광을 위해서 도르가의 생명을 살려주도록 부탁했다.

베드로는 무엇을 했는가?

40, "베드로가 사람을 다 내보내고 무릎을 꿇고 기도하고 돌이켜 시체를 향하여 이르되 다비다야 일어나라 하니 그가 눈을 떠 베드로를 보고 일어나 앉는지라"

"보내고" - '쫓아낸다.'(분사 과거)이다. "꿇고" - '놓는다.'(분사 과거)이다. "기도하고" - '기도한다.'(동직설 과거)이다. 베드로는 주님께 도움을 청했다. 자기의 능력이 아닌 주님의 능력으로만 그 문제를 해결할 수 있기 때문이다. "돌이켜" - '돌이킨다.'(분사 과거)이다. "이르되" - '명령한다.'(동직설 과거)이다. "일어나라" - '일어난다.'(동명령 과거)이다. "떠" - '열다.'(동직설 과거)이다. '눈을 떴다.'라는 뜻이다. "보고" - '본다.'(분사 과거)이다. "일어나 앉는지라" - '일어나 앉는다.'(동사직설 과거)이다. 죽은 자가 살아났다. 사람들의 믿음과 베드로의 믿음이 죽은 자를 살렸다. 야이로의 딸을 살리셨던(눅 8:54-55) 그 주님께서 다비다도 살리셨다.

이것은 예수님이 생명의 주인이고, 부활의 주님이심을 보여준다. 예수님은 이 땅에 계실 때뿐만 아니라, 하나님 나라에서도 같은 사역을 하신다.

41, "베드로가 손을 내밀어 일으키고 성도들과 과부들을 불러들여 그가 살아난 것을 보이니"

"내밀어" - '준다.'(분사 과거)이다. "일으키고" - '일어난다.'(동직설 과거)이다. 베드로는 그녀를 일으켰다. "불러들여" - '부른다.'(분사 과거)이다. "보이니" - '둔다.'(동직설 과거)이다. 그는 사람들에게 그녀가 실제로 살아났음을 확인하도록 했다.

42, "온 욥바 사람이 알고 많은 사람이 주를 믿더라"

"욥바" - 이 사건이 욥바에서 일어났다는 데 그 의미가 있다. 하나님의 말씀은 이방 세계에서 계속해서 힘차게 일어나고 있다. "알고" - '알려진'이다. "(알)고" - '된다.'(동직설 과거)이다. 그들은 알았다. "믿더라" - '믿는다.'(동직설 과거)이다. 그들은 예수님을 믿었다.

그 사역은 더 힘차게 어디로 향했는가?

43, "베드로가 욥바에 여러 날 있어 시몬이라 하는 무두장이의 집에서 머무니라"

"있어" - '일어난다.'(동직설 과거)이다. "무두장이" - 모피의 털과 기름을 뽑고 가죽을 부드럽게 다루는 일을 전문으로 하는 사람(a tanner)이다. 유대인은 그 직업을 부정하고 천한 일로 여겼다. 시몬은 유대인이지만 죽은 짐승의 가죽을 다루는 직업을 가졌기에 유대인의 눈에는 이방인과 같이 부정한 사람이었다. "머무니라" - '머무른다.'(부정사 과거)이다. 베드로는 그 사람의 집에 여러 날 머물고 있다.

여기에는 무슨 뜻이 있는가? '부정'에 대한 베드로의 가치관이 달라졌다. 그는 직업으로 사람을 차별하지 않았다. 베드로가 무두장이와 함께함은 신분의 경계, 직업의 경계를 뛰어넘는 일이었다.

3. 고넬료는 어떤 사람이며(10:1-2), 그에게 무슨 일이 있었습니까(3-4)? 이 말씀에 나타난 하나님은 어떤 분입니까? 천사는 그에게 무슨 방향을 주었습니까(5-8)?

10:1, "가이사랴에 고넬료라 하는 사람이 있으니 이달리야 부대라 하는 군대의 백부장이라"

"가이사랴"(Caesarea) - 욥바에서 북쪽으로 53km 떨어진 항구도시이다. 헤롯 대왕이 로마 황제를 위하여 건축한 웅장한 건물들이 있었다. 그곳에는 로마 소속의 군대뿐만 아니라 많은 이방인이 살았다. "라 하는" - '이름'이다. "사람이 있으니" - '남자'이다. "이달리야 부대" - '이탈리아(인)의(Italian.)'이다. "라 하는" - '부른다.'(분사 현재)

이다. "백부장이라" - '백부장(a centurion)'이다. 로마 군대에서 '큐리아(curia: 옛 로마 행정구)'를 통솔했다. '큐리아'는 일백 명으로 구성된 부대(한 군단의 1/16)이다.

그는 하나님께 어떤 사람인가?

2, "그가 경건하여 온 집안과 더불어 하나님을 경외하며 백성을 많이 구제하고 하나님께 항상 기도하더니"

"경건하여" - '하나님을 두려워하는(God-fearing)'이다. "경외하며" - '경외한다.'(분사 현재)이다. 그는 하나님을 두려워한다. "(구제)하고" - '한다.'(분사 현재)이다. 그는 사람들에게 자선을 많이 베푼다. "기도하더니" - '기도한다.'(분사 현재)이다. 그는 하나님께 기도한다. 그의 경건은 유대인이 실천하는 '구제'와 '기도'로 나타난다. 이방인 로마 사람이 하나님의 사람으로 살고 있다.

그에게 무슨 일이 있었는가?

3, "하루는 제 구 시쯤 되어 환상 중에 밝히 보매 하나님의 사자가 들어와 이르되 고넬료야 하니"

"제 구 시" - 오후 3시이다. 유대인은 하루에 세 번 기도했다: 3(오전 9)시, 6(정오)시, 9(오후 3)시이다. "쯤 되어" - '~인 것처럼'이다. "보매" - '본다.'(동직설 과거)이다. "들어와" - '들어온다.'(분사 과거)이다. "이르되" - '대답한다.'(분사 과거)이다.

4, "고넬료가 주목하여 보고 두려워 이르되 주여 무슨 일이니이까 천사가 이르되 네 기도와 구제가 하나님 앞에 상달되어 기억하신 바가 되었으니"

"주목하여 보고" - '응시한다.'(분사 과거)이다. "두려(워)" - '두려워하는'이다. "(두려)워" - '된다.'(분사 과거)이다. "이르되" - '대답한다.'(동직설 과거)이다. "일이니이까" - '그것은 ~이다.'(동직설 현재)이다. "천사가 이르되" - '대답한다.'(동직설 과거)이다. "상달되어" - '올라간다.'(동직설 과거)이다. "기억하신 바가" - '기념'이다. "되었으니” - ‘~로 향하여’이다. 하나님께서 그의 삶과 기도를 받으셨다.

이 하나님은 어떤 분인가? 하나님은 고넬료의 기도와 구제를 유대인의 것과 똑같이 받으셨다. 이것은 하나님께서 유대인과 이방인 사이의 장벽을 허무셨음을 뜻한다. 유대인은 성전에 와서 하나님께 희생제물을 드릴 수 있었지만, 이방인은 그렇게 하지 못했다. 그러나 이제는 기도와 구제가 성소 안에 있는 분향단의 연기처럼 하나님 앞에 기념물로 올라갔다.

천사는 그에게 무슨 방향을 주었는가?

5, “네가 지금 사람들을 욥바에 보내어 베드로라 하는 시몬을 청하라”

“보내어” - ‘보낸다.’(동명령 과거)이다. “베드로라 하는 시몬” - 베드로가 정통 유대인임을 강조한다. “라 하는” - ‘부른다.’(동직설 현재)이다. “청하라” - ‘~를 부르러 보낸다.’(동명령 과거)이다. 그는 정통 유대인을 부르러 보내야 했다.

6 “그는 무두장이 시몬의 집에 유숙하니 그 집은 해변에 있다 하더라”

“유숙하니” - ‘숙박한다.’(동직설 현재)이다. “있다 하더라” - ‘그것은 ~이다.’(동직설 현재)이다.

7, “마침 말하던 천사가 떠나매 고넬료가 집안 하인 둘과 부하 가운데 경건한 사람 하나를 불러”

“마침” - ‘지금’이다. “말하던” - ‘이야기한다.’(분사 현재)이다. “떠나(매)” - ‘떠나간다.’(동직설 과거)이다. “(떠나)매” - ‘마치 ~처럼’이다. “불러” - ‘부른다.’(분사 과거)이다.

8, “이 일을 다 이르고 욥바로 보내니라”

“이르고” - ‘설명한다.’(분사 과거)이다. “보내니라” - ‘보낸다.’(동직설 과거)이다. 고넬료는 하나님의 방향에 즉시 순종했다.

4. 베드로는 어떤 상태에 있었으며, 그때 무엇을 보았습니까(9-12)? 그때 무슨 소리를 들었습니까(13)? 그러나 그는 어떻게 반응했 습니까(14)? 그가 그렇게 반응하는 근거는 무엇입니까(레 11:2-30)?

9, "이튿날 그들이 길을 가다가 그 성에 가까이 갔을 그 때에 베드로 가 기도하려고 지붕에 올라가니 그 시각은 제 육 시더라"

"길을 가다가" - '여행한다.'(분사 현재)이다. "가까이 갔을 그 때 에" - '가까이 온다.'(분사 현재)이다. "기도하려고" - '기도한다.'(부정 사)이다. "지붕" - '지붕'이다. 옥상이나 옥탑방을 말한다. 기도할 수 있는 좋은 장소이다. "올라가니" - '올라간다.'(동직설 과거)이다.

10, "그가 시장하여 먹고자 하매 사람들이 준비할 때에 황홀한 중에"

"그가 시장" - '매우 굶주린'이다. "(시장)하여" - '일어난다.'(동직 설 과거)이다. 유대인은 평상시에는 하루에 두 끼를 먹었다. 안식일 에는 세 끼를 먹었다. 베드로는 배가 고팠다. "먹고자" - '맛본다.'(부 정사 과거)이다. "하매" - '바란다.'(동직설 미완료)이다. "준비할 때 에" - '준비한다.'(분사 현재)이다. 사람들은 점심 식사를 준비했다. "황홀한" - '놀람'이다. "중에" - '~위에'이다. 이성으로 조정할 수 없 는 행위를 뜻한다. 지금 베드로는 이성을 잃지 않은 상태에서 하나 님께서 주시는 계시를 받는다.

11, "하늘이 열리며 한 그릇이 내려오는 것을 보니 큰 보자기 같고 네 귀를 매어 땅에 드리웠더라"

"열리며" - '열다.'(분사 완료)이다. "보니" - '응시한다.'(동직설 현 재)이다. "드리웠더라" - '내린다.'(분사 현재)이다.

12, "그 안에는 땅에 있는 각종 네 발 가진 짐승과 기는 것과 공중 에 나는 것들이 있더라"

"있더라" - '있다.'(동직설 미완료)이다. 그중에는 베드로가 경건한 유대인으로 먹을 수 있는 것도 있고, 먹을 수 없는 것도 있다.

13, "또 소리가 있으되 베드로야 일어나 잡아 먹어라 하거늘"

"있으되" - '된다.'(동직설 과거)이다. "일어나" - '일어난다.'(분사
(명령적) 과거)이다. "잡아" - '죽인다.'(동명령 과거)이다. "먹어라" -
'먹는다.'(동명령 과거)이다.

그러나 그는 어떻게 반응했는가?

14, "베드로가 이르되 주여 그럴 수 없나이다 속되고 깨끗하지 아니
한 것을 내가 결코 먹지 아니하였나이다 한 대"

"이르되" - '대답한다.'(동직설 과거)이다. "그럴 수 없나이다" -
'결코 ~아니다.'이다. 베드로는 아무리 배가 고파도 아무것이나 먹을
수 없었다. 왜냐하면 그에게는 먹을 수 있는 것과 먹지 못할 음식이
있었기 때문이다.

그 기준은 무엇인가? "속되고" - '부정한(impure)'이다. 이 단어는
모든 차별과 모든 종교적 계급을 없애고 삶의 일치를 이룬다는 뜻이
다. 그러나 베드로는 이 단어를 반대로 사용했다. 유대인은 오랫동안
자기들은 평범하지 않고 특별한 사람이라고 생각했다. 이방인은 저
속한(common) 사람이고 자기는 영적 귀족이라고 생각했다. 그래서
먹는 것도 특별한 음식만 먹어야 했다. "깨끗하지 아니한" - '불결한
(unclean)'이다. 종교의식과 도덕적으로 깨끗하지 못한 것을 뜻한다.
"먹지" - '먹는다.'(동직설 과거)이다. "아니하였나이다" - '하나도 아
닌'이다.

그의 이런 기준은 어디에서 왔는가? 구약성경에서 왔다. 하나님은
이스라엘에 '먹을 수 있는 깨끗한 짐승'과 '먹을 수 없는 부정한 짐
승'의 규정을 주셨다(레 11:2-30). 그 규정은 유대인과 이방인을 구분
하는 기준이었다. 그런데 이 보자기 안에는 온갖 것들이 다 있다. 즉
구별 없이 뒤섞여 있다. 베드로는 율법에 근거할 때 그것은 속되고
깨끗하지 못한 것이다. 그래서 먹을 수 없다.

5. 하나님은 어떤 기준을 제시하셨습니까(15)? 왜 하나님은 그 일을 세 번이나 말씀하셨습니까(16)? 이것을 통해서 베드로와 오늘 우리에게 주고자 하시는 메시지는 무엇입니까?

15, "또 두 번째 소리가 있으되 하나님께서 깨끗하게 하신 것을 네가 속되다 하지 말라 하더라"

"소리가 있으되" - '소리'이다. "깨끗하게 하신" - '깨끗하게 한다.'(동직설 과거)이다. "속되다 하지" - '더럽게 한다.'(동명령 현재)이다. "말라" - '아니'이다. 하나님은 부정한 음식에 관한 새 규정을 만드셨다. 베드로는 새 규정을 받아야 한다. 하나님께서 깨끗하게 하신 것을 베드로가 속되다고 해서는 안 된다.

16, "이런 일이 세 번 있은 후 그 그릇이 곧 하늘로 올려져 가니라"

"있은 후" - '된다.'(동직설 과거)이다. 하나님은 이 말씀을 세 번 반복하셨다. "올려져 가니라" - '집어 올린다.'(동직설 과거)이다.

여기에는 무슨 뜻이 있는가? 두세 사람이 법정에서 증언하면 효력이 있었다. 이처럼 같은 모습을 세 번 보여주셔서 그것이 정당함을 깨우치신다.

하나님께서 베드로에게 이런 식으로 메시지를 전하신 뜻은 무엇인가? "모든 짐승은 다 깨끗하다." "모든 사람은 다 깨끗하다."라는 강력한 메시지를 전하신다. 하나님은 혈통이나 피부색으로 하는 더러움과 깨끗함의 구분을 없애셨다. 그 일은 예수 그리스도께서 이 땅에 오셔서 구원 사역을 시작하므로 일어났다. 예수님은 유대인도, 사마리아 사람도, 이방 사람도 함께하시며 구원하셨다.

그러므로 베드로는 자기 생각을 고집해서는 안 된다. 그가 지금까지 말씀에 근거해서 자기 생각을 지켰듯이, 이제부터 말씀에 근거해서 자기 생각을 바꿔야 한다. 베드로는 복음을 땅끝까지, 즉 모든 사람에게 전하려면 인종에 대한 고정관념을 극복해야 한다. 혈통에 대한 배타주의를 넘어야 한다. 그의 고정관념이 바뀔 때 복음은 지역적인 확장과 함께 인종적인 확장으로 나아간다.

16

누구든지 그의 이름을 힘입어

본 문 사도행전 10:17-48
요 절 사도행전 10:43
찬 송 260장, 261장

1. 베드로가 환상을 이해하지 못했을 때 누가 찾아왔습니까
(17-18)? 성령님께서는 무슨 방향을 주셨습니까(19-20)? 그는 그
들을 어떻게 맞이했습니까(21-23)?

2. 고넬료는 베드로를 어떻게 맞이했습니까(24-25)? 베드로는 그를
어떻게 대했습니까(26)? 베드로는 유대인으로서 위법인 줄 알면
서도 왜 그곳에 갔습니까(27-29)?

3. 왜 고넬료는 베드로를 초청했습니까(30-33)? 베드로는 어떤 하나
님을 깨달았습니까(34-35)? 어떻게 그 일이 가능하며, 그 일은
언제부터 시작했습니까(36-38)? 누가 그 일의 증인입니까(39-41)?

4. 그분은 '우리'에게 무엇을 명령하셨습니까(42)? 모든 선지자도 예
수님에 관하여 무엇을 증언합니까(43)? '누구든지 그의 이름을
힘입어 죄 사함을 받는다.'라는 사실이 주는 의미는 무엇입니까?

5. 베드로가 메시지를 전할 때 무슨 일이 일어났습니까(44)? 왜 할
례받은 신자들은 놀랐습니까(45-46)? 왜 베드로는 그들에게 세례
를 주었습니까(47-48)?

16
누구든지 그의 이름을 힘입어

본문 사도행전 **10:17-48**
요절 사도행전 **10:43**
찬송 260장, 261장

1. 베드로가 환상을 이해하지 못했을 때 누가 찾아왔습니까
   (17-18)? 성령님께서는 무슨 방향을 주셨습니까(19-20)? 그는 그
   들을 어떻게 맞이했습니까(21-23)?

17, "베드로가 본 바 환상이 무슨 뜻인지 속으로 의아해하더니 마침
고넬료가 보낸 사람들이 시몬의 집을 찾아 문밖에 서서"
   "본" - '본다.'(동직설 과거)이다. 베드로는 환상을 보았다. "의아해
하더니" - '속으로 당황한다.'(동직설 미완료)이다. "보낸" - '보낸다.'
(분사 완료)이다. "찾아" - '물어서 찾는다.'(분사 과거)이다. '조사한
후에'를 뜻한다. "서서" - '가까이에 있다.'(동직설 과거)이다. 고넬료
가 보낸 사람들이 시몬의 집을 찾아서 문 앞에 다가섰다.

18, "불러 묻되 베드로라 하는 시몬이 여기 유숙하느냐 하거늘"
   "불러" - '부른다.'(분사 과거)이다. "묻되" - '묻는다.'(동직설 미완
료)이다. "라 하는" - '부른다.'(동분사 현재)이다. "유숙하(느냐)" - '환
대한다.'(동직설 현재)이다. "(하)느냐" - 만일 ~이면이다.

19, "베드로가 그 환상에 대하여 생각할 때에 성령께서 그에게 말씀

하시되 두 사람이 너를 찾으니"

"생각할 때에" - '숙고한다.'(동분사 현재)이다. "말씀하시되" - '대답한다.'(동직설 과거)이다. "두 사람" - 다른 본문은 '둘'이 아닌 '셋(three men)'으로 말한다. "찾으니" - '찾는다.'(분사 현재)이다.

20, "일어나 내려가 의심하지 말고 함께 가라 내가 그들을 보내었느니라 하시니"

"일어나" - '일어난다.'(분사(명령적) 과거)이다. "내려가" - '내려간다.'(동명령 과거)이다. "의심하지" - '의심한다.'(분사(명령적) 현재)이다. "말고" - '아무도 ~아닌'이다. 베드로는 그들을 의심할 수 있다. 이방 사람이기 때문이다. 그러나 주저하지 않아야 한다. "가라" - '간다.'(동명령 현재)이다. "보내었(으니라)" - '보낸다.'(동직설 완료)이다. "(보내었)느니라" - '~때문에'이다. 왜냐하면 성령님께서 그들을 보내셨기 때문이다.

21, "베드로가 내려가 그 사람들을 보고 이르되 내가 곧 너희가 찾는 사람인데 너희가 무슨 일로 왔느냐"

"내려가" - '내려간다.'(동분사 과거)이다. 베드로는 순종했다. "보고" - '~을 향하여'이다. "이르되" - '대답한다.'(동직설 과거)이다. "너희가 찾는" - '찾는다.'(동직설 현재)이다. "인데" - '나는 ~이다.'(동직설 현재)이다. "왔느냐" - '왔다.'(동직설 현재)이다.

22, "그들이 대답하되 백부장 고넬료는 의인이요 하나님을 경외하는 사람이라 유대 온 족속이 칭찬하더니 그가 거룩한 천사의 지시를 받아 당신을 그 집으로 청하여 말을 들으려 하느니라 한 대"

"대답하되" - '대답한다.'(동직설 과거)이다. "의(인)" - '의로운'이다. "(의)인이요" - '남자'이다. 사람 사이에서의 평판이다. "경외하는 사람이라" - '공경한다.'(분사 현재)이다. 신앙의 모습, 즉 하나님과의 관계성을 말한다. "칭찬하더니" - '증언한다.'(동분사 현재)이다. 그는 유대인에게 잘 알려졌다. "지시를 받아" - '계시를 전하다.'(동직설 과거)이다. "청하여" - '~를 부르러 보낸다.'(부정사 과거)이다. "들으려 하느니라" - '듣는다.'(부정사 과거)이다. 그들은 베드로를 초청하여 메시지를 듣고자 한다.

이에 대한 베드로의 반응은 무엇인가?

23, "베드로가 불러들여 유숙하게 하니라 이튿날 일어나 그들과 함께 갈새 욥바에서 온 어떤 형제들도 함께 가니라"

"불러들여" - '초청한다.'(분사 과거)이다. "유숙하게 하니라" - '환대한다.'(동직설 과거)이다. 베드로가 그들을 영접하여 묵도록 했다. "일어나" - '일어난다.'(동분사 과거)이다. "갈새" - '나간다.'(동직설 과거)이다. "함께 가니라" - '함께 간다.'(동직설 과거)이다. 베드로는 그들과 함께 욥바로 떠났다.

여기에는 무슨 뜻이 있는가? 베드로가 이방 사람을 품는 새 시대가 열렸다. 이런 그의 행동은 "잡아먹으라."(10:13)라는 하나님의 말씀에 순종하는 일이다. 하나님께서 깨끗하다고 하신 그 기준대로 사는 것이다(10:15).

2. 고넬료는 베드로를 어떻게 맞이했습니까(24-25)? 베드로는 그를 어떻게 대했습니까(26)? 베드로는 유대인으로서 위법인 줄 알면서도 왜 그곳에 갔습니까(27-29)?

24, "이튿날 가이사랴에 들어가니 고넬료가 그의 친척과 가까운 친구들을 모아 기다리더니"

"들어가니" - '들어간다.'(동직설 과거)이다. "모아" - '불러 모은다.'(분사 과거)이다. "기다리더(니)" - '기다린다.'(분사 현재)이다. "(기다리더)니" - '나는 ~이다.'(동직설 미완료)이다. 고넬료는 베드로를 기다리고 있다.

25, "마침 베드로가 들어올 때에 고넬료가 맞아 발 앞에 엎드리어 절하니"

"들어" - '들어온다.'(부정사 과거)이다. "올" - '된다.'(동직설 과거)
이다. "맞아" - '만난다.'(분사 과거)이다. "엎드리어" - '넘어진다.'(분
사 과거)이다. "절하니" - '경의를 표한다.'(동직설 과거)이다. 고넬료
는 베드로의 위상을 깊이 인정했다.

그러나 베드로는 어떻게 반응했는가?

26, "베드로가 일으켜 이르되 일어서라 나도 사람이라 하고"

"일으켜" - '일으킨다.'(동직설 과거)이다. "이르되" - '말한다.'(분사
현재)이다. "일어서라" - '일어난다.'(동명령 과거)이다. "사람(이라)" -
'사람'이다. "(사람)이라" - '나는 ~이다.'(동직설 현재)이다. '신'과 반
대인 '사람'을 뜻한다.

유대인 베드로가 로마인 고넬료와 같은 위치에 선다. 유대인도
사람이고 로마인도 사람이다. 그런데 유대인은 오직 자기만 특별한
존재라고 생각했었다. 그런 그의 생각이 바뀌었다. 그는 이제 민족과
신분과 지위를 모두 뛰어넘는다. 하나님 앞에서는 다 같은 사람이라
는 사실을 인식하고 인정한다.

27, "더불어 말하며 들어가 여러 사람이 모인 것을 보고"

"더불어 말하며" - '같이 말한다.'(분사 현재)이다. 베드로는 고넬
료와 하나가 되었다. "들어가" - '들어간다.'(동직설 과거)이다. "보고"
- '찾는다.'(동직설 현재)이다.

28, "이르되 유대인으로서 이방인과 교제하며 가까이하는 것이 위법
인 줄은 너희도 알거니와 하나님께서 내게 지시하사 아무도 속되다 하거
나 깨끗하지 않다 하지 말라 하시기로"

"이르되" - '선언한다.'(동직설 과거)이다. "(유대인)으로서" - '나는
~ 이다.'(동직설 현재)이다. "교제하(며)" - '달라붙는다.'(부정사 현재)
이다. "가까이하는 것이" - '따른다.'(부정사 현재)이다. "위법" - '법
이 없는'이다. "알거니와" - '이해한다.'(동직설 현재)이다. 율법에 따
르면 유대 사람이 이방 사람과 사귀거나 가까이하는 일은 불법이다.

그런데도 왜 그는 그들과 가까이하며 교제했는가? "지시하사" - '보여준다.'(동직설 과거)이다. 하나님께서 그에게 지시하셨기 때문이다. "속되다" - '일반적인'이다. "(속되다)하" - '말한다.'(동부정사 현재)이다. "깨끗하지 않다" - '불결한'이다. "하지 말라" - '아무것도 ~ 아닌'(동부정사 현재)이다. 하나님은 "어떤 사람도 속되지 않다. 하나님 앞에서 모든 사람은 똑같다."라고 말씀하셨다. 베드로는 하나님께서 지시하신 그 기준에 따랐다.

29, "부름을 사양하지 아니하고 왔노라 묻노니 무슨 일로 나를 불렀느냐"

"부름을" - '~를 부르러 보낸다.'(분사 과거)이다. "사양하지 아니하고" - '반대 없이'를 뜻한다. "왔노라" - '온다.'(동직설 과거)이다. 그는 하나님의 말씀에 근거해서 사람을 보냈을 때 반대하지 않고 왔다. "묻노니" - '묻는다.'(동직설 현재)이다. "불렀느냐" - '~를 부르러 보낸다.'(동직설 과거)이다. 베드로는 자신을 부른 이유를 아직 몰랐다.

3. 왜 고넬료는 베드로를 초청했습니까(30-33)? 베드로는 어떤 하나님을 깨달았습니까(34-35)? 어떻게 그 일이 가능하며, 그 일은 언제부터 시작했습니까(36-38)? 누가 그 일의 증인입니까(39-41)?

30, "고넬료가 이르되 내가 나흘 전 이맘때까지 내 집에서 제 구 시 기도를 하는데 갑자기 한 사람이 빛난 옷을 입고 내 앞에 서서"

"이르되" - '선언한다.'(동직설 과거)이다. 고넬료는 베드로를 자기 집으로 초청한 이유를 설명했다. "기도를 하는(데)" - '기도한다.'(분사 현재)이다. "(하는)데" - '나는 ~이다.'(동직설 미완료)이다. "한 사람이" - '남자'이다. "서서" - '선다.'(동직설 과거)이다. 그 핵심에는 '남자'가 있다.

31, "말하되 고넬료야 하나님이 네 기도를 들으시고 네 구제를 기억

하셨으니"

"말하되" - '말한다.'(동직설 현재)이다. "들으시고" - '복종한다.' '듣는다.'(동직설 과거)이다. "기억하셨으니" - '기억한다.'(동직설 과거)이다.

32, "사람을 욥바에 보내어 베드로라 하는 시몬을 청하라 그가 바닷가 무두장이 시몬의 집에 유숙하느니라 하시기로"

"보내어" - '보낸다.'(동명령 과거)이다. "라 하는" - '부른다.'(동직설 현재)이다. "청하라" - '부른다.'(동명령 과거)이다. "유숙하느니라 하시기로" - '환대한다.'(동직설 현재)이다.

33, "내가 곧 당신에게 사람을 보내었는데 오셨으니 잘하였나이다 이제 우리는 주께서 당신에게 명하신 모든 것을 듣고자 하여 다 하나님 앞에 있나이다"

"보내었는데" - '보낸다.'(동직설 과거)이다. "오셨으니" - '온다.'(분사 과거)이다. "잘" - '올바르게'이다. "하였나이다" - '행한다.'(동직설 과거)이다. "명하신" - '명령한다.'(분사 완료)이다. "듣고자 하여" - '듣는다.'(부정사 과거)이다. "앞에" - '앞에'이다. "있나이다" - '있다.' (동직설 현재)이다. 고넬료는 주님께서 베드로에게 명령하신 모든 것을 듣고자 율법에 어긋나는 줄 알면서도 초청했다.

베드로는 무슨 메시지를 전하는가?

34, "베드로가 입을 열어 말하되 내가 참으로 하나님은 사람의 외모를 보지 아니하시고"

"열어" - '열다.'(분사 과거)이다. "말하되" - '말한다.'(동직설 과거)이다. "사람의 외모를 보지" - '편견에 치우친'이다. "아니" - '은 아니다.'이다. "하시고" - '그것은 ~이다.'(동직설 현재)이다. 하나님은 사람을 편견에 치우쳐 판단하지 않으신다. 하나님은 유대인의 혈통이나 이방인의 혈통을 보고 판단하지 않으신다.

하나님의 기준은 무엇인가?

35, "각 나라 중 하나님을 경외하며 의를 행하는 사람은 다 받으시는 줄 깨달았도다"

"경외하며" - '공경한다.'(동분사 현재)이다. "행하는" - '활동한다.'(동분사 현재)이다. "받으(시는)" - '받아들일 만한'이다. "(받으)시는" - '나는 ~이다.'(동직설 현재)이다. "깨달았도다" - '이해한다.'(동직설 현재)이다. 하나님은 그 사람이 어느 민족에 속하든지 하나님을 경외하고 의를 행하면 다 받아주신다. 이 말을 유대인 베드로가 했다는 사실이 중요하다. 그는 하나님에 대해서 새롭게 인식했다. 하나님은 그 믿음을 보신다는 사실을 알았다.

어떻게 이런 일이 가능한가?

36, "만유의 주되신 예수 그리스도로 말미암아 화평의 복음을 전하사 이스라엘 자손들에게 보내신 말씀"

"주" - '주님'이다. "되신" - '그는 ~이다.'(동직설 현재)이다. 그분은 모든 것의 주님이시다. "복음을 전하사" - '좋은 소식을 알린다.'(분사 현재)이다. "보내신" - '보낸다.'(동직설 과거)이다. "말씀" - '화평의 복음'이다. 하나님은 예수님을 통하여 평화의 복음을 이스라엘에 전하신다. 사람들은 로마에 대항해 무장 반란을 일으키길 바랐다. 그러나 예수님은 그런 민족주의적 기대에도 불구하고 평화의 복음을 전하신다. 그 평화의 복음은 유대인과 이방인이 하나 되게 하는 복음이다. 그 결과 모두가 하나님 안에서 한 백성이 되었다.

그 일을 언제부터 시작했는가?

37, "곧 요한이 그 세례를 반포한 후에 갈릴리에서 시작하여 온 유대에 두루 전파된 그것을 너희도 알거니와"

"반포한" - '알린다.'(동직설 과거)이다. 요한은 세례를 알렸다. "시작하여" - '시작한다.'(분사 과거)이다. "전파" - '말(word)'이다. "된"- '된다.'(분사 과거)이다. "알거니와" - '알다.'(동직설 완료)이다. 그들도 그 일을 알고 있다.

38, "하나님이 나사렛 예수에게 성령과 능력을 기름 붓듯 하셨으매 그가 두루 다니시며 선한 일을 행하시고 마귀에게 눌린 모든 사람을 고치셨으니 이는 하나님이 함께하셨음이라"

"기름 붓" - '기름 붓다.'(동직설 과거)이다. "듯 하셨으매" - '할 때'이다. 하나님께서 예수님에게 성령님과 능력을 부으셨다. "두루 다니시며" - '~을 통하여 간다.'(동직설 과거)이다. "선한 일을 행하시고" - '유익을 끼친다.'(분사 현재)이다. "눌린" - '압제한다.'(분사 현재)이다. "고치셨으니" - '치료한다.'(분사 현재)이다. 예수님께서 좋은 일을 하시고, 마귀에게 눌린 사람을 고치시며 두루 다니셨다. "함께" - '~와 함께'이다. "하셨음이라" - '나는 ~이다.'(동직설 미완료)이다. 왜냐하면 하나님께서 그분과 함께하셨기 때문이다.

39, "우리는 유대인의 땅과 예루살렘에서 그가 행하신 모든 일에 증인이라 그를 그들이 나무에 달아 죽였으나"

"그가 행하신" - '행한다.'(동직설 과거)이다. "달아" - '매달다.'(동분사 과거)이다. "죽였으나" - '죽인다.'(동직설 과거)이다. 사람들은 그분을 십자가에 달아 죽였다.

40, "하나님이 사흘 만에 다시 살리사 나타내시되"

"다시 살리사" - '일으킨다.'(동직설 과거)이다. 하나님께서 그분을 살리셨다. "나타" - '보이는'이다. "내시되" - '일어난다.'(부정사 과거)이다. "준다" - '준다.'(동직설 과거)이다. 그분을 분명히 나타내 보여주셨다.

41, "모든 백성에게 하신 것이 아니요 오직 미리 택하신 증인 곧 죽은 자 가운데서 부활하신 후 그를 모시고 음식을 먹은 우리에게 하신 것이라"

"하신 것이 아니요" - '~아니다.'이다. "미리 택하신" - '미리 임명한다.'(분사 완료)이다. "부활하신" - '일어난다.'(부정사 과거)이다. "그를 모시고 음(식을)" - '함께 마신다.'(동직설 과거)이다. "(음)식을 먹은" - '함께 먹는다.'(동직설 과거)이다. 모든 백성에게가 아니라 하나님께서 미리 택하신 증인, 즉 그분께서 죽은 자들 가운데서 부활하신 후에 그분과 함께 먹고 마신 '우리'에게 하셨다.

4. 그분은 '우리'에게 무엇을 명령하셨습니까(42)? 모든 선지자도 예수님에 관하여 무엇을 증언합니까(43)? '누구든지 그의 이름을 힘입어 죄 사함을 받는다.'라는 사실이 주는 의미는 무엇입니까?

42, "우리에게 명하사 백성에게 전도하되 하나님이 살아 있는 자와 죽은 자의 재판장으로 정하신 자가 곧 이 사람인 것을 증언하게 하셨고"

"명하사" - '명령한다.'(동직설 과거)이다. "전도하되" - '알린다.'(부정사 과거)이다. 예수님은 우리에게 전도하라고 명령하셨다. "정하신" - '결정한다.'(동분사 완료)이다. "증언하게 하셨고" - '증언한다.'(부정사 과거)이다. "(이 사람)인" - '그는 ~이다.'(동직설 현재)이다. 하나님께서 예수님을 살아 있는 사람과 죽은 사람의 재판장으로 세우셨음을 사람들에게 선포하고 증언하도록 하셨다.

모든 선지자도 그분에 관하여 무엇을 증언하는가?

43, "그에 대하여 모든 선지자도 증언하되 그를 믿는 사람들이 다 그의 이름을 힘입어 죄 사함을 받는다 하였느니라"

"그에 대하여" - '그분에 관하여'이다. "증언하되" - '증언한다.'(동직설 현재)이다. 모든 선지자도 예수님에 관하여 증언한다. "힘입어" - '때문에'이다. "받는다" - '받는다.'(동부정사 과거)이다. 누구든지 그분을 믿는 사람은 그분의 이름으로 죄 사함을 받는다.

이 사실이 주는 의미는 무엇인가? 유대인뿐만 아니라 이방인도 예수님의 이름을 믿음으로 죄 용서를 받는다. 혈통도, 국적도, 사회적 신분도, 돈의 많고 적음도 죄 용서의 기준이 아니다. 이제는 오직 예수님의 이름을 믿음으로만 죄 용서를 받는다. 이 사실은 갑자기 이루어진 일이 아니다. 구약 시대부터 이미 있었다. 그 사실을 오늘 베드로를 통해서 확증한다.

5. 베드로가 메시지를 전할 때 무슨 일이 일어났습니까(44)? 왜 할 례받은 신자들은 놀랐습니까(45-46)? 왜 베드로는 그들에게 세례를 주었습니까(47-48)?

44, "베드로가 이 말을 할 때에 성령이 말씀 듣는 모든 사람에게 내려오시니"

"할 때에" - '이야기한다.'(분사 현재)이다. "내려오시니" - '임한다.'(동직설 과거)이다. 베드로가 메시지를 전할 때 성령님께서 모든 사람에게 오셨다. 성령님은 말씀 사역을 통하여 일하신다.

45, "베드로와 함께 온 할례 받은 신자들이 이방인들에게도 성령 부어주심으로 말미암아 놀라니"

"함께 온" - '함께 온다.'(동직설 과거)이다. "할례 받은 신자" - 유대인 출신 신자이다. "성령" - '성령님의 선물'이다. "부어주심으로" - '흘러나온다.'(동직설 완료)이다. 성령님의 은혜가 이방인에게도 내렸다. "놀라니" - '놀란다.'(동직설 과거)이다. 유대인 출신 신자는 할례를 받지 않고도 성령님의 선물을 받을 수 있음을 보고 놀랐다.
　왜 또 놀랐는가?

46, "이는 방언을 말하며 하나님 높임을 들음이러라"

"이는" - '왜냐하면'이다. "방언"(γλῶσσα, *glo:ssa*) - '혀(tongue)', '언어(language)'이다. "말하며" - '말한다.'(분사 현재)이다. "높임을" - '크게 한다.'(분사 현재)이다. "들음" - '듣는다.'(동직설 미완료)이다. 왜냐하면 그들은 이방인이 방언으로 말하고 하나님을 찬양하는 것을 들었기 때문이다.
　베드로는 무엇을 말했는가?

47, "이에 베드로가 이르되 이 사람들이 우리와 같이 성령을 받았으

니 누가 능히 물로 세례 베풂을 금하리요 하고"

"이에" - '그때'이다. "이르되" - '말하기 시작한다.'(동직설 과거)이다. "받았으니" - '받는다.'(동직설 과거)이다. "능히" - '할 수 있다.'(동직설 현재)이다. "세례 베풂을" - '세례를 베풀다.'(부정사 과거)이다. "금하" - '막는다.'(부정사 과거)이다. "리요" - '조금이라도 ~인지 어떤지'이다. 같은 성령님께서 임하셨기에 세례를 베풀 수 있다. 세례를 받음은 성령님께서 함께하심의 표시이다.

48, "명하여 예수 그리스도의 이름으로 세례를 베풀라 하니라 그들이 베드로에게 며칠 더 머물기를 청하니라"

"명하여" - '명령한다.'(동직설 과거)이다. "세례를 베풀라" - '세례를 베풀다.'(부정사 과거)이다. 세례를 받도록 명령했다. "머물기를" - '머문다.'(부정사 과거)이다. "청하니라" - '요청한다.'(동직설 과거)이다. 유대인과 이방인이 예수님을 믿음으로 한 가족이 되었다.

17

그리스도인

본문 사도행전 11:1-30
요절 사도행전 11:26
찬송 452장, 453장

1. 왜 유대에 있는 할례자들은 베드로를 비난했습니까(1-3)? 베드로는 그 일에 대하여 어떻게 설명했습니까(4-17)? 비난했던 그들은 무엇을 고백했습니까(18)?

2. 환난으로 흩어진 사람들은 누구에게만 말씀을 전했습니까(19)? 누가 헬라인에게도 전파했습니까(20)? 그 결과는 어떠했습니까(21)? 이 사실을 통해 무엇을 배울 수 있습니까?

3. 예루살렘 교회는 이 소식을 듣고 무엇을 했습니까(22)? 그곳에서 바나바는 무엇을 했습니까(23)? 그는 어떤 사람입니까(24)?

4. 그때 바나바는 왜 다소로 갔습니까(25)? 두 사람은 무슨 일에 힘썼으며, 그 열매가 어떻게 나타났습니까(26)? '그리스도인'이란 무슨 뜻이며, 제자들이 '그리스도인'으로 불린 데는 어떤 뜻이 있습니까?

5. 안디옥 교회에는 누가 있었습니까(27-28)? 제자들은 무엇을 했습니까(29-30)? 이 사실을 통해 무엇을 배울 수 있습니까?

17
그리스도인

본문 사도행전 **11:1-30**
요절 사도행전 **11:26**
찬송 **452장, 453장**

1. 왜 유대에 있는 할례자들은 베드로를 비난했습니까(1-3)? 베드로 는 그 일에 대하여 어떻게 설명했습니까(4-17)? 비난했던 그들은 무엇을 고백했습니까(18)?

1, "유대에 있는 사도들과 형제들이 이방인들도 하나님의 말씀을 받 았다 함을 들었더니"
"있는" - '나는 ~이다.'(동분사 현재)이다. "받았다" - '받는다.'(동 직설 과거)이다. "들었더니" - '듣는다.'(동직설 과거)이다. 사도와 유 대의 성도가 이방인 사역에 관해 들었다.

2, "베드로가 예루살렘에 올라갔을 때에 할례자들이 비난하여"
"올라갔을" - '올라간다.'(동직설 과거)이다. "할례자들이" - '할례' 이다. 할례받은 유대인 출신 기독교인이다. "비난하여" - '판단한다.' (동직설 미완료)이다. 그들은 베드로를 비판했다.

3, "이르되 네가 무할례자의 집에 들어가 함께 먹었다 하니"
"이르되" - '말한다.'(분사 현재)이다. "(가진다)" - '가진다.'(분사 현재)이다. "들어가" - '들어간다.'(동직설 과거)이다. "함께 먹었다" -

'함께 먹는다.'(동직설 과거)이다. 할례받음과 음식을 구별하여 먹는 일은 유대인 정체성의 표시였다. 따라서 베드로가 한 사역은 할례파의 세계관에 큰 충격을 주었다.

베드로는 그 일을 어떻게 설명했는가?

4, "베드로가 그들에게 이 일을 차례로 설명하여"

"차례로" - '차례로'이다. "설명하여" - '설명한다.'(동직설 미완료)이다. "(시작하여)" - '시작한다.'(분사 과거)이다. "(말한다)" - '말한다.'(분사 현재)이다. 베드로는 욥바에서 있었던 일들(5-15)을 처음부터 차근차근 설명한다.

5, "이르되 내가 욥바 시에서 기도할 때에 황홀한 중에 환상을 보니 큰 보자기 같은 그릇이 네 귀에 매어 하늘로부터 내리어 내 앞에까지 드리워지거늘"

"이르되" - '말한다.'(동분사 현재)이다. "기도" - '기도한다.'(동분사 현재)이다. "할 때에" - '나는 ~이다.'(동직설 미완료)이다. "보니" - '본다.'(동직설 과거)이다. "귀에" - '원인'이다. "매어" - '내린다.'(분사 현재)이다. "내리어" - '내려온다.'(분사 현재)이다. "드리워지거늘" - '온다.'(동직설 과거)이다.

6, "이것을 주목하여 보니 땅에 네 발 가진 것과 들짐승과 기는 것과 공중에 나는 것들이 보이더라"

"주목하여" - '열중하여 본다.'(동분사 과거)이다. "보니" - '지각한다.'(동직설 미완료)이다. "보이더라" - '본다.'(동직설 과거)이다.

7, "또 들으니 소리 있어 내게 이르되 베드로야 일어나 잡아 먹으라 하거늘"

"들으니" - '듣는다.'(동직설 과거)이다. "소리 있어" - '소리'이다. "이르되" - '말한다.'(동분사 현재)이다. "일어나" - '일어난다.'(동분사 (명령적) 과거)이다. "잡아" - '제사한다.'(동명령 과거)이다. "먹으라

185

하거늘" - '먹는다.'(동명령 과거)이다.

8, "내가 이르되 주님 그럴 수 없나이다 속되거나 깨끗하지 아니한 것은 결코 내 입에 들어간 일이 없나이다 하니"

"내가 이르되" - '대답한다.'(동직설 과거)이다. "그럴 수 없나이다" - '결코 ~아니다.'이다. "속되" - '부정한'이다. "깨끗하지 아니한" - '불결한'이다. "들어간" - '들어온다.'(동직설 과거)이다. "일이 없나이다 하니" - '하나도 아닌'이다.

9, "또 하늘로부터 두 번째 소리 있어 내게 이르되 하나님이 깨끗하게 하신 것을 네가 속되다고 하지 말라 하더라"

"이르되" - '말하기 시작한다.'(동직설 과거)이다. "깨끗하게 하신" - '깨끗하게 한다.'(동직설 과거)이다. "속되다고" - '더럽힌다.'(동명령 현재)이다. "하지 말라 하더라" - '아니'이다.

10, "이런 일이 세 번 있은 후에 모든 것이 다시 하늘로 끌려 올라가더라"

"있은 후에" - '일어난다.'(동직설 과거)이다. "끌려 올라가더라" - '끌어 올린다.'(동직설 과거)이다.

11, "마침 세 사람이 내가 유숙한 집 앞에 서 있으니 가이사랴에서 내게로 보낸 사람이라"

"마침" - '즉시'이다. "내가 유숙한" - '있었다.'(동직설 미완료)이다. "서 있으니" - '곁에 선다.'(동직설 과거)이다. "보낸" - '보낸다.'(분사 완료)이다.

12, "성령이 내게 명하사 아무 의심 말고 함께 가라 하시매 이 여섯 형제도 나와 함께 가서 그 사람의 집에 들어가니"

"명하사" - '명령한다.'(동직설 과거)이다. 성령님께서 베드로에게 명령하셨다. 베드로가 인간적인 충동이나 감정으로 그들을 만난 것이 아니다. 성령님의 방향에 순종한 일이다. "의심" - '의심한다.'(분사 과거)이다. "말고" - '아무도 ~아닌'이다. "함께 가라" - '함께 간다.'(부정사 과거)이다. "가서" - '온다.'(동직설 과거)이다. "들어가니" - '들어간다.'(동직설 과거)이다. 성령님은 베드로에게 이방인을 차별하지 말라고 말씀하셨다.

13, "그가 우리에게 말하기를 천사가 내 집에 서서 말하되 네가 사람을 욥바에 보내어 베드로라 하는 시몬을 청하라"

"그가" - '그 사람', 즉 고넬료이다. "말하기를" - '보고한다.'(동직설 과거)이다. "천사가" - 그는 천사가 말한 내용을 말했다. "서서" - '선다.'(분사 과거)이다. "말하되" - '명령한다.'(분사 과거)이다. "보내어" - '보낸다.'(동명령 과거)이다. "라 하는" - '부른다.'(동분사 현재)이다. "청하라" - '~를 부르러 보낸다.'(동명령 과거)이다.

14, "그가 너와 네 온 집이 구원받을 말씀을 네게 이르리라 함을 보았다 하거늘"

"구원받을" - '구원한다.'(동직설 미래)이다. "이르리라 함을" - '말한다.'(동직설 미래)이다. "보았다" - '본다.'(동직설 과거)이다.

15, "내가 말을 시작할 때에 성령이 그들에게 임하시기를 처음 우리에게 하신 것과 같이 하는지라"

"말을" - '말한다.'(부정사 현재)이다. "시작할" - '시작한다.'(부정사 과거)이다. "임하시기를" - '임한다.'(동직설 과거)이다. 베드로가 말을 시작했을 때 성령님께서 그들에게 오셨다. 이방인 사역은 베드로가 한 일이 아니었다. 성령님께서 주도적으로 하신 일이었다. "에게 하신" - '~위에'이다. "하신 것과 같이" - '꼭~처럼'이다. 성령님께서는 유대인과 사도들에게 하신 것처럼 이방인 고넬료에게도 일하셨다. 성령님은 유대인에게나 이방인에게나 '같은 일'을 하신다.

16, "내가 주의 말씀에 요한은 물로 세례를 베풀었으나 너희는 성령

으로 세례를 받으리라 하신 것이 생각났노라"

"세례를 베풀었으나" - '세례를 베푼다.'(동직설 과거)이다. "세례를 받으리라" - '세례를 베푼다.'(동직설 미래)이다. 행 1:5 말씀이다. "하신" - '말한다.'(동직설 미완료)이다. "생각났노라" - '기억한다.'(동직설 과거)이다. 베드로는 주님의 말씀이 생각났다. 그도 이방인에게 일어난 일은 전적으로 성령님께서 하신 일임을 깨달았다.

17, "그런즉 하나님이 우리가 주 예수 그리스도를 믿을 때에 주신 것과 같은 선물을 그들에게도 주셨으니 내가 누구이기에 하나님을 능히 막겠느냐 하더라"

"그런즉" - '그러므로'이다. "믿을 때에" - '믿는다.'(분사 과거)이다. "같은" - '동등한'이다. "선물을" - '선물'이다. 구원을 말한다. "주셨(으니)" - '준다.'(동직설 과거)이다. "(주셨)으니" - '만일 ~이면'이다. 하나님은 유대인이 믿을 때 주신 선물을 이방인이 믿을 때도 '같은 선물'을 주셨다. 성령님은 차별이 없으시다. "(누구)이기에" - '나는 ~이다.'(동직설 미완료)이다. "막겠느냐" - '막는다.'(부정사 과거)이다. 누가 감히 하나님을 거역할 수 있겠는가?

비난했던 그들은 무엇이라고 고백하는가?

18, "그들이 이 말을 듣고 잠잠하여 하나님께 영광을 돌려 이르되 그러면 하나님께서 이방인에게도 생명 얻는 회개를 주셨도다 하니라"

"듣고" - '듣는다.'(분사 과거)이다. "잠잠하여" - '조용히 한다.'(동직설 과거)이다. 그들은 베드로의 말을 듣고 조용했다. "영광을 돌려" - '찬양한다.'(동직설 과거)이다. "이르되" - '말한다.'(분사 현재)이다. 그들은 하나님께 영광을 돌렸다. "얻는" - '~을 위하여'이다. "회개" - '마음의 변화'이다. "주셨도다" - '준다.'(동직설 과거)이다. 이방 사람에게도 회개하여 생명에 이르는 길을 열어주셨다.

2. 환난으로 흩어진 사람들은 누구에게만 말씀을 전했습니까(19)? 누가 헬라인에게도 전파했습니까(20)? 그 결과는 어떠했습니까

(21)? 이 사실을 통해 무엇을 배울 수 있습니까?

19, "그 때에 스데반의 일로 일어난 환난으로 말미암아 흩어진 자들이 베니게와 구브로와 안디옥까지 이르러 유대인에게만 말씀을 전하는데"

"일" - '~위에'이다. "일어난" - '일어난다.'(분사 과거)이다. "환난으로" - '고난'이다. 스데반이 순교했을 때 교회에 환난이 있었다. "흩어진" - '흩뿌린다.'(분사 과거)이다. "베니게" - 지중해 동북 연안에 있는 오늘의 레바논이다. "구브로"(Phoenicia) - 지중해 동북부에 있는 큰 섬인데, 현재의 키프로스(Cyprus)다. "안디옥" - 시리아의 안디옥이다(비시디아 안디옥은 튀르키예 얄바츠이다. 13:14). 튀르키예(Türkiye)의 남부에 있는 '안타키아(Antakya)'이다. 주전 300년 알렉산더 대제의 장군 중 한 사람인 셀레우쿠스 니카토르(Seleucus Nicator)가 만들었다. 그는 아버지 안티오쿠스(Antiochus)의 이름을 따라 '안디옥(Antioch)'이라고 불렀다. 시리아의 수도였다. 로마제국에서 로마와 알렉산드리아 다음가는 대도시였다. '동양의 여왕'이란 이름을 가질 정도로 아름답고 화려한 도시였다. 전체 인구 중 1/7 정도가 유대인이었다.

"이르러" - '통과한다.'(동직설 과거)이다. "전하는데" - '이야기한다.'(동분사 현재)이다. 그들은 유대 사람에게만 말씀을 전하면서 도시들을 통과했다.

왜 그들은 유대인에게만 복음을 전할까? 그들에게는 언어와 문화적 한계가 있었다. 하지만 마음의 한계가 문제였다. 그들은 하나님께서 이방인도 구원하신다는 사실을 깨닫지 못했다.

하지만 어떤 일도 있었는가?

20, "그 중에 구브로와 구레네 몇 사람이 안디옥에 이르러 헬라인에게도 말하여 주 예수를 전파하니"

"구브로와 구레네 몇 사람" - 키프로스 사람과 키레네 사람(Cyprus and Cyrene)이 있었다. 그들은 이름 없는 이방인 출신 선교

사이다. "(사람)이" - '나는 ~이다.'(동직설 미완료)이다. "이르러" - '온다.'(분사 과거)이다. "말하여" - '이야기한다.'(동직설 미완료)이다. "헬라인에게도" - 그들은 헬라인에게도 말했다. "전파하니" - '좋은 소식을 전파한다.'(분사 현재)이다. "주 예수" - '주님 예수님'이다. 이방 사람이 이방 사람에게 예수님을 증언했다.

그 결과는 어떠했는가?

21, "주의 손이 그들과 함께하시매 수많은 사람들이 믿고 주께 돌아오더라"

"주의 손" - '주님의 능력'을 상징한다. "하시매" - '나는 ~이다.'(동직설 미완료)이다. 주님께서 능력으로 그들과 함께하신다. "믿고" - '믿는다.'(분사 과거)이다. 분사형이다. "돌아오더라" - '~로 돌아간다.'(동직설 과거)이다. 많은 사람이 믿고 예수님께로 돌아왔다.

이 사실을 통해서 무엇을 배우는가? 이런 모습은 성령님께서 복음의 대상을 제한하지 않음을 말한다. 복음은 아는 사람끼리만 누리고 즐기는 것이 아니다. 새로운 세계, 낯선 사람에게로 파고들어야 한다. 물이 흐르지 않으면 썩듯이 전도가 제한되면 생명력을 잃는다.

3. 예루살렘 교회는 이 소식을 듣고 무엇을 했습니까(22)? 그곳에서 바나바는 무엇을 했습니까(23)? 그는 어떤 사람입니까(24)?

22, "예루살렘 교회가 이 사람들의 소문을 듣고 바나바를 안디옥까지 보내니"

"(교회)가" - '나는 ~이다.'(분사 현재)이다. "소문을" - '말'이다. "듣고" - '듣는다.'(동직설 과거)이다. "보내니" - '보낸다.'(동직설 과거)이다. 예루살렘 교회는 그 소문을 들었다. 바나바를 파송했다.

왜 파송했을까? 안디옥 교회에서 일어난 사역은 예루살렘 교회와 상관없이 독자적으로 일어났다. 따라서 예루살렘 교회에서는 그 진위를 알고 싶었다. 동시에 예루살렘 교회와 일체감을 느끼고자 했다. 그래서 영적 지도자인 바나바를 보내서 사실관계를 알고자 했다.

바나바는 교회에 와서 보고 무엇을 했는가?

23, "그가 이르러 하나님의 은혜를 보고 기뻐하여 모든 사람에게 굳건한 마음으로 주와 함께 머물러 있으라 권하니"

"이르러" - '온다.'(분사 과거)이다. "보고" - '본다.'(분사 과거)이다. "기뻐하여" - '기뻐한다.'(동직설 과거)이다. 바나바는 교회에 하나님의 은혜가 있는 보고 기뻐했다. "굳건한" - '나타내 보임'이다. "머물러 있으라" - '남아 있다.'(부정사 현재)이다. "권하니" - '격려한다.' (동직설 미완료)이다. 모든 사람에게 굳센 마음으로 주님을 의지하라고 격려한다.

바나바는 누구인가?

24, "바나바는 착한 사람이요 성령과 믿음이 충만한 사람이라 이에 큰 무리가 주께 더하여지더라"

"착한" - '탁월한'이다. "이요" - '나는 ~이다.'(동직설 미완료)이다. "충만한 사람이라" - '충만한'이다. "이에" - '그리고'이다. "더하여지더라" - '더한다.'(동직설 과거)이다. 많은 사람이 주님께로 나왔다.

4. 그때 바나바는 왜 다소로 갔습니까(25)? 두 사람은 무슨 일에 힘썼으며, 그 열매가 어떻게 나타났습니까(26)? '그리스도인'이란 무슨 뜻이며, 제자들이 '그리스도인'으로 불린 데는 어떤 뜻이 있습니까?

25, "바나바가 사울을 찾으러 다소에 가서"

"찾으러" - '찾는다.'(동부정사 과거)이다. "가서" - '나간다.'(동직설 과거)이다. 바나바는 사울을 찾으려고 다소로 갔다. 바나바는 홀로 사역을 섬기기가 버거웠다. 그는 사울을 동역자로 초청하려고 했다.

26, "만나매 안디옥에 데리고 와서 둘이 교회에 일 년간 모여 있어 큰 무리를 가르쳤고 제자들이 안디옥에서 비로소 그리스도인이라 일컬음

을 받게 뇌었너라"

"만나매" - '찾는다.'(분사 과거)이다. "데리고 와서" - '인도한다.'
(동직설 과거)이다. 그를 만나 안디옥으로 데려왔다. "모여 있어" -
'모은다.'(부정사 과거)이다. "가르쳤고" - 가르친다.'(부정사 과거)이
다. 두 사람은 일 년 동안 머물면서 많은 사람을 가르쳤다.

그 결과가 어떻게 나타났는가? "비로소" - '처음으로'이다. "그리
스도인이라"(Χριστιανός, Christianos) - '기독교인(Christian)'이다. "일컫
음을 받게" - 불린다.'(부정사 과거)이다. "되었더라" - '된다.'(동직설
과거)이다. 제자들이 처음으로 안디옥에서 그리스도인이란 말을 듣게
되었다.

'그리스도인(Christianos)'이란 무슨 뜻인가? 이 단어는 헤롯의 추종
자를 '헤로디아노스(Herodianos)'로 부르는 것처럼(막 3:6; 12:13, 마
22:16), '크리스토스(Χριστός, Christos)'라는 당파에 속한 사람을 정의
하는 단어이다. '그리스도'라는 말에 '소속', '추종자(follower)'를 의미
하는 '이아노스(ianos)'를 붙여서 '그리스도의 추종자'라는 뜻이 되었다.

제자들이 '그리스도인'으로 불린 데는 어떤 뜻이 있는가? 세상으
로 구별된 사람으로 인정받았다는 데 그 의미가 있다. 그 말을 제자
들이 하지 않았다. 세상 사람이 예수님의 제자에게 했다. 그들은 제
자들이 자기와는 다른 사람을 추종하고 있음을 알았기 때문이다. 대
부분 세상은 로마 황제를 따른다. 그러나 제자들은 그리스도를 말하
고, 그리스도를 노래하고, 그리스도를 위해서 산다. 그들은 제자들을
자기와는 다른 사람으로 인정했다.

이런 인정을 받음은 어디에서 왔는가? 1년 동안 가르침을 받은
데서 왔다. 그리스도인의 정체성은 가르침으로부터 시작한다. 세상으
로부터 교회가 인정받을 수 있는 비결은 가르침에 있다. 가르침을
통해서 인격이 바뀌고 삶이 바뀌기 때문이다.

5. 안디옥 교회에는 누가 있었습니까(27-28)? 제자들은 무엇을 했습
   니까(29-30)? 이 사실을 통해 무엇을 배울 수 있습니까?

27, "그 때에 선지자들이 예루살렘에서 안디옥에 이르니"

"선지자들" - '선포자'이다. 그들은 성령님의 은총으로 하나님의 뜻을 알고 전달하는 사람들이다. "이르니" - '내려온다.'(동직설 과거)이다. 몇몇 선지자들이 안디옥에 도착했다.

그중에 누가 있었는가?

28, "그 중에 아가보라 하는 한 사람이 일어나 성령으로 말하되 천하에 큰 흉년이 들리라 하더니 글라우디오 때에 그렇게 되니라"

"라 하는" - '이름'이다. "일어나" - '일어난다.'(분사 과거)이다. "말하되" - '알린다.'(동직설 과거)이다. "들(리라) - '나는 ~이다.'(부정사 미래)이다. "(들)리라 하더니" - 곧 ~하려고 한다.'(부정사 현재)이다. 아가보는 온 세계에 큰 기근이 있을 것을 예언했다.

언제 그 말이 이루어졌는가? "글라우디오" - 로마의 제4대 황제이다. 아내 아그리피나(Agrippina)는 전남편의 소생인 네로를 왕으로 세우려고 글라우디오(Claudius, 주전 10년~54년)를 독살했다. 그는 황제 예배를 강요한 대표적 왕이었다. 그는 할머니를 여신으로 할아버지를 신으로 모시게 했다. 자신의 상을 예루살렘 성전 안에 두게 했다. "그렇게" - '누구든지'이다. "되니라" - '된다.'(동직설 과거)이다. 그때 흉년이 있었다.

제자들은 무엇을 했는가?

29, "제자들이 각각 그 힘대로 유대에 사는 형제들에게 부조를 보내기로 작정하고"

"힘" - '잘된다.'(동직설 미완료)이다. "대로" - '에 따라서'이다. "사는" - '살다.'(분사 현재)이다. "부조" - '구제'이다. '물질 지원'을 뜻한다. "보내기로" - '보낸다.'(부정사 과거)이다. "작정하고" - '결정한다.'(동직설 과거)이다. 그들은 유대의 동역자들에게 구제금을 보내기로 했다.

30, "이를 실행하여 바나바와 사울의 손으로 장로들에게 보내니라"

"실행하여" - '행한다.'(동직설 과거)이다. "장로들" - '손위의'이다. "보내니라" - '보낸다.'(분사 과거)이다. 그들은 구제 헌금을 바나바와 사울을 통하여 예루살렘의 장로들에게 보내서 그대로 실행했다.

우리는 무엇을 배우는가? 선교사를 파송한 교회와 선교지 교회가 하나 됨을 배운다. 안디옥 교회가 성장한 데는 예루살렘 교회의 영적 후원이 있었다. 안디옥 교회는 그 영적인 빚을 구제 헌금으로 갚는다. 그리하여 그들은 서로에 대한 관계성을 튼튼히 했다.

18
하나님의 말씀은 흥왕하여

본문 사도행전 **12:1-25**
요절 사도행전 **12:24**
찬송 **336**장, **341**장

1. 그때 헤롯은 누구를 죽였습니까(1-2)? 그가 교회를 직접 박해한 데는 무슨 뜻이 있을까요? 그는 누구도 가두었습니까(3-4)?

2. 교회는 무엇을 합니까(5)? 권력을 휘두르는 헤롯과 기도하는 교회를 통해서 무엇을 배웁니까? 천사는 베드로를 어떻게 구했습니까(6-11)? 베드로의 구출은 무슨 사건을 연상하게 합니까?

3. 왜 베드로는 마리아의 집 대문으로는 들어가지 못합니까(12-15)? 그 문이 어떻게 열렸습니까(16)? 베드로와 헤롯은 각각 무엇을 했습니까(17-19)?

4. 왜 두로와 시돈은 헤롯과 화목하기를 청합니까(20)? 헤롯이 연설할 때 백성의 반응은 어떠합니까(21-22)? 그러나 그는 어떻게 되었습니까(23)? 이 사건을 통해 무엇을 배웁니까?

5. 하나님의 말씀은 어떻게 됩니까(24)? 이 말씀이 당시 교회에 주는 의미는 무엇입니까? 바나바와 사울은 무엇을 했습니까(25)?

18
하나님의 말씀은 흥왕하여

본문 사도행전 **12:1-25**
요절 사도행전 **12:24**
찬송 **336**장, **341**장

1. 그때 헤롯은 누구를 죽였습니까(1-2)? 그가 교회를 직접 박해한 데는 무슨 뜻이 있을까요? 그는 누구도 가두었습니까(3-4)?

1, "그 때에 헤롯 왕이 손을 들어 교회 중에서 몇 사람을 해하려 하여"

"그 때에" - 바나바와 사울이 후원금을 가지고 예루살렘으로 올라간 때이다. 그때는 유월절 전후였다. "헤롯 왕" - 헤롯 대왕(Herod the Great, 주전 37년~4년)의 손자인 헤롯 아그립바 1세(Herod Agrippa I, 주후 37년~44년)이다. 그 아들은 헤롯 아그립바 2세(행 25:13)이다. 헤롯 대왕은 유대인이 '우리 사람'으로 여길 만큼 백성 사이에서 인기가 있었다. "들어" - '위에 놓는다.'(동직설 과거)이다. "해하려 하여" - '괴롭히려고'(부정사 과거)이다. "교회"(ἐκκλησία, *ekkle:sia*) - '회중(assembly/ congregation)'이다. 예수 그리스도를 믿는 성도의 공동체를 일컫는다. "몇 사람" - '교회에 속한 어떤 사람'이다. 헤롯은 교회의 어떤 사람을 해하려고 했다.

2, "요한의 형제 야고보를 칼로 죽이니"

"야고보" - 열두 사도 중 '큰 야고보'로 아버지는 세베대, 어머니는 살로매이다. 그 아우 요한과 함께 갈릴리 해변에서 어부 생활을 하다가 베드로 형제와 함께 예수님의 부르심을 받았다(마 4:20). "죽이니" - '죽인다.'(동직설 과거)이다. 헤롯은 왕권을 이용하여 야고보를 칼로 죽였다.

헤롯 왕이 교회를 직접 해한 데는 무슨 뜻이 있는가? 그동안 정치 지도자들은 교회를 직접 박해하지 않았다. 그런데 정치 지도자가 교회를 해하기 시작했다. 교회는 예수님을 왕으로 믿기 때문이다. 이제부터 '가짜 왕'과 '진짜 왕', '세상 왕'과 '하늘 왕'이 싸움을 시작한다.

그는 누구도 가두었는가?

3, "유대인들이 이 일을 기뻐하는 것을 보고 베드로도 잡으려 할새 때는 무교절 기간이라"

"기뻐" - '기뻐하는'이다. "하는" - '그것은 ~이다.'(동직설 현재)다. "보고" - '본다.'(분사 과거)이다. "잡으려" - '포획한다.'(부정사 과거)이다. "할새" - '가한다.'(동직설 과거)이다. 베드로까지 잡고자 했다. "무교" - '누룩 없는'이다. "절 기간" - '주간의 날'이다. '누룩 없는 빵의 기간(The feasts of Unleavened Bread)'이다. "(기간)이라" - '그것은 ~이다.'(동직설 미완료)이다. 무교절에는 누룩을 넣지 않는다. 무교절은 유월절이 끝나는(1월 14일 저녁) 그다음 날인 15일부터 시작한다. 무교절에는 누룩 없는 음식을 먹으며 첫날에(1월 15일) 성회로 모이고, 제7일 끝 날에 다시 성회로 모인다. 무교절은 출애굽 이후부터 사도 시대까지 이어졌다.

4, "잡으매 옥에 가두어 군인 넷씩인 네 패에게 맡겨 지키고 유월절 후에 백성 앞에 끌어내고자 하더라"

"잡으매" - '붙잡는다.'(분사 과거)이다. "가두어" - '놓는다.'(동직설 과거)이다. "네 패에게" - '4인 경비대(four squads)'이다. "맡겨" - '전달한다.'(분사 과거)이다. "지키고" - '지킨다.'(부정사 현재)이다. "유월절" - '넘어간다.'라는 뜻이다. "끌어내" - '이끌고 간다.'(부정사 과거)이다. "고자 하더라" - '갈망한다.'(분사 현재)이다. 유월절이 지나면 백성 앞에 그를 끌어낼 속셈이었다.

2. 교회는 무엇을 합니까(5)? 권력을 휘두르는 헤롯과 기도하는 교회를 통해서 무엇을 배웁니까? 천사는 베드로를 어떻게 구했습니까(6-11)? 베드로의 구출은 무슨 사건을 연상하게 합니까?

5, "이에 베드로는 옥에 갇혔고 교회는 그를 위하여 간절히 하나님께 기도하더라"

"이에" - '그러므로'이다. "갇혔고" - '지킨다.'(동직설 미완료)이다. "간절히" - '뜨겁게'이다. "기(도)" - '기도'이다. "(기)도" - '나는 ~이다.'(동직설 미완료)이다. "하더라" - '된다.'(분사 현재)이다. 교회는 감옥에 갇힌 베드로를 위하여 간절하게 기도한다.

칼을 휘두르는 헤롯과 기도하는 교회를 통해서 무엇을 배우는가? 세상과 교회는 각자 자기가 가지고 있는 무기를 사용한다. 헤롯은 자신의 무기인 칼을 휘두른다. 그러나 교회는 유일한 무기인 기도를 사용한다. 교회는 세상의 권력 앞에서 기도하는 것 외에는 할 수 있는 방법이 없다.

그 기도의 힘이 얼마나 위대한가?

6, "헤롯이 잡아내려고 하는 그 전날 밤에 베드로가 두 군인 틈에서 두 쇠사슬에 매여 누워 자는데 파수꾼들이 문밖에서 옥을 지키더니"

"잡아내" - '앞서간다.'(부정사 과거)이다. "(내)려고 하는" - '곧 ~하려고 한다.'(동직설 미완료)이다. 헤롯이 베드로를 백성 앞에 끌어내기로 한 그 전날 밤이었다. "매여" - '묶는다.'(분사 완료)이다. "누워 자는" - '잠잔다.'(분사 현재)이다. "지키더니" - '지킨다.'(동직설 미완료)이다. 베드로는 두 쇠사슬에 묶여 잠들고, 파수꾼들은 감옥을 지키고 있다. 베드로는 예수님께서 광풍이 불고 파도가 치는데도 배에서 잠이 드셨던 것처럼(눅 8:23), 평화를 누린다. 그 평화는 주님의 함께하심을 믿는 믿음에서 왔다.

18, 12:1-25 하나님의 말씀은 흥왕하여

7, "홀연히 주의 사자가 나타나매 옥중에 광채가 빛나며 또 베드로의 옆구리를 쳐 깨워 이르되 급히 일어나라 하니 쇠사슬이 그 손에서 벗어지더라"

"홀연히" - '보라'이다. "나타나매" - '곁에 선다.'(동직설 과거)이다. 천사가 나타났다. 하늘 왕께서 세상 왕에게 도전하셨다. "광채가" - '빛'이다. "빛나며" - '비춘다.'(동직설 과거)이다. "쳐" - '때린다.'(분사 과거)이다. "깨워" - '깨운다.'(동직설 과거)이다. "이르되" - '말한다.'(분사 현재)이다.

"일어나라" - '일어난다.'(동명령 과거)이다. "벗어지더라" - '떨어져 나간다.'(동직설 과거)이다. 주님께서 야고보는 데려가셨지만, 베드로는 아직 때가 아니었다. 주님께서 교회의 기도를 들어주셨다.

8, "천사가 이르되 띠를 띠고 신을 신으라 하거늘 베드로가 그대로 하니 천사가 또 이르되 겉옷을 입고 따라오라 한 대"

"이르되" -대답한다.'(동직설 과거)이다. "띠를 띠고" - '띠를 띤다.' (동명령 과거)이다. "신으라 하거늘" - '신는다.'(동명령 과거)이다. "하니" - '행한다.'(동직설 과거)이다. "이르되" - '말한다.'(동직설 현재)이다. "입고" - '입는다.'(동명령 과거)이다. "따라오라 한대" - '따른다.'(동명령 현재)이다.

"때가 유월절"(4), "그 전날 밤"(6), "급히 일어나라"(7). "신을 신으라", "겉옷을 입고"(8), "주께서 벗어나게 하셨다"(11, 17). 이 모습은 과거 이스라엘이 유월절에 애굽을 빠져나왔을 때를 연상하게 한다(출 12:11). 역사적인 유월절에 주님은 교회를 위해서 베드로를 헤롯과 유대인의 손에서 건져내셨다. 과거에 이스라엘을 애굽과 바로의 칼에서 구원하셨던 그 하나님께서 오늘은 베드로를 헤롯과 그의 칼날에서 구원하신다. 오늘 유월절은 베드로의 유월절이다. 그 뿌리에는 교회의 기도가 있었다.

9, "베드로가 나와서 따라갈새 천사가 하는 것이 생시인 줄 알지 못하고 환상을 보는가 하니라"

18, 12:1-25 하나님의 말씀은 흥왕하여

"나와서" - '나온다.'(분사 과거)이다. "따라갈새" - '뒤따른다.'(동직
설 미완료)이다. "하는" - '일어난다.'(분사 현재)이다. "생시" - '참된'
'실제의'이다. "인(줄)" - '그것은 ~이다.'(동직설 현재)이다. "알지" -
'알다.'(동직설 과거완료)이다. "못하고" - '~아니다.'이다. "보는가" -
'본다.'(부정사 현재)이다. "하니라" - '가정한다.'(동직설 미완료)이다.
베드로는 실제 상황이 아닌 환상으로 생각한다.

10, "이에 첫째와 둘째 파수를 지나 시내로 통한 쇠문에 이르니 문이
저절로 열리는지라 나와서 한 거리를 지나매 천사가 곧 떠나더라"
"이에" - '그리고'이다. "파수를" - '경계'이다. "지나" - '통과한
다.'(분사 과거)이다. "통한" - '운반한다.'(분사 현재)이다. "이르니" -
'온다.'(동직설 과거)이다. "열리는지라" - '열다.'(동직설 과거)이다. 베
드로 앞에서 쇠문이 저절로 열렸다. "나와서" - '나간다.'(분사 과거)
이다. "지나매" - '앞으로 나간다.'(동직설 과거)이다. "떠나더라" -
'떠난다.'(동직설 과거)이다. 그때 천사가 떠났다.

11, "이에 베드로가 정신이 들어 이르되 내가 이제야 참으로 주께서
그의 천사를 보내어 나를 헤롯의 손과 유대 백성의 모든 기대에서 벗어
나게 하신 줄 알겠노라 하여"
"이에" - '그리고'이다. "정신" - '그 자신의'이다. "들어" - '일어난
다.'(분사 과거)이다. "이르되" - '말한다.'(동직설 과거)이다. 베드로는
정신이 나서 말했다. "보내어" - '보낸다.'(동직설 과거)이다. 천사를
보내셨다. "벗어나게" - '구해낸다.'(동직설 과거)이다. 헤롯 손에서 벗
어나게 하셨다. "알겠노라" - '알다.'(동직설 완료)이다. 이제야 그는
알았다. 그는 조상의 '유월절'을 자신의 '유월절'로 만드신 하나님을
깨달았다.

3. 왜 베드로는 마리아의 집 대문으로는 들어가지 못합니까(12-15)?
   그 문이 어떻게 열렸습니까(16)? 베드로와 헤롯은 각각 무엇을
   했습니까(17-19)?

12, "깨닫고 마가라 하는 요한의 어머니 마리아의 집에 가니 여러 사람이 거기에 모여 기도하고 있더라"

"깨닫고" - '알다.'(분사 과거)이다. "마가" - 유대식 이름은 '요한'이다. '마가'라는 이름은 로마식이다. 그는 외삼촌인 바나바에게서 많은 영향을 받았고, 베드로에 의해 변화 받은 것으로 여긴다(벧전 5:13). "라 하는" - '부른다.'(분사 현재)이다. "가니" - '온다.'(동직설 과거)이다. "거기에 모여" - '함께 모은다.'(분사 완료)이다. "기도하고" - '기도한다.'(분사 현재)이다. "있더라" - '나는 ~이다.'(동직설 미완료)이다. 그곳에 많은 사람이 모여서 기도하고 있다.

13, "베드로가 대문을 두드린대 로데라 하는 여자아이가 영접하러 나왔다가"

"두드린대" - '두드린다.'(분사 과거)이다. "라 하는" - '이름'이다. "영접하러" - '말을 듣는다.'(부정사 과거)이다. "나왔다가" - '에게 간다.'(동직설 과거)이다.

14, "베드로의 음성인 줄 알고 기뻐하여 문을 미처 열지 못하고 달려들어 가 말하되 베드로가 대문 밖에 섰더라 하니"

"알고" - '알다.'(분사 과거)이다. "기뻐(하여)" - '기쁨'이다. "하여" - '~에서부터'이다. "미처 열지" - '열다.'(동직설 과거)이다. "못하고" - '~아니다.'이다. 그녀는 문을 열지 못했다. "달려들어 가" - '뛰어 들어간다.'(분사 과거)이다. "말하되" - '알린다.'(동직설 과거)이다. "섰더라" - '선다.'(부정사 완료)이다. 그녀는 사람들에게 "베드로가 대문 밖에 있다."라고 알렸다.

사람들은 무엇이라고 말했는가?

15, "그들이 말하되 네가 미쳤다 하나 여자아이는 힘써 말하되 참말이라 하니 그들이 말하되 그러면 그의 천사라 하더라"

"말하되" - '말한다.'(동직설 과거)이다. "네가 미쳤다" - '정신 나간다.'(동직설 현재)이다. 사람들은 그녀의 말을 믿지 않았다. 그들은 기도했지만, 베드로가 풀려난 것을 현실로 받아들이지 못했다. "힘써 말하되" - '확실히 말한다.'(동직설 미완료)이다. "참말" - '이렇게'이다. "(참말)이라" - '가진다.'(부정사 현재)이다. "말하되" - '말한다.'(동직설 미완료)이다. "(천사)라" - '그것은 ~이다.'(동직설 현재)이다. 사람들은 베드로의 수호천사로 생각한다.

여기서 무엇을 생각할 수 있는가? 기도하고도 믿지 않음의 역설을 생각할 수 있다. 그들은 베드로를 구해달라고 기도했고, 하나님은 그들의 기도를 들으셨다. 그런데 그들은 기도하면서 자기 생각이 있었다. 자기 생각대로 기도 응답이 나타나지 않자, 그들은 믿지 않았다. 하나님은 감옥 문을 여셨지만, 믿지 않은 그 백성의 마음 문을 열지 않으셨다.

16, "베드로가 문 두드리기를 그치지 아니하니 그들이 문을 열어 베드로를 보고 놀라는지라"

"문 두드리기를" - '두드린다.'(분사 현재)이다. "그치지 아니하니" - '머무른다.'(동직설 미완료)이다. 베드로는 계속해서 문을 두드린다. "문을 열어" - '열다.'(분사 과거)이다. "보고" - '본다.'(동직설 과거)이다. "놀라는지라" - '놀란다.'(동직설 과거)이다.

17, "베드로가 그들에게 손짓하여 조용하게 하고 주께서 자기를 이끌어 옥에서 나오게 하던 일을 말하고 또 야고보와 형제들에게 이 말을 전하라 하고 떠나 다른 곳으로 가니라"

"짓 하여" - '손을 흔들다.'(분사 과거)이다. "조용하게 하고" - '침묵을 지킨다.'(부정사 현재)이다. "나오게 하던" - '인도한다.'(동직설 과거)이다. "말하고" - '이야기한다.'(동직설 과거)이다. 베드로는 주님께서 자기를 감옥에서 인도하신 일을 말했다. "야고보" - 예수님의 동생이다(막 6:3). 그는 예수님의 부활 때부터 믿기 시작하여 예루살렘 교회의 큰 기둥이 되었다(갈 2:9). 예루살렘 공회의 회장(행 15:13)이며, 야고보서를 기록했다(약 1:1). "전하라" - '알린다.'(동명령 과거)이다. 그는 이 사실을 야고보와 다른 형제들에게 알리도록 했다. "하

18, 12:1-25 하나님의 말씀은 흥왕하여

고” - ‘말한다.’(동직설 과거)이다. “떠나” - ‘나간다.’(동분사 과거)이다. “가니라” - ‘간다.’(동직설 과거)이다. 그는 그곳을 떠나서 다른 곳으로 갔다. 베드로의 위험은 끝나지 않았다.

18, “날이 새매 군인들은 베드로가 어떻게 되었는지 알지 못하여 적지 않게 소동하니”
“새매” - ‘된다.’(분사 과거)이다. “되었는지” - ‘된다.’(동직설 과거)이다. “알지 못하여” - ‘그러므로’이다. “(소동)하니” - ‘나는 ~이다.’(동직설 미완료)이다. 베드로가 어찌 되었는가 하여 군인들은 적지 않게 소동한다.

19, “헤롯이 그를 찾아도 보지 못하매 파수꾼들을 심문하고 죽이라 명하니라 헤롯이 유대를 떠나 가이사랴로 내려가서 머무니라”
“찾아도” - ‘찾는다.’(분사 과거)이다. “보지” - ‘찾는다.’(분사 과거)이다. “못하매” - ‘아니’이다. “심문하고” - ‘심문한다.’(분사 과거)이다. “죽이라” - ‘끌어간다.’(부정사 과거)이다. “명하니라” - ‘명령한다.’(동직설 과거)이다. “떠나” - ‘~에서부터’이다. “내려가서” - ‘내려간다.’(분사 과거)이다. “머무니라” - ‘머문다.’(동직설 미완료)이다.

4. 왜 두로와 시돈은 헤롯과 화목하기를 청합니까(20)? 헤롯이 연설할 때 백성의 반응은 어떠합니까(21-22)? 그러나 그는 어떻게 되었습니까(23)? 이 사건을 통해 무엇을 배웁니까?

20, “헤롯이 두로와 시돈 사람들을 대단히 노여워하니 그들의 지방이 왕국에서 나는 양식을 먹는 까닭에 한마음으로 그에게 나아와 왕의 침소 맡은 신하 블라스도를 설득하여 화목하기를 청한지라”
“두로” - 지중해 동해안에 있는 베니게의 유명한 성이다. “시돈” - 두로와 같이 지중해 연안에서 제일 큰 항구이다. “대단히 노여워” - ‘크게 분노한다.’(분사 현재)이다. 헤롯은 두로와 시돈에 몹시 화를 낸다. “하니” - ‘나는 ~ 이다.’(동직설 미완료)이다. “에서 나는” - ‘~

에서부터'이다. "양식을 먹는" - '기른다.'(부정사 현재)이다. "까닭에"
- '~ 때문에'이다. 그들은 왕의 영토에서 식량을 공급받기 때문이다.
두로와 시돈은 솔로몬 시대 이후(왕상 5:9, 스 3:7) 식량을 유대로부
터 수입했다. "한마음으로" - '마음을 같이하여'이다. "나아와" - '있
다.'(동직설 미완료)이다. "맡은" - '~가까이에'이다. "설득하여" - '설
득한다.'(분사 과거)이다. "화목하기를" - '평화'이다. "청한지라" - '요
구한다.'(동직설 미완료)이다. 그들은 뜻을 모아서 왕의 침실 시종을
설득하여 헤롯에게 평화를 요청했다.

21, "헤롯이 날을 택하여 왕복을 입고 단상에 앉아 백성에게 연설하
니"

"택하여" - '결정한'이다. "입고" - '옷을 입는다.'(분사 과거)이다.
"앉아" - '앉는다.'(분사 과거)이다. "연설하니" - '공공 집회에서 연설
한다.'(동직설 미완료)이다.

그에 대한 백성의 반응이 어떠한가?

22, "백성들이 크게 부르되 이것은 신의 소리요 사람의 소리가 아니
라 하거늘"

"크게 부르되" - '큰 소리로 부른다.'(동직설 미완료)이다. "신의" -
'하나님'이다. "소리요" - '음성'이다. "아니라" - '~아니다.'이다. "신"
과 "사람"을 대조한다. 그들은 헤롯을 사람이 아닌 신으로 표현한다.
왕의 옷을 은으로 만들어 해가 떠올라 그 옷을 비추면 찬란하게 빛
났다. 그는 태양 빛을 받아 초자연적인 존재처럼 보였다.

헤롯은 어떻게 행동했는가?

23, "헤롯이 영광을 하나님께로 돌리지 아니하므로 주의 사자가 곧
치니 벌레에게 먹혀 죽으니라"

"돌리지" - '준다.'(동직설 과거)이다. "아니(하므로)" - '~아니다.'이
다. "하므(로)" - '~하는 바의'이다. "(하므)로" - '때문에'이다. 그는
신처럼 행동했다. 그러나 신은 오직 하나님 한 분뿐이다. 헤롯은 하

18, 12:1-25 하나님의 말씀은 흥왕하여

나님께 드려야 할 영광을 자기가 대신 가로챘다.

"치니" - '친다.'(동직설 과거)이다. 주님의 천사가 그를 즉시 쳤다. "벌레에게 먹혀" - '벌레가 먹은'이다. "(일어난다)" - '일어난다.'(분사 과거)이다. "죽으니라" - '숨을 거둔다.'(동직설 과거)이다. 그는 벌레에 먹혀 죽을 만큼 아무것도 아니다.

우리는 무엇을 배우는가? 하나님만이 진짜 왕이시고, 진짜 신이시다. 세상에서 아무리 칼을 휘두르며 신처럼 행동하고, 왕처럼 군림할지라도 벌레에 먹혀 죽을 수밖에 없는 하찮은 존재이다. 세상을 정말로 다스리는 분은 오직 예수님뿐이다.

5. 하나님의 말씀은 어떻게 됩니까(24)? 이 말씀이 당시 교회에 주는 의미는 무엇입니까? 바나바와 사울은 무엇을 했습니까(25)?

24, "하나님의 말씀은 흥왕하여 더하더라"

"(그러나)" - '그러나'이다. 전환이 일어난다. "흥왕하여" - '증가한다.'(동직설 미완료)이다. "더하더라" - '성장한다.'(동직설 미완료)이다. 말씀은 점점 더 널리 퍼지고, 믿는 사람은 많아진다. 하나님의 말씀은 "생육하고 번성하라."(창 1:28)라는 약속처럼, "땅에 심기는 씨앗"(눅 8:8)처럼 때로는 적극적으로, 때로는 조용하게 자란다.

이 말씀이 당시 교회에 주는 의미는 무엇인가? 교회는 로마 황제라는 거대한 세상 세력 앞에 서 있다. 그 황제 앞에서 교회는 막 피어난 새싹과 같았다. 그들에게 누가는 강력하게 말한다. "로마 황제가 세상을 다스리지 않는다. 하늘의 왕 예수님이 다스리신다. 그 예수님께서 말씀으로 일하신다. 예수님의 말씀은 교회를 통해서 세상으로 파고든다. 그 위력은 헤롯을 꺾었듯이 로마 황제도 꺾고 세상도 꺾을 것이다." 왜냐하면 하나님의 말씀을 흥왕하여 더하기 때문이다. 풀은 마르고 꽃은 시드나 하나님의 말씀은 영원히 선다(사 40:8). 말씀은 죄인을 변화시키고 세상을 변혁시키는 힘이 있다.

바나바와 사울은 무엇을 했는가?

18, 12:1-25 하나님의 말씀은 흥왕하여

25, "바나바와 사울이 부조하는 일을 마치고 마가라 하는 요한을 데리고 예루살렘에서 돌아오니라"

"부조하는 일을" - '지원'이다. 예루살렘 교회를 위한 구제 헌금이다. "마치고" - '채운다.'(분사 과거)이다. "라 하는" - '부른다.'(분사 과거)이다. "데리고" - '함께 데리고 간다.'(분사 과거)이다. "돌아오니라" - '돌아온다.'(동직설 과거)이다. 그들은 예루살렘에 구제 헌금을 전달하는 일을 마치고, 요한 마가를 데리고 돌아왔다. 그들은 세상 권력자가 무엇을 하든지 흔들리지 않고, 맡은 일에 충성한다. 만왕의 왕 예수님을 믿기 때문이다.

19

성령님이 이르시되

본문 사도행전 13:1-12
요절 사도행전 13:2
찬송 191장, 197장

1. 안디옥 교회에는 누가 있습니까(1)? 이렇게 다양한 사람들이 한
   마음으로 섬기는 데는 어떤 뜻이 있습니까?
2. 그들이 금식하면서 예배하고 있을 때 무슨 일이 있었습니까(2)?
   성령님께서 말씀하신 데는 무슨 뜻이 있습니까? 그들은 어떻게
   순종했습니까(3)?
3. 두 사람은 누구의 보내심을 받았습니까(4)? 그들은 무엇을 합니
   까(5)?
4. 그들은 누구를 만났습니까(6)? 총독은 어떤 사람입니까(7)? 왜
   마술사는 바나바와 사울을 대적합니까(8)? 사울은 그에게 어떻
   게 도전했습니까(9-11)?
5. 그 일을 본 총독은 어떻게 변했습니까(12)? 여기서 볼 때 말씀
   과 믿음의 관계가 어떠합니까?

19

성령님이 이르시되

본문 사도행전 13:1-12
요절 사도행전 13:2
찬송 191장, 197장

1. 안디옥 교회에는 누가 있습니까(1)? 이렇게 다양한 사람들이 한 마음으로 섬기는 데는 어떤 뜻이 있습니까?

1, "안디옥 교회에 선지자들과 교사들이 있으니 곧 바나바와 니게르라 하는 시므온과 구레네 사람 루기오와 분봉 왕 헤롯의 젖동생 마나엔과 및 사울이라"

"안디옥" - '수리아 안디옥(Syria Antioch)'이다. 이 도시는 셀리우코스 니카도르(Seleucus Nicator)가 건설했는데, 그의 부왕 안티오쿠스(Antiochus)를 기념하여 이름을 붙였다(주전 300년). 스데반의 순교 사건 후 예루살렘에 있던 많은 신자가 이곳으로 왔다. "안디옥 교회" - 박해를 피해 흩어진 사람이 세운 최초의 이방인 교회였다(11:20). 처음으로 '그리스도인'이란 말을 들었다(11:26). 이 교회 출신으로는 '황금의 입(golden mouth)'으로 불리는 '요한 크리소스톰(John Chrysostom, 347년~407년)'이 있다.

"선지자들" - '선지자'이다. 주님한테 말씀을 받아서 가르치는 사람이다. "교사들이" - '성경 교사'이다. 선지자와 교사를 엄격히 구분하기는 어렵다.

그들은 누구인가? "있으니" - '나는 ~이다.'(동직설 미완료)이다.

"바나바" - 바나바가 사울보다 영적 서열이 앞선다. "니게르"(Niger) - '검다.'라는 뜻인데, '시므온'의 라틴어 이름이다. "하는" - '부른다." (분사 현재)이다. "시므온" - 검은색 피부를 가졌다. "구레네"(Cyrene) - 아프리카 북쪽 연안 도시이다. 예수님의 십자가를 지고 간 시몬의 고향이다(마 27:32, 행 2:10). "루기오"(Lucius) - 롬 16:21에 나오는 '루기오'와 같은 사람이다. "분봉 왕" - '네 명의 공동 통치자 중 한 사람(tetrarch)'을 뜻한다. "젖동생" - '같은 젖을 먹고 자란 동생', '평생 친구(a lifelong friend)'를 뜻한다. "마나엔" - 헤롯의 배다른 동생으로 사회적 정치적 지위가 높은 사람이었다. "헤롯" - '헤롯 안디바 (Herod Antipater/ Antipas, 주전 20년~주후 39년)'이다. 빌라도와 함께 예수님을 죽이는 일에 참여했다. 그런데 그의 젖동생은 교회에서 중요한 지도자 중 한 사람이다. "사울" - 이제부터 사울 시대가 열린다. 안디옥 교회에는 다양한 사람들이 한마음으로 섬기고 있다. 안디옥 교회는 국제적인 성경 교사가 있는 다문화 교회이다.

여기에는 어떤 뜻이 있을까? 교회의 모범을 보여준다. 교회는 특정인만이 있는 곳이 아니다. 인종적 문화적 사회적 신분의 다양성이 주님 안에서 하나로 조화를 이루는 곳이다.

2. 그들이 금식하면서 예배하고 있을 때 무슨 일이 있었습니까(2)? 성령님께서 말씀하신 데는 무슨 뜻이 있습니까? 그들은 어떻게 순종했습니까(3)?

2, "주를 섬겨 금식할 때에 성령이 이르시되 내가 불러 시키는 일을 위하여 바나바와 사울을 따로 세우라 하시니"

"섬겨" - '섬긴다.'(분사 현재)이다. "금식할 때에" - '금식한다.'(분사 현재)이다. 금식은 심각한 일이 있을 때 한다.

그들이 금식하면서 예배할 때 무슨 일이 있었는가? "이르시되" - '명령한다.'(동직설 과거)이다. "내가 불러 시키는" - '부른다.'(동직설 완료)이다. "따로 세우라" - '따로 떼어둔다.'(동명령 과거)이다. 특별한 일을 위해서 구별하여 임명하는 것을 말한다.

19, 13:1-12 성령님이 이르시되

여기에는 무슨 뜻이 있는가? 성령님이 교회의 주인이시다. 본문에서 주어는 '사도'가 아닌 '성령님'이시다. 성령님께서 일을 시작하고 인도하고 완성하신다. 성령님께서 하고자 하시는 일을 위해서 일꾼을 세우신다.

그때 그들은 어떻게 했는가?

3, "이에 금식하며 기도하고 두 사람에게 안수하여 보내니라"

"이에" - '그때'이다. "(그들은)" - '안디옥 교회의 동역자들'이다. "금식하며" - 금식한다.'(분사 과거)이다. "기도하고" - '기도한다.'(분사 과거)이다. "안(수)" - '둔다.'(분사 과거)이다. "(안)수하여" - '손'이다. 그들은 두 사람에게 손을 얹었다. '하나님의 능력과 권위의 전달'을 뜻한다. "보내니라" - '가게 한다.'(동직설 과거)이다. 교회는 금식하고 기도한 후에 바나바와 사울을 성령님의 권위로 파송했다.

3. 두 사람은 누구의 보내심을 받았습니까(4)? 그들은 무엇을 합니까(5)?

4, "두 사람이 성령의 보내심을 받아 실루기아에 내려가 거기서 배 타고 구브로에 가서"

"보내심을 받아" - '보낸다.'(분사 과거)이다. "내려가" - '내려온다.'(동직설 과거)이다. 그들은 성령님의 보내심을 받아 내려갔다. "배 타고" - '배를 타고 간다.'(동직설 과거)이다. "구브로"(Cyprus) - 키프로스이다. "에 가서" - '~로 향하여'이다. 그들은 구브로로 배를 타고 갔다.

그들은 무엇을 하는가?

5, "살라미에 이르러 하나님의 말씀을 유대인의 여러 회당에서 전할새 요한을 수행원으로 두었더라"

"살라미" - '살라미스(Salamis)'이다. 구브로 섬의 수도이다. 바나바의 고향이다(4:36; 11:20). "이르러" - '된다.'(분사 과거)이다. "유대인의 여러 회당” - 그들은 먼저 유대인을 만났고, 회당에서 활동했다. “전할새” - ‘선포한다.’(동직설 미완료)이다. 그들은 유대인에게 먼저 하나님의 말씀을 선포한다. “요한” - ‘마가 요한’이다. “수행원으로” - ‘보조자’이다. “두었더라” - ‘가진다.’(동직설 미완료)이다. 마가를 동역자로 삼는다.

4. 그들은 누구를 만났습니까(6)? 총독은 어떤 사람입니까(7)? 왜 마술사는 바나바와 사울을 대적합니까(8)? 사울은 그에게 어떻게 도전했습니까(9-11)?

6, “온 섬 가운데로 지나서 바보에 이르러 바 예수라 하는 유대인 거짓 선지자인 마술사를 만나니”

“가운데로 지나서” - ‘~을 통하여 간다.’(분사 과거)이다. “바보”(Paphos) - 구브로 서남쪽에 있는 항구 도시의 이름이다. 그리스 신화에 나오는 미와 사랑의 여신 아프로디테(Aphrodite/ 라틴어: Venus)의 웅장한 신전이 있었다. 총독 서기오 바울의 행정 관저가 있는 곳이다. “바 예수”(Bar-Jesus) - ‘예수의 아들’, 즉 ‘구원의 아들(son of Joshua)’이라는 뜻이다. “마술사” - ‘점성술사(Magus)’이다. 초자연적 능력을 사용하는 사람이나, 속이는 사람을 뜻한다. “만나니” - ‘찾는다.’(동직설 과거)이다.

7, “그가 총독 서기오 바울과 함께 있으니 서기오 바울은 지혜 있는 사람이라 바나바와 사울을 불러 하나님의 말씀을 듣고자 하더라”

“그가” - ‘바 예수’(6)이다. “총독” - ‘식민지 총독(proconsul)’이다. “서기오”(Sergius) - 주후 47년~48년에 구브로의 총독으로 있었다. “바울”(Παῦλος, *Paulus*) - ‘바울(Paul)’이다. “있으니” - ‘나는 ~이다.’(동직설 미완료)이다. ‘바 예수’는 총독과 함께 있다. 그는 총독의 종교 자문위원 역할을 한다.

총독은 어떤 사람인가? “지혜 있는” - ‘분별력이 있는’이다. “불러” - ‘부른다.’(분사 과거)이다. “듣(고자)” - ‘듣는다.’(부정사 과거)이다. "(듣)고자 하더라" - '듣기를 바란다.'(동직설 과거)이다. 그는 영적인 관심과 소원이 있었다.

8, "이 마술사 엘루마는(이 이름을 번역하면 마술사라) 그들을 대적하여 총독으로 믿지 못하게 힘쓰니"

"엘루마"(Elymas) - 아랍어 '엘리몬', 즉 '현명한'에서 유래했거나, 아람어 '일리마(강한)'에서 유래했을 것이다. "번역하면" - '번역한다.'(동직설 현재)이다. "대적하여" - '대적한다.'(동직설 미완료)이다. 그는 바울과 바나바를 대적한다. "믿지" - '믿음'이다. "못하게" - '왜곡한다.'(부정사 과거)이다. "힘쓰니" - '찾는다.'(분사 현재)이다. 그는 총독이 믿지 못하도록 애를 쓴다. 그는 총독이 믿으면 자기 위치가 흔들리기 때문이다.

사울은 그에게 어떻게 도전했는가?

9, "바울이라고 하는 사울이 성령이 충만하여 그를 주목하고"

"바울이라고 하는"(Παῦλος, *Paulus*) - '바울(Paul)'이다. 헬라식 이름으로 '작다'라는 뜻이다. "사울" - 유대 이름이다. 히브리식 이름으로 '구하여진(be asked)'이다. 로마 시민은 이름에 해당하는 '프리노먼(praenomen)', 가족의 창시자를 의미하는 '노먼(nomen)', 성을 지칭하는 '카그노먼(cognomen)'의 이름을 가졌다. 로마 세계에서 가장 흔하게 사용하는 이름은 가족의 성을 구체적으로 알려주는 '카그노먼'이다. 그런데 바울이라는 이름은 성(카그노먼)에 해당하는 '바울'이라는 이름밖에는 없다.

사울은 로마인 서기오 총독의 부름을 받았을 때 로마 이름인 바울을 사용했다. 이것은 선교의 기능적 용도에 따른 것이다. 그는 이방 선교를 시작하면서 '바울'로 불린다.

"충만하여" - '가득 찬다.'(분사 과거)이다. "주목하고" - '열중하여 본다.'(분사 과거)이다. '사울은 성령님으로 가득하여 그 마술사를 뚫어지게 쳐다보면서'이다.

10, "이르되 모든 거짓과 악행이 가득한 자요 마귀의 자식이요 모든 의의 원수여 주의 바른길을 굽게 하기를 그치지 아니하겠느냐"

"이르되" - '명령한다.'(동직설 과거)이다. 바울은 말했다. "거짓" - '올가미'이다. "악행이" - '해로운 악'이다. "가득한 자요" - '충만한'이다. "주님의 바른길" - '주님께서 가르치신 바른 삶', '주님의 말씀'을 뜻한다. "굽게 하기를" - '그릇되게 한다.'(분사 현재)이다. "그치지" - '그친다.'(동직설 미래)이다. "아니하겠느냐" - '~아니다.'이다. 그는 주님께서 가르치는 바른 삶, 그분의 말씀을 왜곡하는 일을 당장 그쳐야 한다.

11, "보라 이제 주의 손이 네 위에 있으니 네가 맹인이 되어 얼마 동안 해를 보지 못하리라 하니 즉시 안개와 어둠이 그를 덮어 인도할 사람을 두루 구하는지라"

"보라" - '보라(behold).'이다. "주님의 손이" - '주님의 권능'을 말한다. "위에 있으니" - '위에'이다. 주님의 권능이 그를 칠 것이다. "되어" - '되리라'(동직설 미래)이다. "보지" - '본다.'(분사 현재)이다. "못하리라" - '아니'이다. "덮어" - '넘어진다.'(동직설 과거)이다. "두루" - '두루 다닌다.'(분사 현재)이다. "구하는지라" - '찾는다.'(동직설 미완료)이다. 즉시 안개와 어두움이 그를 덮었고 그는 이리저리 더듬으며 이끌어 줄 사람을 찾는다. 이 일은 사도행전에서, 바울이 최초로 행한 일이었다.

5. 그 일을 본 총독은 어떻게 변했습니까(12)? 여기서 볼 때 말씀과 믿음의 관계가 어떠합니까?

12, "이에 총독이 그렇게 된 것을 보고 믿으며 주의 가르치심을 놀랍게 여기니라"

"이에" - '그때(at that time)'이다. "된(것을)" - '된다.'(분사 완료)이다. "보고" - '본다.'(분사 과거)이다. "믿으며" - '믿는다.'(동직설 과거)이다. "가르치심을" - "교훈'이다. "놀랍게 여기니라" - '놀라게 한다.'(분사 현재)이다. 총독은 주님에 대한 가르침에 놀라서 주님을 믿었다.

여기서 볼 때 말씀과 믿음의 관계가 어떠한가? 말씀을 통해서 능력이 나타난다. 그 능력을 보고 예수님을 믿을 수 있다. 그러므로 믿음은 말씀을 들음에서 시작한다(롬 10:14). 말씀 사역 없이는 그 어떤 능력도 일어날 수 없다. 말씀을 통한 믿음의 사역이야말로 가장 모범적이고 건강한 사역이다.

20
이방의 빛

본문 사도행전 **13:13-52**
요절 사도행전 **13:47**
찬송 **510장, 516장**

1. 바울 일행은 어디에 이르렀습니까(13-14)? 그곳에서 회당장은 누구에게 설교를 부탁합니까(15)? 회당장의 요청에 바울은 어디에서부터 설교를 시작했습니까(16-23)?

2. 그분이 오시기 전에 누가 먼저 와서 무엇을 준비했습니까(24-25)? 하나님께서 누구를 보내셨습니까(26)? 예수님을 '구원의 말씀'이라고 한 데는 무슨 뜻이 있습니까? 하지만 사람들은 그분을 어떻게 대했습니까(27-29)?

3. 하나님은 예수님을 어떻게 하셨습니까(30)? 그 일에 누가 증인입니까(31-32)? 예수님의 부활은 무슨 약속을 성취한 겁니까(33-37)? 그러므로 그들은 무엇을 알아야 합니까(38-39)? 그들은 무엇을 삼가야 합니까(40-41)?

4. 바울의 메시지를 듣고 사람들은 어떻게 반응했습니까(42-45)? 두 사도는 무엇을 했습니까(46)? 그들이 그렇게 한 데는 무슨 뜻이 있습니까(47)? '이방의 빛'이란 무슨 뜻이며, 그들을 '이방의 빛'으로 삼으신 목적은 무엇입니까?

5. 이방인의 반응은 어떠했습니까(48-49)? 왜 유대인은 두 사도를 박해했습니까(50)? 두 사도와 제자들은 어떻게 반응합니까(51-52)?

20
이방의 빛

본문 사도행전 **13:13-52**
요절 사도행전 **13:47**
찬송 **510**장, **516**장

1. 바울 일행은 어디에 이르렀습니까(13-14)? 그곳에서 회당장은 누구에게 설교를 부탁합니까(15)? 회당장의 요청에 바울은 어디에서부터 설교를 시작했습니까(16-23)?

13, "바울과 및 동행하는 사람들이 바보에서 배 타고 밤빌리아에 있는 버가에 이르니 요한은 그들에게서 떠나 예루살렘으로 돌아가고"
　　"동행하는" - '~에 관하여'이다. "배 타고" - '이끌고 간다.'(동분사 과거)이다. "밤빌리아" - 소아시아 남쪽 해안 지방인데, 루기아와 길리기아 사이에 있다. "버가" - 밤빌리아의 고대 도시이다. "이르니" - '온다.'(동직설 과거)이다. 바울 일행은 바보 항구에서 배를 타고 북서쪽에 있는 버가로 갔다. "요한" - '마가 요한'이다. "떠나" - '떠난다.'(동분사 과거)이다. "돌아가고" - '돌아간다.'(동직설 과거)이다. 요한은 그들을 떠나 예루살렘으로 돌아갔다.

14, "그들은 버가에서 더 나아가 비시디아 안디옥에 이르러 안식일에 회당에 들어가 앉으니라"
　　"더 나아가" - '~을 통하여 간다.'(동분사 과거)이다. "비시디아 안디옥" - '수리아 안디옥'(13:1)과 대조를 이룬다. '비시디아 안디옥

20, 13:13-52 이방의 빛

(Pisidia Antioch)'은 아나톨리아 평원(Anatoelin Plateau)에 있는 고대 도시이다. 튀르키예 지역이다. 그 도시가 비시디아의 경계에 있어서 그렇게 불렀다. 셀리우코스 니카도르(Seleucus Nicator)가 주전 301년 건설하여 로마군 거주지로 삼았다. 이곳은 바울 사도가 이방 선교를 시작한 곳이다. "이르러" - '이른다.'(동직설 과거)이다. "들어가" - '들어온다.'(동분사 과거)이다. "앉으니라" - '앉는다.'(동직설 과거)이다. 그들은 회당에 들어가서 앉았다.

15, "율법과 선지자의 글을 읽은 후에 회당장들이 사람을 보내어 물어 이르되 형제들아 만일 백성을 권할 말이 있거든 말하라 하니"

"글을 읽은" - '낭독(reading)'이다. "후에" - '~후에'이다. 율법은 신명기 6:4-9와 민수기 15:37-41에 근거하여 '쉐마(Shema)'를 낭독했다. 율법서(모세 오경)는 3년에 한 번 완독할 수 있도록 안식일마다 낭독하는 분량을 정했다. "회당장들이" - '회당장(ruler of synagogue)'이다. 회당장은 예배를 인도한다. 일반 평신도 중에서 회당 건축에 헌신한 사람을 정하였다. 회당장은 종신제이며 세습제였다. "사람을 보내어" - '보낸다.'(동직설 과거)이다. "물어 이르되" - '말한다.'(동분사 현재)이다. "있(거든)" - '그것은 ~이다.'(동직설 현재)이다. "말하라" - '말한다.'(동명령 현재)이다. 말씀을 읽은 후에 그 말씀을 설교할 사람이 있으면 누구나 할 수 있었다. 설교한 후에, 민수기 6:22-26에 근거하여 제사장 또는 회당장이 축도한 후에 마쳤다.

회당장의 요청에 누가 일어났는가?

16-41, 바울의 회당 설교, 그의 첫 설교
16-23, 서론
16, "바울이 일어나 손짓하며 말하되 이스라엘 사람들과 및 하나님을 경외하는 사람들아 들으라"

"일어나" - '일어난다.'(동분사 과거)이다. "(손)짓하며" - '손을 흔든다.'(동분사 과거)이다. "말하되" - '말한다.'(동직설 과거)이다. "이스라엘 사람들" - '유대인'이다. "하나님을 경외하는 사람들아" - 유대인 '디아스포라'이다. "들으라" - '듣는다.'(동명령 과거)이다. 바울이 일어나 메시지를 전했다. 그는 이스라엘과 하나님을 경외하는 사람이 듣도록 했다. 그의 메시지는 41절까지 이어진다.

17, "이 이스라엘 백성의 하나님이 우리 조상들을 택하시고 애굽 땅에서 나그네 된 그 백성을 높여 큰 권능으로 인도하여 내사"

"택하시고" - '선택한다.'(동직설 과거)이다. "된" - '~와 함께'이다. "높여" - '높인다.'(동직설 과거)이다. "인도하여 내사" - '인도한다.' (동직설 과거)이다. 하나님께서 조상을 택하셨다. 나그네 생활할 때 높이셨다. 권능의 팔로 인도하셨다.

18, "광야에서 약 사십 년간 그들의 소행을 참으시고"

"광야" - '버림받은'이다. "소행을 참으시고" - '남의 행동을 참는다.'(동직설 과거)이다. 하나님은 그들을 40년간 참으셨다. 그들은 하나님보다도 눈에 보이는 우상을 섬기려고 했다.

19, "가나안 땅 일곱 족속을 멸하사 그 땅을 기업으로 주시기까지 약 사백오십 년간이라"

"멸하사" - '허물다.'(동분사 과거)이다. "기업으로 주시기까지" - '제비 뽑아 분배한다.'(동직설 과거)이다. 하나님은 가나안 일곱 족속을 심판하신 후에 그 땅을 이스라엘에 기업으로 주셨다. "약 사백오십 년간이라" - '450년이 걸렸다.'라는 뜻이다. 애굽에서 나와서 그 땅을 차지할 때까지 약 450년이 걸렸다.

20, "그 후에 선지자 사무엘 때까지 사사를 주셨더니"

"사사를" - '재판관'이다. "주셨더니" - '준다.'(동직설 과거)이다. 하나님은 선지자 사무엘 때까지 사사를 보내셨다.

21, "그 후에 그들이 왕을 구하거늘 하나님이 베냐민 지파 사람 기스의 아들 사울을 사십 년간 주셨다가"

"구하거늘" - '요구한다.'(동직설 과거)이다. "주셨다가" - '준다.'(동직설 과거)이다. 그들이 왕을 요구하자 사울을 주셨다.

22, "폐하시고 다윗을 왕으로 세우시고 증언하여 이르시되 내가 이새의 아들 다윗을 만나니 내 마음에 맞는 사람이라 내 뜻을 다 이루리라 하시더니"

"폐하시고" - '옮긴다.'(동분사 과거)이다. 사울을 왕위에서 물리치셨다. "세우시고" - '일어난다.'(동직설 과거)이다. 다윗을 왕으로 세우셨다. "증언하여" - '증언한다.'(동분사 과거)이다. "이르시되" - '말한다.'(동직설 과거)이다. 하나님께서 말씀하셨다. "만나니" - '찾는다.'(동직설 과거)이다. "에 맞는" - '아래로'이다. "마음에 맞는" - 마음을 따르는'이다. "이루리라" - '만든다.'(동직설 미래)이다. 하나님은 다윗을 찾았다. 그는 하나님의 마음을 따르는 사람이다. 그는 하나님의 뜻을 이룰 사람이다.

23, "하나님이 약속하신 대로 이 사람의 후손에서 이스라엘을 위하여 구주를 세우셨으니 곧 예수라"

"후손" - '씨(seed)'이다. "구주" - '구원자'이다. "세우셨으니" - '데리고 온다.'(동직설 과거)이다. 하나님은 그 약속대로 다윗의 후손에서 구주를 세우셨다. "예수" - 예수님이다. 예수님은 다윗의 후손으로 나셨다. 그분은 하나님께서 약속하신 구주, 그리스도이시다.

16-23은 설교의 서론이다. 지금 메시지를 듣고 있는 그들의 하나님이 지금까지 어떻게 일하셨는가를 말한다: "택하시고"(17), "인도하여 내사"(17), "참으시고"(18), "기업으로 주시고"(19), "사사를 주시고"(20), "왕을 주시고"(21), "다윗을 세우시고"(22), "약속대로 구주를 세우셨다"(23).

2. 그분이 오시기 전에 누가 먼저 와서 무엇을 준비했습니까(24-25)? 하나님께서 누구를 보내셨습니까(26)? 예수님을 '구원의 말씀'이라고 한 데는 무슨 뜻이 있습니까? 하지만 사람들은 그

분을 어떻게 대했습니까(27-29)?

24-37, 설교의 초점; 예수님의 돌아가심과 살아나심
24, "그가 오시기에 앞서 요한이 먼저 회개의 세례를 이스라엘 모든 백성에게 전파하니라"

"오시기에" - '들어감'이다. "전파하니라" - '미리 또는 공개적으로 선포한다.'(동분사 과거)이다. 요한이 회개의 세례를 이스라엘 백성에게 먼저 선포하였다.

25, "요한이 그 달려갈 길을 마칠 때에 말하되 너희가 나를 누구로 생각하느냐 나는 그리스도가 아니라 내 뒤에 오시는 이가 있으니 나는 그 발의 신발 끈을 풀기도 감당하지 못하리라 하였으니"

"달려갈 길을" - '경주'이다. "마칠" - '완성한다.'(동직설 미완료)이다. "말하되" - '말한다.'(동직설 미완료)이다. "(누구)로" - '나는 ~이다.'(동부정사 현재)이다. "생각하느냐" - 추측한다.'(동직설 현재)이다. "(아)니라" - '나는 ~이다.'(동부정사 현재)이다. "오시는 이가 있으니" - '온다.'(동직설 현재)이다. "신발 끈을" - '발밑에 동여맨 바닥신', '샌들'이다. "풀기도" - '풀다.'(동부정사 과거)이다. "감당하지" - '가치 있을 것 같은'이다. "못(하리라)" - '~는 아니다.'이다. "(못)하리라" - '나는 ~이다.'(동직설 현재)이다. 요한은 자신이 그리스도가 아니고 자기 뒤에 오시는 그분이 그리스도라고 증언했다.
하나님은 마침내 누구를 보내셨는가?

26, "형제들아 아브라함의 후손과 너희 중 하나님을 경외하는 사람들아 이 구원의 말씀을 우리에게 보내셨거늘"

"아브라함의 후손", "하나님을 경외하는 사람들아" - 지금 바울의 설교를 듣는 사람은 아브라함의 후손이며 하나님을 경외하는 사람이다. "구원의 말씀" - '구원을 주는 메시지', '말씀으로 구원을 이룬다.'라는 뜻이다. 예수님을 말한다. "보내셨거늘" - '보낸다.'(동직설 과거)이다.

왜 예수님을 '구원의 말씀'이라고 할까? 예수님은 태초에 말씀으로 계셨다. 그 말씀이 육신이 되셨다(요 1:1, 14). 말씀이신 예수님은 그 말씀으로 사람에게 구원을 주신다. 즉 말씀으로 사람을 죄에서 구원하신다.

하지만 사람들은 '그분'을 어떻게 대했는가?

27, "예루살렘에 사는 자들과 그들 관리들이 예수와 및 안식일마다 외우는바 선지자들의 말을 알지 못하므로 예수를 정죄하여 선지자들의 말을 응하게 하였도다"

"사는" - '살다.'(동분사 현재)이다. "관리들이" - '통치자'이다. "외우는바" - '읽는다.'(동분사 현재)이다. "알지 못하므로" - '알지 못한다.'(동분사 과거)이다. "예수", "선지자들의 말" - 예루살렘에 사는 사람들과 그 지도자들은 예수님도 선지자들의 말도 몰랐다. 그들은 안식일마다 선지자들의 말을 읽었는데도 몰랐다.

그 결과가 무엇인가? "정죄하여" - '심판한다.'(동분사 과거)이다. "선지자들의 말을 응하게 하였도다" - '완성한다.'(동직설 과거)이다. 그들은 예수님을 정죄했는데, 그것은 선지자들의 말을 그대로 이룬 것이다. 선지자들의 말을 깨닫지 못하면 예수님을 정죄할 수밖에 없다. 왜냐하면 선지자들이 전하는 핵심은 예수님이 그리스도시라는 것이기 때문이다.

28, "죽일 죄를 하나도 찾지 못하였으나 빌라도에게 죽여 달라 하였으니"

"찾지" - '찾는다.'(동분사 과거)이다. "하였으니" - '구한다.'(동직설 과거)이다. "죽여 달라" - 죽인다.'(동부정사 과거)이다.

29, "성경에 그를 가리켜 기록한 말씀을 다 응하게 한 것이라 후에 나무에서 내려다가 무덤에 두었으나"

"기록한" - '기록한다.'(동분사 완료)이다. "응하게 한 것이라" - '끝낸다.'(동직설 과거)이다. 예수님에 관한 모든 기록을 다 이루었다.

"내려다가" - '위에서 내린다.'(동분사 과거)이다. "두었으나" - '놓는다.'(동직설 과거)이다. 그들은 예수님의 시신을 나무에서 내려다가 무덤에 두었다.

3. 하나님은 예수님을 어떻게 하셨습니까(30)? 그 일에 누가 증인입니까(31-32)? 예수님의 부활은 무슨 약속을 성취한 겁니까(33-37)? 그러므로 그들은 무엇을 알아야 합니까(38-39)? 그들은 무엇을 삼가야 합니까(40-41)?

30, "하나님이 죽은 자 가운데서 그를 살리신지라"
"살리신지라" - '일으킨다.'(동직설 과거)이다. 그러나 하나님께서 예수님을 죽은 자 가운데서 다시 살리셨다.

31, "갈릴리로부터 예루살렘에 함께 올라간 사람들에게 여러 날 보이셨으니 그들이 이제 백성 앞에서 그의 증인이라"
"함께 올라간" - '함께 올라간다.'(동분사 과거)이다. "보이셨으니" - '본다.'(동직설 과거)이다. 다시 살아나신 예수님은 사람들에게 여러 날 동안 보이셨다. "(증인)이라" - '나는 ~이다.'(동직설 현재)이다. 그들은 예수님의 증인이다.

32, "우리도 조상들에게 주신 약속을 너희에게 전파하노니"
"약속을" - '약속에 대한 좋은 소식'을 뜻한다. "주신" - '된다.'(동분사 과거)이다. "전파하노니" - '좋은 소식을 전파한다.'(동직설 현재)이다. 바울은 하나님께서 조상에게 약속하셨던 좋은 소식을 전파한다.

33, "곧 하나님이 예수를 일으키사 우리 자녀들에게 이 약속을 이루게 하셨다 함이라 시편 둘째 편에 기록한 바와 같이 너는 내 아들이라 오늘 너를 낳았다 하셨고"
"일으키사" - '일어난다.'(동분사 과거)이다. "이루게 하셨다" - '이

룬다.'(동직설 완료)이다. 하나님께서 예수님을 일으키셔서 그 약속을
이루셨다. "기록한 바와" - '기록한다.'(동직설 완료)이다. "시편 둘째
편" - 시편 2:7의 내용이다. 그것은 다윗과 하신 약속이다. "(아들)이
라" - '나는 ~이다.'(동직설 현재)이다. "낳았다" - '낳는다.'(동직설 완
료)이다.

34, "또 하나님께서 죽은 자 가운데서 그를 일으키사 다시 썩음을 당
하지 않게 하실 것을 가르쳐 이르시되 내가 다윗의 거룩하고 미쁜 은사
를 너희에게 주리라 하셨으며"

"일으키사" - '일어난다.'(동직설 과거)이다. "썩음" - '부패'이다.
"당하지" - '돌아온다.'(동부정사 현재)이다. 하나님께서 그분을 다시
는 썩지 않게 하시려고 죽은 사람들 가운데서 살리셨다. "하실" -
'곧 ~하려고 한다.'(동분사 현재)이다. "가르쳐" - '이렇게'이다. "이르
시되" - '말한다.'(동직설 완료)이다. "미쁜" - '신실한'이다. "주리라"
- '준다.'(동직설 미래)이다. 다윗에게 약속한 거룩하고 확실한 복을
너희에게 주신다.

35, "또 다른 시편에 일렀으되 주의 거룩한 자로 썩음을 당하지 않게
하시리라 하셨느니라"

"일렀으되" - '말한다.'(동직설 현재)이다. "당하지" - '알다.'(동부정
사 과거)이다. "않게" - '~아니다.'이다. "하시리라 하셨느니라" - '준
다.'(동직설 미래)이다.

36, "다윗은 당시에 하나님의 뜻을 따라 섬기다가 잠들어 그 조상들
과 함께 묻혀 썩음을 당하였으되"

"따라 섬기다가" - '섬긴다.'(동분사 과거)이다. "잠들어" - '잠잔
다.'(동직설 과거)이다. "함께 묻혀" - '더한다.'(동직설 과거)이다. "당
하였으되" - '본다.'(동직설 과거)이다. 다윗은 잠들었고, 조상들 곁에
묻혔고, 썩었다.

37, "하나님께서 살리신 이는 썩음을 당하지 아니하였나니"

"살리신" - '죽은 자를 일으킨다.'(동직설 과거)이다. "당하지" - '본다.'(동직설 과거)이다. "아니하였나니" - '~아니다.'이다. 그러나 하나님께서 살리셨던 분은 썩지 않으셨다.

38-41, 설교의 결론; 삶과 죽음의 선택

38, "그러므로 형제들아 너희가 알 것은 이 사람을 힘입어 죄 사함을 너희에게 전하는 이것이며"

"알" - '알려진'이다. "것은" - '너는 ~이 되라.'(동명령 현재)이다. 즉 '알아야 한다.'이다. "힘입어" - '와 함께'이다. "전하는" - '선포한다.'이다. 그러므로 그들은 이 사람을 통해 죄 용서가 선포된다는 사실을 알아야 한다. "이것이며" - '~ 때문에'이다.

39, "또 모세의 율법으로 너희가 의롭다 하심을 얻지 못하던 모든 일에도 이 사람을 힘입어 믿는 자마다 의롭다 하심을 얻는 이것이라"

"의롭다 하심을 얻지" - '의롭다 한다.'(동부정사 과거)이다. "못(하던)" - '~아니다.'이다. "(못)하던" - '할 수 있다.'(동직설 과거)이다. 모세의 율법으로는 의롭다 함을 얻지 못했다. "힘입어" - '~와 함께'이다. "믿는" - '믿는다.'(동분사 현재)이다. "의롭다 하심을 얻는" - '의롭다 한다.'(동직설 현재)이다. 이분 안에서 모든 믿는 사람이 의롭다 함을 받는다.

40, "그런즉 너희는 선지자들을 통하여 말씀하신 것이 너희에게 미칠까 삼가라"

"말씀하신" - '말한다.'(동분사 완료)이다. "미칠(까)" - '온다.'(동가정 과거)이다. "(미칠)까" - '아니'이다. "삼가라" - '본다.'(동명령 현재)이다. 선지자들이 말한 일이 일어나지 않도록 조심해야 한다. 그것이 무엇인가?

41, "일렀으되 보라 멸시하는 사람들아 너희는 놀라고 멸망하라 내가

너희 때를 당하여 한 일을 행할 것이니 사람이 너희에게 일러줄지라도 도무지 믿지 못할 일이라 하였느니라 하니라"

"일렀으되 보라" - '본다.'(동명령 과거)이다. "멸시하는 사람들아" - '멸시하는 사람'이다. 예수님을 믿음으로 구원받음을 비웃는 사람이다. 예수님을 믿지 않는 사람에 대한 경고이다. 하박국 1:5의 인용이다. "너희는 놀라고" - '기이히 여긴다.'(동명령 과거)이다. "멸망하라" - '사라진다.'(동명령 과거)이다. "행할 것이니" - '행한다.'(동직설 현재)이다. "일러줄" - '선언한다.'(동가정 현재)이다. "믿지" - '믿는다.'(동가정 과거)이다. "못할" - '결코 ~아니다.'이다. 하나님께서 한 가지 일을 할 터인데, 그 일을 누가 말해도 그들은 믿지 않을 것이다. 그들은 선지자의 말을 믿지 않아서 멸망한다.

4. 바울의 메시지를 듣고 사람들은 어떻게 반응했습니까(42-45)? 두 사도는 무엇을 했습니까(46)? 그들이 그렇게 한 데는 무슨 뜻이 있습니까(47)? '이방의 빛'이란 무슨 뜻이며, 그들을 '이방의 빛'으로 삼으신 목적은 무엇입니까?

42, "그들이 나갈새 사람들이 청하되 다음 안식일에도 이 말씀을 하라 하더라"

"나갈새" - '나간다.'(동분사 현재)이다. "사람들이 청하되" - '초청한다."(동직설 미완료)이다. "하라" - '말한다.'(동부정사 과거)이다. 사람들은 다음 안식일에도 이러한 말씀을 해 달라고 청했다.

43, "회당의 모임이 끝난 후에 유대인과 유대교에 입교한 경건한 사람들이 많이 바울과 바나바를 따르니 두 사도가 더불어 말하고 항상 하나님의 은혜 가운데 있으라 권하니라"

"끝난 후에" - '풀다.'(동분사 과거)이다. "유대교에 입교한" - '개종자', '(다른 종교로부터) 유대교로의 개종자(proselyte)'이다. "따르니" - '뒤따른다.'(동직설 과거)이다. 많은 사람이 바울과 바나바를 따랐다. "더불어 말하고" - '에게 이야기한다.'(동분사 현재)이다. "있으라"

- '남아 있다.'(동부정사 현재)이다. "권하니라" - '설득한다.'(동직설 미완료)이다. 하나님의 은혜에 머물러 있으라고 설득한다. 이 말은 '말씀을 통해 받은 은혜 안에서 살라.'라는 뜻이다. 삶의 현장은 만만하지 않다. 만만하지 않은 현장에서 믿음으로 살려면 말씀을 통해 받은 그 은혜로 살아야 한다. 말씀의 은혜를 붙드는 것이 승리의 비결이다.

44, "그다음 안식일에는 온 시민이 거의 다 하나님의 말씀을 듣고자 하여 모이니"

"다음" - '온다.'(동분사 현재)이다. "듣고자 하여" - '듣는다.'(동부정사 과거)이다. "모이니" - '모은다.'(동직설 과거)이다. 그다음 안식일에는 온 동네 사람이 모여들었다.

그러나 말씀의 은혜 안에서 살지 않은 사람은 무엇을 했는가?

45, "유대인들이 그 무리를 보고 시기가 가득하여 바울이 말한 것을 반박하고 비방하거늘"

"유대인" - 유대의 종교 지도자들(Jewish religious leaders)이다. "보고" - '본다.'(동분사 과거)이다. "시기가" - '열심'이다. "가득하여" - '가득하다.'(동직설 과거)이다. 그들은 사람들이 많이 모이는 것을 보고 시기심이 가득했다. "말한" - '말한다.'(동분사 현재)이다. "반박하고" - '반대하여 말한다.'(동직설 미완료)이다. "비방하거늘" - '비방한다.'(동분사 현재)이다. 그들은 바울의 메시지를 비방하면서 반박했다.

두 사도는 무엇을 했는가?

46, "바울과 바나바가 담대히 말하여 이르되 하나님의 말씀을 마땅히 먼저 너희에게 전할 것이로되 너희가 그것을 버리고 영생을 얻기에 합당하지 않은 자로 자처하기로 우리가 이방인에게로 향하노라"

"담대히 말하여" - '터놓고 말한다.'(동분사 과거)이다. "이르되" - '말한다.'(동직설 과거)이다. "마땅히" - '필요한'이다. "전할 것" - '말한다.'(동부정사 과거)이다. "이로되" - '나는 ~이다.'(동직설 미완료)

이다. "너희가 그것을 버리고" - '거절한다.'(동직설 현재)이다. "(영)생을 얻기에" - '생명'이다. "합당하지" - '합당한'이다. "않은" - '~아니다.'이다. "(자)처하기로" - '스스로 판단한다.'(동직설 현재)이다. "향하노라" - '바꾼다.'(동직설 현재)이다. 그들은 말씀을 거부하고, 영원한 생명을 얻기에 합당하지 못한 사람으로 스스로 판단한다. 바울과 바나바는 그들을 떠나서 이방인에게로 간다.

여기에는 무슨 뜻이 있는가?

47, "주께서 이같이 우리에게 명하시되 내가 너를 이방의 빛으로 삼아 너로 땅끝까지 구원하게 하리라 하셨느니라 하니"

"명하시되" - '명령한다.' '위임한다.'(동직설 완료)이다. 그들이 유대인에게서 이방인에게로 방향을 바꾼 더 근본적인 이유는 주님께서 방향을 주셨기 때문이다. 표면적으로는 유대인이 거부했기 때문에 방향을 바꿨다. 하지만 더 깊은 이유는 주님께서 그렇게 명령하셨기 때문이다. 주님께서 일찍이 바울을 택하셨을 때 아나니아한테 말씀하셨다. "주께서 이르시되 가라 이 사람은 내 이름을 이방인과 임금들과 이스라엘 자손들에게 전하기 위하여 택한 나의 그릇이라"(행 9:15).

"이방의" - '이교도'이다. "빛" - '이방을 위한 빛'이다. "삼아" - '지정한다.'(동직설 완료)이다. 주님은 바울과 바나바를 이방인의 빛으로 지정하셨다. 이 말에는 이방이 어둠에 있음을 전제한다. 그들은 구원이 없어서 어둡다. 심판이 있기에 어둡다. 예수님은 빛인데, 빛이 없기 때문이다. 예수님은 생명이신데, 생명이 없기 때문이다.

"끝" - '맨 끝의'이다. "하게 하리라" - '나는 ~이다.'(동부정사 현재)이다. 바울과 바나바는 예수님께서 완성하신 구원을 땅끝까지 가져가는 일을 해야 한다.

이방을 구원하려는 계획은 언제부터 있었는가? 하나님은 그 일을 아브라함 때부터 시작하셨다. 그리고 예수님을 통해서 더 힘차게 이루셨다. 그런데 오늘 바울과 바나바에게 그 일을 물려주시며, 더 역동적으로 감당하기를 바라신다.

5. 이방인의 반응은 어떠했습니까(48-49)? 왜 유대인은 두 사도를 박해했습니까(50)? 두 사도와 제자들은 어떻게 반응합니까 (51-52)?

48, "이방인들이 듣고 기뻐하여 하나님의 말씀을 찬송하며 영생을 주시기로 작정 된 자는 다 믿더라"

"듣고" - '듣는다.'(동분사 현재)이다. "기뻐하여" - '기뻐한다.'(동직설 미완료)이다. 이방 사람들은 이 말을 듣고 기뻐한다. "찬송하며" - '찬양한다.'(동직설 미완료)이다. 그들은 하나님을 찬양한다. "주시기로" - '~로 향하여'이다. "작정" - '지명한다.'(동분사 완료)이다. "된" - '나는 ~이다.'(동직설 미완료)이다. "믿더라" - '믿는다.'(동직설 과거)이다. 영원한 생명을 얻도록 정하신 사람은 모두 믿었다. 이방인이라고 해서 누구나 믿은 것은 아니다.

49, "주의 말씀이 그 지방에 두루 퍼지니라"

"두(루)" - '온'이다. "(두)루" - '~을 통하여'이다. "퍼지니라" - '퍼진다.'(동직설 미완료)이다. 이렇게 해서 주님의 말씀이 온 지방으로 퍼지고 있다.

그러나 유대인은 무엇을 했는가?

50, "이에 유대인들이 경건한 귀부인들과 그 시내 유력자들을 선동하여 바울과 바나바를 박해하게 하여 그 지역에서 쫓아내니"

"경건한" - '경배한다.'(동분사 현재)이다. "귀(부인)" - '존경할 만한'이다. "유력자들을" - '첫째의'이다. "선동하여" - '선동한다.'(동직설 과거)이다. 유대인들은 그 성의 지도층 인사를 선동했다. "(박해하게)하여" - '선동한다.'(동직설 과거)이다. "쫓아내니" - '내쫓는다.'(동직설 과거)이다. 그들은 바울과 바나바를 박해하도록 했고, 쫓아냈다.

51, "두 사람이 그들을 향하여 발의 티끌을 떨어 버리고 이고니온으

로 가거늘"

"떨어 버리고" - '흔들어 떨다.'(동분사 과거)이다. 그들이 사도의 메시지를 믿지 않아서 심판받으면, 그 책임이 그들에게 있음을 보여 주는 행위이다(마 10:14). "이고니온" - 소아시아 평원에 있던 도시이 다. "가거늘" - '온다.'(동직설 과거)이다.

52, "제자들은 기쁨과 성령이 충만하니라"
"제자들" - '그 제자들'이다. 첫째는, '안디옥 교회의 성도'이다. 둘 째는, '이고니온 교회의 성도'이다. "충만하니라" - '가득하다.'(동직설 미완료)이다. 첫째로, 안디옥 교회의 성도는 사도들이 쫓겨난 것을 보면서도 기뻐한다. 성령님이 함께하시기 때문이다. 둘째로, 이고니 온 교회의 성도는 사도가 온 것을 보고 기뻐했다. 성령님이 함께하 신 줄 믿기 때문이다.

21

믿음의 문을 여셨다

본문 사도행전 14:1-28
요절 사도행전 14:27
찬송 520장, 521장

1. 바울과 바나바가 이고니온에서 말씀을 전하자 어떤 두 가지 반응이 나타났습니까(1-2)? 그들은 그 박해와 어떻게 맞섰습니까(3)? 그 사역의 결과가 어떻게 나타났습니까(4-5)?

2. 그들은 어디로 도망가서, 무엇을 합니까(6-7)? 그곳에서 바울은 어떤 놀라운 일을 했습니까(8-10)? 이 사역의 뿌리는 무엇이었습니까?

3. 사람들은 그 일을 어떻게 받아들였습니까(11-13)? 두 사도는 그들을 어떻게 말렸습니까(14-15a)? 그들은 누구에게로 돌아가야 합니까(15b)? 왜 이제야 그들에게 이 사실을 알립니까(16-18)?

4. 바울은 박해 중에도 무엇을 했습니까(19-21)? 바울과 바나바는 돌아가는 길에 무엇을 가르쳤습니까(22)? 또 각 교회에 누구를 세웠습니까(23)?

5. 그들은 어떻게 안디옥으로 돌아옵니까(24-26)? 그들은 무엇을 보고합니까(27-28)? 그들의 보고를 통해서 무엇을 배웁니까?

21
믿음의 문을 여셨다

본문 사도행전 **14:1-28**
요절 사도행전 **14:27**
찬송 **520장, 521장**

1. 바울과 바나바가 이고니온에서 말씀을 전하자 어떤 두 가지 반응이 나타났습니까(1-2)? 그들은 그 박해와 어떻게 맞섰습니까(3)? 그 사역의 결과가 어떻게 나타났습니까(4-5)?

1, "이에 이고니온에서 두 사도가 함께 유대인의 회당에 들어가 말하니 유대와 헬라의 허다한 무리가 믿더라"

"이고니온"(Iconium) - 안디옥에서 동남쪽으로 120km 떨어진 곳이다. 41년 로마 황제 글라우디오(Claudius, 주전 10년~54년)는 이 도시에 자기 이름을 따서 '클라우디코니움(Claudiconium)'이라고 불렀다. 그곳에는 원주민 브리기아인(Phrygian, 프리지아 사람)과 셀루쿠스(Seleucid) 통치 기간(주전 312년~365년)에 이주해 온 헬라인과 유대인 등이 함께 살았다.

"두 사도가" - 바울과 바나바를 처음으로 '사도(apostles)'라고 부른다. 13:1, 3, 5, 43에 나오는 '사도'라는 표현은 '그들'이었다. 누가는 '사도'란 칭호를 오직 열두 사도에게만 사용했다. 그런데 이곳과 14절에서 두 사람을 '사도'라고 부른다. 바나바와 바울이 주님께서 인정하고 세우신 합법적인 증인임을 증언한다. "들어가" - '들어간다.'(동부정사 과거)이다. "말하(니)" - '말한다.'(동부정사 과거)이다.

21, 14:1-28 믿음의 문을 여셨다

"(말하)니" - '된다.'(동직설 과거)이다. "믿더라" - '믿는다.'(동부정사 과거)이다. 다양한 사람이 믿었다.

그러나 어떤 다른 반응도 나타났는가?

2, "그러나 순종하지 아니하는 유대인들이 이방인들의 마음을 선동하여 형제들에게 악감을 품게 하거늘"

"순종하지 아니하는" - '불순종한다.'(동분사 과거)이다. 어디에나 말씀을 받아들이지 않는 사람은 있다. "선동하여" - '선동한다.'(동직설 과거)이다. "악감을 품게 하거늘" - '해한다.'(동직설 과거)이다. 믿는 사람에게 나쁜 감정을 품게 했다.

두 사도는 그 박해에 어떻게 맞섰는가?

3, "두 사도가 오래 있어 주를 힘입어 담대히 말하니 주께서 그들의 손으로 표적과 기사를 행하게 하여 주사 자기 은혜의 말씀을 증언하시니"

"있어" - '머무른다.'(동직설 과거)이다. "힘입어" - '근처에'이다. "담대히 말하니" - '터놓고 말한다.'(동분사 현재)이다. 그들은 주님을 의지하고 담대히 말하면서 그곳에서 오래 있었다. 그들은 박해 앞에서 물러서지 않았다. "행하게 하여" - '일어난다.'(동부정사 현재)이다. "주사" - '준다.'(동분사 현재)이다. "증언하시니" - '증언한다.'(동분사 현재)이다. 주님께서 표적과 기사를 그들의 손으로 하도록 하셔서 은혜의 말씀을 증언하도록 하신다.

그 사역의 결과가 어떻게 나타났는가?

4, "그 시내의 무리가 나뉘어 유대인을 따르는 자도 있고 두 사도를 따르는 자도 있는지라"

"나뉘어" - '나눈다.'(동직설 과거)이다. 그 도시 사람들은 두 편으로 나뉘었다. "따르는" - '함께'이다. "있고" - '나는 ~이다.'(동직설 미완료)이다. "사도" - '사도'이다. 그들은 박해자의 편에 서든지, 사도 편에 서든지 했다.

21, 14:1-28 믿음의 문을 여셨다

불신의 사람은 어떻게 행동했는가?

5, "이방인과 유대인과 그 관리들이 두 사도를 모욕하며 돌로 치려고 달려드니"

"관리들이" - '통치자'이다. "두 사도를" - '그들'이다. "모욕하며" - '학대한다.'(동부정사 과거)이다. "돌로 치려고" - '돌로 쳐 죽인다.'(동부정사 과거)이다. "달려(드니)" - '습격'이다. "(달려)드니" - '일어난다.'(동직설 과거)이다. 불신의 사람들은 연합하여 두 사도를 죽이려고 했다.

2. 그들은 어디로 도망가서, 무엇을 합니까(6-7)? 그곳에서 바울은 어떤 놀라운 일을 행했습니까(8-10)? 이 사역의 뿌리는 무엇이었습니까?

6, "그들이 알고 도망하여 루가오니아의 두 성 루스드라와 더베와 그 근방으로 가서"

"알고" - '알다.'(동분사 과거)이다. "도망하여" - '도망한다.'(동직설 과거)이다. 그들은 알고 도망했다. "루가오니아"(Lycaonia) - 갑바도기아 서쪽 갈라디아 남쪽에 있는 산악이 험한 지역이다. "루스드라"(Lystra) - 루가오니아의 두 성 중 하나이다. "더베"(Derbe) - 루가오니아 지역의 동남쪽에 있다. "가서" - '~로 향하여'이다.

7, "거기서 복음을 전하니라"

"거기서" - '그리고 거기서도'이다. "복음을 전" - '좋은 소식을 전파한다.'(동분사 현재)이다. "하니라" - '나는 ~이다.'(동직설 미완료)이다. 그들은 그곳에서도 복음을 전하고 있다. 박해는 복음 전파를 멈추게 하지 않는다. 오히려 더 많은 지역으로 전파하도록 한다.

그곳에서 어떤 놀라운 일이 일어났는가?

8, "루스드라에 발을 쓰지 못하는 한 사람이 앉아 있는데 나면서 걷

21, 14:1-28 믿음의 문을 여셨다

지 못하게 되어 걸어 본 적이 없는 자라"

"앉아 있는데" - '앉는다.'(동직설 미완료)이다. "걸어 본" - '걷는다.'(동직설 과거)이다. "적이 없는" - '전혀 아닌'이다.

9, "바울이 말하는 것을 듣거늘 바울이 주목하여 구원받을 만한 믿음이 그에게 있는 것을 보고"

"말하는 것" - '말한다.'(동분사 현재)이다. "듣거늘" - '듣는다.'(동직설 과거)이다. 그는 바울의 메시지를 들었다.

듣는 그에게 무슨 일이 일어났는가? "주목하여" - '열중하여 본다.'(동분사 과거)이다. "구원받을 만한" - '구원한다.''(동부정사 과거)이다. '구원'은 장애를 치료받는 것을 말한다. "있는" - '가진다.'(동직설 현재)이다. 그에게는 고침을 받을 믿음이 있다. "보고" - '본다.'(동분사 과거)이다.

10, "큰 소리로 이르되 네 발로 바로 일어서라 하니 그 사람이 일어나 걷는지라"

"이르되" - '명령한다.'(동직설 과거)이다. "바로" - '똑바른'이다. "일어서라 하니" - '일어난다.'(동명령 과거)이다. 사도는 그의 믿음을 보고 그에게 일어서라고 명령했다. "그 사람이 일어나" - '뛴다.'(동직설 과거)이다. "걷는지라" - '걷는다.'(동직설 미완료)이다. 그 사람은 일어났고, 걷는다. 예수님께서 행하셨던 그 일을 사도가 그대로 했다(눅 5:24).

이 사역의 뿌리는 무엇인가? 말씀을 들음이다. 말씀을 들으면 믿음이 생긴다. 믿음이 생기면 치유 사역이 일어난다. 말씀, 믿음, 그리고 치유로 이어지는 모습이 가장 건강한 사역이다.

3. 사람들은 그 일을 어떻게 받아들였습니까(11-13)? 두 사도는 그들을 어떻게 말렸습니까(14-15a)? 그들은 누구에게로 돌아가야 합니까(15b)? 왜 이제야 그들에게 이 사실을 알립니까(16-18)?

11, "무리가 바울이 한 일을 보고 루가오니아 방언으로 소리 질러 이르되 신들이 사람의 형상으로 우리 가운데 내려오셨다 하여"

"한" - '행한다.'(동직설 과거)이다. "보고" - '본다.'(동분사 과거)이다. "루가오니아 방언으로" - '루가오니아의 언어로'이다. "질러" - '들어 올린다.'(동직설 과거)이다. "이르되"- '말한다.'(동분사 현재)이다. "형상으로" - '같게 한다.'(동분사 과거)이다. "내려오셨다 하여" - '내려온다.'(동직설 과거)이다. 그들은 "신들이 사람의 모습으로 내려왔다."라고 생각했다. 왜냐하면 그들은 장애인을 걷게 하는 일은 신들만이 할 수 있는 일이라고 믿었기 때문이다.

12, "바나바는 제우스라 하고 바울은 그중에 말하는 자이므로 헤르메스라 하더라"

"제우스"(Zeus) - 그리스 신화의 '주신(Father of Gods and men)'이다. 로마 신화의 주피터(Jupiter)와 같다. 크로노스(Cronus)와 레아(Rhea)의 막내아들이다. 포세이돈(Poseidon), 하데스(Hades) 등과는 형제이다. 번개와 독수리가 대표적인 상징물이다. "하고" - '부른다.'(동직설 미완료)이다. "그중에" - ' 나는 ~이다.'(동직설 미완료)이다. "말하는" - '말'이다. "하는" - '인도한다.'(동분사 현재)이다.

"헤르메스"(Hermes) - 로마 신화의 머큐리(Mercury)와 같다. 헤르메스는 그리스 신화에서 제우스의 수행원으로 등장한다. 바나바를 제우스, 바울을 헤르메스라고 생각한 것은 바나바는 가만히 있고, 바울이 그 곁에서 메시지를 전했기 때문이다.

13, "시외 제우스 신당의 제사장이 소와 화환들을 가지고 대문 앞에 와서 무리와 함께 제사하고자 하니"

"시외" - '도시 앞에'이다. "제우스 신당의" - '제우스(Zeus)'이다. "화환들을" - '꽃장식(garland)'이다. "가지고 와서" - '가져온다.'(동분사 과거)이다. "제사" - '제사한다.' '제물을 바친다.'(동부정사 현재)이다. "하고자 하니" - '바란다.'(동직설 미완료)이다. 사람들은 바나바와 바울을 신으로 믿고 제사하려고 한다.

21, 14:1-28 믿음의 문을 여셨다

고대 로마의 시인 오비디우스(Publius Ovidius Naso, 주전 70~17)는 『변신담』 *Metamorphoses*(*Transformations*)에서 "주피터(Jupiter)와 머큐리(Mercury)가 루스드라에 왔다."라는 전설을 말했다.

두 사도는 그들을 어떻게 말렸는가?

14, "두 사도 바나바와 바울이 듣고 옷을 찢고 무리 가운데 뛰어 들어가서 소리 질러"

"두 사도" - '사도'이다. 4절에 이어서 '사도들(the apostles)'이라고 부른다. "듣고" - '듣는다.'(동분사 과거)이다. "찢고" - '갈기갈기 찢는다.'(동분사 과거)이다. 사도들은 옷을 찢음으로써 사람들의 태도가 얼마나 불경한 일인가를 보여준다. "뛰어 들어가서" - '뛰어들다.'(동직설 과거)이다. "소리 질러" - '소리 지른다.'(동분사 현재)이다.

15, "이르되 여러분이여 어찌하여 이러한 일을 하느냐 우리도 여러분과 같은 성정을 가진 사람이라 여러분에게 복음을 전하는 것은 이런 헛된 일을 버리고 천지와 바다와 그 가운데 만물을 지으시고 살아 계신 하나님께로 돌아오게 함이라"

"이르되" - '말한다.'(동분사 현재)이다. "하느냐" - '한다.'(동직설 현재)이다. "같은 성정을 가진" - '같은 성질을 가진'이다. "(사람)이라" - '우리는 ~이다.'(동직설 현재)이다. '심지어 우리까지도 너희와 똑같은 사람이다. 너희와 다를 바가 전혀 없는 사람이다.'라는 뜻이다. 두 사도는 헤롯 왕과는 다르다. 헤롯은 사람의 인정 앞에서 신처럼 행동했다(12:22-23).

두 사도는 그들의 시선을 누구에게로 돌리도록 하는가? "복음을 전하는 것은" - '좋은 소식을 전파한다.'(동분사 현재)이다. 사도들은 복음을 전하는 목적을 분명하게 밝힌다. 유대인의 회당이 아닌 제3의 장소에서 유대인이 아닌 이방인을 대상으로 한 바울의 첫 번째 설교이다. "헛된 일을" - '쓸데없는'이다. "버리고" - '~에서'이다. '~에서 돌아선다.'라는 뜻이다. 그들은 사람을 신으로 섬기는 일에서 돌아서야 한다.

누구에게로 가야 하는가? "지으시고" - '만들다.'(동직설 과거)이다. "살아 계신" - '살다.'(동분사 현재)이다. "돌아오게 함이라" - '~로 돌아간다.'(부정사)이다. 창조주이시며 살아 계신 하나님께로 돌아가야 한다. 창조주 하나님만이 우리가 섬겨야 할 유일한 분이다. 하나님은 이 모든 것을 만드시고 역사와 자연의 현상 속에서 일하신다. 그분을 섬기는 일 외에는 그 어떤 것도 다 헛된 일이다.

왜 이제야 그들에게 이 사실을 알리는 것인가?

16, "하나님이 지나간 세대에는 모든 민족으로 자기들의 길들을 가게 방임하셨으나"

"지나간" - '지나간다.'(동분사 완료)이다. "세대" - '세대'이다. 예수 그리스도의 십자가와 부활을 믿음으로 구원받기 이전의 세대를 말한다. "길들을" - '길', '생활 방식'이다. "가게" - '걷는다.'(부정사 현재)이다. "방임하셨으나" - '허락한다.'(동직설 과거)이다. 하나님은 그들을 제멋대로 살도록 버려두셨다.

17, "그러나 자기를 증언하지 아니하신 것이 아니니 곧 여러분에게 하늘로부터 비를 내리시며 결실기를 주시는 선한 일을 하사 음식과 기쁨으로 여러분의 마음에 만족하게 하셨느니라 하고"

"증언하지 아니하신 것이" - '증거 없는'이다. "아니니" - '~아니다.'이다. 하나님께서 당신을 나타내지 않으신 것은 아니다.

하나님은 어떻게 당신을 나타내셨는가? "내리시며" - '준다.'(동분사 현재)이다. "결실기를" - '결실할 때'이다. "선한 일을" - '선한 일을 한다.'(동분사 현재)이다. "하사" - '가게 한다.'(동직설 과거)이다. "만족하게 하셨느니라" - '만족하게 한다.'(동분사 현재)이다. 하나님은 하늘에서 비를 내려 주시고, 철을 따라 열매를 맺게 하시고, 먹을거리를 주셔서, 그들의 마음을 기쁨으로 가득 채워주셨다. 지금까지 삶의 현장에서 일어난 일은 하나님의 은혜 안에서 이루어진 일이다.

18, "이렇게 말하여 겨우 무리를 말려 자기들에게 제사를 못하게 하니라"

"말하여" - '말한다.'(동분사 현재)이다. "겨우" - '간신히'이다. "말려" - '쉰다.'(동직설 과거)이다. "못하게 하니라" - '아니'이다. 그들의 마음을 하나님께 돌리면서 제사하지 못하게 막았다.

오늘도 사람들이 왜 헛된 신을 섬기는가? 창조주 하나님을 모르기 때문이다. 말씀을 모르기 때문이다. 성경을 모르면 헛된 신을 섬길 수밖에 없다. 헛된 일을 할 수밖에 없는 헛된 사람이 된다. 그 점에서 우리가 말씀을 통해서 창조주 하나님을 알고 섬기는 일이 얼마나 복된 일인가? 이 복된 일을 다른 사람에게 증언하는 일 또한 얼마나 복된 일인가?

4. 바울은 박해 중에도 무엇을 했습니까(19-21)? 바울과 바나바는 돌아가는 길에 무엇을 가르쳤습니까(22)? 또 각 교회에 누구를 세웠습니까(23)?

19, "유대인들이 안디옥과 이고니온에서 와서 무리를 충동하니 그들이 돌로 바울을 쳐서 죽은 줄로 알고 시외로 끌어 내치니라"

"안디옥과 이고니온에서 와서" - 유대인들은 떼를 지어서 원정길에 올랐다. 그들의 열심은 과거의 사울처럼 대단하다. "와서" - '온다.'(동직설 과거)이다. "충동하니" - '설득한다.'(동분사 과거)이다. 그들은 바울을 직접 대적하기보다는 사람들을 선동하여 바울을 대적하게 만든다. "쳐서" - '돌을 던진다.'(동분사 과거)이다. 그들은 바울을 돌로 쳤다. "끌어 내치니라" - '끌다.'(동직설 미완)이다. 그들은 바울이 죽은 줄 알고 성 밖으로 끌어냈다.

20, "제자들이 둘러섰을 때에 바울이 일어나 그 성에 들어갔다가 이튿날 바나바와 함께 더베로 가서"

"둘러섰을 때에" - '에워싼다.'(동분사 과거)이다. "일어나" - '일어난다.'이다.(동분사 과거)이다. '죽은 자로부터 일어난다.'라는 뜻이다. 마치 죽은 자 가운데서 다시 살아난 것처럼 일어났음을 말한다.

"들어갔다가" - '들어간다.'(동직설 과거)이다. 바울은 일어나서 성으로 다시 들어갔다. 그는 죽음 앞에서도 물러서지 않고 담대하게 복음을 전했다. "가서" - '나간다.'(동직설 과거)이다. 그는 더베로 떠났다.

그는 그곳에서 무슨 일에 힘썼는가?

21, "복음을 그 성에서 전하여 많은 사람을 제자로 삼고 루스드라와 이고니온과 안디옥으로 돌아가서"

"복음을" - '좋은 소식을 전파한다.'(동분사 과거)이다. "제자로 삼고" - '제자를 만들다.'(동분사 과거)이다. "루스드라와 이고니온과 안디옥으로" - 이곳은 제1차 선교여행의 반환점이다. 그들이 지금까지 거쳐 왔던 선교지를 역순으로 돌아가면서 방문했다. "돌아가서" - '돌아간다.'(동직설 과거)이다. 바울과 바나바는 복음을 전하여 많은 제자를 세운 후에 돌아갔다.

사도는 무엇을 가르치는가?

22, "제자들의 마음을 굳게 하여 이 믿음에 머물러 있으라 권하고 또 우리가 하나님의 나라에 들어가려면 많은 환난을 겪어야 할 것이라 하고"

"굳게 하여" - '더 강하게 한다.'(동분사 현재)이다. "머물러 있으라" - '머무른다.'(부정사)이다. "권하고" - '격려한다.'(동분사 현재)이다. "을 겪어야" - '~와 함께'이다. "환난" - '환난'이다. "할" - '반드시 ~해야 한다.'(동직설 현재)이다. 그들은 제자들의 마음을 굳세게 하고 믿음을 지키라고 권했다. "겪어야" - '~을 통하여'이다.

"것이라 하고" - '~ 때문에'이다. 그들은 제자들의 마음을 굳게 하고 언제나 믿음에서 살라고 격려하면서, "우리가 하나님의 나라에 들어가려면 많은 고난을 겪어야 한다."라고 했다.

왜 고난을 말할까? 거대한 세상에 비해서 그들의 믿음은 너무나 연약하고 열악하다. 꽃길만 생각하면 현실의 어려움 앞에서 믿음을 지킬 수 없다. 그러나 고난이 따름을 알면 고난 앞에서 흔들리지 않고 갈 수 있다.

23, "각 교회에서 장로들을 택하여 금식 기도하며 그들이 믿는 주께 그들을 위탁하고"

"교회" - '회중'이다. 교회가 등장했다. "장로"(πρεσβύτερος, *presbyteros*) - '손위의'이었다. '더 존경받는'이란 의미이다. 교회의 지도자를 뜻한다. "택하여" - '임명한다.'(동분사 과거)이다. "금식" - '금식'이다. "기도하며" - '기도한다.'(동분사 과거)이다. 분사형이다. "믿는" - '믿는다.'(동직설 과거)이다. "그들을 위탁하고" - '앞에 놓는다.'(동직설 과거)이다. 바울과 바나바는 장로를 임명한 후에 금식하면서 기도하고, 주님 앞에 그들을 놓았다.

5. 그들은 어떻게 안디옥으로 돌아옵니까(24-26)? 그들은 무엇을 보고합니까(27-28)? 그들의 보고를 통해서 무엇을 배웁니까?

24, "비시디아 가운데로 지나서 밤빌리아에 이르러"

"밤빌리아"(Pamphylia) - 소아시아 남쪽 해안 지방이다. 루기아와 길리기아 사이에 있다. "가운데로 지나서" - '~을 통하여 간다.'(동분사 과거)이다. "이르러" - '온다.'(동직설 과거)이다.

25, "말씀을 버가에서 전하고 앗달리아로 내려가서"

"버가" - 소아시아 남쪽에 있는 밤빌리아의 고대 도시이다. 해안에서 13km 떨어진 내륙에 있다. "전하고" - '말한다.'(동분사 과거)이다. "앗달리아"(Attalia) - 소아시아 남쪽 해안 버가의 외항으로 밤빌리아도(Provincia Pamphylia)에 있던 고대 도시이다. 소아시아에서 애굽으로 왕래하는 길목이었다. "내려가서" - '내려간다.'(동직설 과거)이다.

26, "거기서 배 타고 안디옥에 이르니 이곳은 두 사도가 이룬 그 일

21, 14:1-28 믿음의 문을 여셨다

을 위하여 전에 하나님의 은혜에 부탁하던 곳이라"

"배 타고" - '배 타고 간다.'(동직설 과거)이다. "안디옥" - 그들은 '시리아 안디옥'으로 다시 돌아왔다. "이르니" - '~로 향하여'이다. "두 사도가 이룬" - '이룬다.'(동직설 과거)이다. "부탁하던 곳" - '전달한다.'(동분사 완료)이다. "이라" - '하나님'이다. 안디옥은 그들이 선교 활동하려고 하나님의 은혜에 몸을 내맡기고 나선 곳이다.

27, "그들이 이르러 교회를 모아 하나님이 함께 행하신 모든 일과 이방인들에게 믿음의 문을 여신 것을 보고하고"

"그들이 이르러" - '이른다.'(동분사 과거)이다. "모아" - '모은다.'(동분사 과거)이다. "행하신" - '행한다.'(동직설 과거)이다. "여신" - '열다.'(동직설 과거)이다. "보고하고" - '보고한다.'(동직설 미완료)이다. "행하신 모든 일", "믿음의 문을 여신 것" - 그들은 교회에 하나님께서 자기들과 함께 행하신 모든 일, 그것은 곧 하나님께서 이방 사람에게 믿음의 문을 여신 일을 보고한다.

28, "제자들과 함께 오래 있으니라"

"있으니라" - '머무른다.'(동직설 미완)이다.

그들의 보고를 통해서 무엇을 배우는가? 그들의 하나님 중심의 세계관을 배운다. 겉만 보면, 그들의 제1차 선교여행은 그들이 했다. 그들이 이방 세계에 들어가 복음을 전했다. 그들이 박해받았고, 그들이 제자를 세웠고, 그들이 장로를 임명했다. 그런데도 그들은 하나님이 하신 일이라고 보고한다. 왜냐하면 그들은 하나님 중심의 렌즈로 보기 때문이다. 그들의 선교 생활은 처음부터 성령님의 뜻이었고, 성령님의 인도하심의 결과였다. 그들은 성령님께서 이방 세계에 복음을 전하는 그 일에 쓰임 받는 도구에 불과했다.

그러므로 그들의 선교 사역의 주체는 그들이 아니다. 성령님이다. 그들은 그 렌즈를 가졌기에 "하나님이 믿음의 문을 여셨습니다!"라고 보고한다.

22
우리와 동일하게

본문 사도행전 **15:1-35**
요절 사도행전 **15:11**
찬송 **260**장, **261**장

1. 유대로부터 온 어떤 사람들은 안디옥 교회에서 무엇을 가르칩니까(1)? 교회는 그 가르침을 어떻게 해결하고자 했습니까(2)?

2. 바울 일행은 예루살렘에 이르러 무엇을 보고했습니까(3-4)? 그 보고에 대한 반응은 어떠했습니까(5)? 이 주장 앞에서 베드로는 무엇을 말했습니까(6-9)? 그들은 어떻게 차별했습니까(10)? 그러나 베드로의 결론은 무엇이었습니까(11)? '동일하게 구원받는다.'라는 말을 통해 무엇을 배웁니까?

3. 야고보는 무엇을 강조했습니까(12-18)? 그는 어떤 결론을 내립니까(19-20)? 왜 이방인 신자는 그것을 멀리해야 합니까(21)?

4. 예루살렘 교회는 야고보의 결정을 어떻게 실행합니까(22-23)? 그 내용은 무엇입니까(24-26)?

5. 유다와 실라가 안디옥 교회에 전해야 할 메시지는 무엇입니까(27-30)? 예루살렘 교회는 어떻게 그런 결정을 내렸습니까(28a)? 편지를 받은 안디옥 교회의 반응은 어떠합니까(31)? 바울과 바나바는 계속해서 무엇에 힘씁니까(32-35)?

22
우리와 동일하게

본문 사도행전 15:1-35
요절 사도행전 15:11
찬송 260장, 261장

1. 유대로부터 온 어떤 사람들은 안디옥 교회에서 무엇을 가르칩니까(1)? 교회는 그 가르침을 어떻게 해결하고자 했습니까(2)?

15장은 사도행전의 전환점이며 중심부이다. 과거를 마무리하고 앞으로 있을 일을 전개한다. 베드로는 사라지고 바울이 등장하고, 예루살렘은 사라지고 로마가 등장한다.

1, "어떤 사람들이 유대로부터 내려와서 형제들을 가르치되 너희가 모세의 법대로 할례를 받지 아니하면 능히 구원을 받지 못하리라 하니"
"어떤 사람들이 유대로부터" - 몇 사람이 유대에서 왔다. 그들은 유대인 그리스도인이다. "내려와서" - '내려간다.'(동분사 과거)이다. "가르치되" - '가르친다.'(동직설 미완료)이다. "법" - '관례'이다. "할례를 받지" - '할례를 한다.'(동가정 과거)이다. "아니" - '~아니면'이다. "하면" - '만일 ~이라면'이다. "능히" - '할 수 있다.'(동직설 현재)이다. "구원을 받지" - '구원한다.'(동부정사 과거)이다. "못하리라" - '~ 아니다.'이다. 모세의 율법은 할례를 하나님의 언약 백성의 표시로 가르쳤다. 할례가 언약 백성이 되는 조건이 아니라, 언약 백성의 표시일뿐이다. 그런데도 어떤 유대인은 할례를 언약 백성의 조

243

건으로 가르쳤다. 예수님을 믿어도 할례를 해야 구원받는다고 가르쳤다.

그 가르침으로 교회는 어떻게 되었는가?

2, "바울 및 바나바와 그들 사이에 적지 아니한 다툼과 변론이 일어난지라 형제들이 이 문제에 대하여 바울과 바나바와 및 그중의 몇 사람을 예루살렘에 있는 사도와 장로들에게 보내기로 작정하니라"

"다툼" - '알력'이다. "변론이" - '논증'이다. "일어난지라" - '생겨난다.'(동분사 과거)이다. 교회에서 적지 않은 충돌과 논쟁이 일어났다. 왜냐하면 바울과 바나바는 "오직 예수님을 믿음으로만 구원받는다."라고 가르쳤기 때문이다. 유대인의 가르침은 바울과 바나바의 이방 사역을 완전히 뒤집었다.

안디옥 교회는 그 문제를 어떻게 해결하고자 했는가? "보내기로" - '올라간다.'(동부정사 현재)이다. "작정하니라" - '지명한다.'(동직설 과거)이다. 예루살렘 교회에 최종 결정을 맡겼다. 그들은 신학적 논쟁을 교회의 지도자를 통해서 해결하고자 했다.

2. 바울 일행은 예루살렘에 이르러 무엇을 보고했습니까(3-4)? 그 보고에 대한 반응은 어떠했습니까(5)? 이 주장 앞에서 베드로는 무엇을 말했습니까(6-9)? 그들은 어떻게 차별했습니까(10)? 그러나 베드로의 결론은 무엇이었습니까(11)? '동일하게 구원받는다.' 라는 말을 통해 무엇을 배웁니까?

3, "그들이 교회의 전송을 받고 베니게와 사마리아로 다니며 이방인들이 주께 돌아온 일을 말하여 형제들을 다 크게 기쁘게 하더라"

"전송을 받고" - '전송한다.'(동분사 과거)이다. "베니게" - 지중해 동북 연안에 있는 레바논 지역이다. 두로와 시돈이 있는 곳이다. "다니며" - '지나간다.'(동직설 미완료)이다. 그들은 그 지역을 방문한다. "주께 돌아온 일을" - '돌아옴'이다. "말하여" - '선언한다.'(동분사 현재)이다. 그들은 그 지역을 방문하면서 이방 사람이 회개한 일을 자세히 말한다. "하더라" - '행한다.'(동직설 미완료)이다. 그곳 형제자매는 이방 사람이 주님께로 돌아온 일을 듣고 모두 기뻐한다.

4, "예루살렘에 이르러 교회와 사도와 장로들에게 영접을 받고 하나님이 자기들과 함께 계셔 행하신 모든 일을 말하매"
"이르러" - '이른다.'(동분사 과거)이다. "영접을 받고" - '영접한다.'(동직설 과거)이다. 바울 일행은 예루살렘에 도착하여 영접받았다. "행하신" - '행한다.'(동직설 과거)이다. "말하매" - '보고한다.'(동직설 과거)이다. 그들은 하나님께서 함께 행하신 일을 보고했다. 여기서 중요한 표현은 "하나님께서 그들과 함께 행하신 일"이다. 그들은 이방 선교를 하나님께서 친히 하셨음을 강조했다.

5, "바리새파 중에 어떤 믿는 사람들이 일어나 말하되 이방인에게 할례를 행하고 모세의 율법을 지키라 명하는 것이 마땅하다 하니라"
"바리새파" - 유대교의 경건주의 분파, 중간계급 평신도이다. "믿는" - '믿는다.'(동분사 완료)이다. "일어나" - '일으킨다.'(동직설 과거)이다. "말하되" - '말한다.'(동분사 현재)이다. "할례를 행하고" - '할례를 한다.'(동부정사 현재)이다. "지키라" - '지킨다.'(동부정사 현재)이다. "명하는 것이" - '명령한다.'(동부정사 현재)이다. "마땅하다" - '반드시 ~해야 한다.'(동직설 현재)이다. 바리새파의 어떤 사람은 "구원받기 위해서는 할례가 꼭 필요하다."라고 주장했다.

6, "사도와 장로들이 이 일을 의논하러 모여"
"의논하러" - '본다.'(동부정사 과거)이다. "모여" - '모은다.'(동직설 과거)이다. 그들은 이 문제를 알아보려고 모였다.
베드로는 무엇을 했는가?

7, "많은 변론이 있은 후에 베드로가 일어나 말하되 형제들아 너희도 알거니와 하나님이 이방인들로 내 입에서 복음의 말씀을 들어 믿게 하시려고 오래전부터 너희 가운데서 나를 택하시고"

"변론이" - '논증'이다. "있은 후에" - '일어난다.'(동분사 과거)이다. "베드로" - 베드로는 사도들의 대표자이다. 그의 주장은 사도 전체를 대변한다.

"일어나" - '일어난다.'(동분사 과거)이다. "말하되" - '말한다.'(동직설 과거)이다. 그의 주장은 7b-11까지의 내용이다. "알거니와" - '알다.'(동직설 현재 중수디포)이다. "들어" - '듣는다.'(동부정사 과거)이다. "믿게 하시려고" - '믿는다.'(동부정사 과거)이다. 4절에서 바울과 바나바가 "하나님이 이방인들 속에서 일하셨다."라고 증언했다. 이것을 베드로가 받아서 그 하나님이 어떤 분인가를 증언한다. "(날)" - '날'이다. "택하시고" - '선택한다.'(동직설 과거)이다. 하나님은 이방인에게 복음을 전하시려고 베드로를 택하셨다. 유대인 중의 유대인, 사도 중의 사도인 베드로를 택하셨다. 이방인 복음 사역은 하나님께서 친히 시작하신 일이다.

그 하나님께서 계속해서 무엇을 하셨는가?

8, "또 마음을 아시는 하나님이 우리에게와 같이 그들에게도 성령을 주어 증언하시고"

"마음을 아시는" - '마음을 아시는 이'이다. 하나님을 뜻한다. 하나님은 유대인뿐만 아니라 이방인의 마음도 아신다. "같이" - '~에 따라서'이다. "주어" - '준다.'(동분사 과거)이다. "증언하시고" - '증언한다.'(동직설 과거)이다. 하나님은 유대인과 같이 이방인에게도 성령님을 주어 증언하셨다.

9, "믿음으로 그들의 마음을 깨끗이 하사 그들이나 우리나 차별하지 아니하셨느니라"

"믿음으로" - 하나님께서는 그들의 믿음을 보셨다. "깨끗이 하사" - '깨끗하게 한다.'(동분사 과거)이다. "차별하지" - '구별한다.'(동직설 과거)이다. "아니하셨느니라" - '하나도 아닌'이다. 하나님은 믿음으로 이방 사람의 마음을 깨끗이 하셔서 차별하지 않았다. 세상에는 혈통이나 민족이나 나라와 같은 외형적 차별이 있다. 하지만 하나님은 그런 외형으로 사람을 차별하지 않으셨다. 믿음 안는 어떤 차별도 없다.

그런데 지금 그들은 어떤 차별을 하는가?

10, "그런데 지금 너희가 어찌하여 하나님을 시험하여 우리 조상과 우리도 능히 메지 못하던 멍에를 제자들의 목에 두려느냐"

"시험하여" - '시험한다.'(동직설 현재 능동)이다. 그들은 하나님의 일을 시험한다. "능히" - '할 수 있다.'(동직설 과거)이다. "메지" - '견딘다.'(동부정사 과거)이다. "두려느냐" - '더한다.'(동부정사 과거)이다. 그들이 이방 사람에게 할례를 요구하는 일은 이방 사람의 목에 멍에를 매게 하는 일이다.

그러나 베드로의 결론은 무엇이었는가?

11, "그러나 우리는 그들이 우리와 동일하게 주 예수의 은혜로 구원받는 줄을 믿노라 하니라"

"그들이 우리와" - '그리고 그'이다. "동(일)" - '이 사람'이다. "(동)일" - '방법'이다. "하게" - '아래로'이다. "동일하게" - '같은 방식으로', '마찬가지로'이다. "주 예수의 은혜로" - '주님 예수님의 선물'을 뜻한다. '예수님의 은혜'는 '예수님이 주도적으로', '예수님의 선물로'라는 뜻이다. 여기에는 인간의 주도권이나 인간의 행위가 '1도' 들어 있지 않다. 인간이 할 수 있는 일, 해야 하는 일은 그 은혜를 받아들이는 일이다. 은혜는 믿음으로 이어지고, 은혜받음은 믿음으로 나타난다.

"구원받는 줄을" - '구원한다.'(동부정사 과거)이다. 유대인이 구원받은 같은 방식으로 이방인도 구원받는다. "믿노라" - '믿는다.'(동직설 현재)이다. 그의 결론은 믿음의 고백이다.

'동일하게 구원받는다.'라는 말을 통해 무엇을 배우는가? 첫째로, 모든 사람은 똑같이 구원받아야 한다. 둘째로, 모든 사람은 똑같이 예수님의 은혜로 구원받는다. 유대인이 구원받음은 할례를 해서가 아니다. 그들이 구원받음은 예수님의 은혜를 받았기 때문이다. 이방인도 유대인과 똑같이 예수님의 은혜로 구원받는다.

3. 야고보는 무엇을 강조했습니까(12-18)? 그는 어떤 결론을 내립니까(19-20)? 왜 이방인 신자는 그것을 멀리해야 합니까(21)?

12, "온 무리가 가만히 있어 바나바와 바울이 하나님께서 자기들로 말미암아 이방인 중에서 행하신 표적과 기사에 관하여 말하는 것을 듣더니"

"가만히 있어" - '잠자코 있다.'(동직설 과거)이다. "행하신" - '행한다.'(동직설 과거)이다. "관하여 말하는" - '설명한다.'(동분사 현재)이다. "듣더니" - '듣는다.'(동직설 미완료)이다. 그들은 바나바와 바울이 하나님께서 자기들을 통해 이방인 중에 하신 표적과 기사에 관하여 말하는 내용을 들었다.

13, "말을 마치매 야고보가 대답하여 이르되 형제들아 내 말을 들으라"

"말을 마치(매)" - '침묵을 지킨다.'(동부정사 과거)이다. "(마치)매" - '후에'이다. "야고보" - 예수님의 동생이다(막 6:3). 그는 예수님께서 부활하셨을 때부터 믿기 시작하여 예루살렘 교회의 큰 기둥이 되었다(갈 2:9). 예루살렘 공회의 회장이다(15:13). 야고보서를 기록했다(약 1:1). '의인 야고보(James the Just)'라고 부른다. "대답하여" - '대답한다.'(동직설 과거)이다. "이르되" - '말한다.'(동분사 현재)이다. "들으라" - '듣는다.'(동명령 과거)이다. 그의 말은 21절까지이다.

14, "하나님이 처음으로 이방인 중에서 자기 이름을 위할 백성을 취하시려고 그들을 돌보신 것을 시므온이 말하였으니"

"처음으로" - '첫째로'이다. "취하시려고" - '취한다.'(동부정사 과거)이다. 이 표현은 구약에서 이스라엘에 적용했다. 하나님은 이방 사람도 당신의 이름을 위한 백성으로 삼고자 하셨다. "돌보신" - '방문한다.'(동직설 과거)이다. "시므온" - 베드로에 대한 히브리 이름이다. 이것은 베드로가 정통파 유대인임을 말한다. 하나님은 그런 유대인을 이방인의 목자로 부르시고 쓰셨다. "말하였으니" - '설명한다.'(동직설 과거)이다. 시므온이 설명했다.

15, "선지자들의 말씀이 이와 일치하도다 기록된 바"

"일치하도다" - '일치한다.'(동직설 현재)이다. 야고보는 이방인 사역을 선지자들의 예언에서 그 뿌리를 찾았다. "기록된 바" - '기록한다.'(동직설 완료)이다. 이 말씀은 암 9:11-12의 인용이다.

16, "이 후에 내가 돌아와서 다윗의 무너진 장막을 다시 지으며 또 그 허물어진 것을 다시 지어 일으키리니"

"내가 돌아와서" - '되돌아간다.'(동직설 미래)이다. "무너진" - '넘어진다.'(동분사 완료)이다. "장막을" - '천막'이다. "다시 지으며" - '다시 짓는다.'(동직설 미래)이다. "허물어진" - '부순다.'(동분사 완료)이다. "일으키리니" - '세운다.'(동직설 미래)이다. 문자적으로는 다윗 왕조와 그 영토의 회복을 뜻한다. 하나님은 다윗의 무너진 집을 회복하고, 그 허물어진 곳을 다시 고칠 것이다. 이 말씀은 다윗의 씨인 그리스도의 부활과 승천을 통하여 그 백성을 만드실 것에 대한 예언이다.

이렇게 하는 목적은 무엇인가?

17, "이는 그 남은 사람들과 내 이름으로 일컬음을 받는 모든 이방인들로 주를 찾게 하려 함이라 하셨으니"

"그 남은 사람들" - 역사적으로는 에돔의 남은 사람을 말한다. "일컬음을 받는" - '부른다.'(동직설 완료)이다. "찾게" - '찾는다.'(동가정 과거)이다. "하려 함이라" - '~하기 위하여'이다. 그 목적은 열방이 하나님께서 다시 지은 다윗 왕국으로 들어오는 데 있었다. 다윗의 후손인 그리스도를 통해 이방인이 새 공동체로 들어올 것이다.

18, "즉 예로부터 이것을 알게 하시는 주의 말씀이라 함과 같으니라"

"예로" - '오랜 시간'이다. "알게" - '알려진'이다. "하시는" - '행한다.'(동분사 현재)이다. "말씀이라 함과 같으니라" - '말한다.'(동직설 현재)이다. 이방인이 하나님의 백성으로 들어오는 것은 선지자가 한 약속을 이루신 일이다. 야고보는 역사적인 사실을 성경에 근거해서 해석했다.

19, "그러므로 내 의견에는 이방인 중에서 하나님께로 돌아오는 자들을 괴롭게 하지 말고"

"그러므로" - 그는 마침내 결론을 내린다. "의견에는" - '판단한다.'(동직설 현재)이다. "돌아 오는" - '~로 돌아간다.'(동분사 현재)이다. "괴롭게 하지" - '괴롭힌다.'(동부정사 현재)이다. "말고" - '아니'이다. 할례를 강요하는 일은 그들을 괴롭히는 일이다.

그러나 이방 사람은 무엇을 하지 않아야 하는가?

20, "다만 우상의 더러운 것과 음행과 목매어 죽인 것과 피를 멀리하라고 편지하는 것이 옳으니"

"다만" - '그러나'이다. "더러운 것" - '더럽히는 것'이다. 우상에게 바친 음식을 말한다. 많은 음식을 우상 신전에서 제물로 드렸고, 그것을 시장에서 팔았다. 이방 사람은 그것을 사서 먹었다. 반면 유대인은 그 음식을 부정하게 여겼다. 그들에게 음식은 하나님 백성의 정체성을 상징하기 때문이다. "음행" - '음탕함'이다. 성 윤리의 왜곡을 말한다. 이방인은 결혼의 질서가 엄격하지 않아서 근친혼을 허용했다. 반면 유대인은 성 윤리에 민감했다. "목매어 죽인 것" - '목졸려 죽은'이다. 짐승을 잡을 때 피를 빼지 않은 것을 말한다. 이방 사람은 피를 생명으로 여겨서 피를 빼지 않은 고기를 먹지 않았다. "피를" - 짐승의 피를 먹는 행위이다. 유대인은 짐승의 피를 먹지 않았다. "멀리하라고" - '삼간다.'(동부정사 현재)이다. 다만 그들은 이런 일을 멀리해야 한다.

왜 그렇게 해야 하는가? "편지하는 것이 옳으니" - '편지로 알린다.'(동부정사 과거)이다.

21, "이는 예로부터 각 성에서 모세를 전하는 자가 있어 안식일마다 회당에서 그 글을 읽음이라 하더라"

"이는" - '왜냐하면'이다. "예(로)" - '오래된'이다. "(예)로" - '시대'이다. "전하는" - '선포한다.'(동분사 현재)이다. "있어" - '가진다.'(동직설 현재)이다. "그 글을 읽음이라" - '읽는다.'(동분사 현재)이다. 아직도 안식일마다 모세 율법을 회당에서 가르쳤다. 유대인은 율법에 민감했다. 이방 사람 편에서는 유대 사람을 이해하고 배려해야 한다. 물론 유대인도 자기주장만 해서는 안 된다. 비본질적인 문제는 서로에 대한 배려로 풀어야 한다.

4. 예루살렘 교회는 야고보의 결정을 어떻게 실행합니까(22-23)? 그 내용은 무엇입니까(24-26)?

22, "이에 사도와 장로와 온 교회가 그중에서 사람들을 택하여 바울과 바나바와 함께 안디옥으로 보내기를 결정하니 곧 형제 중에 인도자인 바사바라 하는 유다와 실라더라"

"이에" - '그때'이다. "택하여" - '선택한다.'(동분사 과거)이다. "보내기를" - '보낸다.'(동부정사 과거)이다. "결정하니" - '생각한다.'(동직설 과거)이다. 안디옥 교회를 비롯한 소아시아 지역 교회에 그 결정 내용을 담은 공문서와 함께 파송할 인물을 정했다. "인도" - '지도한다.'(동분사 현재)이다. "라 하는" - '부른다.'(동분사 현재)이다.

23, "그 편에 편지를 부쳐 이르되 사도와 장로 된 형제들은 안디옥과 수리아와 길리기아에 있는 이방인 형제들에게 문안하노라"

"편" - '손(hand)'이다. "편지를 부쳐 이르되" - '기록한다.'(동분사 과거)이다. 그들은 이 사람의 손에 편지를 썼다. "길리기아" - 수도는 다소이며, 다소는 바울의 고향이다(행 22:3, 23:34). 수리아와 길리기아는 로마 지방의 행정단위로는 한 지방이다. 그리고 안디옥은 그 지방의 수도이다. "에 있는" - '~으로부터'이다. "문안하노라" -

22, 15:1-35 우리와 동일하게

'기뻐한다.'(동부정사 현재)이다.

24, "들은즉 우리 가운데서 어떤 사람들이 우리의 지시도 없이 나가서 말로 너희를 괴롭게 하고 마음을 혼란하게 한다 하기로"

"들은(즉)" - '듣는다.'(동직설 과거)이다. "즉" - '까닭에'이다. 예루살렘 교회의 지도자들은 다음과 같은 소식을 들었다. 24-29이다.

"우리의 지시도" - '명령한다.'(동직설 과거)이다. "나가서" - '나간다.'(동분사 과거)이다. 어떤 사람은 교회 지도자의 명령 없이 나갔다. 그들은 개인 자격으로 나갔다. "괴롭게 하고" - '어지럽힌다.'(동직설 과거)이다. "혼란하게 한다" - '불안정하게 한다.'(동분사 현재)이다. "하기로" - '하는 것'이다. 그들은 이방인 신자를 괴롭게 했고, 마음을 혼란에 빠뜨렸다. 이런 폐단을 막으려고 교회법을 만들어 공문서를 보낸다.

25, "사람을 택하여 우리 주 예수 그리스도의 이름을 위하여 생명을 아끼지 아니하는 자인 우리가 사랑하는 바나바와 바울과 함께 너희에게 보내기를 만장일치로 결정하였노라"

"택하여" - '선택한다.'(동분사 과거)이다. "아끼지 아니하는" - '전달한다.'이다. "보내기를" - '보낸다.'(동부정사 과거)이다. "만장일치로" - '마음을 같이하여'이다. "결정" - '된다.'(동분사 과거)이다. "하였노라" - '믿는다.'(동직설 과거)이다. 교회는 바울과 바나바를 보내기로 마음을 같이했다.

26, "없음"

5. 유다와 실라가 안디옥 교회에 전해야 할 메시지는 무엇입니까 (27-30)? 예루살렘 교회는 어떻게 그런 결정을 내렸습니까(28a)? 편지를 받은 안디옥 교회의 반응은 어떠합니까(31)? 바울과 바나바는 계속해서 무엇에 힘씁니까(32-35)?

27, "그리하여 유다와 실라를 보내니 그들도 이 일을 말로 전하리라"
"보내니" - '보낸다.'(동직설 완료)이다. "전하리라" - '보고한다.'
(동분사 현재)이다. 유다와 실라가 그 내용을 직접 말로 전하도록 보냈다.

28, "성령과 우리는 이 요긴한 것들 외에는 아무 짐도 너희에게 지우지 아니하는 것이 옳은 줄 알았노니"
"성령과 우리는" - 성령님과 교회 지도자들이다. 성령님께서 교회 지도자를 통해서 하신 일이다. 따라서 그 결정의 권위는 사람이 아닌 성령님께 있다. 모든 성도, 교회는 그 결정에 순종해야 한다.
성령님이 정하신 내용은 무엇인가? "요긴한 것들" - '꼭 필요한 것들'이다. "짐도" - '짐'이다. "지우지" - '놓는다.'(동부정사 현재)이다. "옳은 줄 알았노니" - '믿는다.'(동직설 과거)이다. '이 요긴한 것' 외에는 그 어떤 것도 요구하지 않아야 한다.
그 요긴한 것은 무엇인가?

29, "우상의 제물과 피와 목매어 죽인 것과 음행을 멀리할지니라 이에 스스로 삼가면 잘되리라 평안함을 원하노라 하였더라"
"우상의 제물" - '우상에게 바친 것'이다. "피" - '피'이다. "목매어 죽인 것" - '목 졸라 죽인'이다. "음행을" - '간음'이다. "멀리할지니라" - '멀리한다.'(동부정사 현재)이다. 예루살렘 교회는 이 네 가지를 지키도록 정했다. "스스로" - '너 자신의'이다. "삼가면" - '지킨다.'(동분사 현재)이다. '그들이 스스로 잘 지키면'이라는 뜻이다. "되리라" - '성취한다.'(동직설 미래)이다. "평안함을 원하노라" - '강하게 한다.'(동명령 완료)이다. '평안하기를 원한다.'이다.

30, "그들이 작별하고 안디옥에 내려가 무리를 모은 후에 편지를 전하니"
"작별하고" - '가게 한다.'(동분사 과거)이다. "모은" - '모은다.'(동분사 과거)이다. "전하니" - '준다.'(동직설 과거)이다. 그 편지를 전해주었다.

31, "읽고 그 위로한 말을 기뻐하더라"

"일고" - '알다.'(동분사 과거)이다. "기뻐하더라" - '기뻐한다.'(동직설 과거)이다. 안디옥 교회는 예루살렘 교회의 결정을 기쁨으로 받았다. 그들도 교회의 하나 됨, 성도의 하나 됨을 위해 자신들이 해야 할 일을 알았다.

32, "유다와 실라도 선지자라 여러 말로 형제를 권면하여 굳게 하고"

"선지자" - 하나님한테서 말씀을 받아서 그 말씀을 백성에게 증언하는 사람이다. 유다와 실라도 이런 역할을 한다. "(선지자)라" - '나는 ~이다.'(동분사 현재)이다. "권면하여" - '훈계한다.'(동직설 과거)이다. "굳게 하고" - '더 강하게 한다.'(동직설 과거)이다. 그들은 안디옥 교회를 하나님의 말씀으로 격려하고 굳게 했다.

33, "얼마 있다가 평안히 가라는 전송을 형제들에게 받고 자기를 보내던 사람들에게로 돌아가되"

"얼마" - '때'이다. "있다가" - '행한다.'(동분사 과거)이다. '그리고 그들이 시간을 보낸 후에'라는 뜻이다. "보내던" - '보낸다.'(동분사 과거)이다. "가라는 전송을" - '가게 한다.'(동직설 과거)이다.

34, "(없음)"

35, "바울과 바나바는 안디옥에서 유하며 수다한 다른 사람들과 함께 주의 말씀을 가르치며 전파하니라"

"유하며" - '머무른다.'(동직설 미완료)이다. "가르치며" - '가르친다.'(동분사 현재)이다. "전파하니라" - '좋은 소식을 전파한다.'(동분사 현재)이다. 바울과 바나바는 안디옥에서 가르치고 전파하면서 머문다.

23

마게도냐로 떠나기를 힘쓰니

본문 사도행전 15:36-16:10
요절 사도행전 16:10
찬송 508장, 510장

1. 며칠 후에 바울은 바나바에게 무슨 제안을 했습니까(15:36)? 왜 그들은 서로 심히 다투며, 결국 어떻게 했습니까(37-40)? 그런데도 바울은 무슨 일에 쓰임 받습니까(41)?

2. 바울은 어디에서, 누구를 만났으며, 그는 어떤 사람입니까(16:1-2)? 왜 바울은 디모데에게 할례를 하도록 했습니까(3)?

3. 바울 일행은 가는 곳마다 무엇을 줍니까(4)? 그 열매가 어떻게 나타납니까(5)? 여기에는 어떤 뜻이 있습니까?

4. 누가 아시아에서 말씀을 전하지 못하도록 했습니까(6a)? 바울 일행은 무엇을 했습니까(6b-7a)? 그러나 예수님의 영은 그것을 어떻게 했습니까(7b)?

5. 바울 일행이 드로아로 갔을 때 무슨 환상을 보았습니까(8-9)? 바울은 그 환상 앞에서 어떻게 했습니까(10)? 선교 사역의 주체가 누구입니까?

23
마게도냐로 떠나기를 힘쓰니

본문 사도행전 15:36-16:10
요절 사도행전 16:10
찬송 508장, 510장

1. 며칠 후에 바울은 바나바에게 무슨 제안을 했습니까(15:36)? 왜 그들은 서로 심히 다투며, 결국 어떻게 했습니까(37-40)? 그런데도 바울은 무슨 일에 쓰임 받습니까(41)?

15:36, "며칠 후에 바울이 바나바더러 말하되 우리가 주의 말씀을 전한 각 성으로 다시 가서 형제들이 어떠한가 방문하자 하고"

"말하되" - '말한다.'(동직설 과거)이다. "전한" - '선포한다.'(동직설 과거)이다. "다시 가서" - '되돌아온다.'(동분사 과거)이다. "어떠" - '어떻게'이다. "한가" - '가진다.'(동직설 현재)이다. '어떻게 지내고 있는지'를 뜻한다. "방문하자" - '방문한다.'(동가정 과거)이다. 바울이 다시 방문하려는 목적은 형제자매의 영적 상태를 확인하는 데 있다. 전도보다는 양육에 초점이 있다.

그 제안에 바나바는 무엇을 하는가?

37, "바나바는 마가라 하는 요한도 데리고 가고자 하나"

"마가" - 로마식 이름이다. '요한'은 유대식 이름이다. 유대식 이름보다도 로마식 이름으로 더 잘 알려진 인물이다. "라 하는" - '부른다.'(동분사 현재)이다. 그는 일찍이 아버지를 잃고 홀어머니 밑에서 자랐다. 그 어머니는 마리아인데, 신실한 신앙인이었다. 그녀는 자기 집을 가정교회로 제공하기도 했다(12:12). 바나바는 마가의 외삼촌이다. 마가는 베드로에 의해 예수님을 믿었을 것이다(벧전 5:13). "데리고 가" - '함께 데리고 간다.'(동부정사 과거)이다. "(가)고자 하나" - '의논한다.'(동직설 미완료)이다.

38, "바울은 밤빌리아에서 자기들을 떠나 함께 일하러 가지 아니한 자를 데리고 가는 것이 옳지 않다 하여"

"떠나" - '떠난다.'(동분사 과거)이다. "하러" - '~안으로'이다. "가지" - '함께 온다.'(동분사 과거)이다. "아니한" - '아니'이다. 마가는 밤빌리아에서 바울과 바나바와 헤어져서 예루살렘으로 돌아갔다(13:13). "데리고 가는 것이" - '함께 데리고 간다.'(동부정사 현재)이다. "옳지" - '합당하게 만들다.'(동직설 미완료)이다. "않다 하여" - '아니'이다. 바울은 신실하지 못했던 그를 영접하지 못한다.

39, "서로 심히 다투어 피차 갈라서니 바나바는 마가를 데리고 배 타고 구브로로 가고"

"심히 다투(어)" - '격심한 불화'이다. "(다투)어" - '일어난다.'(동직설 과거)이다. "갈라서니" - '갈라진다.'(동부정사 과거)이다. 그들은 서로 갈라섰다. 후에 마가는 마가복음을 기록했고, 감옥에 있는 바울의 곁을 끝까지 지켰다(골 4:10). "데리고" - '데리고 온다.'(동분사 과거)이다. "배 타고 가고" - '배 타고 떠난다.'(동부정사 과거)이다.

40, "바울은 실라를 택한 후에 형제들에게 주의 은혜에 부탁함을 받고 떠나"

"실라"(Silas) - 예루살렘 교회에서 결정된 내용을 안디옥 교회에 전달했을 때 특사로 갔다(16:19, 36). "택한 후에" - '선택한다.'(동분사 과거)이다. 바울은 실라를 동역자로 택했다. "부탁함을 받고" - '전달한다.'(동분사 과거)이다. "떠나" - '나간다.'(동직설 과거)이다.

23, 15:36-16:10 마게도냐로 떠나기를 힘쓰니

바울과 실라는 동역자들로부터 인정받았다. 이로써 바울은 새로운 동역자와 함께 제2차 선교 사역을 시작한다. 지금까지 자기를 섬겨준 바나바와 길을 달리하여 자립적으로 선교 사역에 임한다.

41, "수리아와 길리기아로 다니며 교회들을 견고하게 하니라"
"다니며" - '지나간다.'(동직설 미완료)이다. "견고하게 하니라" - '더 강하게 한다.'(동분사 현재)이다. 바울은 그곳의 교회들을 방문하여 튼튼하게 한다.

2. 바울은 어디에서, 누구를 만났으며, 그는 어떤 사람입니까 (16:1-2)? 왜 바울은 디모데에게 할례를 하도록 했습니까(3)?

16:1, "바울이 더베와 루스드라에도 이르매 거기 디모데라 하는 제자가 있으니 그 어머니는 믿는 유대 여자요 아버지는 헬라인이라"
"더베" - 로마령 갈라디아 땅 루가오니아 지역의 동남쪽에 있었다. 소아시아 루가오니아의 도성이다(14:9). "루스드라" - 제1차 선교 여행 때 장애인을 걷게 한 곳이다. 사람들이 신이 사람의 형상으로 나타났다며 제사하려 했던 곳이다(14:6). "이르매" - '이른다.'(동직설 과거)이다.
"디모데" - '하나님을 공경하는 사람'을 뜻한다. 바울은 이곳에서 디모데를 만났다. "라 하는" - '이름'이다. "있으니" - '나는 ~이다.'(동직설 미완료)이다. "믿는" - '믿는'이다. '예수님을 믿는'이라는 뜻이다. "유대 여자요", "아버지는 헬라인이라" - 디모데는 유대인 어머니와 헬라인 아버지 사이에서 태어났다.

2, "디모데는 루스드라와 이고니온에 있는 형제들에게 칭찬받는 자니"
"에 있는" - '~안에'이다. "칭찬받는 자니" - '증언한다.'(동직설 미완료)이다. '평판이 좋은'이라는 뜻이다. 디모데는 동역자들한테 인정받는다.

258

3, "바울이 그를 데리고 떠나고자 할새 그 지역에 있는 유대인으로 말미암아 그를 데려다가 할례를 행하니 이는 그 사람들이 그의 아버지는 헬라인인 줄 다 앎이러라"

"데리고" - '함께'이다. "떠나" - '나간다.'(동부정사 과거)이다. "고자 할새" - '원한다.'(동직설 과거)이다. "있는" - '나는 ~이다.'(동분사 현재)이다. "데려다가" - '취한다.'(동분사 과거)이다. "할례를 행하니" - 할례를 한다.'(동직설 과거)이다. "인(줄)" - '있다.'(동직설 미완료)이다. "앎이러라" - '알다.'(동직설 과거완료)이다. 유대인은 디모데를 헬라 사람으로 여겼다. 자기들과 함께할 수 없는 사람으로 생각했다. 그래서 바울은 디모데가 할례를 하여 유대인과 하나가 되도록 했다. 구원받기 위해 할례는 필요하지 않았다. 하지만 그들과 사귀기 위해서는 필요했다. 구원 문제와 교제 문제는 다르다.

3. 바울 일행은 가는 곳마다 무엇을 줍니까(4)? 그 열매가 어떻게 나타납니까(5)? 여기에는 어떤 뜻이 있습니까?

4, "여러 성으로 다녀갈 때에 예루살렘에 있는 사도와 장로들이 작정한 규례를 그들에게 주어 지키게 하니"

"다녀갈" - '가로질러 간다.'(동직설 미완료)이다. "에 있는" - '~안에'이다. "작정한" - '결정한다.'(동분사 완료)이다. "주어" - '전달한다.'(동직설 미완료)이다. "지키게 하니" - '지킨다.'(동부정사 현재)이다. 예루살렘 교회의 규례를 지키게 한다(15:20). 이방교회가 유대인을 배려하기를 바란다.

그 열매가 어떻게 나타나는가?

5, "이에 여러 교회가 믿음이 더 굳건해지고 수가 날마다 늘어가니라"

"이에" - '그러므로'이다. "더 굳건해지고" - '굳게 한다.'(동직설 미완료)이다. "늘어가니라" - '풍부하다.'(동직설 미완료)이다. "늘어가니라" - '풍성하다.'(동직설 미완료)이다. 교회는 그 믿음이 점점 더 튼튼해지고, 그 수가 나날이 늘어간다.

여기에는 어떤 뜻이 있는가? 교회는 구원의 본질과 비본질을 정확히 해야 한다. 그들은 구원의 문제와 삶의 문제를 분명하게 했다. 그동안은 이 두 가지가 섞여서 헷갈렸다. 그들은 비본질인 할례 문제를 정확하게 해결했다. 그 결과 교회는 소모적 논쟁을 그쳤다. 구원의 본질이 분명하니 삶의 본질도 분명했다.

4. 누가 아시아에서 말씀을 전하지 못하도록 했습니까(6a)? 바울 일행은 무엇을 했습니까(6b-7a)? 그러나 예수님의 영은 그것을 어떻게 했습니까(7b)?

6, "성령이 아시아에서 말씀을 전하지 못하게 하시거늘 그들이 브루기아와 갈라디아 땅으로 다녀가"

"성령이" - 복음 사역은 성령님이 주도적으로 하신다. "아시아" - 소아시아 주변을 말한다. "전하지" - '말한다.'(동부정사 과거)이다. "못하게 하시거늘" - '막는다.'(동분사 과거)이다. "브루기아" - 브루기아의 다섯 도시는 이고니엄, 라오디게아, 골로새, 히에라폴리스, 비시디아, 안디옥 등이다. 이 지방에 사는 유대인이 오순절에 예루살렘에 올라와 성령님의 오심을 목격했다(2:10).

"갈라디아" - 소아시아 중앙의 고원에 있는 도시이다. 바울이 제1차, 제2차, 제3차 전도 여행 때마다 들린 곳이다(14:1; 16:1; 18:23). 베드로도 이곳 교회에 서신을 보냈다(벧전 1:1). "다녀가" - '통과한다.'(동직설 과거)이다.

7, "무시아 앞에 이르러 비두니아로 가고자 애쓰되 예수의 영이 허락하지 아니하시는지라"

"앞에" - '아래로'이다. 무시아의 반대편 지역을 말한다. "이르러" - '나타난다.'(동분사 과거)이다. "가고자" - '간다.'(동부정사 과거)이다. "애쓰되" - '시도한다.'(동직설 미완료)이다. 바울 일행은 비두니아 지역으로 가려고 한다. "예수의 영이" - '성령님'(6)이다. "허락하

23, 15:36-16:10 마게도냐로 떠나기를 힘쓰니

지" - '~하게 한다.'(동직설 과거)이다. "아니하시는지라" - '~아니다.'이다. 바울의 계획과 성령님의 계획이 다르다. 성령님께서 두 번씩이나 바울의 뜻을 허락하지 않으셨다.

5. 바울 일행이 드로아로 갔을 때 무슨 환상을 보았습니까(8-9)? 바울은 그 환상 앞에서 어떻게 했습니까(10)? 선교 사역의 주체가 누구입니까?

8, "무시아를 지나 드로아로 내려갔는데"
"지나" - '지나간다.'(동분사 과거)이다. "드로아" - 항구 도시로 마게도냐를 잇는 배가 출입하던 곳이다. "내려갔는데" - '내려간다.'(동직설 과거)이다.

9, "밤에 환상이 바울에게 보이니 마게도냐 사람 하나가 서서 그에게 청하여 이르되 마게도냐로 건너와서 우리를 도우라 하거늘"
"환상이" - '이상'이다. 성령님께서 바울에게 구체적으로 방향을 주셨다. "보이니" - '본다.'(동직설 과거)이다.
"마게도냐" - 그리스 반도 북쪽 지방의 빌립보, 데살로니가, 뵈뢰아 등이 있는 지역이다. 바울이 그 지방에 와서 네아볼리, 빌립보, 아볼로니아, 데살로니가, 뵈뢰아 등의 교회를 설립했다(16:19). 아시아 지역이 아닌 유럽 지역이다. "서(서)" - '선다.'(동분사 완료)이다. "(서)서" - '나는 ~이다.'(동직설 미완료)이다. "청하여" - '애원한다.'(동분사 현재)이다. "이르되" - '말한다.'(동분사 현재)이다. "건너와서" - '건넌다.'(동분사(명령적) 과거)이다. "도우라" - '돕는다.'(동명령 과거)이다. 마게도냐 사람이 바울에게 도움을 청했다. 성령님은 아시아 사람이 아닌 유럽 사람을 돕기를 바라셨다.
이 환상 앞에서 바울은 어떻게 반응했는가?

10, "바울이 그 환상을 보았을 때 우리가 곧 마게도냐로 떠나기를 힘쓰니 이는 하나님이 저 사람들에게 복음을 전하라고 우리를 부르신 줄로

23, 15:36-16:10 마게도냐로 떠나기를 힘쓰니

인정함이러라"

"보았을" - '본다.'(동직설 과거)이다. "(우리가)" - 주어를 '우리'로 바꾸었다. 누가가 바울의 선교여행에 합류했을 것이다. "우리"라는 표현은 16:18-20:5 사이에는 나타나지 않는다. 20:6부터 다시 등장하여 28:16까지 계속된다. 바울 사역에 합류한 누가가 다른 사람과 함께 바울이 죄수의 몸으로 로마에 끌려갈 때까지 그의 사역을 도운 것을 보여준다(20:6; 21:2-3, 7; 27:2, 7-8, 18; 28:12).

"곧" - '즉시'이다. 그들은 성령님의 뜻에 적극적으로 순종했다. "떠나기를" - '나간다.'(동부정사 과거)이다. "힘쓰니" - '찾는다.'(동직설 과거)이다. 그들은 지금까지 이곳저곳으로 돌아다녔다. 그러나 이제는 분명한 장소를 잡고 행동으로 옮겼다.

왜 그렇게 적극적으로 순종할 수 있었는가? "복음을 전하라고" - '좋은 소식을 전파한다.'(동부정사 과거)이다. "부르신" - '부른다.'(동직설 완료)이다. "인정함이러라" - '논증한다.'(동분사 현재)이다. 그들은 하나님의 방향으로 영접한다. 그들은 자기 생각, 자기 계획보다도 성령님의 방향과 계획에 순종한다.

선교 사역의 주체는 누구인가? 사람이 아니다. 성령님이시다. 성령님은 우리의 뜻을 제지도 하시고, 허용도 하신다.

24
예수님을 믿으라

본문 사도행전 **16:11-40**
요절 사도행전 **16:31**
찬송 **5251**장, **258**장

1. 바울 일행은 어디에 이릅니까(11-12)? 바울이 전도할 때 누가 듣습니까(13-14)? 그녀는 어떻게 변했습니까(15)?

2. 바울 일행은 또 어떤 사람을 만났습니까(16-17)? 바울은 귀신을 어떻게 쫓아냈습니까(18)? 그런데 무슨 일이 일어났습니까(19-21)? 바울과 실라는 어떻게 되었습니까(22-24)?

3. 그들은 감옥에서 무엇을 합니까(25)? 왜 간수는 자결하려고 했습니까(26-27)? 바울은 그를 어떻게 도왔습니까(28)? 간수는 무엇을 묻습니까(29-30)?

4. 그들은 무엇이라고 대답했습니까(31)? 이 말씀을 통해 무엇을 배웁니까? 그들은 간수와 그 집 사람에게 무엇을 했습니까(32)? 그 결과가 어떠했습니까(33-34)?

5. 왜 상관들은 바울과 실라를 놓으려고 했습니까(35-36)? 그러나 바울은 어떻게 반응했습니까(37)? 상관들은 그들을 어떻게 대했습니까(38-40)? 왜 바울은 지금 자신의 신분을 밝혔을까요?

24
예수님을 믿으라

본문 사도행전 **16:11-40**
요절 사도행전 **16:31**
찬송 **5251장, 258장**

1. 바울 일행은 어디에 이릅니까(11-12)? 바울이 전도할 때 누가 듣습니까(13-14)? 그녀는 어떻게 변했습니까(15)?

11, "우리가 드로아에서 배로 떠나 사모드라게로 직행하여 이튿날 네압볼리로 가고"

"배로 떠나" - '데리고 올라간다.'(동분사 과거)이다. "사모드라게" - 에게해 북쪽에 산으로 이루어진 섬이다. 물과 지진과 말의 신 '포세이돈(Poseidon)'이 이 섬에서 고대 트로이(Troy) 평야를 측량했다고 해서 '포세이돈 섬'이라고도 부른다. "직행하여" - '직행한다.'(동직설 과거)이다. "네압볼리"(Neapolis) - '새 도시'라는 뜻이다. 에게해 북쪽에 있는 해변 도시로 빌립보 남동쪽 14km 지점이다. 바울이 환상을 보고 동역자들과 처음 도착한 유럽이다. "로 가고" - '~로 향하여'이다.

12, "거기서 빌립보에 이르니 이는 마게도냐 지방의 첫 성이요 또 로마의 식민지라 이 성에서 수일을 유하다가"

"거기서" - '그곳에서부터'이다. "빌립보"(Philippi) - '빌립의 도시'라는 뜻이다. 알렉산더 대왕(Alexander The Great)의 아버지 빌립

(Philip II of Macedon)의 이름에서 유래했다. 마게도냐 동쪽 해안 언덕 위에 자리 잡은 요새 도시이다. "이르니" - '~로 향하여'이다.

"마게도냐" - 필립이 다스렸던 나라이며, 그리스 반도 북쪽의 빌립보, 데살로니가, 뵈뢰아 등이 있었다. 필립의 아들 알렉산더 대왕 (Alexander The Great)은 제국의 경계를 동쪽으로는 인도(India)까지 확장했다. "지방의" - '부분'이다. "첫" - '첫째의'이다. "이요" - '그것은 ~이다.'(동직설 현재)이다. "(식민지)라" - '그것은 ~이다.'(동직설 미완료)이다. 마게도냐에서 으뜸가는 도시이다. "유하다가" - '머무른다.'(동분사 현재)이다.

13, "안식일에 우리가 기도할 곳이 있을까 하여 문밖 강가에 나가 거기 앉아서 모인 여자들에게 말하는데"

"기도할 곳이" - '기도처'이다. "있을까" - '나는 ~있다.'(동부정사 현재)이다. "하여" - '생각한다.'(동직설 미완료)이다. 유대인 성인 남자 열 명이 있으면 회당을 세웠다. 그런데 이곳에는 그 조건을 갖추지 못했다. 그래서 그는 마땅한 기도처를 찾았다. '

"강" - 조그마한 강인 '갠자이트(Gangites)'를 말한다. "나가" - '나간다.'(동직설 과거)이다. "거기 앉아서" - '앉는다.'(동분사 과거)이다. "모인" - '모인다.'(동분사 과거)이다. "말하는데" - '말한다.'(동직설 미완료)이다. 바울 일행은 여자들에게 전도한다.

14, "두아디라 시에 있는 자색 옷감 장사로서 하나님을 섬기는 루디아라 하는 한 여자가 말을 듣고 있을 때 주께서 그 마음을 열어 바울의 말을 따르게 하신지라"

"두아디라"(Thyatira) - 소아시아 루디아 도에 있는 성읍이다 (16:14). 소아시아 일곱 교회 중의 하나이다(계 1:11, 2:18). 두아디라는 염료로 유명했다. "자색 옷감 장사로서" - '자줏빛 옷 장사'라는 뜻이다. 귀족을 상대로 하는 사업이기에 이익이 많았다. "섬기는" - '경배한다.'(동분사 현재)이다. 그녀는 이미 하나님을 섬기고 있었다.

"루디아"(Lydia) - '루디아'는 실제 이름은 아니다. '루디아 출신

의 아줌마'라는 뜻이다. "말을 듣고 있을 때" - '듣는다.'(동직설 미
완료)이다. 그녀는 말씀을 귀담아듣는다. "열어" - '열다.'(동직설 과
거)이다. 주님께서 그 여인의 마음을 여셨다. "말을" - '말한다.'(동분
사 현재)이다. "따르게 하신지라" - '~에 마음을 돌린다.'(동부정사
현재)이다.

"주님께서 마음을 열어주신다."라는 사실을 통해 무엇을 배우는
가? 성령님께서 그 사람의 마음을 여실 때 말씀을 귀담아들을 수
있다. 성령님이 일하실 때 말씀도 함께 일한다. 내가 전도할 때 성
령님께서 그 사람의 마음을 열어주시도록 도움을 청해야 한다.

그녀는 어떻게 변화했는가?

15, "그와 그 집이 다 세례를 받고 우리에게 청하여 이르되 만일 나
를 주 믿는 자로 알거든 내 집에 들어와 유하라 하고 강권하여 머물게
하니라"

"세례를 받고" - '세례를 베풀다.'(동직설 과거)이다. 그녀를 비롯
한 온 가족이 세례를 받았다. 이것은 믿음의 표현이다. "청하여" -
'초청한다.'(동직설 과거)이다. "이르되" - '말한다.'(동분사 현재)이
다. "자로" - '나는 ~이다.'(동부정사 현재)이다. "알거든" - '판단한
다.' (동직설 완료)이다. "들어와" - '들어온다.'(동분사(명령적) 과거)
이다. "유하라" - '머무른다.'(동명령 현재)이다. 루디아는 바울 일행
을 집에서 머물도록 한다.

"강권하여 머물게 하니라" - '설득한다.'(동직설 과거)이다. 그녀는
바울을 강력하게 설득했다. 성령님께서 일하셔서 말씀을 주시면 사
람은 변한다. 그녀는 마음의 문을 열고, 가정도 열었다.

2. 바울 일행은 또 어떤 사람을 만났습니까(16-17)? 바울은 귀신을
   어떻게 쫓아냈습니까(18)? 그런데 무슨 일이 일어났습니까
   (19-21)? 바울과 실라는 어떻게 되었습니까(22-24)?

16, "우리가 기도하는 곳에 가다가 점치는 귀신 들린 여종 하나를 만

나니 점으로 그 주인들에게 큰 이익을 주는 자라"

"가다가" - '간다.'(동분사 현재)이다. "점치는"(Πύθων, *pytho:n*) - '파이턴(the Python)', '점치는 영(spirit of divination)'이다. '파이턴' 은 그리스 신화에 나오는 뱀의 이름이다. 이 뱀은 포기스(Phocis)에 있는 파르나스산(parnassus) 기슭의 피도(Pytho) 지역에 살았는데, 델 피(Delphi)의 신탁을 수호했다. 아폴로(Apollo)가 '파이턴'을 죽이고 대신 신탁을 전해주었다. 로마 시대부터 '파이턴'은 '점치는 영'을 상징했고, 여자 점쟁이들(Pythonesses)에게 투시력을 불어넣어 준다 고 생각했다.

"만나(니)" - '만난다.'(동부정사 과거)이다. "(만나)니" - '일어난 다.'(동직설 과거)이다. "들린" - '파이턴 신이 들렸다.'(동분사 현재) 이다. "점으로" - '미리 말한다.'(동분사 현재)이다. "이익을" - '사 업'이다. 점쟁이는 기업 형태를 띠고 있었다. "주는" - '제공한다.'(동 직설 미완료)이다.

17, "그가 바울과 우리를 따라와 소리 질러 이르되 이 사람들은 지극 히 높은 하나님의 종으로서 구원의 길을 너희에게 전하는 자라 하며"

"따라와서" - '뒤따른다.'(동분사 현재)이다. "소리질러" - '소리 지른다.'(동직설 미완료)이다. "이르되" - '말한다.'(동분사 현재)이다. "(종)으로서" - '그들은 ~이다.'(동직설 현재)이다. "전하는" - '선포 한다.'(동직설 현재)이다. 그 여종은 바울의 사역을 알고 있다. 이런 모습은 예수님 당시 귀신의 모습과 같다(눅 4:34).

18, "이같이 여러 날을 하는지라 바울이 심히 괴로워하여 돌이켜 그 귀신에게 이르되 예수 그리스도의 이름으로 내가 네게 명하노니 그에게 서 나오라 하니 귀신이 즉시 나오니라"

"하는지라" - '행한다.'(동직설 미완료)이다. "심히 괴로워하여" - '괴로워한다.'(동분사 과거)이다. "돌이켜" - '~로 돌아간다.'(동분사 과거)이다. "이르되" - '말한다.'(동직설 과거)이다. "명하노니" - '명 령한다.'(동직설 현재)이다. "나오라 하니" - '나온다.'(동부정사 과거)

이다. "나오니라" - '나온다.'(동직설 과거)이다. 바울의 말에 귀신은 즉시 순종했다. 예수님께서 귀신을 쫓아내신 일을 바울 사도가 이어 받았다.

그런데 무슨 일이 일어났는가?

19, "여종의 주인들은 자기 수익의 소망이 끊어진 것을 보고 바울과 실라를 붙잡아 장터로 관리들에게 끌어갔다가"

"주인들" - 점치는 여자를 통해서 수익을 올리는 사람들이다. "수익의" - '사업'이다. "끊어진" - '나간다.'(동직설 과거)이다. 그들은 수입을 더는 올릴 수 없었다. "보고" - '알았다.'(동분사 과거)이다. "붙잡아" - '붙잡는다.'(동분사 과거)이다. "장터" - '아고라(agora)'이다. 그곳은 시장(market place)이며, 공공 생활의 중심지였다. "끌어 갔다가" - '끌어당긴다.'(동직설 과거)이다. 주인들의 관심은 불쌍하고 가련한 여인이 구원받은 데 있지 않았다. 자기 돈벌이가 사라졌다는 사실에 있었다. 사람의 존귀함보다도 돈의 가치를 더 높이 평가했다.

20, "상관들 앞에 데리고 가서 말하되 이 사람들이 유대인인데 우리 성을 심히 요란하게 하여"

"상관들" - '치안 판사'이다. 민사소송을 심리하고 재판하여 도시의 치안과 질서를 유지하는 책무를 맡았다. "데리고 가서" - '~으로 인도한다.'(동분사 과거)이다. "말하되" - '말한다.'(동직설 과거)이다. "(유대인)인데" - '있다.'(동분사 현재)이다. "심히 요란하게 하여" - '큰 혼란에 빠뜨린다.'(동직설 현재)이다.

21, "로마 사람인 우리가 받지도 못하고 행하지도 못할 풍속을 전한다 하거늘"

"로마 사람" - '유대인'과 '로마 사람'을 대조한다. "(사람)인" - '나는 ~이다.'(동분사 현재)이다. "받지도" - '받는다.'(동부정사 현재)이다. "(못)하고" - '가능하다.'(동직설 현재)이다. "행하지도" - '만들다.'(동부정사 현재)이다. "풍속을" - '풍습'이다. "전한다" - '선포한다.'(동직설 현재)이다. 로마 사람이 유대인 관습을 따르는 것은 합당하지 않다. 그들은 바울과 실라를 이단 사상을 전파하는 이상한 사람으로 몰았다. 자신의 이익을 위해서 다른 사람을 희생양으로 삼는 선동정치의 모습을 보여준다.

22, "무리가 일제히 일어나 고발하니 상관들이 옷을 찢어 벗기고 매로 치라 하여"

"일제히 일어나" - '함께 일어난다.'(동직설 과거)이다. "고발하니" - '그것'이다. "찢어 벗기고" - '찢어 버린다.'(동분사 과거)이다. "매로 치라" - '막대기로 때린다.'(동부정사 현재)이다. 법 집행관이 범법자에게 가하는 체벌행위이다. "하여" - '명령한다.'(동직설 미완료)이다. 상관들은 정확한 심문도 하지 않고 일방적인 말만 듣고 체벌하도록 했다.

23, "많이 친 후에 옥에 가두고 간수에게 명하여 든든히 지키라 하니"

"친" - '강타'이다. "후에" - '둔다.'(동분사 과거)이다. "가두고" - '던진다.'(동직설 과거)이다. "명하여" - '명령한다.'(동분사 과거)이다. "든든히" - '확실히'이다. "지키라 하니" - '지킨다.'(동부정사 현재)이다.

24, "그가 이러한 명령을 받아 그들을 깊은 옥에 가두고 그 발을 차꼬에 든든히 채웠더니"

"받아" - '취한다.'(동분사 과거)이다. "깊은" - '안쪽의'이다. "가두고" - '던진다.'(동직설 과거)이다. "차꼬" - '교수대'이다. "든든히 채웠더니" - '보호한다.'(동직설 과거)이다.

로마의 감옥에는 몇 가지 종류가 있었다. 죄수가 햇볕을 쬐고 공기를 마실 수 있는 '보통 감옥(*communiora*)', 견고한 빗장을 치고 잠그는 '내옥(*interiora*)', 사형수를 가두는 '지하옥(*tullianum*)' 등이 있다. 바울과 실라는 중 범죄자로 취급받아 내옥에 갇혔다. 예수님의 이름 때문에 많은 신자를 감옥에 집어넣었던 바울이 이제는 예수님의 이름으로 감옥에 갇혔다.

3. 그들은 감옥에서 무엇을 합니까(25)? 왜 간수는 자결하려고 했습니까(26-27)? 바울은 그를 어떻게 도왔습니까(28)? 간수는 무엇을 묻습니까(29-30)?

25, "한밤중에 바울과 실라가 기도하고 하나님을 찬송하매 죄수들이 듣더라"

"기도하고" - '기도한다.'(동분사 현재)이다. "찬송하매" - '찬양한다.'(동직설 미완료)이다. 그들은 기도하면서 찬양한다. 그들은 불평 대신 기도하고, 신음 대신 찬양한다. "듣더라" - '주의 깊게 듣는다.'(동직설 미완료)이다. 죄수들도 그들의 찬양에 귀를 기울인다.

그때 무슨 일이 일어났는가?

26, "이에 갑자기 큰 지진이 나서 옥터가 움직이고 문이 곧 다 열리며 모든 사람의 매인 것이 다 벗어진지라"

"나서" - '일어난다.'(동직설 과거)이다. "움직이고" - '흔들린다.'(동부정사 과거)이다. "열리며" - '열다.'(동직설 과거)이다. "매인 것이" - '사슬'이다. "벗어진지라" - '놓아준다.'(동직설 과거)이다.

그것을 본 간수는 무엇을 하려고 하는가?

27, "간수가 자다가 깨어 옥문들이 열린 것을 보고 죄수들이 도망한 줄 생각하고 칼을 빼어 자결하려 하거늘"

"자다가 깨(어)" - '잠에서 깨어난'이다. "(깨)어" - '일어난다.'(동분사 과거)이다. "열린 것" - '열다.'(동분사 완료)이다. "보고" - '본다.'(동분사 과거)이다. "도망한 줄" - '도망한다.'(동부정사 완료)이다. "생각하고" - '생각한다.'(동분사 현재)이다. "빼어" - '(검을) 뺀다.'(동분사 과거)이다. "자(결)" - '그 자신의'이다. "(자)결" - '죽인다.'(동부정사 현재)이다. "하려 하거늘" - '곧 ~하려고 한다.'(동직설 미완료)이다. 간수는 죄수가 도망했느니, 그 책임을 죽음으로 갚아야 한다고 여겼다.

바울은 무엇이라고 소리 질렀는가?

28, "바울이 크게 소리 질러 이르되 네 몸을 상하지 말라 우리가 다 여기 있노라 하니"

"질러" - '소리를 낸다.'(동직설 과거)이다. "이르되" - '말한다.'(동분사 현재)이다. "상(하지)" - '나쁜'이다. "(상)하지" - '행한다.'(동명령 과거)이다. "말라" - '아무도 ~아닌'이다. "있노라 하니" - '우리는 ~이다.'(동직설 현재)이다.

29, "간수가 등불을 달라고 하며 뛰어 들어가 무서워 떨며 바울과 실라 앞에 엎드리고"

"달라고 하며" - '요구한다.'(동분사 과거)이다. "뛰어 들어가" - '뛰어들다.'(동직설 과거)이다. "무서워 떨(며)" - '무서워하는'이다. "(떨)며" - '된다.'(동분사 과거)이다. "앞에 엎드리고" - '엎드린다.'(동직설 과거)이다. 바울 일행은 탈출할 수 있었다. 하지만 그들은 그 일을 하지 않았다. 그런 그들의 모습을 보고 간수는 엎드릴 수밖에 없었다.

간수는 무엇을 묻는가?

30, "그들을 데리고 나가 이르되 선생들이여 내가 어떻게 하여야 구원을 받으리이까 하거늘"

"데리고 나가" - '앞서간다.'(동분사 과거)이다. "(밖에)" - '밖에'이다. "이르되" - '말한다.'(동직설 과거)이다. 간수가 바울 일행을 감옥에서 밖으로 데리고 나와서, 물었다. "선생들이여"(κύριος, *kyrios*) - '주인'이다. 간수는 그들을 하나님의 종으로 높여 부르고 있다. "하여(야)" - '행한다.'(동부정사 현재)이다. "(하여)야" - '반드시 ~해야 한다.'(동직설 현재)이다. "구원을 받으" - '구원한다.'(동가정 과거)이다. "(받으)리이까" - '~하기 위해'이다. 간수는 구원받는 길을 물었다.

간수가 묻는 구원받는 길은 무엇일까? 죽지 않고 사는 길이다. 그는 자기 현실 문제 해결을 위해 묻는데, 그 물음은 곧 인간 실존 문제 해결을 위한 물음으로 이어진다.

4. 그들은 무엇이라고 대답했습니까(31)? 이 말씀을 통해 무엇을 배웁니까? 그들은 간수와 그 집 사람에게 무엇을 했습니까(32)? 그 결과가 어떠했습니까(33-34)?

31, "이르되 주 예수를 믿으라 그리하면 너와 네 집이 구원을 받으리라 하고"

"이르되" - '말한다.'(동직설 과거)이다. "믿으라" - '믿는다.'(동명령 과거)이다. 간수가 지금 해야 할 일은 주님이신 예수님을 믿는 일이다. 간수는 예수님을 그리스도로 믿어야 한다. 예수님께서 나의 죄를 위해서 십자가에서 죽으시고 사흘 만에 다시 살아나셔서 지금은 하나님 나라에서 왕으로 다스리심을 믿어야 한다.

"그리하면" - '그리고'이다. "구원을 받으리라" - '구원한다.'(동직설 미래)이다. 예수님을 믿으면, 그 자신은 물론이고 그 집도 구원받는다. 가장의 구원은 가족 구원에 영향을 미친다.

우리는 무엇을 배우는가? 첫째로, 죽음에서 구원받는 길은 예수님을 믿는 것뿐이다. 죽음은 자연현상처럼 보이지만 실은 죄의 결과이다. 그 죽음에서 구원받는 길은 오직 예수님을 믿음으로만 가능하다.

둘째로, 예수님을 믿으면 그 사람은 물론이고, 그 가정도 구원받는다. 믿음은 한 사람의 믿음이다. 하지만 그 사람의 믿음이 가족의 믿음으로 이어진다. 나를 통해 우리 가정이 구원받는다.

바울 일행은 무엇을 했는가?

32, "주의 말씀을 그 사람과 그 집에 있는 모든 사람에게 전하더라"

"전하더라" - '말한다.'(동직설 과거)이다. 바울 일행은 말씀을 통해서 예수님을 믿고 구원받는 진리를 가르쳤다.

33, "그 밤 그 시각에 간수가 그들을 데려다가 그 맞은 자리를 씻어 주고 자기와 그 온 가족이 다 세례를 받은 후"

"데려다가" - '데리고 간다.'(동분사 과거)이다. "맞은 자리를" - '상처'이다. "씻어 주고" - '씻는다.'(동직설 과거)이다. 때린 것에 대한 회개의 표현이었다. "세례를 받은" - '세례를 베풀다.'(동직설 과거)이다. 세례받음은 예수님을 믿고 구원받았음에 대한 표현이다.

34, "그들을 데리고 자기 집에 올라가서 음식을 차려 주고 그와 온 집안이 하나님을 믿으므로 크게 기뻐하니라"

"그들을 데리고" - '그는'이다. "올라가서" - '데리고 올라간다.'(동분사 과거)이다. "차려 주고" - '앞에 놓는다.'(동직설 과거)이다. 간수는 바울 일행에게 음식을 대접했다. 감사의 표현이다. "믿으므로" - '믿는다.'(동분사 완료)이다. "크게 기뻐하니라" - '몹시 기뻐한다.'(동직설 과거)이다. 구원의 감격은 큰 기쁨으로 나타난다.

5. 왜 상관들은 바울과 실라를 놓으려고 했습니까(35-36)? 그러나 바울은 어떻게 반응했습니까(37)? 상관들은 그들을 어떻게 대했습니까(38-40)? 왜 바울은 지금 자신의 신분을 밝혔을까요?

35, "날이 새매 상관들이 부하를 보내어 이 사람들을 놓으라 하니"

"새매" - '일어난다.'(동분사 과거)이다. "상관들이" - '치안 판사'이다. "보내어" - '보낸다.'(동직설 과거)이다. "놓으라" - '석방한다.'(동명령 과거)이다. "하니" - '말한다.'(동분사 현재)이다. 그들은 공개적으로 매질하고 하룻밤을 감옥에서 보낸 것으로 처벌했다고 여겼다.

36, "간수가 그 말대로 바울에게 말하되 상관들이 사람을 보내어 너희를 놓으라 하였으니 이제는 나가서 평안히 가라 하거늘"

"말대로" - '말'이다. "말하되" - '알린다.'(동직설 과거)이다. "사람을 보내어" - '보낸다.'(동직설 완료)이다. "너희를 놓으(라)" - '석방한다.'(동가정 과거)이다. "하였으니" - '~하기 위해'이다. "나가서" - '나간다.'(동분사(명령적) 과거)이다. "가라 하거늘" - '간다.'(동명령 현재)이다.

그러나 바울은 무엇을 했는가?

37, "바울이 이르되 로마 사람인 우리를 죄도 정하지 아니하고 공중 앞에서 때리고 옥에 가두었다가 이제는 가만히 내보내고자 하느냐 아니라 그들이 친히 와서 우리를 데리고 나가야 하리라 한 대"

"이르되" - '말한다.'(동직설 과거)이다. "(사람)인" - '있다.'(동분사 현재)이다. "로마 사람인" - 그들은 자기 신분을 밝힌다. 그들은 로마 시민권자이다. "죄도 정하지 아니하고" - '유죄를 판결하지 않은'이다. 로마법은 타당한 재판 절차를 통하여 형이 확정되지 않은 로마 시민에게는 체벌을 가하거나 투옥하는 일을 금지했다. "때리고" - '때린다.'(동분사 과거)이다. "가두었다가" - '던진다.'(동직설 과거)이다. "가만히" - '은밀히'이다. "내보고자 하느냐" - '쫓아낸다.'(동직설 현재)이다. "데리고 나가야 하리라" - '데리고 간다.'(동명령 과거)이다. "아니라" - '아니다.'이다. "와서" - '온다.'(동분사 과거)이다. 바울은 정식으로 사과받고자 한다.

38, "부하들이 이 말을 상관들에게 보고하니 그들이 로마 사람이라 하는 말을 듣고 두려워하여"

"보고하니" - '보고한다.'(동직설 과거)이다. "이라" - '그들은 ~이다.'(동직설 현재)이다. "하는 말을" - '~하는 것'이다. "듣고" - '듣는다.'(동분사 과거)이다. "두려워하여" - '무서워한다.'(동직설 과거)이다.

39, "와서 권하여 데리고 나가 그 성에서 떠나기를 청하니"

"와서" - '온다.'(동분사 과거)이다. "권하여" - '애원한다.'(동직설 과거)이다. "데리고 나가" - '데리고 간다.'(동분사 과거)이다. "떠나기를" - '가버린다.'(동부정사 과거)이다. "청하니" - '묻는다.'(동직설 미완료)이다. 그들은 바울에게 성읍에서 떠나 달라고 간청한다.

40, "두 사람이 옥에서 나와 루디아의 집에 들어가서 형제들을 만나보고 위로하고 가니라"

"나와" - '나간다.'(동분사 과거)이다. "들어가서" - '들어간다.'(동직설 과거)이다. "만나 보고" - '본다.'(동분사 과거)이다. "위로하고" - '애원한다.'(동직설 과거)이다. "가니라" - '나간다.'(동직설 과거)이다. 그들은 루디아의 집으로 가서 형제자매를 격려했고, 떠났다.

왜 바울은 이제야 신분을 밝혔을까? 그것은 점쟁이 주인들의 주장이 거짓임을 드러내고자 함이었다. 그리하여 빌립보 교회를 보호하고자 함이었다. 이로써 바울은 "예수님을 믿어라!"라는 메시지가 사회 질서를 파괴한다는 오해를 없앴다.

25

날마다 성경을 상고하므로

본문 사도행전 17:1-34
요절 사도행전 17:11
찬송 200장, 204장

1. 바울 일행은 데살로니가에서 어떻게 성경을 강론했습니까(1-3)? 그 강론에 대해서 어떤 두 가지 반응이 나타났습니까(4-9)?

2. 베뢰아 사람의 말씀에 대한 자세가 어떠합니까(10-11)? '날마다 성경을 상고한다.'라는 말은 무슨 뜻입니까? 그 열매가 어떻게 나타납니까(12)? 그러나 어떤 사람도 있습니까(13-15)?

3. 왜 바울은 아덴에서 격분합니까(16)? 그는 누구와 변론합니까(17-18a)? 논쟁을 통해서 나타난 반응은 무엇입니까(18b)? 사람들은 무엇에 관심이 많습니까(19-21)?

4. 아덴 사람들의 종교성은 어떠합니까(22-23a)? 바울은 그들에게 무엇을 알게 하고자 합니까(23b-26)? 하나님께서 그렇게 하신 목적은 무엇입니까(27-28)? 우리는 그분께 어떤 자세를 가져야 합니까(29)?

5. 하나님은 무엇을 명령하십니까(30)? 왜 회개해야 합니까(31)? 죽은 자의 부활에 대한 반응이 각각 어떠합니까(32-34)?

25
날마다 성경을 상고하므로

본문 사도행전 17:1-34
요절 사도행전 17:11
찬송 200장, 204장

1. 바울 일행은 데살로니가에서 어떻게 성경을 강론했습니까(1-3)?
그 강론에 대해서 어떤 두 가지 반응이 나타났습니까(4-9)?

1, "그들이 암비볼리와 아볼로니아로 다녀가 데살로니가에 이르니 거기 유대인의 회당이 있는지라"

"암비볼리" - 빌립보에서 남서쪽으로 50km 떨어진 상업 도시이다. 로마로 가는 고속도로(*Via Egnatia*)의 정류장 중 하나이다. "아볼로니아" - 암비볼리에서 남서쪽으로 40km 떨어져 있고, 데살로니가로부터 56km 거리에 있다. "다녀가" - '돌아다닌다.'(동분사 과거)이다. "데살로니가" - 마게도냐의 수도로서 가장 크고 번창한 도시이다. 빌립보로부터 150km 떨어져 있다. 로마로 가는 고속도로와 해상 무역로가 있다. 시인, 철학자, 수사학자 등이 있었다. 데살로니가전후서의 배경인 도시였다. "이르니" - '온다.'(동직설 과거)이다. "회당" - 유대인의 열 가정이 있으면 지을 수 있었다. 이곳에서 유대인은 기도하고 모이고 가르침을 받았다. "있는지라" - '나는 ~이다.'(동직설 미완료)이다.

2, "바울이 자기의 관례대로 그들에게로 들어가서 세 안식일에 성경

을 가지고 강론하며”

"관례” - ‘습관이다.’(동분사 완료)이다. 회당을 찾아 복음을 전하는 관례를 말한다. “들어가서” - ‘들어간다.’(동직설 과거)이다. “세 안식일에” - ‘세 안식일에 걸쳐’를 뜻한다. “성경을” - ‘성경(the Scriptures)’이다. “가지고” - ‘~에서’이다. “강론하며”(διαλέγομαι, *dialegomai*) - ‘설득한다.’(동직설 과거)이다. 그는 성경으로 그들을 설득했다.

어떻게 강론했는가?

3, “뜻을 풀어 그리스도가 해를 받고 죽은 자 가운데서 다시 살아나야 할 것을 증언하고 이르되 내가 너희에게 전하는 이 예수가 곧 그리스도라 하니”

"뜻을 풀어” - ‘열다.’(동분사 현재)이다. ‘닫힌 것을 완전히 열다.’라는 뜻이다. “해를 받고” - ‘고난을 겪는다.’(동부정사 과거)이다. “다시 살아나야” - ‘일어난다.’(동부정사 과거)이다. “할” - ‘반드시 ~해야 한다.’(동직설 미완료)이다. “증언하고 이르되” - ‘증명한다.’(동분사 현재)이다. “전하는 이” - ‘선포한다.’(동직설 현재)이다. “(그리스도)라” - ‘그는 ~이다.’(동직설 현재)이다. 그는 성경을 완전히 열어서 설명하고 증명하면서 예수님이 그리스도이심을 선포한다. 구약성경은 그리스도께서 반드시 고난을 받고 죽은 사람 가운데서 살아나셔야 한다고 예언했다(사 53:5). 그 예언을 예수님이 이루셨다.

그 메시지에 대해 어떤 두 가지 반응이 나타났는가?

4, “그 중의 어떤 사람 곧 경건한 헬라인의 큰 무리와 적지 않은 귀부인도 권함을 받고 바울과 실라를 따르나”

"경건한” - ‘공경한다.’(동분사 현재)이다. “귀(부인)” - ‘첫째의’, ‘최고의’이다. “권함을 받고” - ‘설득한다.’(동직설 과거)이다. “따르나” - ‘제비 뽑아 할당한다.’(동직설 과거)이다. 많은 경건한 그리스 사람과 적지 않은 귀부인은 말씀의 감화를 받고 바울과 실라를 따랐다.

5, "그러나 유대인들은 시기하여 저자의 어떤 불량한 사람들을 데리고 떼를 지어 성을 소동하게 하여 야손의 집에 침입하여 그들을 백성에게 끌어내려고 찾았으나"

"시기하여" - '열심이다.'(동분사 과거)이다. "저자의" - '시장에 자주 드나드는'이다. "불량한" - '나쁜 상태에 있는'이다. "데리고" - '받아들인다.'(동분사 과거)이다. "떼를 지어" - '군중을 모은다.'(동분사 과거)이다. "소동하게 하여" - '소동을 일으킨다.'(동직설 미완료)이다. 그러나 유대인은 시기하여 장터에서 깡패를 동원하여 도시를 소란하게 한다.

"야손" - 데살로니가 사람인데, 바울과 실라가 그의 집에 머물렀다. "침입하여" - '곁에 선다.'(동분사 과거)이다. "끌어내려고" - '앞으로 인도한다.'(동부정사 과거)이다. "찾았으나" - '찾는다.'(동직설 미완료)이다. 그들은 야손의 집에 침입하여 바울과 실라를 사람들 앞에 끌어내려고 찾는다.

6, "발견하지 못하매 야손과 몇 형제들을 끌고 읍장들 앞에 가서 소리 질러 이르되 천하를 어지럽게 하던 이 사람들이 여기도 이르매"

"발견하지" - '찾는다.'(동분사 과거)이다. "못하매" - '아니'이다. "끌고" - '끌다.'(동직설 미완료)이다. "읍장들" - '읍장(politarch/ civic magistrate)'이다. "앞에 가서" - '~가까이에'이다. "소리 질러 이르되" - '소리 지른다.'(동분사 현재)이다. "어지럽게 하던" - '어지럽힌다.'(동분사 과거)이다. 그들은 바울 일행을 사회와 정치를 혼란하게 하는 사람으로 치부했다. "이르매" - '왔다.'(동직설 현재)이다.

7, "야손이 그들을 맞아들였도다 이 사람들이 다 가이사의 명을 거역하여 말하되 다른 임금 곧 예수라 하는 이가 있다 하더이다 하니"

"맞아들였도다" - '영접한다.'(동직설 완료)이다. "가이사의" - '가이사(Caesar)', '황제(emperor)'이다. "거역" - '의 맞은 편에'이다.

"하여" - '행한다.'(동직설 현재)이다. "말하되" - '말한다.'(동분사 현재)이다. "임금 곧 예수라" - 왕은 예수님이시다. "라 하는 이가 있다 하더이다 하니" - '나는 ~이다.'(동부정사 현재)이다. 로마는 오직 황제만을 왕으로 섬기도록 했다. 하지만 예수님을 그리스도로 믿는 사람은 황제 대신 예수님을 왕으로 섬겼다. 그것은 가이사의 명령을 거역하는 대역죄이다. 유대인은 그 점을 강조하며 바울 일행을 정치범으로 몰았다.

사람들의 반응은 어떠했는가?

8, "무리와 읍장들이 이 말을 듣고 소동하여"
"듣고" - '듣는다.'(동분사 현재)이다. "소동하여" - '혼란에 빠뜨린다.'(동직설 과거)이다.

9, "야손과 그 나머지 사람들에게 보석금을 받고 놓아 주니라"
"보석금을" - '가치 있는'이다. '담보 돈(money as security)'을 뜻한다. "받고" '취한다.'(동분사 과거)이다. "놓아 주니라" - '석방한다.'(동직설 과거)이다. 그들은 야손의 죄를 크게 물을 수 없었다.

2. 베뢰아 사람의 말씀에 대한 자세가 어떠합니까(10-11)? '날마다 성경을 상고한다.'라는 말은 무슨 뜻입니까? 그 열매가 어떻게 나타납니까(12)? 그러나 어떤 사람도 있습니까(13-15)?

10, "밤에 형제들이 곧 바울과 실라를 베뢰아로 보내니 그들이 이르러 유대인의 회당에 들어가니라"
"베뢰아" - 베르미누스(Bermius) 산의 기슭에 있는 마게도냐의 한 도시이며, 현대의 베리아(Verria)이다. 세공업, 농업, 석공업의 중심지로 유명했다. "보내니" - '보낸다.'(동직설 과거)이다. 그날 밤 형제자매는 바울과 실라를 베뢰아로 보냈다. "이르러" - '온다.'(동분사 과거)이다. "들어가니라" - '간다.'(동직설 미완료)이다. 바울과 실라는 성경을 가르치려고 회당으로 들어간다.

25, 17:1-34 날마다 성경을 상고하므로

베뢰아 사람의 말씀에 대한 자세가 어떠한가?

11, "베뢰아에 있는 사람들은 데살로니가에 있는 사람들보다 더 너그러워서 간절한 마음으로 말씀을 받고 이것이 그러한가 하여 날마다 성경을 상고하므로"

"베뢰아에 있는 사람들은" - '이것'이다. "에 있는" - '~안에'이다. "보다 더 너그러(워서)" - '문벌 좋은', '마음이 고상한'이다. 말씀 앞에서 '마음이 트인'이라는 뜻이다. "(너그러)워서" - '나는 ~이다.'(동직설 미완료)이다. 그들은 하나님과 말씀 앞에서 마음이 열려 있다.

말씀 앞에서 너그러운 그들은 구체적으로 무엇을 하는가? "간절한" - '모든'이다. '정말 열심히'를 뜻한다. "받고" - '취한다.'(동직설 과거)이다. 그들은 정말 열심히 말씀을 받았다. "그러" - '이런 방식으로'이다. "한가" - '가진다.'(동희구 현재)이다. "하여" - '만일 ~이면'이다. '만약 그렇다면', '사실인지 알아보려고'라는 뜻이다. "상고하므로" - '조사한다(investigate).' '검토한다.'(동분사 현재)이다. '상고(詳考)'는 '자세하게 참고하거나 검토한다.'라는 뜻이다. 그들은 마음이 트인 사람이어서 성경을 자세하게 검토하면서 말씀을 받았다.

그들로부터 무엇을 배우는가? 말씀을 듣는 자세이다. 그들은 말씀을 들을 때 무조건 반발하지 않았다. 그렇다고 해서 무조건 영접하지도 않았다. 그들은 머리로 영접한 후에 그것을 되새김질하여 가슴으로 받아들이고, 최종적으로 행동으로 옮겼다. 그들은 *Lectio Divina*(거룩한 독서)를 실천했다.

그들은 이런 일을 '날마다' 했다. 그들은 날마다 말씀을 묵상하고, 말씀대로 살기 위해서 애를 쓴다. 그들의 삶은 말씀으로 시작하여 말씀으로 마쳤다.

그 열매가 어떻게 나타났는가?

12, "그중에 믿는 사람이 많고 또 헬라의 귀부인과 남자가 적지 아니하나"

"믿는 사람이" - '믿는다.'(동직설 과거)이다. 그들 가운데 많은 사람이 믿었다. "적지 아니하나" - 그들 중에는 상류층도 적지 않았다. 말씀을 듣고 공부하면 누구든지 변할 수 있다.

그러나 유대인은 어떻게 했는가?

13, "데살로니가에 있는 유대인들은 바울이 하나님의 말씀을 베뢰아에서도 전하는 줄을 알고 거기도 가서 무리를 움직여 소동하게 하거늘"

"에 있는" - '~에서'이다. "전하는" - '선포한다.'(동직설 과거)이다. "알고" - '안다.'(동직설 과거)이다. "가서" - '나타난다.'(동직설 과거)이다. "움직여" - '흔든다.'(동분사 현재)이다. "소동하게 하거늘" - '혼란에 빠뜨린다.'(동분사 현재)이다. 데살로니가에 사는 유대인은 바울이 베뢰아에서도 하나님의 말씀을 전한다는 사실을 알고, 그곳까지 군중을 선동하여 소란을 피우며 갔다.

14, "형제들이 곧 바울을 내보내어 바다까지 가게 하되 실라와 디모데는 아직 거기 머물더라"

"내보내어" - '보낸다.'(동직설 과거)이다. 바울을 바닷가로 보냈다. "가게 하되" - '간다.'(동부정사 현재)이다. "머물더라" - '머물다.'(동직설 과거)이다. 실라와 디모데는 그곳에 머물렀다.

15, "바울을 인도하는 사람들이 그를 데리고 아덴까지 이르러 그에게서 실라와 디모데를 자기에게로 속히 오게 하라는 명령을 받고 떠나니라"

"인도하는" - '인도한다.'(동분사 현재)이다. "그를 데리고" - '데리고 온다.'(동직설 과거)이다. "아덴까지 이르러" - 바울은 아덴까지 갔다. "오게" - '온다.'(동가정 과거)이다. "하라는" '~하기 위해'이다. "받고" - '취한다.'(동분사 과거)이다. "떠나니라" - '떠난다.'(동직설 미완료)이다.

3. 왜 바울은 아덴에서 격분합니까(16)? 그는 누구와 변론합니까(17-18a)? 논쟁을 통해서 나타난 반응은 무엇입니까(18b)? 사람

들은 무엇에 관심이 많습니까(19-21)?

16, "바울이 아덴에서 그들을 기다리다가 그 성에 우상이 가득한 것을 보고 마음에 격분하여"

"아덴" - 헬라 최고의 지성과 문화의 도시인 아테네(Athens)이다. 여신 '아테나(Athena)'에서 유래했는데, '아테나'는 '하늘의 여왕'이라는 뜻이다. '아테나'는 제우스의 외동딸이며, 아테네의 수호신이다.

"그들을" - '실라와 디모데'이다. "기다리다가" - '기다린다.'(동분사 현재)이다. "우상이 가득" - '우상들로 가득 찬'이다. 황제에게 바친 신전, 황제의 가족에게 바친 신전, 여신 아테나 신전, 그리고 12 신들의 신전 등이 있었다. 도시 전체가 하나의 신전이었다. 신의 동상을 모두 사람의 형상으로 만들었다. "한 것을" - '나는 ~이다.'(동분사 현재)이다. "보고" - '지켜본다.'(동분사 현재)이다. "격분하여" - '분노하게 한다.'(동직설 미완료)이다. 그는 크게 격분한다.

그래서 그는 무엇을 하는가?

17, "회당에서는 유대인과 경건한 사람들과 또 장터에서는 날마다 만나는 사람들과 변론하니"

"(진실로, 그러므로)" - '그래서'이다. "경건한" - '예배한다.'(동분사 현재)이다. "만나는" - '우연히 만난다.'(동분사 현재)이다. "변론하니"(διαλέγομαι, dialegomai) - '토론한다.'(동직설 미완료)이다. 2절의 "강론한다."라는 단어와 같다.

누가 바울과 논쟁하는가?

18, "어떤 에피쿠로스와 스토아 철학자들도 바울과 쟁론할새 어떤 사람은 이르되 이 말쟁이가 무슨 말을 하고자 하느냐 하고 어떤 사람은 이르되 이방 신들을 전하는 사람인가보다 하니 이는 바울이 예수와 부활을 전하기 때문이러라"

	에피쿠로스(Epicurus/	스토아(Stoic philosophers)

	the Epicurean)	
주창자	에피쿠로스(주전 342-270) 아덴에서 창시	제논(Zeon, 주전 340-265) 광장에 길게 늘어선 '포이킬레 행각(Stoa Poikile)'에 제자를 모아서 가르침('스토아'는 주랑, 행각의 뜻)
주장	쾌락이 인생의 최고 목적, 쾌락 중에서 가장 값진 것은 고통, 성가시게 하는 열정, 죽음으로부터 자유로운 평온의 삶	걱정, 두려움과 내적인 소란으로부터 자유로운 삶을 추구함에는 동일, 방법이 다름
종교관	이 세상에서 영원한 것은 우주 자체와 그 가운데 있는 원자와 신밖에 없다. 모든 것이 죽으면 그 구성 요소인 원자로 돌아갈 뿐이다. 신이란 원자들의 복합체에 지나지 않기 때문에 세상을 창조하거나 멸망시키지 않으며 사람을 심판하거나 상급을 주지 않는다. 하나님의 존재를 이론적으로 부인하지 않으나 '이신론(deism)'처럼 신은 인간의 삶을 간섭하거나 섭리하지 않는다고 주장한다. 두려워하거나 순종할 초자연적인 존재는 없어서 최상의 삶은 지금 이생에서 최상의 쾌락과 행복을 누리는 것	모든 존재를 유물론적으로 보고 범신론적 태도를 보였다. 절대로 변경되지 않는 운명론적인 우주론을 주장한다. 세네카(Seneca)- "선한 사람은 운명에 끌려다니지 않고 그것을 따라가고 보조를 맞춘다." "가고 있는 말 마차와 끈에 묶여 매달린 개의 예; 개가 가는 장소는 말이 가는 방향에 의해 결정된다. 개는 마지못해 질질 끌려갈 수도 있고 자발적으로 마차를 따라갈 수 있다. 개의 고통은 말이 가는 방향으로 따라가지 않으려고 할 때 생긴다." 인간이 운명과 일치할 때는 고통과 좌절이 없지만 이

		를 거부하고자 할 때 온갖 고통이 따른다. 인간이 행복하게 사는 방법은 바꾸지 못하는 운명의 길로 가야 하므로 그 운명에 자발적으로 순종하는 길밖에는 없다.
	이다. "죽은 다음에는 아무것도 없으니 먹고 마시자." 대부분 검소하고 순결한 삶을 살면서 고기와 술, 성생활 등도 삼갔다. 그들은 기본적인 음식과 옷만을 추구했다.	어그러진 삶을 살 수밖에 없도록 강요받는다면, 차라리 자살을 택하는 것이 낫다. 자살은 억제로부터 자신을 해방하고 영혼을 저급한 수준의 몸으로부터 해방하기에 복이다.

"쟁론할 새" - '의논한다.'(동직설 미완료)이다. 바울은 당대 최고의 철학자들과도 대화한다.

그 결과는 무엇인가? "이르되" - '말한다.'(동직설 미완료)이다. "말쟁이" - '수다쟁이(babbler)'이다. '잡동사니를 주워 모아 생계를 꾸려가는 사람'이라는 뜻이다. "말을" - '말한다.'(동부정사 현재)이다. "하고자 하느냐" - '~하고자 한다.'(동희구 현재)이다. "이방" - '낯선'이다. "전하는 사람" - '선포자'이다. "인가" - '나는 ~이다.'(동부정사 현재)이다. "보다" - '생각한다.'(동직설 현재)이다. "전하기" - '좋은 소식을 전파한다.'(동직설 미완료)이다. "예수와 부활을 전하기 때문이러라" - 바울이 예수님과 그 부활을 전하기 때문이다. 그들은 예수님을 몰랐다. 예수님은 그들이 알고 있는 신중 하나가 아니었다. 새로운 신이었다.

그들은 무엇에 관심을 품었는가?

19, "그를 붙들어 아레오바고로 가며 말하기를 네가 말하는 이 새로운 가르침이 무엇인지 우리가 알 수 있겠느냐"

"그를 붙들어" - '붙잡는다.'(동분사 과거)이다. "아레오바고" - '전쟁의 신 아레스의 언덕(the Areopagus)'이라는 뜻이다. 산 위에 공설 운동장과 같이 계단으로 좌석을 만들고 원고와 피고를 중앙에 세우고 재판관이 심문하고 판결하는 곳이다.

"가며" - '데리고 온다.'(동직설 과거)이다. "말하기를" - '말한다.'(동분사 현재)이다. "말하는" - '이야기한다.'(동분사 현재)이다. "가르침이" - '가르침'이다. 그들은 바울의 가르침을 '새로운 것'으로 이해했다. "알(수)" - '알다.'(동부정사 과거)이다. "수 있겠느냐" - '할 수 있다.'(동직설 현재)이다. 그들은 바울의 가르침을 알고자 한다.

20, "네가 어떤 이상한 것을 우리 귀에 들려주니 그 무슨 뜻인지 알고자 하노라 하니"

"이상한 것을" - '손님으로 영접한다.'(동분사 현재)이다. '우리에게 생소한 것'을 뜻한다. "들려주니" - '데리고 들어간다.'(동직설 현재)이다. "뜻인지" - '바란다.'(동직설 현재)이다. "알" - '알다.'(동부정사 과거)이다. "고자 하노라" - '원한다.'(동직설 현재)이다. 그들은 귀에 생소한 것을 알려고 한다.

왜 그들은 알고자 하는가?

21, "모든 아덴 사람과 거기서 나그네 된 외국인들이 가장 새로운 것을 말하고 듣는 것 이외에는 달리 시간을 쓰지 않음이더라"

"가장 새로운" - '새로운'이다. "말하고" - '말한다.'(동부정사 현재)이다. "듣는 것" - '듣는다.'(동부정사 현재)이다. "시간을 쓰지" - '기회를 얻는다.'(동직설 미완료)이다. "않음이더라" - '하나도 아닌'이다. 그들은 끊임없이 새로운 것을 찾는다. 도시 전체가 한동안 바울이 선포하는 복음을 듣는 일에 전적으로 시간을 보내고, 그 새로운 내용을 소개하는 일에 시간을 보낸다. 그러나 그들은 삶으로 받아들이지는 않는다.

그들의 종교성은 어떠했는가?

4. 아덴 사람들의 종교성은 어떠합니까(22-23a)? 바울은 그들에게 무엇을 알게 하고자 합니까(23b-26)? 하나님께서 그렇게 하신 목적은 무엇입니까(27-28)? 우리는 그분께 어떤 자세를 가져야 합니까(29)?

22, "바울이 아레오바고 가운데 서서 말하되 아덴 사람들아 너희를 보니 범사에 종교심이 많도다"

"서서" - '선다.'(동분사 과거)이다. "말하되" - '선언한다.'(동직설 과거)이다. "보니" - '응시한다.'(동직설 현재)이다. "범사에" - '모든', 이다. "종교심이 많도다" - '미신적인'이다. 그들은 종교심이 매우 크다.

23, "내가 두루 다니며 너희가 위하는 것들을 보다가 알지 못하는 신에게라고 새긴 단도 보았으니 그런즉 너희가 알지 못하고 위하는 그것을 내가 너희에게 알게 하리라"

"두루 다니며" - '을 통하여 간다.'(동분사 현재)이다. "위하는 것들을" - '종교적 공경의 대상''이다. 그들이 예배하는 대상을 뜻한다. "보다가" - '주의 깊게 본다.'(동분사 현재)이다. "알지 못하는" - '알지 못하는'이다. "라고 새긴" - '위에 기록한다.'(동직설 완료)이다. "보았으니" - '찾는다.'(동직설 과거)이다. "너희가 알지 못하고" - '모른다.'(동분사 현재)이다. 신의 이름을 새긴 제단만이 아니라 신의 이름을 새기지 않은 제단도 있다. 그들은 아는 신만 섬긴 것이 아니라 이름을 모르는 신까지 섬겼다. 만일 신의 이름을 잘못 말하면 그 신이 화를 낸다고 생각했기 때문이다. 또는 모르고 그냥 넘어간 신이 있을까 해서 섬겼다.

"위하는" - '공경한다.'(동직설 현재)이다. "알게 하리라" - '선포한다.'(동직설 현재)이다. 바울은 그들이 알지 못하고 예배하는 그 대상을 알려준다. 바울은 이름을 모르는 한 신을 지목하여 구체화한다.

24, "우주와 그 가운데 있는 만물을 지으신 하나님께서는 천지의 주재시니 손으로 지은 전에 계시지 아니하시고"

"우주" - '세계'이다. "만물을" - '온갖'이다. "지으신" - '만들다.' (동분사 과거)이다. 하나님은 우주와 그 안에 있는 모든 것을 창조하셨다. "주재" - '주님'이다. "시니" - '있다.'(동분사 현재)이다. 그분은 하늘과 땅의 주님이시다. "손으로 지은" - '손으로 만든'이다. "전" - '성전'이다. "계시지" - '에 살다.'(동직설 현재)이다. "아니하시고" - '아니다.'이다. 하나님께서는 하늘과 땅의 주님이시므로, 사람의 손으로 지은 성전에 계시지 않는다.

25, "또 무엇이 부족한 것처럼 사람의 손으로 섬김을 받으시는 것이 아니니 이는 만민에게 생명과 호흡과 만물을 친히 주시는 이심이라"

"부족한 것처럼" - '필요로 한다.'(동분사 현재)이다. "섬김을 받으시는 것이" - '섬긴다.'(동직설 현재)이다. "아니니" - '그리고 아니'이다. 하나님은 부족한 것이 있어서 사람의 손으로 섬김을 받으시는 것이 아니다. "주시는" - '준다.'(동분사 현재)이다. 그분은 모든 사람에게 생명과 호흡과 모든 것을 주는 분이시다.

26, "인류의 모든 족속을 한 혈통으로 만드사 온 땅에 살게 하시고 그들의 연대를 정하시며 거주의 경계를 한정하셨으니"

"인류의" - '사람'이다. "혈통" - '피'이다. "만드사" - '만들다.'(동직설 과거)이다. 하나님은 한 사람, 아담으로부터 모든 인류를 만드셨다. "살게 하시고" - '살다.'(동부정사 현재)이다. "연대를" - '시점 (a point of time)'이다. 한 나라의 생존 기간, 나라의 흥망성쇠를 말한다. "정하시며" - '결정한다.'(동분사 과거)이다. 하나님은 그들이 살 시기를 정하셨다. "한정하셨으니" - '지정한다.'(동분사 완료)이다. 하나님은 각 나라의 영토도 정하셨다. 나라의 운명과 영토가 모두 하나님께 달려 있다.

이렇게 하신 목적은 무엇인가?

27, "이는 사람으로 혹 하나님을 더듬어 찾아 발견하게 하려 하심이로되 그는 우리 각 사람에게서 멀리 계시지 아니하도다"

"더듬어" - '손댄다.'(동희구 과거)이다. "찾아" - '찾는다.'(동부정사 현재)이다. "발견하게 하려 하심이로되" - '찾는다.'(동희구 과거)이다. "계시지" - '있다.'(동분사 현재)이다. 사람이 하나님을 더듬어 찾도록 하신다. 하나님은 멀리 떨어져 계시지 않는다.

28, "우리가 그를 힘입어 살며 기동하며 존재하느니라 너희 시인 중 어떤 사람들의 말과 같이 우리가 그의 소생이라 하니"

"(그)를 힘입어" - '그 안에'이다. "살며" - '살다.'(동직설 현재)이다. "기동하며" - '움직인다.'(동직설 현재)이다. "존재하느니라" - '우리는 ~이다.'(동직설 현재)이다. 우리는 그분 안에서 살고, 움직이고, 존재한다. "너희 시인 중" - '아덴의 시인'이다. 주전 3세기 초 스토아학파 시인 아라투스(Aratus)이다. 그의 시는 "파이노메나(Phainomena, 하늘의 현상)"이다. "말" - '말한다.'(동직설 완료)이다. "소생" - '자손'이다. "이라" - '우리는 ~이다.'(동직설 현재)이다. 우리는 하나님의 아들딸이다.

우리는 그분께 어떤 자세를 가져야 하는가?

29, "이와 같이 하나님의 소생이 되었은즉 하나님을 금이나 은이나 돌에다 사람의 기술과 고안으로 새긴 것들과 같이 여길 것이 아니니라"

"이와 같이" - '그러므로'이다. "되었은즉" - '있다.'(동분사 현재)이다. "고안으로" - '숙고'이다. "새긴 것들과" - '표(mark)', '새긴 것(graven object)'이다. "(같)이" - '나는 ~이다.'(동부정사 현재)이다. "여길" - '생각한다.'(동부정사 현재)이다. "것이" - '빚진다.'(동직설 현재)이다. "아니니라" - '아니다'이다. 사람이 하나님을 물건으로 형상화하는 것은 하나님을 무시하고 거부하는 일이다.

하나님은 무엇을 명령하시는가?

5. 하나님은 무엇을 명령하십니까(30)? 왜 회개해야 합니까(31)? 죽

은 자의 부활에 대한 반응이 각각 어떠합니까(32-34)?

30, "알지 못하던 시대에는 하나님이 간과하셨거니와 이제는 어디든 지 사람에게 다 명하사 회개하라 하셨으니"

"알지 못하던" - '지식의 결여'이다. "시대에는" - '기간(period of time)'이다. "간과하셨거니와" - '주의하지 않는다.'(동분사 과거)이다. 하나님은 영적으로 무지했던 시대에는 못 본 체하셨다. 심판하지 않고 참으셨다. "명하사" - '명령한다.'(동직설 현재)이다. "회개하라" - '마음을 바꾼다.'(동부정사 현재)이다. 그러나 이제는 모든 사람에게 회개하라고 명령하신다.

왜 회개해야 하는가?

31, "이는 정하신 사람으로 하여금 천하를 공의로 심판할 날을 작정 하시고 이에 그를 죽은 자 가운데서 다시 살리신 것으로 모든 사람에게 믿을 만한 증거를 주셨음이니라 하니라"

"이는" - '때문에'이다. "정하신" - '결정한다.'(동직설 과거)이다. "으로 하여금" - '안에'이다. "작정하시고" - '세운다.'(동직설 과거) 이다. 하나님께서 공의로 심판하실 날을 정하셨기 때문이다. "다시 살리신 것으로" - '일어난다.'(동분사 과거)이다. "증거를 주셨음이니 라" - '제공한다.'(동분사 과거)이다. 하나님은 그분을 죽은 사람 가 운데서 살리심으로 모든 사람에게 확신을 주셨다. 하나님께서 예수 님을 죽은 자 가운데서 살리신 사건은, 예수님을 온 세상의 심판자 로 세우셨음을 확증한다.

사람들은 어떻게 반응했는가?

32, "그들이 죽은 자의 부활을 듣고 어떤 사람은 조롱도 하고 어떤 사람은 이 일에 대하여 네 말을 다시 듣겠다 하니"

"듣고" - '듣는다.'(동분사 과거)이다. "조롱도 하고" - '조롱한 다.'(동직설 미완료)이다. 죽은 사람의 부활에 대해서 들었을 때 더 러는 비웃는다. "다시" - '다시'이다. "듣겠다" - '듣는다.'(동분사 과

거)이다. 더러는 바울의 메시지를 다시 듣고자 한다. "하니" - '말한
다.'(동직설 과거)이다.

33, "이에 바울이 그들 가운데서 떠나매"
"이에" - '이렇게'이다. "떠나매" - '나간다.'(동직설 과거)이다. 그
는 아레오바고에서 나왔다.

34, "몇 사람이 그를 가까이하여 믿으니 그중에는 아레오바고 관리
디오누시오와 다마리라 하는 여자와 또 다른 사람들도 있었더라"
"가까이하여" - '달라붙는다.'(동분사 과거)이다. "믿으니" - '믿는
다.'(동직설 과거)이다. 몇 사람은 바울을 따르며 믿었다. "아레오바
고 관리" - '아레오바고 법정의 위원'이다. 30명이었다. "여자" - 사
회적으로 높은 계급이었을 것이다. "다른 사람들도 있었더라" - 일
반 사람을 뜻한다. 비록 믿은 사람의 수는 적지만 바울의 메시지는
열매를 맺었다.

26

내 백성이 많음이라

본문 사도행전 18:1-22
요절 사도행전 18:10
찬송 355장, 502장

1. 바울은 고린도에서 누구를 만나서 왜 함께 삽니까(1-3)? 그는 안식일마다 무엇을 합니까(4)?

2. 바울은 무엇에 붙잡힙니까(5)? 그는 비방하는 사람 앞에서 무엇을 합니까(6-7)? 그가 유스도의 집으로 들어간 데는 무슨 뜻이 있습니까? 그 후에 어떤 일이 일어납니까(8)?

3. 주님께서는 바울에게 무슨 방향을 주셨습니까(9)? 그는 무엇을 두려워할까요? 왜 그는 두려워하지 않아야 합니까(10)? '내 백성이 많음이라.'라는 말은 무슨 뜻입니까? 그는 그곳에서 무엇을 합니까(11)?

4. 왜 유대인은 바울을 재판석으로 데리고 갔습니까(12-13)? 갈리오는 그 일을 어떻게 처리합니까(14-17)?

5. 바울은 수리아로 떠날 때 무엇을 했습니까(18)? 그는 에베소에서 무엇을 했습니까(19)? 그는 어디로 갔습니까(20-22)?

26
내 백성이 많음이라

본문 사도행전 18:1-22
요절 사도행전 18:10
찬송 355장, 502장

1. 바울은 고린도에서 누구를 만나서 왜 함께 삽니까(1-3)? 그는 안식일마다 무엇을 합니까(4)?

1, "그 후에 바울이 아덴을 떠나 고린도에 이르러"
"떠나" - '떠난다.'(동분사 과거)이다. "고린도" - 그리스에서 가장 규모가 큰 세계적인 도시이다. 잡다한 인종이 모여 살아서 동서 문화와 종교의 혼잡을 이루었다. "이르니" - '온다.'(동직설 과거)이다. 아크로 고린도(Acrocorinth) 산 정상에 있는 사랑의 여신 아프로디테(Aphrodite/ Venus) 신전에는 천여 명의 성전의 노예와 창녀가 있었다. 종교의식으로 성행위를 신전 안과 밖에서 했다. "고린도 사람처럼 산다."라는 말은 '성적으로 문란하게 산다.'라는 뜻이었다. 운동경기가 유명했는데, 격년마다 열리는 과격한 경기를 통하여 많은 경제적 이익을 누렸다.

2, "아굴라라 하는 본도에서 난 유대인 한 사람을 만나니 글라우디오가 모든 유대인을 명하여 로마에서 떠나라 한 고로 그가 그 아내 브리스길라와 함께 이달리야로부터 새로 온지라 바울이 그들에게 가매"
"아굴라" - '아퀼라스(Aquila)'이다. "난" - '자손'이다. "만나니" -

293

'찾는다.'(동분사 과거)이다. "글라우디오"(Claudius, 재위 기간, 41년~54년) - 로마 제4대 황제다. 재위 기간이 바울의 선교 활동 시기와 같다. 제5대 황제는 네로(Nero Claudius Caesar Drusus Germanicus, 재위 기간, 54년~68년)이다. "명하여" - '명령한다.'(동부정사 완료)이다. "떠나라 한" - '떠난다.'(동부정사 현재)이다. "온지라" - '온다.'(동직설 과거)이다. "가매" '~에게 간다.'(동부정사 현재)이다. 아가보가 예언한 대로 그 시대에 3년간 흉년이 들었다(11:28). 글라우디오는 모든 유대인에게 로마를 떠나라고 명령했다. '크레스투스(Chrestus)'의 선동에 따라 소란을 일으킨 유대인을 로마에서 추방했다.

　"이달리야"(Italy) - 처음에는 이탈리아의 서남 일부 지역을 가리킨 명칭이었다. 가이사 시대에는 알프스산맥까지 이르는 전체 지역의 명칭이었다. 여기서는 로마와 같은 이름이다. "브리스길라" - '프리스킬라(Priscilla)'이다. "가매" - '에게 간다.'(동직설 과거)이다. 바울은 아굴라와 브리스길라에게 갔다.

　3, "생업이 같으므로 함께 살며 일을 하니 그 생업은 천막을 만드는 것이더라"

　"생업이 같(으므로)" - '같은 일에 종사하는'이다. "(같)으(므로) - '나는 ~이다.'(동부정사 현재)이다. "살며" - '머물다.'(동직설 미완료)이다. "일을 하니" - '일한다.'(동직설 미완료)이다. 바울은 그들 집에 묵으면서 함께 일한다. "생업은" - '기능(skill)'이다. "천막을 만드는 것" - '천막 만드는 사람(tent-maker)'이다. 후에는 '가죽을 다루는 기술자'를 뜻했다. "이더라" - '나는 ~이다.'(동직설 미완료)이다.

　바울이 천막을 만든 데는 무슨 뜻이 있는가? 첫째는, 스스로 벌어서 생활비를 감당했다. 그는 랍비 교육을 받았다. 그 교육을 받은 사람은 가르침의 대가로 돈을 받는 일을 부당하게 여겼다. 둘째는, 다윗의 무너진 장막을 다시 세우고 있다(15:16). 천막을 만들면서 한편으로는 영적인 천막을 만들고 있다.

4, "안식일마다 바울이 회당에서 강론하고 유대인과 헬라인을 권면하니라"

"강론하고" - '토론한다.'(동직설 미완료)이다. "권면하니라" - '설득한다.'(동직설 미완료)이다. 그는 말씀 사역을 통해 영적인 천막을 세우고 있다.

2. 바울은 무엇에 붙잡힙니까(5)? 그는 비방하는 사람 앞에서 무엇을 합니까(6-7)? 그가 유스도의 집으로 들어간 데는 무슨 뜻이 있습니까? 그 후에 어떤 일이 일어납니까(8)?

5, "실라와 디모데가 마게도냐로부터 내려오매 바울이 하나님의 말씀에 붙잡혀 유대인들에게 예수는 그리스도라 밝히 증언하니"

"내려오(매)" - '내려온다.'(동직설 과거)이다. "붙잡혀" - '결합한다.'(동직설 미완료)이다. 죄수를 감옥에 가두는 것을 말한다. 바울은 혼자 있을 때는 스스로 생활비를 벌었다. 그러나 동역자들이 함께하니 말씀의 포로가 된다. 그는 '시간제(part time)' 사역자에서 '전임(full time)' 사역자로 방향을 바꾼다. 그는 물질 문제에 붙잡히지 않고 오직 말씀에만 붙잡힌다. "밝히 증언하니" - '증언한다.'(동분사 현재)이다. 예수님이 그리스도이심을 증언한다.

6, "그들이 대적하여 비방하거늘 바울이 옷을 털면서 이르되 너희 피가 너희 머리로 돌아갈 것이요 나는 깨끗하니라 이 후에는 이방인에게로 가리라 하고"

"대적하여" - '대적한다.'(동분사 현재)이다. "비방하거늘" - '모독한다.'(동분사 현재)이다. "털면서" - '떨어 버린다.'(동분사 과거)이다. 바울은 옷을 털었다. 바울은 비시디아 안디옥에서는 신발의 먼지를 떨었다(13:51).

왜 여기서는 옷을 털까? 느헤미야 때는 옷자락을 턴 행동이 하나님께서 죄를 지은 사람을 심판하여 흔들 것을 상징했다(느 5:13). 바울은 자신을 대적하고 비방하는 그들이 하나님의 심판을 피할 수 없음을 경고한다. "이르되" - '말한다.'(동직설 과거)이다. "돌아갈 것이요" - '위에'이다. 말씀을 받아들이지 않은 책임은 그들에게 돌아간다. "가리라" - '간다.'(동직설 미래)이다. 사역의 대상을 바꿔 이방인에게로 간다.

7, "거기서 옮겨 하나님을 경외하는 디도 유스도라 하는 사람의 집에 들어가니 그 집은 회당 옆이라"

"옮겨" - '떠난다.'(동분사 과거)이다. "경외하는" - '예배한다.'(동분사 현재)이다. "들어가니" - '들어간다.'(동직설 과거)이다. 그는 유스도의 집으로 갔다. "(옆)이라" - '나는 ~이다.'(동직설 미완료)이다. 바울은 유대인에서 이방인에게로, 회당에서 가정집으로 그 사역의 대상과 장소를 옮겼다. 이것은 사역의 일대 대 전환이다.

방향 전환을 통하여 어떤 일이 일어났는가?

8, "또 회당장 그리스보가 온 집안과 더불어 주를 믿으며 수많은 고린도 사람도 듣고 믿어 세례를 받더라"

"회당장" - '회당장(ruler of synagogue)'이다. 회당장은 여러 명이었다(막 5:22). 회당장은 회당의 낭독자나 교사를 선택하고, 가르침의 내용을 검토한다. 모든 것이 예법과 전통에 맞는지를 살핀다. "믿으며" - '믿는다'(동직설 과거)이다. 회당장과 그 가족이 예수님을 믿었다. "듣고" - '듣는다.'(동분사 현재)이다. "믿어" - '믿는다.'(동직설 미완료)이다. 다른 사람도 믿는다. 회당장의 변화는 주위 사람에게 영향을 끼쳤다. "세례를 받더라" - '세례를 베풀다.'(동직설 미완료)이다. 회당은 줄어들고 바로 옆에 있는 디도의 가정교회는 부흥했다. 이런 변화는 다른 유대인에게는 심각한 도전이었다.

3. 주님께서는 바울에게 무슨 방향을 주셨습니까(9)? 그는 무엇을 두려워할까요? 왜 그는 두려워하지 않아야 합니까(10)? '내 백성이 많음이라.'라는 말은 무슨 뜻입니까? 그는 그곳에서 무엇을 합니까(11)?

9, "밤에 주께서 환상 가운데 바울에게 말씀하시되 두려워하지 말며 침묵하지 말고 말하라"

"말씀하시되" - '말한다.'(동직설 과거)이다. "두려워하지" - '무서워한다.'(동명령 현재)이다. "말며" - '아니'이다. "침묵하지" - '조용히 한다.'(동가정 과거)이다. "말고" - '아니'이다. "말하라" - '말한다.'(동명령 현재)이다.

그는 무엇을 두려워할까? 그는 사역이 잘되어서 두려워한다. 회당장의 변화가 강경파 유대인을 자극했다. 아무리 바울일지라도 그들의 보복이 두려웠다. 그는 말씀 사역에 소극적이다.

왜 그는 두려워하지 않아야 하는가?

10, "내가 너와 함께 있으매 어떤 사람도 너를 대적하여 해롭게 할 자가 없을 것이니 이는 이 성 중에 내 백성이 많음이라 하시더라"

"있으(매)" - '나는 ~이다.'(동직설 현재)이다. "(있으)매" - '왜냐하면'이다. 성령님께서 그와 함께하신다.

이 사실만큼 중요한 말씀이 또 있는가? 성령님이 함께 계시니 두려워하지 않는다. 계속해서 전도할 수 있다. 예수님께서 제자들과 함께하신 것처럼 바울과도 함께 하신다(마 28:20).

"대적하여" - '위에 놓는다.'(동직설 미래)이다. "해롭게 할 자가" - '해한다.'(동부정사 과거)이다. "없을 것이니" - '하나도 아닌'이다. 누구나 바울을 해하지 못한다. 성령님께서 보호하시고 인도하시면 그 누구도 감히 도전하지 못한다. "내 백성" - 예수님을 이미 믿은 사람보다는 앞으로 믿을 사람이다. 바울의 증언을 듣고 예수님을 믿고 구원받아야 할 사람이다. "많음" - '많은'이다. "(많음)이라" - '그는 ~이다.'(동직설 현재)이다. 성령님께서 바울과 함께 계시는 이유이다. 성령님께서 바울을 보호하시는 목적이다.

우리는 무엇을 배우는가? 바울의 마음과 눈이 예수님의 마음과 눈과 다름을 배운다. 바울의 마음에는 고린도는 음란하고 타락한 도시라는 생각만 있을 수 있다. 그의 눈에는 대적자만 많고 주님의 백성은 안 보일 수 있다. 그러나 예수님의 마음과 눈에는 그곳에도 구원을 갈망하는 사람이 많다. 겉모습만 보지 말고 안을 볼 수 있어야 한다. 내 중심이 아닌 성령님 중심으로 세상을 봐야 한다.

11, "일 년 육 개월을 머물며 그들 가운데서 하나님의 말씀을 가르치니라"

"머물며" - '앉는다.'(동직설 과거)이다. "가르치니라" - '가르친다.'(동분사 현재)이다. 그는 성령님께 순종하여 말씀을 가르치면서 일 년 육 개월 동안 머물렀다.

4. 왜 유대인은 바울을 재판석으로 데리고 갔습니까(12-13)? 갈리오는 그 일을 어떻게 처리합니까(14-17)?

12, "갈리오가 아가야 총독 되었을 때에 유대인이 일제히 일어나 바울을 대적하여 법정으로 데리고 가서"

"갈리오"(Gallio) - 스토아 철학자 세네카의 형제로 원래 이름은 루키우스 안나이우스 노바투스(Lucius Annaeus Novatus)였다. 양아버지 갈리오가 입양하여 양아버지 이름을 따랐다. 황제 글라우디오 때 아가야 총독이 되어 고린도에 있었다. "되었을 때" - '나는 ~이다.'(동분사 현재)이다. "일제히" - '다 같이(unanimous)'이다. "일어나" - '에 반대하여 일어난다.'(동직설 과거)이다. "바울을 대적하여" - '바울'이다. "법정" - '재판석'이다. "데리고 가서" - '이끌다.'(동직설 과거)이다. 바울을 재판석으로 끌고 갔다.

그 이유는 무엇인가?

13, "말하되 이 사람이 율법을 어기면서 하나님을 경외하라고 사람들을 권한다 하거늘"

"말하되" - '말한다.'(동분사 현재)이다. "율법을" - 유대인은 율법을 들고나와 바울을 고소한다. "어기면서" - '넘어서'이다. "경외하라고" - '존경한다.'(동부정사 현재)이다. "권한다 하거늘" - '권고한다.'(동직설 현재)이다.

14, "바울이 입을 열고자 할 때에 갈리오가 유대인들에게 이르되 너희 유대인들아 만일 이것이 무슨 부정한 일이나 불량한 행동이었으면 내가 너희 말을 들어 주는 것이 옳거니와"

"열고자" - '열다.'(동부정사 현재)이다. "할 때에" - '곧 ~하려고 한다.'(동분사 현재)이다. "이르되" - '말한다.'(동직설 과거)이다. "부정한 일" - '불의한 행위'이다. "불량한" - '나쁜 상태에 있는'이다. "(행동)이었으면" - '나는 ~이다.'(동직설 미완료)이다. "말을" - '말'이다. "들어 주는 것이" - '~에 대하여'이다. "(옳)거니와" - '참는다.'(동직설 과거)이다.

15, "만일 문제가 언어와 명칭과 너희 법에 관한 것이면 너희가 스스로 처리하라 나는 이러한 일에 재판장 되기를 원하지 아니하노라 하고"

"만일" - '만일 ~이면'이다. "언어" - '말'이다. '성경 해석'을 뜻한다. "명칭" - '사람이나 사물의 이름'이다. '메시아에 관한 내용'을 뜻한다. "법" - '율법'이다. '모세 오경'을 뜻한다. 세 가지는 유대 종교의 핵심이다. "것(이면)" - '나는 ~이다.'(동직설 현재)이다. "처리하라" - '본다.'(동직설 미래)이다. "되기를" - '나는 ~이다.'(동부정사 현재)이다. "원하지" - '바란다.'(동직설 현재)이다. "아니하노라" - '~아니다.'이다. 총독은 유대 종교에 관해서는 관여하지 않는다.

16, "그들을 법정에서 쫓아내니"

"쫓아내니" - '몰아낸다.'(동직설 과거)이다.

17, "모든 사람이 회당장 소스데네를 잡아 법정 앞에서 때리되 갈리오가 이 일을 상관하지 아니하니라"

"잡아" - '붙잡는다.'(동분사 과거)이다. "대리되" - '때린다.'(동직설 미완료)이다. 유대인은 바울 대신 소스데네를 잡아서 때린다. "상관하지" - '관심을 품는다.'(동직설 미완료)이다. "아니하니라" - '하나도 아닌'이다. 총독은 관심을 품지 않는다. 총독의 자세는 18개월 전에 주님이 바울에게 말씀하신 내용을 확증한다. "내가 너와 함께

있으매 어떤 사람도 너를 대적하여 해롭게 할 자가 없을 것이
니"(10). 주님의 약속은 삶의 현장에서 구체적으로 이루어졌다.

5. 바울은 수리아로 떠날 때 무엇을 했습니까(18)? 그는 에베소에
   서 무엇을 했습니까(19)? 그는 어디로 갔습니까(20-22)?

18, "바울은 더 여러 날 머물다가 형제들과 작별하고 배 타고 수리아
로 떠나갈새 브리스길라와 아굴라도 함께 하더라 바울이 일찍이 서원이
있었으므로 겐그레아에서 머리를 깎았더라"

"머물다가" - '남아 있다.'(동분사 과거)이다. 바울이 고린도에 더
머문 것은 갈리오의 우호적인 판결이 그의 선교 활동에 도움을 주었
기 때문이다. "작별하고" - '헤어진다.'(동분사 과거)이다. "배 타고"
- '배 타고 떠난다.'(동직설 미완료)이다. "수리아로 떠나갈새" - 바
울은 약 2년 동안 사역한 고린도 교회를 떠나서 수리아에 있는 안
디옥 교회로 향한다. "함께 하더라" - '함께'이다. "서원이" - '서약'
이다. "있었으(므로)" - '가진다.'(동직설 미완료)이다. "(있었으)므로"
- '왜냐하면'이다.

"겐그리아" - 고린도에서 동쪽으로 11km에 있는 항구의 이름이
다. "깎았더라" - '깎는다.'(동분사 과거)이다. 그는 서원한 일이 있어
서 머리를 깎았다. "머리를 깎았다."라는 말은 "서원을 시작한다."라
는 뜻이 아니라, "서원이 끝났다."라는 뜻이다. 성경에서는 서원하면
머리를 자르지 않는다. 이것은 나실인 서약에서 왔다(민 6:18-19).
서약 기간이 끝나면 그동안 자란 머리를 깎고 예루살렘 성전에서 화
목제물을 태움으로써 모든 의식을 마쳤다(민 6:14-18).

19, "에베소에 와서 그들을 거기 머물게 하고 자기는 회당에 들어가
서 유대인들과 변론하니"

"에베소" - 에베소는 18:23-21:16에 나오는 제3차 선교 사역의 중
심지이다. "와서" - '이른다.'(동직설 과거)이다. 그 일행은 에베소에
도착했다. "머물게 하고" - '남겨둔다.'(동직설 과거)이다. "들어가서"

- '들어간다.'(동분사 과거)이다. "변론하니" - '토론한다.'(동직설 과거)이다. 바울은 회당에 들어가서 유대 사람과 토론했다.

20, "여러 사람이 더 오래 있기를 청하되 허락하지 아니하고"

"있기를" - '머무른다.'(동부정사 과거)이다. "청하되" - '묻는다.'(동분사 현재)이다. "허락하지" - '동의한다.'(동직설 과거)이다. "아니하고" - '~ 아니다'이다.

21, "작별하여 이르되 만일 하나님의 뜻이면 너희에게 돌아오리라 하고 배를 타고 에베소를 떠나"

"작별하여" - '헤어진다.'(동분사 과거)이다. "이르되" - '말한다.'(동분사 과거)이다. "뜻이면" - '바란다.'(동분사 현재)이다. "돌아오리라" - '돌아온다.'(동직설 미래)이다. "배를 타고" - '데리고 올라간다.'(동직설 과거)이다. "떠나" - '~에서'이다. 바울은 그곳을 급히 떠났다.

22, "가이사랴에 상륙하여 올라가 교회의 안부를 물은 후에 안디옥으로 내려가서"

"가이사랴" - 팔레스타인의 해안 도시로 갈멜산에서 남쪽으로 약 37Km에 있다. "상륙하여" - '도착한다.'(동분사 과거)이다. "올라가" - '올라간다.'(동분사 과거)이다. "교회의" - 예루살렘 교회이다. 그는 예루살렘 성전이 아닌 교회로 갔다. 그의 서원은 예루살렘 교회를 방문함으로써 최종적으로 완성했다. "안부를 물은 후에" - '인사한다.'(동분사 과거)이다. "안디옥" - '수리아 안디옥'이다. "내려가서" - '내려간다.'(동직설 과거)이다. 바울은 가이사랴에 내려서, 예루살렘으로 올라가 교회에 인사하고 안디옥으로 내려갔다.

27
하나님의 도를 더 정확하게

본문 사도행전 **18:23-19:7**
요절 사도행전 **18:26**
찬송 **452장, 453장**

1. 바울은 사역지를 다니며 무엇을 합니까(18:23)? 아볼로는 어떤 사람입니까(24-25)? '요한의 세례만 알 따름이다.'라는 말은 무슨 뜻입니까?

2. 브리스길라와 아굴라는 그를 어떻게 도와주었습니까(26)? '더 정확하게 설명하는' 그들로부터 무엇을 배웁니까? 성경을 더 정확하게 배운 아볼로는 무엇을 했습니까(27-28)? 왜 성경으로 증언하는 것이 그렇게 중요할까요?

3. 바울은 에베소에서 만난 '어떤 제자'들에게 무엇을 물었으며, 그들의 대답은 무엇이었습니까(19:1-2)? '믿을 때 성령을 받았느냐'라는 무슨 뜻입니까?

4. 왜 그들은 이런 상태에 머물러 있습니까(3)? 바울은 그들에게 무엇을 가르쳤습니까(4)? 바울은 '성령님의 세례를 받아야 한다.'라고 말하지 않고 왜 '예수님을 믿어라.'라고 말할까요?

5. 그들의 반응은 무엇이었습니까(5)? 바울이 안수하자 무슨 일이 일어납니까(6)? 그들이 모두 열두 사람인 데는 무슨 뜻이 있을까요(7)?

27
하나님의 도를 더 정확하게

본문 사도행전 **18:23-19:7**
요절 사도행전 **18:26**
찬송 **452장, 453장**

1. 바울은 사역지를 다니며 무엇을 합니까(18:23)? 아볼로는 어떤 사람입니까(24-25)? '요한의 세례만 알 따름이다.'라는 말은 무슨 뜻입니까?

18:23, "얼마 있다가 떠나 갈라디아와 브루기아 땅을 차례로 다니며 모든 제자를 굳건하게 하니라"

"있다가" - '행한다.'(동분사 과거)이다. "떠나" - '나간다.'(동직설 과거)이다. "갈라디아와 브루기아" - 바울이 첫 번째 선교 사역 때 세웠고, 두 번째 선교 사역 때 견고하게 했다(16:6). 이곳은 비시디아 안디옥, 이고니온, 루스드라, 더베 교회 등을 말한다. "차례로" - '잇따라'이다. "다니며" - '통하여 간다.'(동분사 현재)이다. 그는 이곳을 다시 방문했다. 바울은 제3차 선교여행을 시작했다. "굳건하게 하니라" - '더 강하게 한다.'(동분사 현재)이다. 그는 꾸준히 양 떼를 섬기고 있다.

24, "알렉산드리아에서 난 아볼로라 하는 유대인이 에베소에 이르니 이 사람은 언변이 좋고 성경에 능통한 자라"

"알렉산드리아" - 주전 332년 알렉산더 대왕(Alexander the Great,

주전 356년~323년)이 세운 도시이다. 이곳은 50만 권의 파피루스 (papyrus) 책이 있는 도서관이 있었고, 학문과 문화의 중심지였다. 헬라어 구약성경을 쓰는 유대인이 많이 살았다. 클레멘스(Clement of Alexandria, 150년~215년)와 오리게네스(Origenes/ Origen, 185년 -254년)가 이곳에서 초기의 신약 본문을 편집했다. 주전 200년 히브리 구약성경을 헬라어 성경으로 번역한 곳이다.

"난" - '가족'이다. "아볼로" - 알렉산드리아 출신 유대인이다. "에베소" - 소아시아의 항구 도시, 이오니아의 수도이다. 에베소는 시리아의 안디옥과 이집트의 알렉산드리아와 함께 지중해 동쪽의 세 개의 큰 도시 중 하나로 아시아의 로마 식민지의 중심지였다. "이르니" - '이른다.'(동직설 과거)이다.

그는 어떤 사람인가? "언변이 좋고" - '말을 잘하는(eloquent),' '학식이 있는'이다. "능통한" - '능력 있는'이다. "자라" - '나는 ~이다.'(동분사 현재)이다. 그는 일반 학문뿐만 아니라 성경도 잘 안다.

25, "그가 일찍이 주의 도를 배워 열심으로 예수에 관한 것을 자세히 말하며 가르치나 요한의 세례만 알 따름이라"

"도를" - '길', '생활 방식'이다. '하나님의 말씀'이다. "배(워)" - '통지한다.' '가르친다.'(동분사 완료)이다. "(배)워" - '나는 ~이다.'(동직설 미완료)이다. 그는 주님의 도를 어렸을 때부터 배웠다. "예수에 관한 것" - 예수님의 고난과 죽으심, 부활과 승천이다. "자세히" - '정확하게(accurately)'이다. "말하며" - '이야기한다.'(동직설 미완료)이다. "가르치나" - '가르친다.'(동직설 미완료)이다. 그는 이 내용을 정확하게 가르친다.

그러나 그의 한계가 무엇인가? "알 따름이라" - '이해한다.'(동분사 현재)이다. 그는 예수님을 아는데도 세례 요한에 머물렀다. 세례 요한은 요단강 부근에서 죄 사함을 받게 하는 회개의 세례를 전파했다(눅 3:3). 요한이 사람들에게 세례를 준 목적은 오실 그리스도를 믿도록 하는 데 있었다. 그런데 아볼로는 요한이 세례를 준 목적을 몰랐다. 그는 '오실 그리스도'는 알지만, '오신 그리스도'는 모른다.

그는 예수님을 증언하면서도 정작 그분을 인격적으로 만나지 못했다.

2. 브리스길라와 아굴라는 그를 어떻게 도와주었습니까(26)? '더 정확하게 설명하는' 그들로부터 무엇을 배웁니까? 성경을 더 정확하게 배운 아볼로는 무엇을 했습니까(27-28)? 왜 성경으로 증언하는 것이 그렇게 중요할까요?

26, "그가 회당에서 담대히 말하기 시작하거늘 브리스길라와 아굴라가 듣고 데려다가 하나님의 도를 더 정확하게 풀어 이르더라"

"담대히 말하기" - '공공연하게 말한다.'(동부정사 현재)이다. "시작하거늘" - '시작한다.'(동직설 과거)이다. "듣고" - '듣는다.'(동분사 과거)이다. "데려다가" - '받아들인다.'(동직설 과거)이다. "더 정확하게" - '더 정확히(more accurately)'이다. "풀어 이르더라" - '설명한다.'(동직설 과거)이다. 브리스길라와 아굴라는 아볼로에게 '더 정확하게 풀어 이르렀다.'

'더 정확하게 풀어 이르렀다.'라는 말은 무슨 뜻인가? 아볼로는 예수님에 관해 '정확하게' 말한다(25b). 그런데 브리스길라 부부는 그에게 하나님의 말씀을 '더 정확하게 설명했다.' 이 말은 브리스길라 부부가 아볼로보다 '성경을 지식적으로 더 잘 가르쳤다.'라는 말은 아니다. 아볼로가 모르고 있는 '예수님을 잘 설명했다.'라는 뜻이다. 아볼로는 예수님을 말하면서도, 정작 그분이 십자가에서 죽으시고 살아나셨고, 하나님 나라에 가셨음을 몰랐다. 그런 그에게 브리스길라 부부는 "예수님께서 이미 세상에 오셨고, 십자가에서 죽으셨고, 다시 살아나셨다."라는 사실을 가르쳤다. 그리고 "누구든지 그분을 믿으면 죄를 용서받고 구원받는다."라는 사실도 가르쳤다. 아볼로는 이 사실을 몰랐지만, 브리스길라 부부는 이 사실을 알았다. 이 사실을 아는 그것이 성경을 '더 정확히' 아는 것이다. 이 사실을 가르치는 그것이 성경을 '더 정확히' 가르치는 것이다.

그런데 브리스길라 부부는 아볼로에게 더 정확히 설명할 때 어떻

27, 18:23-19:7 하나님의 도를 더 정확하게

게 했는가? 인격적으로 가르쳤다. 그 부부는 성경을 좀 안다고 해서 공개적으로 자기를 나타내지 않았다.

27, "아볼로가 아가야로 건너가고자 함으로 형제들이 그를 격려하며 제자들에게 편지를 써 영접하라 하였더니 그가 가매 은혜로 말미암아 믿은 자들에게 많은 유익을 주니"

"아가야" - 고린도만의 해안 남쪽에 있는 작은 지방이다. "건너가" - '통하여 간다.'(동부정사 과거)이다. "고자 함으로" - '바란다.'(동분사 현재)이다. 그는 오신 예수님을 믿고, 새 믿음으로 새로운 곳으로 도전한다. "격려하여" - '격려한다.'(동분사 과거)이다. 동역자들은 그런 그를 격려한다. "편지를 써" - '쓴다.'(동직설 과거)이다. "영접하라" - '환영한다.'(동부정사 과거)이다. "가매" - '이른다.'(동분사 과거)이다. "유익을 주니" - '돕는다.'(동직설 과거)이다. 그는 그곳에 가서 은혜로 믿은 사람에게 큰 도움을 주었다.

왜 도움을 주었는가?

28, "이는 성경으로써 예수는 그리스도라고 증언하여 공중 앞에서 힘 있게 유대인의 말을 이김이러라"

"이는" - '왜냐하면'이다. "성경으로써" - 그의 메시지는 성경에 근거한다. "라고" - '나는 ~이다.'(동부정사 현재)이다. "증언하여" - '입증한다.'(동분사 현재)이다. 그는 성경에 근거해서 그분을 힘 있게 증언한다. "이김이러라" - '철저하게 논박한다.'(동직설 미완료)이다. 그는 유대인의 논리를 이긴다. 유대인은 구약성경을 믿었다. 그러나 예수님이 그리스도이심을 믿지 않았다. 그들에게 아볼로는 성경을 정확하게 가르쳐서 예수님이 그리스도이심을 증언했다. 이렇게 아볼로는 바울이 복음의 씨를 뿌려놓은 곳에서 성경을 가르쳐서 그들이 잘 자라도록 한다. 바울은 고백한다. "나는 심었고 아볼로는 물을 주었다"(고전 3:6).

3. 바울은 에베소에서 만난 '어떤 제자'들에게 무엇을 물었으며, 그

306

들의 대답은 무엇이었습니까(19:1-2)? '믿을 때 성령을 받았느냐'라는 무슨 뜻입니까?

19:1, "아볼로가 고린도에 있을 때에 바울이 윗지방으로 다녀 에베소에 와서 어떤 제자들을 만나"

"아볼로가 고린도에" - 본 내용은 아볼로와 간접적으로 관련이 있음을 말한다. "있을" - '나는 ~이다.'(동부정사 현재)이다. "(때)에" - '일어난다.'(동직설 과거)이다. "제자들을" - '배우는 사람'이다. "윗지방" - 높은 지역을 말한다. 갈리디아와 브루기아 지역이다. "다녀" - '통과한다.'(동분사 과거)이다.

"에베소" - 사도 바울의 제3차 선교 사역의 중심지이다. 그는 제2차 선교여행 때 잠깐 들렀다. 그때는 오래 머물 수가 없었는데 (18:19), 제2차 선교여행을 마치고 예루살렘으로 돌아가기 바로 직전이었기 때문이었다. 그 에베소에 다시 왔다. "와서" - '온다.'(동부정사 과거)이다. "만나" - '찾는다.'(동부정사 과거)이다.

2, "이르되 너희가 믿을 때에 성령을 받았느냐 이르되 아니라 우리는 성령이 계심도 듣지 못하였노라"

"이르되" - '말한다.'(동직설 과거)이다. "믿을 때" - '믿는다.'(동분사 과거)이다. "받았(느냐)" - '받는다.'(동직설 과거)이다. "(받았)느냐" - '만일 ~이면'(동직설 과거)이다.

'믿을 때 성령을 받았느냐'라는 말은 무슨 뜻인가? 이 말씀을 일부에서는 믿음을 두 단계를 거치는 것으로 받아들인다. 즉 "믿음으로 시작하여 그 후에 성령님을 받아야 한다."라고 주장한다. 그러나 이 말씀은 "너희가 예수님을 믿느냐?"라는 뜻이다. 예수님을 그리스도로 믿으면 성령님을 받는다. 성령님께서 오셔야 예수님을 믿는다. 그러므로 "예수님을 믿는다."라는 말은 "성령님께서 함께하신다."라는 뜻이다.

그들의 대답은 무엇인가? "이르되" - '말한다.'(동직설 과거)이다. "아니라" - '그러나'이다. "계심" - '그는 ~이다.'(동직설 현재)이다.

"도" - '만일 ~이면''이다. "듣지" - '듣는다.'(동직설 과거)이다. "못하였노라" - '그리고 아니'이다. 그들은 성령님에 대해서 아무것도 모른다. 그들은 예수님을 믿지 않았다.

왜 바울은 그들을 '제자들'이라고 부를까? 바울이 처음 그들을 만났을 때는 '제자들'이라고 생각했다. 그들이 예수님을 믿는다고 생각했다. 그러나 대화를 통해서 그들의 실상을 알았다.

그들은 어떤 사람들인가? 먼저 아볼로와 비교할 수 있다. 아볼로는 구약을 알았다. 오실 그리스도를 기다리고 있었다. 성령님을 알고 있었다. 다만 삶 속에서 성령님을 체험하지 못했을 뿐이다. 예수님께서 이미 오셨음을 알지 못했다. 그러나 이 사람들은 성령님을 모른다. 그들은 예수님을 모른다. 그들은 그리스도인이 아니다.

4. 왜 그들은 이런 상태에 머물러 있습니까(3)? 바울은 그들에게 무엇을 가르쳤습니까(4)? 바울은 '성령님의 세례를 받아야 한다.'라고 말하지 않고 왜 '예수님을 믿어라.'라고 말할까요?

3, "바울이 이르되 그러면 너희가 무슨 세례를 받았느냐 대답하되 요한의 세례니라"

"바울이 이르되" - '대답한다.'(동직설 과거)이다. "세례를 받았느냐" - '세례를 베풀다.'(동직설 과거)이다. "대답하되" - '대답한다.'(동직설 과거)이다. "(세례)니라" - '~로 향하여'이다. 그들은 세례 요한의 세례를 받았다. 그들은 세례 요한이 메시아인 것처럼 살고 있다. 그들은 요한이 세례 주는 목적을 알지 못했다. 그러니 그들은 예수님에 대해서 전혀 모른다.

4, "바울이 이르되 요한이 회개의 세례를 베풀며 백성에게 말하되 내 뒤에 오시는 이를 믿으라 하였으니 이는 곧 예수라 하거늘"

"이르되" - '말한다.'(동직설 과거)이다. "회개의 세례를" - '죄를 회개한 표시로 받는 세례'이다. "베풀며" - '세례를 베풀다.'(동직설 과거)이다. "말하되" - '말한다.'(동분사 현재)이다. "오시는" - '온다.'(동분사 현재)이다. "믿으라" - '믿는다.'(동가정 과거)이다. "(예수)라" - '나는 ~이다.'(동직설 현재)이다. 요한이 회개의 세례를 베푸는 목적은 요한이 증언하는 예수님을 믿는 데 있다.

바울은 '성령님의 세례를 받아야 한다.'라고 말하지 않고 왜 '예수님을 믿어라.'라고 했을까? 그것은 예수님에 대한 믿음과 성령님의 세례가 긴밀하게 연결되어 있기 때문이다. 그들은 세례 요한에게 머물러 있어서는 안 된다. 예수님을 믿어야 한다. 그러면 성령님의 선물인 구원을 받는다.

5. 그들의 반응은 무엇이었습니까(5)? 바울이 안수하자 무슨 일이 일어납니까(6)? 그들이 모두 열두 사람인 데는 무슨 뜻이 있을까요(7)?

5, "그들이 듣고 주 예수의 이름으로 세례를 받으니"
"듣고" - '듣는다.'(동분사 과거)이다. "세례를 받으니" - '세례를 베풀다.'(동직설 과거)이다. 그들은 예수님을 그리스도로 믿었다.

6, "바울이 그들에게 안수하매 성령이 그들에게 임하시므로 방언도 하고 예언도 하니"
"안(수)" - '둔다.'(동분사 과거)이다. "(안)수하매" - '손'이다. "임하시므로" - '온다.'(동직설 과거)이다. 성령님께서 그들에게 오셨다. "방언" - '말'이다. "하고" - '말한다.'(동직설 미완료)이다. "예언도" - '예언한다.'(동직설 미완료)이다. 성령님은 그들에게 다른 나라 사람에게 성경을 가르칠 수 있는 언어와 말씀의 은사를 주신다.

7, "모두 열두 사람쯤 되니라"
"열두 사람" - 새로운 하나님 백성의 탄생을 상징한다. "되니라" - '나는 ~이다.'(동직설 미완료)이다.

28
말씀이 흥왕하여

본문 사도행전 **19:8-20**
요절 사도행전 **19:20**
찬송 **499장, 500장**

1. 바울은 회당에서 무엇을 어떻게 합니까(8)? '담대히'는 무슨 뜻입니까? 이에 대한 사람들의 반응은 어떠하며, 바울은 어떻게 했습니까(9)? 제자들을 '따로 세운' 그로부터 무엇을 배웁니까?

2. 그 사역의 열매는 어떠했습니까(10)? 하나님께서 바울을 통해서 어떤 놀라운 일을 행하셨습니까(11-12)?

3. 그때 어떤 사람들이 있었습니까(13-14)? 악귀는 어떻게 반응했습니까(15-16)? 이 사건은 무엇을 말합니까?

4. 이 사건이 에베소 사람에게 어떤 영향을 주었습니까(17-18)? 또 마술하던 사람은 무엇을 했습니까(19)? 이런 일련의 사건 속에는 어떤 뜻이 있습니까?

5. 이처럼 주님의 말씀은 어떠합니까(20)? 주님의 말씀이 한 개인과 세상에 끼치는 영향력이 어떠합니까?

28
말씀이 흥왕하여

본문 사도행전 19:8-20
요절 사도행전 19:20
찬송 499장, 500장

1. 바울은 회당에서 무엇을 어떻게 합니까(8)? '담대히'는 무슨 뜻입니까? 이에 대한 사람들의 반응은 어떠하며, 바울은 어떻게 했습니까(9)? 제자들을 '따로 세운' 그로부터 무엇을 배웁니까?

8, "바울이 회당에 들어가 석 달 동안 담대히 하나님 나라에 관하여 강론하며 권면하되"

"회당" - '지방 유대인 공동체 사회의 모임 장소', '유대인의 집회나 회중'을 뜻한다. 열 가정이 사는 지역에는 회당이 있어야 했다. 회당은 기도와 교육, 예배의 장소였다. 회당 모임에는 유대인이 중심이었고, 유대교로 개종한 이방 사람도 있었다. "들어가" - '들어간다.'(동분사 과거)이다. "담대히" - '공공연하게 말한다.'(동직설 미완료)이다. 그는 사람의 눈치를 보지 않고 분명한 자세로 말한다.

"강론하며"(διαλέγομαι, dialegomai) - '토론한다.'(동분사 현재)이다. "권면하되" - '설득한다.'(동분사 현재)이다. 그는 사람들과 대화나 토론의 형식을 통해서 설득한다. "하나님 나라에 관하여" - 예수님께서 그리스도로 오셨고, 십자가에서 죽으시고 부활하셔서 하나님 나라가 이 땅에 임했다. 누구든지 이 예수님을 믿으면 죄를 용서받고 구원받는다. 하나님의 새 언약 백성이 되어 하나님 나라에서 산

28, 19:8-20 말씀이 흥왕하여

다. 사도 바울은 에베소에서도 먼저 유대인 중심의 사역을 시작했다.
   사람들의 반응은 어떠한가?

9, "어떤 사람들은 마음이 굳어 순종하지 않고 무리 앞에서 이 도를
비방하거늘 바울이 그들을 떠나 제자들을 따로 세우고 두란노 서원에서
날마다 강론하니라"

"마음이 굳어" - '굳게 한다(harden).'(동직설 미완료)이다. "순종
하지 않고" - '순종하지 않는다.'(동직설 미완료)이다. "이 도" -
'길', '생활 방식'이다. 하나님의 나라를 뜻한다. "비방하거늘" - '험
담한다.'(동분사 현재)이다.

그때 바울은 무엇을 했는가? "떠나" - '떠난다.'(동분사 과거)이다.
"제자들" - '제자들'이다. 하나님의 나라에 마음을 열고 순종하는 사
람이다. "따로 세우고" - '떼어둔다.'(동직설 과거)이다. 바울은 순종
하지 않는 사람과 순종한 사람을 구별했다.

"두란노" - '튀란노스(Tyrannus)'이다. 에베소의 한 헬라 교사 또
는 강연자의 이름이다. "서원" - 사람들이 모여서 강의를 들을 수
있는 공공장소인 '강의실(lecture hall)'이다. 어떤 사본은 '5시에서
10시까지', 즉 '오전 11시에서 오후 4시까지'를 덧붙였다. "날마다"
- 안식일에서 날마다이다. "강론하니라"(διαλέγομαι, dialegomai) -
'토론한다.'(동분사 현재)이다.

제자들을 따로 세운 바울을 통하여 무엇을 배울 수 있는가? 사역
의 대전환(paradigm shift)이다. 바울은 순종하지 않는 사람을 떠나서
순종하는 사람을 따로 세웠다. 그는 회당을 떠나서 서원으로 왔다.
회당에는 유대인이거나 유대교로 개종한 사람만 올 수 있다. 반면
서원은 누구나 올 수 있다. 바울은 지금까지 회당에서 유대인 중심
으로 안식일에 말씀을 전했다. 하지만 그는 서원에서 제자들 중심으
로 날마다 말씀을 전한다.

2. 그 사역의 열매는 어떠했습니까(10)? 하나님께서 바울을 통해서
   어떤 놀라운 일을 행하셨습니까(11-12)?

312

10, "두 해 동안 이같이 하니 아시아에 사는 자는 유대인이나 헬라인이나 다 주의 말씀을 듣더라"

"두 해 동안" - 그는 2년 동안 날마다 말씀을 강론했다. "하니" - '된다.'(동직설 과거)이다. "사는" - '살다.'(동분사 현재)이다. "듣더라" - '듣는다.'(동부정사 과거)이다. 시작은 서원에서 제자들 중심으로 했다.

그런데 2년이 지나자, 유대인은 물론이고 헬라인도 말씀을 들었다. 순종하지 않은 사람을 떠나 제자를 따로 세운 사역의 전환은 아시아에 사는 사람이 다 주님의 말씀을 듣도록 했다. 회당을 떠나 서원으로의 사역 전환은 큰 열매를 맺었다. 서원은 누구나 올 수 있는 곳이기 때문이다.

하나님은 바울에게 또 어떤 능력을 주셨는가?

11, "하나님이 바울의 손으로 놀라운 능력을 행하게 하시니"

"손으로" - '손을 통하여'이다. "놀라운" - '성공한다.'(동분사 과거)이다. "행하게 하시니" - '행한다.'(동직설 미완료)이다. "하나님이" - 이 말씀에서 주어는 '하나님'이시다. 하나님께서 바울의 손을 통해서 놀라운 능력을 행하신다.

어떤 능력을 나타내시는가?

12, "심지어 사람들이 바울의 몸에서 손수건이나 앞치마를 가져다가 병든 사람에게 얹으면 그 병이 떠나고 악귀도 나가더라"

"앞치마" - 천막 만드는 일을 할 때 쓰는 땀받이 헝겊 조각이다. "가져다가" - '가지고 간다.'(동부정사 현재)이다. "병든" - '약하다.'(동분사 현재)이다. "에게 얹으면" - '~위에'이다. "떠나고" - '놓아준다.'(동부정사 현재)이다. "악귀도" - '나쁜 영'이다. "나가더라" - '나간다.'(동부정사 현재)이다. 하나님은 바울에게 치료와 귀신을 쫓아내는 능력을 주셨다.

3. 그때 어떤 사람들이 있었습니까(13-14)? 악귀는 어떻게 반응했습

니까(15-16)? 이 사건은 무엇을 말합니까?

13, "이에 돌아다니며 마술하는 어떤 유대인들이 시험 삼아 악귀 들린 자들에게 주 예수의 이름을 불러 말하되 내가 바울이 전파하는 예수를 의지하여 너희에게 명하노라 하더라"

"이에" - '게다가'이다. "돌아다니며" - '돌아다닌다.'(동분사 현재)이다. "마술하는" - '귀신 쫓는 사람(exorcist)'이다. "시험 삼아" - '시도한다.'(동직설 과거)이다. "들린" - '가진다.'(동분사 현재)이다. "불러" - '부른다.'(동부정사 현재)이다. "말하되" - '말한다.'(동분사 현재)이다. "전파하는" - '알린다.'(동직설 현재)이다. "명하노라" - '엄명한다.'(동직설 현재)이다. 그들은 큰 능력을 나타내는 예수님의 이름을 이용한다.

14, "유대의 한 제사장 스게와의 일곱 아들도 이 일을 행하더니"

"(있다)" - '나는 ~이다.'(동직설 미완료)이다. "행하더니" - '행한다.'(동분사 현재)이다. 제사장의 아들들도 그런 짓을 한다.

15, "악귀가 대답하여 이르되 내가 예수도 알고 바울도 알거니와 너희는 누구냐 하며"

"대답하여" - '대답한다.'(동분사 과거)이다. "이르되" - '말한다.'(동직설 과거)이다. "알고"(γινώσκω, gino:sko:) - '알다.'(동직설 현재)이다. "알거니와"(ἐπίσταμα, epistamai) - '~를 알고 있다.'(동직설 현재)이다. 악귀는 예수님도 알고 바울도 안다. "(누구)냐" - '나는 ~이다.'(동직설 현재)이다.

"너희는 누구냐" - "너의 정체는 도대체 무엇인가?" 그 일곱 아들의 정체를 알 수 없다. 즉 그들이 예수님을 믿고 그 일을 하는지 알 수 없다.

16, "악귀 들린 사람이 그들에게 뛰어올라 눌러 이기니 그들이 상하여 벗은 몸으로 그 집에서 도망하는지라"

"들린" - '나는 ~이다.'(동직설 미완료)이다. "뛰어올라" - '덤벼든
다.'(동분사 과거)이다. "눌러" - '정복한다.'(동분사 과거)이다. "이기
니" - '강하다.'(동직설 과거)이다. 악귀 들린 사람이 그들에게 달려
들어 짓눌러 이겼다. "그들이 상하여" - '상하게 한다.'(동분사 완료)
이다. "도망하는지라" - '도망한다.'(동부정사 과거)이다. 그들은 상처
를 입고 벗은 모습으로 도망쳤다.

이 사건은 무엇을 말하는가? 예수님을 믿으면 병도 고치고 귀신
도 쫓아낸다. 하지만 예수님을 믿지 않으면 귀신한테 눌린다.

4. 이 사건이 에베소 사람에게 어떤 영향을 주었습니까(17-18)? 또
   마술하던 사람은 무엇을 했습니까(19)? 이런 일련의 사건 속에
   는 어떤 뜻이 있습니까?

17, "에베소에 사는 유대인과 헬라인들이 다 이 일을 알고 두려워하
며 주 예수의 이름을 높이고"

"사는" - '살다.'(동분사 현재)이다. "알(고)" - '알려진'이다. "(알)
고" - '된다.'(동직설 과거)이다. "두려워" - '두려움'이다. "하며" -
'덮친다.'(동직설 과거)이다. "높이고" - '크게 한다.'(동직설 미완료)
이다. 그 모든 일이 예수님의 이름 권세에서 온 줄 알았기 때문이
다.

18, "믿은 사람들이 많이 와서 자복하여 행한 일을 알리며"

"와서" - '온다.'(동직설 미완료)이다. "자복하여" - '고백한다.'(동
분사 현재)이다. "행한 일을" - '행위'이다. 예수님을 믿은 후에도 한
미신적인 일이다. "알리며" - '보고한다.'(동분사 현재)이다.

19, "또 마술을 행하던 많은 사람이 그 책을 모아 가지고 와서 모든
사람 앞에서 불사르니 그 책값을 계산한즉 은 오만이나 되더라"

"마술을" - '참견하기 좋아하는(meddlesome)', '마술에 속한'이다.
이 단어에는 '사람의 일에 참견한다.'라는 기본 개념이 있다. 마술사

는 속임수를 써서 다른 사람이 바라는 바를 해결해 주는 일을 했다. "행하던" - '한다.'(동분사 과거)이다. "책" - '문서'이다. "모아 가지고 와서" - '함께 모은다.'(동분사 과거)이다. "불사르니" - '태운다.'(동직설 미완료)이다. 이른바 '비법서'를 불사른다. 이것은 마술의 모든 내용을 공개적으로 거부하고 거짓이었음을 고백하는 행위이다.

"계산한즉" - '합산한다.'(동직설 과거)이다. "은 오만" - 은 하나는 1드라크마, 1데나리온이다. 1데나리온은 노동자 하루 품삯이다. 은 오만은 노동자 5만 일의 품삯이다. 엄청난 금액이다. "되더라" - '찾는다.'(동직설 과거)이다. '은 5만을 찾았다.'라는 뜻이다. 대대적인 회개 운동이 일어났다.

일련의 사건 속에는 어떤 뜻이 있는가? 그 사회에 놀라운 변혁이 일어났음을 뜻한다. 그 비싼 책을 불태웠다는 사실은 그들의 가치관에 변화가 생겼음을 뜻한다. 예수 그리스도 앞에서 마술의 허구성, 귀신의 허접함을 알았다. 말씀을 통한 한 사람 가치관의 변화는 사회 변혁으로 나타난다.

5. 이처럼 주님의 말씀은 어떠합니까(20)? 주님의 말씀이 한 개인과 세상에 끼치는 영향력이 어떠합니까?

20, "이와 같이 주의 말씀이 힘이 있어 흥왕하여 세력을 얻으니라"
"이와 같이" - '이런 방식으로''이다. 앞의 사건들에 대한 요약이다. 첫째로, 일곱 아들들이 귀신한테 당한 사건으로 많은 사람이 주님께로 돌아왔다. 둘째로, 이미 믿은 사람이 여전히 행하고 있는 주술적인 행동을 고백했다. 셋째로, 마술사들이 '비법서'를 불태워 사회 변혁이 일어났다.

이런 사건을 일어나게 한 힘은 무엇이었는가? "주의"(κύριος, *kyrios*) - '주님'이다. "주의 말씀" - '하나님의 말씀', '예수님의 말씀'이다. "힘" - '권능'이다. "이 있어" - '아래로'라는 뜻이다. "흥왕하여" - '힘이나 세력, 지위가 높아진다.'(동직설 미완료)이다. 주님의 말씀은 힘이나 세력, 그리고 그 지위에서 높아지고 있다. "세력을 얻으니라" - '우세하다(prevail).'(동직설 미완료)이다. 주님의 말씀은 강하다.

앞의 사건들에서 보았듯이, 주님의 말씀은 한 개인을 변화시킨다. 그리고 그 사회를 변혁시킨다. 이 엄청난 변화의 사건으로 에베소는 과거와는 전혀 새로운 기독교 문화를 싹틔우기 시작한다. 이것이 에베소 사역의 특징이다.

29
로마도 보아야 하리라

본문 사도행전 **19:21-41**
요절 사도행전 **19:21**
찬송 **505장, 507장**

1. '이 일이 있고 난 뒤에'는 바울은 무슨 작정을 합니까(21)? 그는 어떻게 로마도 봐야 하는 희망을 품었을까요?

2. 바울이 아시아에 있을 때 무슨 일이 일어났습니까(22-23)? 왜 그 소동이 일어났습니까(24-27)?

3. 사람들은 그의 말을 듣고 어떻게 반응했습니까(28-29)? 바울은 어떻게 하고자 합니까(30-31)? 사람들은 무엇이라고 소리칩니까(32-34)?

4. 서기장은 사람들을 어떻게 진정시켰습니까(35-37)? 고소할 것이 있으면 어떻게 하면 됩니까(38-39)? 왜 그 모임은 흩어질 수밖에 없었습니까(40-41)? 이 사건을 통해서 무엇을 배울 수 있습니까?

29

로마도 보아야 하리라

본문 사도행전 **19:21-41**
요절 사도행전 **19:21**
찬송 505장, 507장

1. '이 일이 있고 난 뒤에'는 바울은 무슨 작정을 합니까(21)? 그는
   어떻게 로마도 봐야 하는 희망을 품었을까요?

21, "이 일이 있은 후에 바울이 마게도냐와 아가야를 거쳐 예루살렘
에 가기로 작정하여 이르되 내가 거기 갔다가 후에 로마도 보아야 하리
라 하고"

"있은" - '채운다.'(동직설 과거)이다. "이 일이 있은 후에" - 마술
했던 많은 사람이 그 책을 모아서 모든 사람 앞에서 불살랐던(19)
그 일이 있고 난 뒤, 주님의 말씀이 흥왕하여 세력을 얻었던(20) 그
일이 있고 난 뒤이다. "거쳐" - '통과한다.'(동분사 과거)이다. "가기
로" - '간다.'(동부정사 현재)이다. "작정하여" - '정한다.'(동직설 과
거)이다. "이르되" - '말한다.'(동분사 과거)이다. "갔다가" - '이 된
다.'(동부정사 과거)이다. 바울은 예루살렘으로 가기로 결심했다.

첫째는, 그동안의 사역을 보고 하기 위함이었다. 둘째는, 선교지
가 교회가 예루살렘 교회를 위해 한 헌금을 전하기 위함이었다(고전
16:3). 선교지 교회는 예루살렘 교회의 어려움을 알고, 그 어려움에
함께하려고 헌금했다. 바울은 그 사랑을 전하고자 했다.

"로마" - 세계의 수도였고, 세계의 심장부였다. 세상 권력의 중심

29, 19:21-41 로마도 보아야 하리라

지이다. "모든 길은 로마로 통한다." "보아야" - '본다.'(동부정사 과거)이다. "하리라" - '반드시 ~해야 한다.'(동직설 현재)이다. 그는 로마를 반드시 보려고 한다.

왜 그는 로마도 반드시 보려고 하는가? 로마에도 예수님을 증언하려고 하기 때문이다. 로마가 종착지는 아니다. 이곳을 전략적 요충지로 삼아서 땅끝까지 예수님을 증언하려고 한다.

어떻게 그는 로마도 보아야 한다는 희망을 품었는가? 에베소 사역을 통해서 말씀이 흥왕함을 체험했기 때문이다. 에베소에서 놀라운 사역을 이루었던 그 말씀은 로마에서도 이룰 줄 믿는다. 땅끝에서 이룰 줄 믿는다.

2. 바울이 아시아에 있을 때 무슨 일이 일어났습니까(22-23)? 왜 그 소동이 일어났습니까(24-27)?

22, "자기를 돕는 사람 중에서 디모데와 에라스도 두 사람을 마게도냐로 보내고 자기는 아시아에 얼마 동안 더 있으니라"

"돕는" - '섬긴다.'(동분사 현재)이다. "보내고" - '보낸다.'(동분사 과거)이다. "마게도냐로" - 그들은 헌금을 위해 마지막 준비를 한다(롬 15:25-31). "더 있으니라" - '지체한다.'(동직설 과거)이다. 그는 에베소에 더 머물렀다.

23, "그때쯤 되어 이 도로 말미암아 적지 않은 소동이 있었으니"

"되어" - '이 된다.'(동직설 과거)이다. "도" - '길', '생활 방식'이다. 여기서는 바울이 전한 메시지를 말한다. "소동이 있었으니" - '소란'이다. 바울이 전한 메시지는 그 사회를 혼란하게 했다.

그 소동은 무엇인가?

24, "즉 데메드리오라 하는 어떤 은장색이 은으로 아데미의 신상 모형을 만들어 직공들에게 적지 않은 벌이를 하게 하더니"

"은장색이" - '은세공인(sliver smith)'이다. 모조품을 만드는 사람이다. "아데미" - 그리스 여신 '아르테미스(Artemis)', 로마 여신 '다이애나(Diana)'이다. 다산과 풍요를 상징했다. 그 신상에는 공 모양의 둥근 물체가 가슴 부위에 24개가 있었다. 에베소 사람은 아데미가 에베소에서 태어났다고 생각하여, 3월과 4월을 '아데미의 달'로 정했다. 그때 각종 축제와 행사를 열었는데, 그 축제를 '에페시아(Ephesia)'라고 불렀다. 세계 7대 불가사의 중 하나인 아데미 신전은 길이 130m, 폭 70m이었다. 그 신전은 아시아 경제의 중심 역할을 했다. 이곳에서 '고자 제사장들(eunuch priests)'과 '처녀 제사장들(virgin-priestesses)'이 어울렸다.

"신상 모형" - '은으로 만든 소형 신전(silver shrines/ miniature, 사물을 실제보다 작은 크기로 만든 모형)'이다. 집에 두고 복을 빌었다. "만들어" - '만들다.'(동분사 현재)이다. "벌이를" - '사업', '이익'이다. "하게 하더니" - '보여준다.'(동직설 미완료)이다. 은으로 아데미 여신의 모형 신전을 만들어 돈을 벌도록 한다.

25, "그가 그 직공들과 그러한 영업하는 자들을 모아 이르되 여러분도 알거니와 우리의 풍족한 생활이 이 생업에 있는데"

"하는" - '~에 관하여'이다. "모아" - '함께 모은다.'(동분사 과거)이다. "이르되" - '말한다.'(동분사 과거)이다. "여러분도 알거니와" - '알다.'(동직설 현재)이다. "생업" - '사업', '이익'이다. "있는데" - '그것은 ~이다.'(동직설 현재)이다.

26, "이 바울이 에베소뿐 아니라 거의 전 아시아를 통하여 수많은 사람을 권유하여 말하되 사람의 손으로 만든 것들은 신이 아니라 하니 이는 그대들도 보고 들은 것이라"

"전 아시아" - 에베소는 물론이고 전 아시아이다. "통하여" - '옮긴다.'(동직설 과거)이다. 많은 사람을 설득해서 마음을 돌려놓았다. "권유하여" - '설득한다.'(동분사 과거)이다. "말하되" - '말한다.'(동분사 현재)이다. "만든" - '된다.'(동분사 현재)이다. "(아니)라" - '그들은 있다.'(동직설 현재)이다. "사람의 손으로 만든 것들은 신이 아니라" - 사람이 만든 '신상 모형'은 신이 아니다. 바울은 자기 손으로 만든 우상을 신으로 섬기는 그 일에 도전했다.

"그대들도 보고" - '지켜본다.'(동직설 현재)이다. "들은 것이라" - '듣는다.'(동직설 현재)이다. 바울이 설득하고 마음을 돌려놓았던 그 일을 보고, 듣고 있다.

27, "우리의 이 영업이 천하여질 위험이 있을 뿐 아니라 큰 여신 아데미의 신전도 무시당하게 되고 온 아시아와 천하가 위하는 그의 위엄도 떨어질까 하노라 하더라"

"천하여" - '불명예'이다. "(천하여)질" - '온다.'(동부정사 과거)이다. "위험이 있을" - '위험에 처한다.'(동직설 현재)이다. 그들 사업이 위험에 처한다. "무시" - '하나도 아닌'이다. "당하게 되고" - '간주한다.'(동부정사 과거)이다. "위하는" - '존경한다.'(동직설 현재)이다. "위엄" - '위대함''이다. "떨어" - '허문다.'(동부정사 현재)이다. "질까 하노라" - '곧 ~하려고 한다.'(동부정사 현재)이다. 그들이 지금까지 믿었던 종교가 무시당하고, 여신의 위신이 땅에 떨어지려고 한다. 그들의 사상적 터가 무너질 수 있다.

데메드리오 연설의 핵심은 3가지이다. 첫째로, 그들은 이 사업을 통해 엄청난 부를 획득했다(25). 둘째로, 바울의 가르침은 그 사업을 완전히 망쳤다(26). 셋째로, 아데미 신전이 무시되고 그 위엄이 땅에 떨어질 위기에 처했다(27).

3. 사람들은 그의 말을 듣고 어떻게 반응했습니까(28-29)? 바울은 어떻게 하고자 합니까(30-31)? 사람들은 무엇이라고 소리칩니까(32-34)?

28, "그들이 이 말을 듣고 분노가 가득하여 외쳐 이르되 크다 에베소 사람의 아데미여 하니"

"듣고" - '듣는다.'(동분사 과거)이다. "가득" - '가득한'이다. "(가득)하여" - '된다.'(동분사 과거)이다. "외쳐" - '소리 지른다.'(동직설 미완료)이다. "이르되" - '말한다.'(동분사 현재)이다. "크다 에베소 사람의 아데미여" - "위대한 에베소의 아데미여(Great is Artemis of the Ephesians)!"

29, "온 시내가 요란하여 바울과 같이 다니는 마게도냐 사람 가이오와 아리스다고를 붙들어 일제히 연극장으로 달려 들어가는지라"

"요란" - '소동'이다. "(요란)하여" - '가득하다.'(동직설 과거)이다. 도시는 큰 혼란에 빠졌다. 아데미 신에 대한 혼란도 있으나 자기 사업이 무너진 데 대해서 더 요란했다. "같이 다니는" - '길동무'이다. "붙들어" - '힘으로 붙잡는다.'(동분사 과거)이다. "일제히" - '다 같이(unanimous).'이다. "연극장" - 집회 장소(place of assembly)'이다. 시의회가 정규적으로 모이는 곳이다. 약 24,000명을 수용하는 대형 시설이었다. 극장에는 아데미 동상과 형상과 깃발이 가득했다. "달려들어 가는지라" - '돌진한다.'(동직설 과거)이다. 군중이 가이오와 아리스다고를 붙잡아서 한꺼번에 극장으로 몰려 들어갔다.

30, "바울이 백성 가운데로 들어가고자 하나 제자들이 말리고"

"들어가고자" - '들어간다.'(동부정사 과거)이다. "하나" - '바란다.'(동분사 현재)이다. "말(리고)" - '아니다.'이다. "(말)리고" - '허락한다.'(동직설 미완료)이다.

31, "또 아시아 관리 중에 바울의 친구 된 어떤 이들이 그에게 통지하여 연극장에 들어가지 말라 권하더라"

"된" - '내가 있다.'(동분사 현재)이다. "통지하여" - '보낸다.'(동분사 과거)이다. "들어가지" - '준다.'(동부정사 과거)이다. "말라" - '아니'이다. "권하더라" - '훈계한다.' '애원한다.'(동직설 미완료)이다.

32, "사람들이 외쳐 어떤 이는 이런 말을, 어떤 이는 저런 말을 하니

29, 19:21-41 로마도 보아야 하리라

모인 무리가 분란하여 태반이나 어찌하여 모였는지 알지 못하더라"

"사람들이 외쳐" - '소리 지른다.'(동직설 미완료)이다. "분란" - '선동한다.'(동분사 완료)이다. "하여" - '나는 ~이다.'(동직설 미완료) 이다. "(어찌)하여" - '어찌하여'이다. "모였는지" - '함께 온다.'(동직 설 과거완료)이다. "알지" - '알다.'(동직설 과거완료)이다. "못하더 라" - '아니다.'이다. 그곳에 모인 사람들은 무엇 때문에 모였는지를 몰랐다.

33, "유대인들이 무리 가운데서 알렉산더를 권하여 앞으로 밀어내니 알렉산더가 손짓하며 백성에게 변명하려 하나"

"권하여" - '논증한다.'(동직설 과거)이다. "앞으로 밀어내니" - '앞에 세운다.'(동분사 과거)이다. "(손)짓하며" - '손을 흔들다.'(동분 사 과거)이다. "변명하려" - '자신을 변명한다.'(동부정사 현재)이다. "하나" - '바란다.'(동직설 미완료)이다.

34, "그들은 그가 유대인인 줄 알고 다 한소리로 외쳐 이르되 크다 에베소 사람의 아데미여 하기를 두 시간이나 하더니"

"(유대인)인" - '그는 ~이다.'(동직설 현재)이다. "알고" - '알다.' '(동분사 과거)이다. "외쳐 이르되" - '소리 지른다.'(동분사 현재)이 다. "하더니" - '일어난다.'(동직설 과거)이다. "두 시간이나 하더니" - 군중은 알렉산더가 유대 사람인 줄 알고는 두 시간 동안이나 "아 데미"를 높였다.

4. 서기장은 사람들을 어떻게 진정시켰습니까(35-37)? 고소할 것이 있으면 어떻게 하면 됩니까(38-39)? 왜 그 모임은 흩어질 수밖에 없었습니까(40-41)? 이 사건을 통해서 무엇을 배울 수 있습니까?

35, "서기장이 무리를 진정시키고 이르되 에베소 사람들아 에베소 시 가 큰 아데미와 제우스에게서 내려온 우상의 신전지기가 된 줄을 누가 알지 못하겠느냐"

324

"서기장" - '성경학자(biblical scholar)', '도시의 치안을 맡은 행정관'이다. "진정시키고" - '질서를 회복한다.'(동분사 과거)이다. "이르되" - '선언한다.'(동직설 현재)이다. "제우스에게서 내려온 우상" - '하늘(제우스)로부터 떨어진'이다. 아데미 신상은 사람이 아닌 제우스에게서 왔다. 아데미는 사람의 손으로 만든 신이 아니라 하늘에서 내려온 신이다. 바울의 가르침에 정면으로 도전한다.

"신전지기" - '성전 지기(temple keeper)'이다. 에베소는 우상의 신전지기이다. 에베소는 신전의 수호 도시이다. "된 줄을" - '나는 ~이다.'(동분사 현재)이다. "알지" - '알다.'(동직설 현재)이다. "못하겠느냐" - '아니다'이다.

36, "이 일이 그렇지 않다 할 수 없으니 너희가 가만히 있어서 무엇이든지 경솔히 아니하여야 하리라"

"그렇지 않다 할 수 없(으니)" - '부인할 수 없는'이다. "(없)으니" - '나는 ~이다.'(동분사 현재)이다. 그것은 부인할 수 없는 사실이다. "가만히" - '질서를 회복한다.'(동분사 완료)이다. "있어서" - '있다.'(동부정사 현재)이다. "아니" - '아무도 ~아닌이다. "하여야" - '한다.'(동부정사 현재)이다. "하리라" - '반드시 ~해야 한다.'(동분사 현재)이다. 에베소 사람은 경솔해서는 안 된다. 서기장은 군중이 바울의 동역자를 해치지 않도록 말한다.

37, "신전의 물건을 도둑질하지도 아니하였고 우리 여신을 비방하지도 아니한 이 사람들을 너희가 붙잡아 왔으니"

"신전의 물건을 도둑질하지도" - '성전 물건을 훔치는'이다. "아니하였고" - '또 ~아니.'이다. "비방하지도" - '비방한다.'(동분사 현재)이다. "아니한" - '또 ~아니.'이다. "너희가 붙잡아 왔으니" - '데리고 온다.'(동직설 과거)이다. 아무 잘못이 없는 그들을 붙잡았다.

38, "만일 데메드리오와 그와 함께 있는 직공들이 누구에게 고발할 것이 있으면 재판 날도 있고 총독들도 있으니 피차 고소할 것이요"

29, 19:21-41 로마도 보아야 하리라

"고발할 것이" - '진술'이다. "있으면" - '가진다.'(동직설 현재)이다. "있고" - '이끌다.'(동직설 현재)이다. "있으니" - '그들은 있다.'(동직설 현재)이다. "고소할 것이요" - '고소한다.'(동명령 현재)이다. 할 말이 있으면 서로 고소하라.

39, "만일 그 외에 무엇을 원하면 정식으로 민회에서 결정할지라"

"원하면" - '애쓴다.'(동직설 현재)이다. "정식" - '법에 따라'이다. "민회" - '회중(assembly/ congregation)'이다. 매달 정기적으로 열리는 '시민 회의'를 뜻한다. "결정할지라" - '설명한다.'(동직설 미래)이다.

40, "오늘 아무 까닭도 없는 이 일에 우리가 소요 사건으로 책망받을 위험이 있고 우리는 이 불법 집회에 관하여 보고할 자료가 없다 하고"

"까닭도" - '이유'를 뜻한다. "없(는)" - '아무도 ~아닌'이다. "(없)는" - '있다.'(동분사 현재)이다. "책망을 받을" - '비난한다.'(동부정사 현재)이다. "위험이 있고" - '위험에 처한다.'(동직설 현재)이다. "불법 집회에" - '무질서하거나 선동적인 모임'이다. "보고" - '넘겨준다.''(동부정사 과거)이다. "할" - '할 수 있다.'(동직설 미래)이다. "자료가" - '진술'이다. "없다 하고" - '아니다.'이다. 그들은 이 소요를 정당화할 수 있는 아무런 명분이 없다. 문제의 심각성은 극장에 끌려온 성도에게 있는 것이 아니다. 합법적인 제도와 절차를 무시하고 불법 집회를 주도한 그들에게 있다.

41, "이에 그 모임을 흩어지게 하니라"

"흩어지게" - '가게 한다.'(동직설 과거)이다. "하니라" - '말한다.' '명령한다.'(동분사 과거)이다. 그는 사람들을 흩어지도록 했다. 그의 개입은 소요의 흐름을 바꾸었다.

이 사건을 통해서 무엇을 배울 수 있는가? 말씀이 흥왕할 때 반발과 도전이 있다. 그런데 그 도전을 성령님께 간섭하신다. 성령님은 말씀의 증인을 통해서 일하시고, 세상 사람을 통해서도 일하신다.

30

그 주간의 첫날에

본문 사도행전 20:1-16
요절 사도행전 20:7
찬송 220장, 227장

1. 소요가 그치자, 바울은 무엇을 했습니까(1-3)? 바울과 함께 가는 사람들은 누구입니까(4)? 그들은 어디에서 머물렀습니까(5-6)?
2. 그들은 언제 모였습니까(7a)? 그들이 '그 주간의 첫날'에 모인 데는 무슨 뜻이 있습니까? 그들이 모인 목적은 무엇입니까(7b)? '빵을 뗀다.'라는 말은 무슨 뜻입니까? 바울은 계속해서 무엇을 합니까(7c)? 이 말씀에서 무엇을 배울 수 있습니까?
3. 바울이 강론할 때 무슨 일이 일어났습니까(8-9)? 그때 바울은 무엇을 했습니까(10)? 유두고가 살아난 데는 무슨 뜻이 있습니까?
4. 바울은 올라가 무엇을 했습니까(11)? 그에 대한 사람들의 반응은 어떠했습니까(12)?
5. 바울은 앗소에서 밀레도에 어떻게 이르렀습니까(13-15)? 왜 그는 예루살렘에 급히 가려고 합니까(16)? 왜 그 길을 자세하게 말할까요?

30
그 주간의 첫날에

본문 사도행전 20:1-16
요절 사도행전 20:7
찬송 220장, 227장

1. 소요가 그치자 바울은 무엇을 했습니까(1-3)? 바울과 함께 가는
   사람들은 누구입니까(4)? 그들은 어디에서 머물렀습니까(5-6)?

1, "소요가 그치매 바울은 제자들을 불러 권한 후에 작별하고 떠나
마게도냐로 가니라"

"그치(매)" - '그친다.'(동부정사 과거)이다. "(그치)매" - '~후에'이
다. 에베소에서의 소요가 그쳤다.

그는 무엇을 했는가? "불러" - '~를 부르러 보낸다.'(동분사 과거)
이다. "권한" - '권한다.'(동분사 과거)이다. "작별하고" - '인사한
다.'(동분사 과거)이다. "떠나" - '나간다.'(동직설 과거)이다. "가니
라" - '간다.'(동부정사 현재)이다. 바울은 소요가 해결되자 원래 의
도했던 대로 마게도냐로 떠났다. 그 의도는 19:21에서부터 시작된다.

2, "그 지방으로 다녀가며 여러 말로 제자들에게 권하고 헬라에 이르
러"

"다녀가며" - '지나간다.'(동분사 과거)이다. 그는 선교지를 두루
다녔다. 그가 제2차 선교여행 때 세웠던 마게도냐의 교회들, 즉 빌
립보(16:12-40), 데살로니가(17:1-9), 베뢰아(17:10-13) 교회 등을 다

30, 20:1-16 그 주간의 첫날에

시 방문했다.

그곳에서 무엇을 했는가? "권하고" - '격려한다.'(동분사 과거)이다. 그는 제자들을 격려했다. "헬라" - 신약 시대에는 '아가야 (Achaia)'라고 불렸다. "이르러" - '온다.'(동직설 과거)이다. 그는 여러 지방을 다니면서 여러 말로 제자를 격려하고 헬라에 이르렀다.

3, "거기 석 달 동안 있다가 배 타고 수리아로 가고자 할 그 때에 유대인들이 자기를 해하려고 공모하므로 마게도냐를 거쳐 돌아가기로 작정하니"

"있다가" - '행한다.'(동분사 과거)이다. 그는 그곳에서 석 달을 지냈다. 그 기간에 로마서를 썼다. "배 타고" - '데리고 올라간다.' (동부정사 현재)이다. "할" - '곧 ~하려고 한다.'(동분사 현재)이다. "자기를 해하려고" - '자신'이다. "(공모)하므로" - '된다.'(동직설 과거)이다. "돌아가기로" - '돌아간다.'(동부정사 현재)이다. "(작정)하니" - '된다.'(동분사 과거)이다. 바울은 배 타는 것을 포기하고, 마게도냐를 거쳐서 돌아가기로 작정했다.

4, "아시아까지 함께 가는 자는 베뢰아 사람 부로의 아들 소바더와 데살로니가 사람 아리스다고와 세군도와 더베 사람 가이오와 및 디모데와 아시아 사람 두기고와 드로비모라"

"함께 가는" - '함께 따른다.'(동직설 미완료)이다. "베뢰아 사람", "데살로니가 사람", "더베 사람", "아시아 사람" - 그들은 각 지역을 대표한다. 바울의 제2차 선교 사역의 대상이었던 마게도냐 지역, 제1차 선교 사역의 대상이었던 남부 갈라디아 지역, 제3차 선교 사역의 대상이었던 아시아 지역 교회이다. 그들은 각 지역의 대표로서 지역 교회에서 헌금한 것을 예루살렘으로 가지고 간다(롬 15:26, 고전 16:1, 고후 9:2).

5, "그들은 먼저 가서 드로아에서 우리를 기다리더라"

"먼저 가서" - '앞으로 간다.'(동분사 과거)이다. "드로아" - 바울은 제2차 선교여행 때 아시아로 가려고 했다. 그러나 마게도냐 사람의 간절한 호소를 듣고 에게해를 건너 그리스 지역으로 방향을 바꾼 곳이었다(행 16:11). "기다리더라" - '머무른다.'(동직설 미완료)이다.

6, "우리는 무교절 후에 빌립보에서 배로 떠나 닷새 만에 드로아에 있는 그들에게 가서 이레를 머무니라"

"우리" - 누가를 포함한 바울 일행을 말한다. "무교절" - 유월절 다음 날부터 시작하여 1주간 계속했다(레 23:6, 출 12:19). 무교절에는 누룩을 자기 집에 없게 해야 한다(출 12:19). "배로 떠나" - '배 타고 떠난다.'(동직설 과거)이다. "에 있는" - '~로 향하여'이다. "가서" - '온다.'(동직설 과거)이다. "머무니라" - '시간을 보낸다.'(동직설 과거)이다.

2. 그들은 언제 모였습니까(7a)? 그들이 '그 주간의 첫날'에 모인 데는 무슨 뜻이 있습니까? 그들이 모인 목적은 무엇입니까(7b)? '빵을 뗀다.'라는 말은 무슨 뜻입니까? 바울은 계속해서 무엇을 합니까(7c)? 이 말씀에서 무엇을 배울 수 있습니까?

7, "그 주간의 첫날에 우리가 떡을 떼려 하여 모였더니 바울이 이튿날 떠나고자 하여 그들에게 강론할새 말을 밤중까지 계속하매"

"그 주간의"(σάββατον, sabbaton) - '안식일(Sabbath)', '한 주간의 일곱째 날(the seventh)'이다. "첫날" - '첫'이다. '안식일 다음 날', '주간의 첫날에(On the first day of the week)'라는 뜻이다. 그날은 '주일 저녁'이다. 그들은 안식일에서 주일로 바꿔서 모였다. 그동안 회당에서 안식일인 토요일에 모였다. 하지만 이제는 안식일 다음 날인 주일에 모였다. "떡을" - '빵'이다. 그 모양은 원통형이었다. 고기와 함께 가장 중요한 양식이었다. "떼려 하여" - '쪼갠다.'(동부정사 과거)이다. "모였더니" - '모인다.'(동분사 완료)이다.

'빵을 뗀다.'라는 말은 무슨 뜻일까? 그들은 동역자들과 함께 양식을 먹었다. 그들은 모일 때 집에서 빵을 가지고 와서 함께 나누었다. 그것을 '사랑의 식사', 즉 '애찬(love feast)'이라고 불렀다. 그러면서 그들은 주님께서 십자가에서 죽으시기 전날 밤에 하셨던 그 말씀을 기억했다(눅 22:19). 그들은 빵을 먹으면서 예수님께서 자기를 위해 죽으신 그 은혜와 사랑을 기념했다. 그들이 '빵을 먹음'은 주님과 깊은 사귐을 가지면서 동시에 동역자들과 사귐을 가짐을 뜻한다.

그때 바울은 무엇을 하는가? "이튿날" - '내일'이다. "떠나고자" - '떠난다.'(동부정사 현재)이다. "하여" - '곧 ~하려고 한다.'(동분사 현재)이다. 바울은 내일 곧 떠나려고 한다. "강론할새" - '토론한다(discuss).' '설교한다(discourse).'(동직설 미완료)이다. 그는 말씀을 전했다. "계속하매" - '연장한다.'(동직설 미완료)이다. 그는 말씀을 밤이 깊도록 전한다.

우리는 여기서 주일예배의 원리를 배운다. 예배에는 성찬과 함께 말씀이 있어야 한다. 성찬과 말씀은 교회의 표지가 되었다. 그 일을 통해서 주님과는 물론이고 동역자와 사귐을 갖는다.

3. 바울이 강론할 때 무슨 일이 일어났습니까(8-9)? 그때 바울은 무엇을 했습니까(10)? 유두고가 살아난 데는 무슨 뜻이 있습니까?

8, "우리가 모인 윗다락에 등불을 많이 켰는데"

"모(인)" - '모은다.'(동분사 완료)이다. "(모)인" - '나는 ~이다.'(동직설 미완료)이다. "윗다락" - '다락방'이다. 그들은 다락방에서 모였다. "켰는데" - '나는 ~이다.'(동직설 미완료)이다. 등불을 오랫동안 많이 켜서 공기가 탁했을 것이다.

9, "유두고라 하는 청년이 창에 걸터앉아 있다가 깊이 졸더니 바울이 강론하기를 더 오래 하매 졸음을 이기지 못하여 삼층에서 떨어지거늘 일으켜 보니 죽었는지라"

"(창)에 걸터" - '~위에'이다. "앉아있다가" - '앉는다.'(동분사 현재)이다. "(졸)더니" - '압도된다.'(동분사 현재)이다. "강론하기를" - '토론한다.'(동분사 현재)이다. "이기지 못하여" - '압도된다.'(동분사 과거)이다. 그는 깊이 잠들고 말았다. "떨어지거늘" - '떨어진다.'(동직설 과거)이다. "일으켜보니" - '들어 올린다.'(동직설 과거)이다. "죽었는지라" - '죽은 사람'이다. 그는 3층에서 떨어져 죽었다.

10, "바울이 내려가서 그 위에 엎드려 그 몸을 안고 말하되 떠들지 말라 생명이 그에게 있다 하고"

"내려가서" - '내려온다.'(동분사 과거)이다. "위에 엎드려" - '~에 떨어진다.'(동직설 과거)이다. "안고" - '껴안는다.'(동분사 과거)이다. 엘리야(왕상 17:10, 17, 21, 22)와 엘리사(왕하 4:25, 34, 35)는 죽은 아이를 살렸다. 바울도 그들을 본받아 그 청년을 살리려고 한다. "말하되" - '명령한다.'(동직설 과거)이다. "떠들지" - '소란을 일으킨다.'(동명령 현재)이다. "말라" - '아니'이다. "있다" - '그것은 ~이다.'(동직설 현재)이다. 그는 살아났다.

유두고가 살아난 데는 무슨 뜻이 있는가? 예수님의 살아남을 기념하는 주일 저녁에 그가 죽었다. 사람들이 술렁거렸다. 그런데 그가 다시 살아났다. 그것은 예수님의 다시 살아남을 믿는 사람에게 임하는 은혜였다. 그 은혜는 생명 사역으로 나타났다.

4. 바울은 올라가 무엇을 했습니까(11)? 그에 대한 사람들의 반응은 어떠했습니까(12)?

11, "올라가 떡을 떼어 먹고 오랫동안 곧 날이 새기까지 이야기하고 떠나니라"

"올라가" - '올라간다.'(동분사 과거)이다. "떼어" - '쪼갠다.'(동분사 과거)이다. "먹고" - '맛본다.'(동분사 과거)이다. 바울은 위층으로 올라가서 빵을 떼어 먹었다. 그는 다시 '성찬'과 '애찬'을 했다. 그는 유두고를 살려주신 주님께 감사했고, 동역자들과 그 감사를 나눴다.

"이야기하고" - '이야기한다.'(동분사 과거)이다. 그는 날이 새도록 말했다. 성찬과 말씀 사역, 이것이 초대교회 예배의 원리이다. 그 예배를 통해 죽은 사람이 살아난다. "떠나니라" - '나간다.'(동직설 과거)이다.

12, "사람들이 살아난 청년을 데리고 가서 적지 않게 위로를 받았더
라"

"살아난" - '살다.'(동분사 현재)이다. "청년" - '나이 어린 사람'
이다. 보통 8세에서 14세까지를 말한다. 아마도 그 청년은 종이었을
것이다. "데리고 가서" - '데리고 온다.'(동직설 과거)이다. "위로를
받았더라" - '훈계한다(exhort).'(동직설 과거)이다. 그들은 부활과 생
명의 주님을 체험했다. 바울은 떠나도 성령님이 함께하심을 믿었다.

5. 바울은 앗소에서 밀레도에 어떻게 이르렀습니까(13-15)? 왜 그는
   예루살렘에 급히 가려고 합니까(16)? 왜 그 길을 자세하게 말할
   까요?

13, "우리는 앞서 배를 타고 앗소에서 바울을 태우려고 그리로 가니
이는 바울이 걸어서 가고자 하여 그렇게 정하여 준 것이라"

"앞서" - '앞으로 간다.'(동분사 과거)이다. "(배)를 타고" '~위에',
'이다. "태우(려고)" - '데리고 간다.'(동부정사 현재)이다. "(태우)려
고" - '곧 ~하려고 한다.'(동분사 현재)이다. "가니" - '데리고 올라
간다.'(동직설 과거)이다. "걸어서 가" - '걸어서 간다.'(동정사 현재)
이다. "(가)고자 하여" - '곧 ~하려고 한다.'(동분사 현재)이다. "정하
여" - '제정한다.'(동분사 완료)이다. "준 것이라" - '나는 ~이다.'(동
직설 미완료)이다. '우리'는 배를 타고 앗소로 떠났다. 그곳에서 바
울을 배에 태울 작정이었다. 바울이 앗소까지 걸어가고자 했기 때문
이었다.

14, "바울이 앗소에서 우리를 만나니 우리가 배에 태우고 미둘레네로
가서"

"앗소" - 소아시아 무시아 도에 있는 항도이다. "만나니" - '의논
한다.'(동직설 미완료)이다. "태우고" - '데리고 간다.'(동분사 과거)이

다. "가서" - '온다.'(동직설 과거)이다.

15, "거기서 떠나 이튿날 기오 앞에 오고 그 이튿날 사모에 들르고 또 그다음 날 밀레도에 이르니라"

"떠나" - '배 타고 간다.'(동분사 과거)이다. "오고" - '이른다.' (동직설 과거)이다. "들르고" - '옆으로 던진다.'(동직설 과거)이다. "밀레도"(Miletus) - 소아시아 서해안에 있는 아니오니아 국의 수도였다. 에베소 다음으로 큰 도시였다. "이르니라" - '온다.'(동직설 과거)이다.

16, "바울이 아시아에서 지체하지 않기 위하여 에베소를 지나 배 타고 가기로 작정하였으니 이는 될 수 있는 대로 오순절 안에 예루살렘에 이르려고 급히 감이러라"

"지체" - '시간을 보낸다.'(동부정사 과거)이다. "(지체)하지" - '된다.'(동가정 과거)이다. "않기" - '아니'이다. "지나 배 타고" - '항해해 지나간다.'(동부정사 과거)이다. "있는" - '나는 ~이다.'(동희구 현재)이다. "작정하였으니" - '결정한다.'(동직설 과거완료)이다. "이르려고" - '된다.'(동부정사 과거)이다. "급히 감이러라" - '서둘다.'(동직설 미완료)이다. 바울은 오순절까지 예루살렘에 도착하려고 서둘렀다.

왜 그 길을 자세하게 말할까? 이 여정의 결론은 "바울이 예루살렘에서 오순절을 지키려고 한다."라는 데 있다. 빌립보에서 드로아까지 5일(6), 드로아에서 7일(6), 드로아에서 밀레도에 오기까지 5일(14-15)이 걸렸다. 밀레도에서 장로들을 만나기까지 3일~4일을 추가하면, 약 20일~21일 정도였다. 앞으로 그에게 남은 날짜는 약 30일밖에 없었다. 그래서 그는 서둘렀다.

그가 오순절을 지키려는 이유는 모세 율법을 존중하기 때문이다. 그는 구약을 무시하지 않는다. 예수님 중심으로 구약을 해석하고 적용했다. 그리고 그는 오순절이라는 특별한 날에 예루살렘 동역자들에게 헌금을 전달하려는 마음이 있었다.

31

겸손과 눈물

본문 사도행전 20:17-38
요절 사도행전 20:19
찬송 455장, 452장

1. 바울은 어디에서 누구에게 메시지를 전했습니까(17-18a)? 그는 무엇을 전제하고 메시지를 전했습니까(18b)? 어떻게 그는 주님을 섬겼습니까(19)? '겸손과 눈물로 섬겼다.'라는 말은 무슨 뜻입니까?

2. 바울은 양 떼를 어떻게 섬겼습니까(20)? 그의 가르침의 핵심은 무엇이었습니까(21)?

3. 왜 그는 예루살렘으로 가야 합니까(22-23)? 그는 어떤 자세로 그 길을 가려고 합니까(24)? 그는 지금까지 그 길을 어떻게 걸어 왔습니까(25-27)?

4. 장로들은 어떤 삶을 살아야 합니까(28)? 성령님과 감독자, 그리고 교회와의 관계가 어떠합니까? 앞으로 교회는 어떤 문제가 생깁니까(29-30)? 그러므로 장로들은 어떻게 해야 합니까(31-32)?

5. 바울의 물질생활이 어떠했습니까(33-34)? 그가 본을 보인 목적은 무엇입니까(35)? 바울과 장로들이 헤어질 때 그 모습이 어떠합니까(36-38)?

31

겸손과 눈물

본문 사도행전 20:17-38
요절 사도행전 20:19
찬송 455장, 452장

1. 바울은 어디에서 누구에게 메시지를 전했습니까(17-18a)? 그는 무엇을 전제하고 메시지를 전했습니까(18b)? 어떻게 그는 주님을 섬겼습니까(19)? '겸손과 눈물로 섬겼다.'라는 말은 무슨 뜻입니까?

17, "바울이 밀레도에서 사람을 에베소로 보내어 교회 장로들을 청하니"

"밀레도" - 오늘 말씀은 바울이 밀레도에서 전한 메시지이다.

누구에게 전했는가? "보내어" - '보낸다.'(동분사 과거)이다. "장로" - '나이 많고 덕이 높은 사람(elder/ presbyter)'이다. 유대 회당에서 빌린 단어이다. 유대 사회에서 장로는 정치적, 군사적, 법적 문제를 결정했던 지방 자치 기구의 지도급 인사였다(수 20:4). 여기서는 사도의 제자인데, '장로'라고 불렀다.

"청하니" - '부른다.'(동직설 과거)이다. 바울은 에베소 교회의 장로들을 밀레도로 불렀다.

18, "오매 그들에게 말하되 아시아에 들어온 첫날부터 지금까지 내가 항상 여러분 가운데서 어떻게 행하였는지를 여러분도 아는 바니"

"오(매)" - '온다.'(동직설 과거)이다. "오(매)" - '~할 때'이다. "말하되" - '말한다.'(동직설 과거)이다. 그는 그들에게 메시지를 전했다. 이것은 '밀레도 고별 메시지'이다. 그는 메시지를 통하여 자신이 어떤 자세와 각오로 교회를 섬겼는지를 증언했다(18-35).

"들어온" - '들어간다.'(동직설 과거)이다. "행하였는지를" - '된다.'(동직설 과거)이다. "아는 바니" - '알다.'(동직설 현재)이다. 그는 아시아에 온 첫날부터 장로들과 함께 사역했다. 그 사실을 장로들도 잘 알고 있다. 바울은 이 사실을 전제로 메시지를 전했다.

그는 어떤 자세로 사역을 섬겼는가?

19, "곧 모든 겸손과 눈물이며 유대인의 간계로 말미암아 당한 시험을 참고 주를 섬긴 것과"

"겸손" - '낮은 낮음(lowliness of mind)'이다. 사람 앞에서보다도 주님 앞에서 삶의 자세이다. 이런 모습은 무익한 종의 자세이다(눅 17:10). 무익한 종의 자세는 예수님한테서 왔다. 하나님이신 예수님이 자기를 비워서 종의 모습을 취하시고, 사람과 같이 되셨다. 죽기까지 순종하셨다(빌 2:6-8). "눈물" - '눈물'이다. '눈물'은 안타까운 마음의 표현이다. 주님 앞에서 사도답지 못한 삶을 사는 모습에 대한 안타까운 마음의 표현이다. 자신의 연약함과 능력 없으므로 흘리는 눈물이다.

"간계" - '음모'이다. "당한" - '일어난다.'(동분사 과거)이다. "시험을 참고" - '시험'이다. 그는 유대 사람의 음모로 온갖 어려움을 겪었다. "섬긴 것과" - '섬긴다.'(동분사 현재)이다. 바울은 여러 시험을 당하면서도 언제나 겸손과 눈물로 주님을 섬겼다.

2. 바울은 양 떼를 어떻게 섬겼습니까(20)? 그의 가르침의 핵심은 무엇이었습니까(21)?

20, "유익한 것은 무엇이든지 공중 앞에서나 각 집에서나 거리낌이 없이 여러분에게 전하여 가르치고"

"유익한 것" - '유익을 주는 영적인 진리'이다. "공중 앞에서" - 공적인 모임을 말한다. "각 집에서나" - 사적인 관계를 말한다. "거리낌이" - '움츠린다.'(동직설 과거)이다. "없이" - '하나도 아닌'이다. "전하여" - '선포한다.'(동부정사 과거)이다. "가르치고" - '가르친다.'(동부정사 과거)이다. 그는 공적인 예배에서나 개인적인 관계에서나 선포하고 가르치는 일에 움츠러들지 않았다.

그는 무엇을 전하고 가르쳤는가?

21, "유대인과 헬라인들에게 하나님께 대한 회개와 우리 주 예수 그리스도께 대한 믿음을 증언한 것이라"

"회개" - '마음의 변화'이다. "그리스도께 대한 믿음" - 예수님을 그리스도로 믿는 것이다. 하나님께 대한 회개는 그리스도께 대한 믿음으로 나타난다. 회개와 믿음은 한 쌍이다. "증언한 것이라" - '증언한다.'(동분사 현재)이다.

그는 여러 시험을 참으면서 주님을 겸손과 눈물로 섬겼다. 그는 유대인과 헬라인이 회개하고 예수님을 믿도록 공적인 예배는 물론이고 사적인 관계에서 가르치는 일에 움츠러들지 않았다. 눈물과 겸손으로 주님을 섬기면서 말씀을 가르치는 최종 목적은 양 떼가 회개하고 믿음을 갖도록 하는 데 있다.

3. 왜 그는 예루살렘으로 가야 합니까(22-23)? 그는 어떤 자세로 그 길을 가려고 합니까(24)? 그는 지금까지 그 길을 어떻게 걸어왔습니까(25-27)?

22, "보라 이제 나는 성령에 매여 예루살렘으로 가는데 거기서 무슨 일을 당할는지 알지 못하노라"

"보라" - '보라(behold)!'이다. "매여" - '묶는다.'(동분사 완료)이다. '성령님에 의해서', '성령님의 인도하심'으로 라는 뜻이다. "가는데" - '간다.'(동직설 현재)이다. 바울이 예루살렘으로 가는 것은 성령님의 인도하심 때문이다. 그는 자신의 의지로 가기보다는 성령님의 뜻에 순종하여 간다. "당할는지" - '만난다.'(동분사 미래)이다.
"알지" - '알다.'(동분사 완료)이다. "못하노라" - '아니'이다. 그는
그곳에서 무슨 일을 만날지 모른다. 많은 유대인이 그를 죽이려고
하기 때문이다. 그런데도 그는 성령님만을 의지하고, 성령님의 뜻에
순종하여 올라간다.
　그가 아는 것은 무엇인가?

　23, "오직 성령이 각 성에서 내게 증언하여 결박과 환난이 나를 기다
린다 하시나"
　"오직" - '그러나'이다. "증언하여" - '증언한다.'(동직설 현재)이
다. "기다린다" - '머무른다.'(동직설 현재)이다. "하시나" - '말한
다.'(동분사 현재)이다. 그가 아는 일은 성령님께서 그에게 알려주신
것뿐이다. 그런데 그것은 "결박과 환난이 그를 기다린다."라는 것이
다.
　그러나 그는 그 길을 어떤 자세로 가는가?

　24, "내가 달려갈 길과 주 예수께 받은 사명 곧 하나님의 은혜의 복
음을 증언하는 일을 마치려 함에는 나의 생명조차 조금도 귀한 것으로
여기지 아니하노라"
　"달려갈 길" - '앞으로 나아갈 길(course)'이다. 달려갈 길은 다메
섹 도상에서 예수님을 만났을 때부터 시작했다. "받은" - '받는다.'
(동직설 과거)이다. "사명" - '직무'이다. "하나님의 은혜의 복음" -
'하나님께서 은혜로 주신 복음'이다. "증언하는 일을" - '증언한다.'
(동부정사 과거)이다. "달려갈 길", "받은 사명", 그리고 "복음을 증
언하는 일"은 같은 말이다. "마치려" - '완수한다.'(동부정사 과거)이
다. 그는 그 길을 예루살렘에서 마감할 줄로 알았다. 물론 그는 예
루살렘을 거쳐 로마도 보려는 희망은 있었다.
　"귀한 것으로" - '귀중한'이다. "여(기지)" - '말'이다. "(여)기지"
- '행한다.'(동직설 현재)이다. '갖은 노력을 다한다.'라는 뜻이다. "아
니하노라" - '하나도 아닌'이다. 그는 달려갈 길을 끝내려 함에는 자

기 생명조차 귀하게 여기지 않는다. 그렇다고 해서 자기 생명을 무시한다는 말은 아니다. 주님께서 맡기신 사명을 감당하기 위해서 자기 생명을 상대적으로 가치 없는 것으로 여긴다는 뜻이다.

25, "보라 내가 여러분 중에 왕래하며 하나님의 나라를 전파하였으나 이제는 여러분이 다 내 얼굴을 다시 보지 못할 줄 아노라"
"왕래하여" - '을 통하여 간다.'(동직설 과거)이다. "전파하였으나" - '선포한다.'(동분사 현재)이다. 그는 그들 가운데 하나님의 나라를 선포하면서 들어갔다. "보지" - '본다.'(동직설 미래)이다. "못할 줄" - '이제는 아니다.'이다. 이제는 그들이 바울의 얼굴을 다시 보지 못한다. "아노라" - '알다.'(동직설 완료)이다.
그러므로 그는 무엇을 하는가?

26, "그러므로 오늘 여러분에게 증언하거니와 모든 사람의 피에 대하여 내가 깨끗하니"
"증언하거니와" - '증언한다.'(동직설 현재)이다. "사람의 피" - '사람이 구원받지 못하고 심판받는 것'을 뜻한다. "내가" - '내가 있다.'(동직설 현재)이다. "깨끗(하니)" - '깨끗한'이다. "(깨끗)하니" - '내가 있다.'(동직설 현재)이다. '순결하다.' '책임이 없다.'라는 뜻이다. 어떤 사람이 구원받지 못했다면 그것은 바울 책임이 아니다. 그는 고린도에서도 이 사실을 말했었다(행 18:6).
왜 그는 그렇게 말할 수 있는가?

27, "이는 내가 꺼리지 않고 하나님의 뜻을 다 여러분에게 전하였음이라"
"이는" - '왜냐하면'이다. "내가 꺼리지" - '움츠린다.'(동직설 과거)이다. "않고" - '아니다.'이다. 왜냐하면 그는 꺼리지 않았기 때문이다. "뜻을" - '뜻'이다. 하나님의 뜻은 회개하고 예수님을 믿고 구원받는 데 있다. "전하였음이라" - '선포한다.'(동부정사 과거)이다. 그는 3년 동안 에베소에서 이 하나님의 뜻을 전하는 일에 꺼리지 않았다. 그러므로 누군가가 구원받지 못한다면, 그것은 그 사람의 책임이다. 그 사람이 회개하지 않고 믿지 않았기 때문이다.

4. 장로들은 어떤 삶을 살아야 합니까(28)? 성령님과 감독자, 그리고 교회와의 관계가 어떠합니까? 앞으로 교회는 어떤 문제가 생깁니까(29-30)? 그러므로 장로들은 어떻게 해야 합니까(31-32)?

28, "여러분은 자기를 위하여 또는 온 양 떼를 위하여 삼가라 성령이 그들 가운데 여러분을 감독자로 삼고 하나님이 자기 피로 사신 교회를 보살피게 하셨느니라"

"자기를 위하여" - '너 자신의'이다. "양 떼를 위하여" - '양 떼'이다. "삼가라" - '주의한다.'(동명령 현재)이다. 장로들은 자기와 양 떼에 마음을 쏟아야 한다. "성령이" - 성령님이 일하신다.

"감독자" - '어떤 일이나 사람을 잘못이 없도록 보살피는 사람(overseer)'이다. 이 단어는 헬라의 사상에서 왔다. 초대교회에는 '프레스뷔테로스(*presbyteros*, 장로)'와 '에피스코포스(*episkopos*, 감독자)'라는 두 직분이 있었다. 그 이름은 달라도 하는 일은 같았다. "삼고" - '지정한다.'(동직설 과거)이다. 성령님께서 그들을 감독자로 지정하셨다. "하나님이" - '성령님'과 함께 '하나님'이 등장한다. "자기 피로" - '자신에게 속한 피'를 뜻한다. 예수님께서 십자가에서 돌아가시며 흘리신 피를 뜻한다. 예수님께서 흘리신 피는 곧 하나님의 피이다. "사신" - '자신을 위해 모아둔다.'(동직설 과거)이다.

"교회"(ἐκκλησία, *ekkle:sia*) - '회중(assembly)'이다. 하나님은 당신의 피를 통해 사람을 구원하셨다. 그 사람의 모임이 교회이다. 교회는 하나님께서 자기 피로 사신 사람의 공동체이다. "보살피게 하셨느니라" - '양을 돌본다.'(동부정사 현재)이다. 감독자는 교회를 지키는 사람이다.

왜 그들은 교회를 지켜야 하는가?

29, "내가 떠난 후에 사나운 이리가 여러분에게 들어와서 그 양 떼를

아끼지 아니하며"

"떠난" - '떠남'이다. "사나운" - '사나운'이다. "이리" - '이리'이다. 교회를 해하는 세력이다. 당시에는 예수님을 믿지 않은 유대인이었다. "들어와서" - '들어온다.'(동직설 미래)이다. 교회 밖에서 안으로 들어온다. "아끼지" - '아낀다.'(동분사 현재)이다. "아니하며" - '아니'이다. 이리는 목자가 없으면 양을 공격하여 헤친다.

30, "또한 여러분 중에서도 제자들을 끌어 자기를 따르게 하려고 어그러진 말을 하는 사람들이 일어날 줄을 내가 아노라"

"여러분 중에서도" - '당신'이다. "끌어" - '빼어낸다.'(동부정사 현재)이다. "따르게 하려고" - '후에'이다. 주님의 제자를 바른 신앙의 자리에서 빗나가게 한다.

"어그러진" - '왜곡한다.'(동분사 완료)이다. "말을 하는" - '말한다.'(동분사 현재)이다. 바울이 가르친 말을 비틀어서 타락하게 하는 말이다. "일어날" - '일어난다.'(동직설 미래)이다. "아노니" - '알다.'(동직설 완료)이다.

그러므로 장로는 어떻게 해야 하는가?

31, "그러므로 여러분이 일깨어 내가 삼 년이나 밤낮 쉬지 않고 눈물로 각 사람을 훈계하던 것을 기억하라"

"여러분이 일깨어" - '정신을 차리고 있다.'(동명령 현재)이다. 그들은 깨어 있어야 한다.

어떻게 깨어 있어야 하는가? "쉬지" - '그친다.'(동직설 과거)이다. "않고" - '~(은) 아니다.'이다. "훈계하던" - '충고한다.'(동분사 현재)이다. "기억하라" - '기억한다.'(동분사(명령적) 현재)이다. 그들은 바울의 가르침을 기억하면서 깨어 있어야 한다. 깨어 있으면 교회에 거짓 세력이 들어와도 양을 보호할 수 있다.

그러나 본질에서는 무엇을 의지해야 하는가?

32, "지금 내가 여러분을 주와 및 그 은혜의 말씀에 부탁하노니 그

말씀이 여러분을 능히 든든히 세우사 거룩하게 하심을 입은 모든 자 가운데 기업이 있게 하시리라"

"은혜의 말씀" - '은혜로운 말씀'이다. "부탁하노니" - '맡긴다.'(동직설 현재)이다. 바울은 장로를 주님과 그 은혜의 말씀에 맡긴다. "능히" - '할 수 있다.'(동분사 현재)이다. "든든히 세우사" - '짓는다.'(동부정사 과거)이다. 주님의 말씀은 그들을 튼튼히 세울 수 있다. "거룩하심을 입은" - '거룩하게 한다.'(동분사 완료)이다. "기업이" - '상속'이다. "있게 하시리라" - '준다.'(동부정사 과거)이다. 그리고 그들에게 기업을 차지하도록 할 수 있다.

장로가 교회를 지키려면 깨어 있어야 한다. 깨어 있으려면 주님과 말씀을 의지해야 한다. 장로 자신의 의지만으로는 한계가 있다. 여기에 말씀의 필요성이 있다.

5. 바울의 물질생활이 어떠했습니까(33-34)? 그가 본을 보인 목적은 무엇입니까(35)? 바울과 장로들이 헤어질 때 그 모습이 어떠합니까(36-38)?

33, "내가 아무의 은이나 금이나 의복을 탐하지 아니하였고"

"탐하지" - '바란다.'(동직설 과거)이다. "아니하였고" - '하나도 아닌'이다.

34, "여러분이 아는 바와 같이 이 손으로 나와 내 동행들이 쓰는 것을 충당하여"

"아는 바와 같이" - '알다.'(동직설 현재)이다. 장로들도 바울의 물질생활에 대해서 알고 있다. "동(행)" - '~와 함께'이다. "(동)행" - '내가 있다.'(동분사 현재)이다. "쓰는" - '필요'이다. "충당하여" - '도움이 된다.'(동직설 과거)이다. 그는 일정 기간 스스로 돈을 벌었다.

35, "범사에 여러분에게 모본을 보여준 바와 같이 수고하여 약한 사

람들을 돕고 또 주 예수께서 친히 말씀하신 바 주는 것이 받는 것보다 복이 있다 하심을 기억하여야 할지니라"

"모본을 보여준 바" - '보여준다.'(동직설 과거)이다. 그는 모든 일에서 본을 보였다.

이렇게 본을 보인 목적은 무엇인가? "수고하여" - '열심히 일한다.'(동분사 현재)이다. "약한" - '힘이 없다.'(동분사 현재)이다. "돕고" - '돕는다.'(동부정사 현재)이다. 장로들이 약한 사람을 도와주기를 바란다. "말씀하신" - '말한다.'(동직설 과거)이다. "주는 것이" - '준다.'(동부정사 현재)이다. "받는 것이" - '받는다.'(동부정사 현재)이다. "있다" - '그것은 ~이다.'(동직설 현재)이다. 이 말씀 자체는 복음서에 없다. "하심을" - '말'이다. "기억하여야" - '기억한다.'(동부정사 현재)이다. "할지니라" - '반드시 ~해야 한다.'(동직설 현재)이다. 좋은 목자 예수님의 삶은 바울로 이어졌다. 그 바울의 모습이 장로에게로 이어지기를 바란다. 오늘 우리에게도 이어지기를 바란다.

36, "이 말을 한 후 무릎을 꿇고 그 모든 사람들과 함께 기도하니"

"이 말을 한 후" - '말한다.'(동분사 과거)이다. "꿇고" - '놓는다.'(동분사 과거)이다. "기도하니" - '기도한다.'(동직설 과거)이다. 사도는 그들과 함께 기도했다.

37, "다 크게 울며 바울의 목을 안고 입을 맞추고"

"울며" - '울음'이다. "(이다)" - '일어난다.'(동직설 과거)이다. "안고" - '~에 떨어진다.'(동분사 과거)이다. "입을 맞추고" - '열렬히 입을 맞춘다(kiss fervently).'(동직설 미완료)이다.

38, "다시 그 얼굴을 보지 못하리라 한 말로 말미암아 더욱 근심하고 배에까지 그를 전송하니라"

"보지" - '지켜본다.'(동부정사 현재)이다. "못(하리라)" - '이제는 ~아니다.'이다. "(못)하리라" - '곧 ~하려고 한다.'(동직설 현재)이다. "한" - '말한다.'(동직설 과거완료)이다. "근심하고" - '슬퍼한다.'(동분사 현재)이다. 그들을 가장 슬프게 했던 것은 "다시 그의 얼굴을 보지 못 하리라."(25)라는 바울의 말이다. 그들은 바울이 예루살렘으로 가는 길을 순교로 생각했다.

　"전송하니라" - '전송한다.'(동직설 미완료)이다. 모든 동역자가 바울을 전송한다. 그들은 슬픔 중에도 성령님의 뜻을 따르고, 인도하심을 따른다.

32
각오하였노라

본문 사도행전 21:1-16
요절 사도행전 21:13
찬송 461장, 450장

1. 바울 일행은 밀레도에서 어떤 과정을 거쳐서 두로에 상륙했습니까(1-3)?

2. 바울이 그곳에 머물렀을 때 그 제자들은 무엇을 말했습니까(4)? 왜 성령님은 바울에게는 "가라"고 말씀하시고, 제자들에게는 "가지 말라"고 하십니까? 그러나 바울은 어떻게 했습니까(5-6)?

3. 그들은 가이사랴에서 누구의 집에 머물렀습니까(7-9)? 그때 아가보는 무슨 말을 했습니까(10-11)? 그때 사람들은 어떻게 반응했습니까(12)?

4. 그러나 바울의 각오는 어느 정도였습니까(13)? 그로부터 무엇을 배웁니까?

5. 바울 삶의 자세가 동역자들에게 끼친 영향이 어떠했습니까(14)? 바울의 길에 누가 함께 합니까(15-16)?

32
각오하였노라

본문 사도행전 21:1-16
요절 사도행전 21:13
찬송 461장, 450장

1. 바울 일행은 밀레도에서 어떤 과정을 거쳐서 두로에 상륙했습니까(1-3)?

1, "우리가 그들을 작별하고 배를 타고 바로 고스로 가서 이튿날 로도에 이르러 거기서부터 바다라로 가서"

"작별하고" - '떼어 놓는다.'(동분사 과거)이다. "배를" - '데리고 올라간다.'(동부정사 과거)이다. "타고" - '된다.'(동직설 과거)이다. "바로" - '직행한다.'(동분사 과거)이다. "고스" - 소아시아에서 남쪽 바다 가운데 있는 섬이다. 이곳에서 '의학의 아버지(the Father of Medicine)' 히포크라테스(Hippocrates, 주전 460~370)가 태어났다. "가서" - '온다.'(동직설 과거)이다. "이르러" - '~안으로'이다. "로도" - 수리아나 애굽에서 로마로 가는 도중에 들리는 중요한 도시이다. "바다라"(patara) - 상업항구이며 대형 무역선이 정박하는 곳이다. 애굽에서 곡식을 수입하는 항구이다. "가서" - '~안으로'이다.

2, "베니게로 건너가는 배를 만나서 타고 가다가"

"베니게" - 지중해 동북 연안에 있는 오늘의 레바논 지역이다. "건너가는" - '건넌다.'(동분사 현재)이다. "만나서" - '찾는다.'(동분사 과거)이다. "타고" - '올라탄다.'(동분사 과거)이다. "가다가" - '데리고 올라간다.'(동직설 과거)이다. '배를 타고 항해를 시작했다.' 라는 뜻이다.

3, "구브로를 바라보고 이를 왼편에 두고 수리아로 항해하여 두로에서 상륙하니 거기서 배의 짐을 풀려 함이러라"

"구브로" - 지중해 동북부에 있는 큰 섬으로 현재는 키프러스(Cyprus)이다. 바울은 이곳에서 제1차 선교 사역을 시작했다(13:4-12). "바라보고" - '발견한다.'(동분사 과거)이다. "두고" - '남겨둔다.'(동분사 과거)이다. "항해하여" - '배 타고 간다.'(동직설 미완료)이다. "두로에" - 지중해 연안에 있는 항구 도시이다. 이스라엘에서 약 24km 북쪽에 있다. "상륙하니" - '도착한다.'(동직설 과거)이다. 바울은 그곳에 7일 동안 머물렀다. "풀려" - '짐을 풀다.'(동분사 현재)이다. "함이러라" - '왜냐하면'이다. 그 배는 그곳에서 짐을 풀어야 했기 때문이다.

2. 바울이 그곳에 머물렀을 때 그 제자들은 무엇을 말했습니까(4)? 왜 성령님은 바울에게는 "가라"고 말씀하시고, 제자들에게는 "가지 말라"고 하십니까? 그러나 바울은 어떻게 했습니까(5-6)?

4, "제자들을 찾아 거기서 이레를 머물더니 그 제자들이 성령의 감동으로 바울더러 예루살렘에 들어가지 말라 하더라"

"찾아" - '찾는다.'(동분사 과거)이다. 전에 한 번도 만나 본 적이 없는 사람을 처음으로 찾는 것을 말한다. "머물더니" - '머무른다.'(동직설 과거)이다. 그는 제자들을 찾으면서 그곳에 머물렀다. 바울은 그곳에서 사역하지 않았다.

그 제자들은 바울에게 무엇을 말하는가? "감동으로" - '~을 통하여'이다. "들어가지" - '올라탄다.'(동부정사 현재)이다. "말라" - '아니'이다. "하더라" - '말한다.'(동직설 미완료)이다. 제자들은 성령님의 감동으로 "바울에게 예루살렘에 가지 말라."라고 한다. 바울이 지금 예루살렘으로 가는 이유는 성령님께서 "가라."라고 하셨기 때문이다(20:22). 그런데 그 성령님이 이곳 제자들에게는 "가지 말라."라고 하신다.

왜 같은 성령님이 다르게 말씀하실까? 바울이 예루살렘에 가서 겪을 일을 생각하면 예루살렘으로 보내고 싶지 않다. 하지만 더 큰 그림, 즉 하나님 구속의 경륜을 생각하면 올라가야 한다. 그러면서 성령님은 바울이 스스로 준비하도록 돕는다. 성령님의 뜻에 기계적으로 순종하기보다는 자발적이면서 인격적으로 순종하기를 바라신다.

5, "이 여러 날을 지낸 후 우리가 떠나갈새 그들이 다 그 처자와 함께 성문 밖까지 전송하거늘 우리가 바닷가에서 무릎을 꿇어 기도하고"

"지낸" - '완료한다.'(동부정사 과거)이다. "떠나" - '나간다.'(동분사 과거)이다. "갈새" - '간다.'(동직설 미완료)이다. 바울 일행은 떠난다. "전송하거늘" - '전송한다.'(동분사 현재)이다. "꿇어" - '놓는다.'(동분사 과거)이다. "기도하고" - '기도한다.'(동분사 과거)이다. 바울의 가는 길에 성령님의 은총이 함께 하도록 기도했다.

6, "서로 작별한 후 우리는 배에 오르고 그들은 집으로 돌아가니라"

"작별한 후" - '작별을 고한다.'(동직설 과거)이다. "오르고" - '올라간다.'(동직설 과거)이다. "돌아가니라" - '돌아간다.'(동직설 과거)이다. 그들은 서로의 길을 갔다.

3. 그들은 가이사랴에서 누구의 집에 머물렀습니까(7-9)? 그때 아가보는 무슨 말을 했습니까(10-11)? 그때 사람들은 어떻게 반응했습니까(12)?

7, "두로를 떠나 항해를 다 마치고 돌레마이에 이르러 형제들에게 안부를 묻고 그들과 함께 하루를 있다가"

"떠나" - '~에서'이다. "다 마치고" - '끝낸다.'(동분사 과거)이다.

"이르러" - '이른다.'(동직설 과거)이다. "안부를 묻고" - '문안한다.' (동분사 과거)이다. "있다가" - '머무른다.'(동직설 과거)이다. "돌레마이" - 지중해 연안 북단에 있는 성읍이다.

8, "이튿날 떠나 가이사랴에 이르러 일곱 집사 중 하나인 전도자 빌립의 집에 들어가서 머무르니라"

"떠나" - '나간다.'(동분사 과거)이다. "이르러" - '온다.'(동직설 과거)이다. "일곱 집사" - '일곱'이다(행 6:3). "하나인" - '내가 있다.'(동분사 현재)이다. '그 일곱 사람 중 한 사람(one of the seven)'이다. "전도자" - '기쁜 소식을 전하는 사람', '복음 전도자(evangelist)'이다. "빌립" - 그는 사마리아에 전도하고, 에티오피아 고위 관리에게 성경을 가르쳤다(8:5, 35). "들어가서" - '들어간다.' (동분사 과거)이다. "머무르니라" - '머무른다.'(동직설 과거)이다. 바울 일행은 빌립의 집에 머물렀다.

9, "그에게 딸 넷이 있으니 처녀로 예언하는 자라"

"처녀" - '결혼하지 않은 처녀'이다. "있으니" - '내가 있다.'(동직설 미완료)이다. "예언하는 자" - '예언한다.'(동분사 현재)이다. '말씀을 가르치는 사람'을 뜻한다.

10, "여러 날 머물러 있더니 아가보라 하는 한 선지자가 유대로부터 내려와"

"머물러 있더니" - '머무른다.'(동분사 현재)이다. "아가보" - 그는 예루살렘에서 안디옥 교회로 와서 "로마 제국에 큰 흉년이 든다."라고 했는데, 글라우디오 황제 때 들었다(11:28). "내려와" - '~에 도착한다.'(동직설 과거)이다.

11, "우리에게 와서 바울의 띠를 가져다가 자기 수족을 잡아매고 말하기를 성령이 말씀하시되 예루살렘에서 유대인들이 이같이 이 띠 임자를 결박하여 이방인의 손에 넘겨주리라 하거늘"

"와서" - '온다.'(동분사 과거)이다. "띠를" - '허리띠(girdle)'이다. "가져다가" - '들어 올린다.'(동분사 과거)이다. "수족을"- '손과 발 (hand & foot)'이다. "잡아매고" - '맨다.'(동분사 과거)이다. "말하기를" - '말한다.'(동직설 과거)이다. 아가보는 상징적인 행동을 통하여 바울이 겪을 일을 말했다. "말씀하시되" - '말한다.'(동직설 현재)이다. 그 말은 자기 말이 아니라 성령님이 하신 말씀이다. "임(자)" - '그는 ~이다.'(동직설 현재)이다. "(임)자를" - '남자'이다. "결박하여" - '묶는다.'(동직설 미래)이다. "넘겨주리라" - '전달한다.'(동직설 미래)이다.

그때 사람들은 어떻게 반응했는가?

12, "우리가 그 말을 듣고 그곳 사람들과 더불어 바울에게 예루살렘으로 올라가지 말라 권하니"

"듣고" - '듣는다.'(동직설 과거)이다. "올라가지" - '올라간다.'(동부정사 현재)이다. "말라" - '아니'이다. "권하니" - '애원한다.'(동직설 미완료)이다.

4. 그러나 바울의 각오는 어느 정도였습니까(13)? 그로부터 무엇을 배웁니까?

13, "바울이 대답하되 여러분이 어찌하여 울어 내 마음을 상하게 하느냐 나는 주 예수의 이름을 위하여 결박당할 뿐 아니라 예루살렘에서 죽을 것도 각오하였노라 하니"

"대답하되" - '대답한다.'(동직설 과거)이다. "(어찌)하여" - '만들다.'(동직설 현재)이다. "울어" - '울다.'(동분사 현재)이다. "상하게 하느냐" - '산산이 깨뜨린다.'(동분사 현재)이다. 주위 사람의 애정 어린 눈물의 만류는 그의 마음을 산산이 깨뜨린다. "결박당할" - '묶는다.'(동부정사 과거)이다. "죽을 것" - '죽음에 직면하다.'(동부정사 과거)이다. "각오" - '이의가 없이(readily)'이다. "하였노라" - '가진다.'(동직설 현재)이다. 그는 투옥뿐만 아니라 죽음도 준비하고 있다.

'각오한다.'라는 말은 '앞으로 해야 할 일이나 당할 어려움 따위에 대하여 마음의 준비를 단단히 한다.'라는 뜻이다. 그는 아가보가 보여주었던 그 묶임은 물론이고 죽음도 각오하고 있다.

그는 누구를 위해서 각오하는가? "위하여" - '~를 위해서'이다. 주님이신 예수님의 이름을 위해서이다. 그는 자기 이름이 아닌, '예수님의 이름'을 알리고 높이기 위해서이다. 그의 삶의 목적은 자기가 아니고 예수님이다. 그에게 예수님은 '대체할 수 없는 (unsubstitutable) 신앙의 대상'이다. 대체할 수 없는 예수님의 정체성 (unsubstitutable identity of Jesus)'이 그의 삶은 물론이고 죽음까지도 지배한다. 그에게 예수님은 삶은 물론이고 죽음에서도 모든 것이고, 최고이다.

5. 바울 삶의 자세가 동역자들에게 끼친 영향이 어떠했습니까(14)? 바울의 길에 누가 함께 합니까(15-16)?

14, "그가 권함을 받지 아니하므로 우리가 주의 뜻대로 이루어지이다 하고 그쳤노라"

"권함을 받지" - '설득한다.'(동분사 현재)이다. "아니하므로" - '아니'이다. 바울은 동역자들의 설득을 듣지 않는다. "이루어지이다" - '~이 된다.'(동명령 현재)이다. 그들은 주님의 뜻이 이루어지도록 했다. "하고" - '대답한다.'(동분사 과거)이다. "그쳐노라" - '쉬다.' (동직설 과거)이다.

예수님은 십자가를 앞에서 "아버지여 만일 아버지의 뜻이거든 이 잔을 내게서 옮기시옵소서."라고 기도하셨다(눅 22:42). 하지만 예수님은 "내 원대로 마시옵고 아버지의 원대로 되기를 원하나이다."라고 기도하셨다. 예수님은 하나님의 뜻을 영접하신 후에는 그 뜻에 조용히 순종하셨다. 바울의 동역자들도 처음에는 바울을 만류했지만, 주님의 뜻을 알고는 그 뜻에 조용히 순종한다. 그 점에서 빌립의 집이 바울에게는 겟세마네 동산과 같다.

15, "이 여러 날 후에 여장을 꾸려 예루살렘으로 올라갈새"

"여장을 꾸려" - '준비한다.'(동분사 과거)이다. "올라갈새" - '올라간다.'(동직설 미완료)이다.

16, "가이사랴의 몇 제자가 함께 가며 한 오랜 제자 구브로 사람 나손을 데리고 가니 이는 우리가 그의 집에 머물려 함이라"

"가며" - '함께 온다.'(동직설 과거)이다. "한" - '어떤 사람'이다. "데리고 가니" - '인도한다.'(동분사 현재)이다. "머물려 함이라" - '환대한다.'(동가정 과거)이다. 나손은 예루살렘에 집이 있었다. 바울 일행은 그의 집에서 묵었다.

33
이방인에게로 보내리라

본문 사도행전 21:17-22:30
요절 사도행전 22:21
찬송 336장, 338장

1. 바울은 예루살렘에 도착하여 장로들에게 무엇을 보고합니까 (21:17-19)? 그들의 반응은 어떠했습니까(20-22)? 그들은 어떤 해결책을 제시했습니까(23-25)? 바울은 어떻게 했습니까(26)? 그로부터 무엇을 배웁니까?

2. 유대인은 바울을 어떻게 대합니까(27-30)? 그때 누가 등장했습니까(31-36)? 바울은 천부장에게 무슨 부탁을 했습니까(37-39)? 바울이 유대인들에게 히브리 말로 말한 데는 무슨 뜻이 있습니까 (40-22:2)?

3. 그는 과거에 어떤 사람이었습니까(3-5)? 그는 주님을 어떻게 만났습니까(6-9)?

4. 주님은 바울에게 누구를 통하여 무슨 사명을 주셨습니까(10-15)? 그가 예수님의 이름을 불러 죄 씻음을 받은 데는 무슨 뜻이 있습니까(16)? 바울은 어떻게 해서 이방인의 사도가 되었습니까(17-21)? 이 주님을 증언하는 목적은 무엇입니까?

5. 사람들은 바울을 어떻게 대합니까(22-23)? 왜 바울은 지금 자기가 로마 시민권자임을 밝힐까요(24-25)? 천부장의 반응이 어떠했습니까(26-30)?

33
이방인에게로 보내리라

본문 사도행전 21:17-22:30
요절 사도행전 22:21
찬송 336장, 338장

1. 바울은 예루살렘에 도착하여 장로들에게 무엇을 보고합니까
   (21:17-19)? 그들의 반응은 어떠했습니까(20-22)? 그들은 어떤 해
   결책을 제시했습니까(23-25)? 바울은 어떻게 했습니까(26)? 그로
   부터 무엇을 배웁니까?

21:17, "예루살렘에 이르니 형제들이 우리를 기꺼이 영접하거늘"
   "이르니" - '일어난다.' '된다.'(동분사 과거)이다. "기꺼이" - '즐
거이(gladly)'이다. "영접하거늘" - '기쁘게 받는다.'(동직설 과거)이
다.

18, "그 이튿날 바울이 우리와 함께 야고보에게로 들어가니 장로들도
다 있더라"
   "야고보" - 예루살렘 교회의 책임자이다. "들어가니" - '들어간
다.'(동직설 미완료)이다. "있더라" - '온다.'(동직설 과거)이다.

19, "바울이 문안하고 하나님이 자기의 사역으로 말미암아 이방 가운
데서 하신 일을 낱낱이 말하니"
   "문안하고" - '문안한다.'(동분사 과거)이다. "사역으로" - '직무

355

(office)'이다. "말미암아" - '을 통하여'이다. "하신" - '한다.'(동직설 과거)이다. "낱낱이" - '각각의'이다. "말하니" - '설명한다.'(동직설 미완료)이다. 바울은 그들에게 하나님께서 이방 사람 가운데서 행하신 일을 낱낱이 설명한다.

그들의 반응은 어떠했는가?

20, "그들이 듣고 하나님께 영광을 돌리고 바울더러 이르되 형제여 그대도 보는 바에 유대인 중에 믿는 자 수만 명이 있으니 다 율법에 열성을 가진 자라"

"듣고" - '듣는다.'(동분사 과거)이다. "영광을 돌리고" - '영화롭게 한다.'(동직설 미완료)이다. "이르되" - '말한다.'(동직설 과거)이다. 그들은 바울의 보고를 듣고 하나님께 영광을 돌렸다. 그들은 바울의 보고를 하나님께서 하신 사역으로 인정했다.

그러나 그들에게는 무슨 문제가 있는가? "그대도 보는 바에" - '지켜본다.'(동직설 현재)이다. "있으니" - '그들은 있다.'(동직설 현재)이다. "열성을 가진 자" - '열심 있는 사람(a zealot)'이다. "(자)라" - '있다.'(동직설 현재)이다. 그들은 예수님을 믿지 않은 유대인이 아니라, 예수님을 믿는 유대인이다. 그들 모두는 율법에 열심 있는 사람이다. 그들은 예수님을 믿어도 율법을 지켜야 한다고 주장한다. 그들은 실제 구원 문제 앞에서는 믿음보다 할례를 더 중요하게 여기는 지점으로 떨어진다. 이것이 그들의 문제였다.

21, "네가 이방에 있는 모든 유대인을 가르치되 모세를 배반하고 아들들에게 할례를 행하지 말고 또 관습을 지키지 말라 한다 함을 그들이 들었도다"

"가르치되" - '가르친다.'(동직설 현재)이다. "배반하고" - '변절(defection)'이다. '바울이 모세를 배반하여 가르친다.'라는 뜻이다.

그 증거가 무엇인가? "관습을" - '관습'이다. "할례를 행하지" - '할례를 한다.'(동부정사 현재)이다. "말고" - '아니'이다. "지키지" - '걷는다.'(동부정사 현재)이다. "말라" - '~도 아니'이다. "한다" - '말한다.'(동분사 현재)이다. "함을" - '~ 때문에'이다. "그들이 들었도다" - '위로부터 소리가 난다.'(동직설 과거)이다. 유대인은 "바울이 이방 사람 가운데 사는 유대인에게 모세를 배반하여 할례도 하지 말고 그 관습도 지키지 말라고 가르친다."라고 들었다.

22, "그러면 어찌할꼬 그들이 필연 그대가 온 것을 들으리니"
"(어찌)할꼬" - '그것은 ~이다.'(동직설 현재)이다. '무엇을 해야 하는가?'라는 뜻이다. "필연" - '확실히'이다. "그대가 온" - '온다.'(동직설 완료)이다. "들으리니" - '듣는다.'(동직설 미래)이다. 지도자들은 이 문제를 아주 심각하게 생각한다.
그들은 어떤 해결책은 제시했는가?

23, "우리가 말하는 이대로 하라 서원한 네 사람이 우리에게 있으니"
"우리가 말하는" - '말한다.'(동직설 현재)이다. "하라" - '한다.'(동명령 과거)이다. "(서원)한" - '가진다.'(동분사 현재)이다. "있으니" - '그들은 있다.'(동직설 현재)이다.

24, "그들을 데리고 함께 결례를 행하고 그들을 위하여 비용을 내어 머리를 깎게 하라 그러면 모든 사람이 그대에 대하여 들은 것이 사실이 아니고 그대도 율법을 지켜 행하는 줄로 알 것이라"
"데리고" - '데리고 온다.'(동분사(명령적) 과거)이다. "결례를 행하고" - '순결하게 한다.'(동명령 과거)이다. "비용을 내어" - '소비한다.'(동명령 과거)이다. "깎게(하라)" - '깎는다.'(동직설 미래)이다. "(깎게) 하라" - '~하기 위해'이다. '서원 예식을 마친다.'라는 뜻이다. "들은" - '통지한다.'(동직설 완료)이다. "사실이 아니" - '하나도 아닌'이다. "(아니)고" - '그것은 ~이다.'(동직설 현재)이다. "지켜" - '지킨다.'(동분사 현재)이다. "행하는" - '열을 지어 나간다.'(동직설 현재)이다. "알 것이라" - '알다.'(동직설 미래)이다. 서원 의식을 마치려면 예물을 드려야 했다. 그런데 가난한 사람은 예물을 드리지 못해서 서원 의식을 완성하지 못했다. 그때 다른 사람이 비용을 대신 지급할 수 있는데, 그 일을 극히 경건한 행위로 여겼다. 바울이 그 비용을 대신 지급하도록 제안한다.

"사실이 아니고" - '하나도 아닌'이다. "알 것이라" - '알다.'이다. 유대인이 그 사실을 알면 바울에 대한 오해를 풀 것으로 기대한다.

25, "주를 믿는 이방인에게는 우리가 우상의 제물과 피와 목매어 죽인 것과 음행을 피할 것을 결의하고 편지하였느니라 하니"

"믿는" - '믿는다.'(동분사 완료)이다. "피할 것을" - '지킨다.'(동부정사 현재)이다. "결의하고" - '결정한다.'(동분사 과거)이다. "편지하였느니라" - '편지를 쓴다.'(동직설 과거)이다. 그들은 지난번에 예루살렘 교회에서 정한 것을 다시 강조한다(15:29). 바울의 사역에는 아무 문제가 없지만, 유대인의 살벌함을 위해서 협조를 구한다.

바울은 무엇을 했는가?

26, "바울이 이 사람들을 데리고 이튿날 그들과 함께 결례를 행하고 성전에 들어가서 각 사람을 위하여 제사 드릴 때까지의 결례 기간이 만기된 것을 신고하니라"

"데리고" - '데리고 온다.'(동분사 과거)이다. "결례를 행하고" - '순결하게 한다.'(동분사 과거)이다. 바울은 그들과 함께 정결 예식을 행했다. "들어가서" - '들어간다.'(동직설 미완료)이다. "(제사) 드릴" - '바친다.'(동직설 과거)이다. "(만)기 된" - '날(day)'이다. "신고하니라" - '알게 한다.'(동분사 현재)이다. 그는 예수님을 믿고 구원받는 원리, 즉 구원의 본질 문제와 상관없는 일에는 마음을 열었다.

이렇게 한 목적은 무엇인가? 오해를 풀려는 것이다. 그리고 그 사람을 얻고자 함이다(고전 9:20-21).

2. 유대인은 바울을 어떻게 대합니까(27-30)? 그때 누가 등장했습니까(31-36)? 바울은 천부장에게 무슨 부탁을 했습니까(37-39)? 바울이 유대인들에게 히브리 말로 말한 데는 무슨 뜻이 있습니까(40-22:2)?

27, "그 이레가 거의 차매 아시아로부터 온 유대인들이 성전에서 바울을 보고 모든 무리를 충동하여 그를 붙들고"

"거의" - '곧 ~하려고 한다.'(동직설 미완료)이다. "차(매)" - '끝낸다.'(동부정사 현재)이다. "(차)매" - '~할 때'이다. '그 이레가 거의 끝나갈 무렵에', 즉 즉 결례 기간이 끝날 때를 말한다. 바울은 나실인 서약을 한 4명과 함께 성전에 들어가 그들을 위해 각종 희생제물의 비용을 지급했다.

"보고" - '본다.'(동분사 과거)이다. "충동하여" - '선동한다.'(동직설 미완료)이다. 아시아에서 오순절을 지키려고 온 유대인 신자들은 사람들을 선동한다. "붙들" - '손(hand)'이다. "(붙들)고" - '댄다.'(동직설 과거)이다. 그들은 바울에게 손을 얹어서 붙잡았다. 예루살렘 교회 지도자들은 바울이 율법에 기초한 의식을 하면 유대인이 오해를 풀 줄 알았다. 하지만 종교 지도자들의 예상은 빗나갔다.

28, "외치되 이스라엘 사람들아 도우라 이 사람은 각처에서 우리 백성과 율법과 이곳을 비방하여 모든 사람을 가르치는 그 자인데 또 헬라인을 데리고 성전에 들어가서 이 거룩한 곳을 더럽혔다 하니"

"외치되" - '소리 지른다.'(동분사 현재)이다. "도우라" - '돕는다.'(동명령 현재)이다. "비방하여" - '에 대하여'이다. "이곳을" - '성전'이다. 그들은 '바울이 민족과 율법과 그리고 성전을 거슬러서' 가르친 거로 오해했다. 그들은 바울이 '반유대적이고, 반율법적이고, 반성전적으로 가르쳤다.'라고 비방한다.

"가르치는" - '가르친다.'(동분사 현재)이다. "(자)인데" - '나는 ~이다.'(동직설 현재)이다. "들어가서" - '데리고 들어간다.'(동직설 과거)이다. "더럽혔다" - '속되게 한다.'(동직설 완료)이다. 그들은 그 증거로 바울이 성전에 데려온 이방 사람을 제시했다.

29, "이는 그들이 전에 에베소 사람 드로비모가 바울과 함께 시내에 있음을 보고 바울이 그를 성전에 데리고 들어간 줄로 생각함이러라"

"이는" - '왜냐하면'이다. 그들이 그렇게 생각했던 이유를 설명한다. "있음" - '나는 ~이다.'(동직설 미완료)이다. "보고" - '알다.'(동분사 완료)이다. "데리고 들어간" - '데리고 들어간다.'(동직설 과거)이다. "생각함이러라" - '생각한다.'(동직설 미완료)이다.

이스라엘은 성전의 거룩함을 지키기 위해서 세 개의 장소로 나누었다. 가장 거룩한 장소를 '지성소', 그다음을 '성소', 그다음을 '제사장의 뜰', 이어서 '남자의 뜰'과 '여인의 뜰'로 나누었다. 가장 마지막으로 '이방인의 뜰'을 정했다. 그리고 그 장소에는 자격이 있는 사람만 들어가도록 했다. 그런데 유대인은 바울이 그 규정을 지키지 않은 줄로 여겼다.

30, "온 성이 소동하여 백성이 달려와 모여 바울을 잡아 성전 밖으로 끌고 나가니 문들이 곧 닫히더라"

"소동하여" - '선동한다.'(동직설 과거)이다. "달려" - '집합'이다. "와 모여" - '일어난다.'(동직설 과거)이다. "잡아" - '붙잡는다.'(동분사 과거)이다. "끌고 나가니" - '끌어당긴다.'(동직설 미완료)이다. 백성이 몰려들어서 바울을 잡아 성전 바깥으로 끌어낸다. "닫히더라" - '닫는다.'(동직설 과거)이다. '성전 문이 닫혔다.'라는 말에는 상징적 의미가 있다. '성전의 기능이 닫혔다.'라는 뜻이다. 성전은 하나님을 예배하고, 그분의 말씀을 듣고, 사람을 살리는 일은 하는 곳이다. 그런데 그 성전에서 사람을 붙잡아서 죽이려고 한다. 그런 성전의 문은 닫힐 수밖에 없다.

31, "그들이 그를 죽이려 할 때에 온 예루살렘이 요란하다는 소문이 군대의 천부장에게 들리매"

"죽이려" - '죽인다.'(동부정사 과거)이다. "할 때에" - '찾는다.'(동분사 현재)이다. "요란하다는" - '선동한다.'(동직설 현재)이다. "천부장" - 그는 가이사랴에 주둔하고 있는 총독 벨릭스를 대신하여 예루살렘의 치안을 책임지고 있다. "들리매" - '올라간다.'(동직설 과거)이다.

32, "그가 급히 군인들과 백부장들을 거느리고 달려 내려가니 그들이 천부장과 군인들을 보고 바울 치기를 그치는지라"

"거느리고" - '데리고 온다.'(동분사 과거)이다. "달려 내려가니" - '달려 내려간다.'(동직설 과거)이다. "보고" - '본다.'(동분사 과거)이다. "치기를" - '때린다.'(동분사 현재)이다. "그치는지라" - '그친다.'(동직설 과거)이다.

33, "이에 천부장이 가까이 가서 바울을 잡아 두 쇠사슬로 결박하라 명하고 그가 누구이며 그가 무슨 일을 하였느냐 물으니"

"가까이 가서" - '접근한다.'(동분사 과거)이다. "잡아" - '붙잡는다.'(동직설 과거)이다. "결박하라" - '묶는다.'(동부정사 과거)이다. "명하고" - '명령한다.'(동직설 과거)이다. "(누구)이며" - '나는 ~이다.'(동희구 현재)이다. "하였(느냐)" - '한다.'(동분사 완료)이다. "(하였)느냐" - '그는 ~이다.'(동직설 현재)이다. "물으니" - '묻는다.'(동직설 미완료)이다.

34, "무리 가운데서 어떤 이는 이런 말로, 어떤 이는 저런 말로 소리치거늘 천부장이 소동으로 말미암아 진상을 알 수 없어 그를 영내로 데려가라 명하니라"

"소리 치거늘" - '소리 지른다.'(동직설 미완료)이다. "진상을" - '견고한'이다. "알(수)" - '알다.'(동부정사 과거)이다. "없어" - '아니'이다. "데려가라" - '인도한다.'(동부정사 현재)이다. "명하니라" - '명령한다.'(동직설 과거)이다.

35, "바울이 층대에 이를 때에 무리의 폭행으로 말미암아 군사들에게 들려가니"

"이를" - '일어난다.'(동직설 과거)이다. "들려" - '운반한다.'(동부정사 현재)이다. "가니" - '일어난다.'(동직설 과거)이다.

36, "이는 백성의 무리가 그를 없이 하자고 외치며 따라 감이러라"

"없이 하자고" - '빼앗아 간다.'(동명령 현재)이다. "외치며" - '소리 지른다.'(동분사 현재)이다. "따라 감이러라" - '뒤따른다.'(동직설 미완료)이다.

37, "바울을 데리고 영내로 들어가려 할 그 때에 바울이 천부장에게 이르되 내가 당신에게 말할 수 있느냐 이르되 네가 헬라 말을 아느냐"

"데리고" - '데리고 들어간다.'(동부정사 현재)이다. "영내로 들어가려" - '영내 안으로'이다. "할 그 때에" - '곧 ~하려고 한다.'(동분사 현재)이다. "이르되" - '말한다.'(동직설 현재)이다. "말할" - '대답한다.'(동부정사 과거)이다. "수 있느냐" - '합법적이다.'(동직설 현재)이다. "이르되" - '선언한다.'(동직설 과거)이다. "아느냐" - '알다.'(동직설 현재)이다. 바울은 천부장에게 헬라어로 말한다. 보통 유대인은 헬라 말을 몰랐다.

38, "그러면 네가 이전에 소요를 일으켜 자객 사천 명을 거느리고 광야로 가던 애굽인이 아니냐"

"소요를 일으켜" - '선동한다.'(동분사 과거)이다. "가던" - '데리고 간다.'(동분사 과거)이다. "아니" - '~아니다'이다. "(아니)냐" - '당신은 ~이다.'(동직설 현재)이다. "애굽인이 아니냐" - 그 애굽인은 거짓 선지자였는데, 3만 명의 사람을 조직했었다. 하지만 벨릭스가 그를 진압했다.

39, "바울이 이르되 나는 유대인이라 소읍이 아닌 길리기아 다소 시의 시민이니 청컨대 백성에게 말하기를 허락하라 하니"

"이르되" - '대답한다.'(동직설 과거)이다. "유대인이라" - 바울은 자신의 정체를 밝힌다. "소읍" - '중요하지 않은 도시'이다. "시민" - 길리기아의 수도이다. "청컨대" - '요청한다.'(동직설 현재)이다. "말하기를" - '이야기한다.'(동부정사 과거)이다. "허락하라 하니" - '허락한다.'(동명령 과거)이다.

40, "천부장이 허락하거늘 바울이 층대 위에 서서 백성에게 손짓하여 매우 조용히 한 후에 히브리 말로 말하니라"

"허락하거늘" - '허락한다.'(동분사 과거)이다. "서서" - '선다.'(동분사 완료)이다. "(손)짓하여" - '손을 흔들다.'(동직설 과거)이다. "한 후에" - '된다.'(동분사 과거)이다. "말하니라" - '불러낸다.'(동분사 현재)이다. "히브리 말로 말하니라" - '아람말(Aramaic)'이다. 바울은 천부장에게는 헬라 말로 하고, 유대인에게는 히브리 말로 한다. 그는 자기가 정통파 유대인임을 강조한다.

그는 무엇을 말하는가?

22:1, "부형들아 내가 지금 여러분 앞에서 변명하는 말을 들으라"

"변명하는 말을" - '변호'이다. "들으라" - '듣는다.'(동명령 과거)이다.

2, "그들이 그가 히브리 말로 말함을 듣고 더욱 조용한지라 이어 이르되"

"말" - '불러낸다.'(동직설 미완료)이다. "(말)함을" - '~ 때문에'이다. "듣고" - '듣는다.'(동명령 과거)이다. "(조용)한지라" - '보여준다.'(동직설 과거)이다. "이르되" - '말한다.'(동직설 현재)이다. 유대인은 바울을 반유대인 줄 알았는데, 히브리 말로 하니 분위기가 바뀌었다.

3. 그는 과거에 어떤 사람이었습니까(3-5)? 그는 주님을 어떻게 만났습니까(6-9)?

3, "나는 유대인으로 길리기아 다소에서 났고 이 성에서 자라 가말리엘의 문하에서 우리 조상들의 율법의 엄한 교훈을 받았고 오늘 너희 모든 사람처럼 하나님께 대하여 열심이 있는 자라"

"(인)으로" - '나는 ~이다.'(동직설 현재)이다. 그는 유대인임을 강조한다. 유대인들은 그를 '반유대인'으로 취급했다. "길리기아 다소"

- 이곳은 헬라 지역이었다. "났고" - '낳는다.'(동분사 완료)이다. "자라" - '기른다.'(동분사 완료)이다. "이 성에서" - 예루살렘 성을 말한다. 그는 헬라지역에서 태어났지만, 예루살렘에서 자랐다.

"가말리엘" - 힐렐의 손자이다. 율법을 연구하는 학파 중에 '샴마이(Shammai)' 학파와 '힐렐(Hillel)' 학파가 있었다. 힐렐 학파는 성경해석과 적용에서 샴마이 학파보다 덜 엄격했다. 그런데도 경건을 철저하게 실천했다. 바울은 그의 문하에서 배웠다. "문하" - '발(foot)'이다. "엄한" - '정확함'이다. "교훈을 받았고" - '양육한다.'(동분사 완료)이다. 그는 조상의 율법대로 엄격하게 교육받았다. 유대인들은 그를 '반 율법주의자'로 몰았기 때문이다. "(너희)는" - '나는 ~이다.'(동직설 현재)이다. "(잘)라" - '있다.'(동분사 현재)이다. 그는 하나님을 위한 뜨거운 열심을 가지고 살았다.

그 열심이 어느 정도였는가?

4, "내가 이 도를 박해하여 사람을 죽이기까지 하고 남녀를 결박하여 옥에 넘겼노니"

"이 도" - '예수님을 그리스도로 믿는 것'을 뜻한다. "박해하여" - '박해한다.'(동직설 과거)이다. "죽이기" - '죽음'이다. "결박하여" - '결박한다.'(동분사 현재)이다. "넘겼노니" - '전달한다.'(동분사 현재)이다.

5, "이에 대제사장과 모든 장로들이 내 증인이라 또 내가 그들에게서 다메섹 형제들에게 가는 공문을 받아 가지고 거기 있는 자들도 결박하여 예루살렘으로 끌어다가 형벌 받게 하려고 가더니"

"증인이라" - '증언한다.'(동직설 현재)이다. "대제사장과 모든 장로들이" - 바울이 박해자였다는 데는 대제사장과 모든 장로가 증언할 것이다. "다메섹" - 시리아의 수도 다마스커스(Damascus)이며, 다메섹이란 '다마스커스'의 히브리식 발음이다. 신약 시대에 많은 유대인이 살았다(행 9:2). "에게 가는" - '~을 향하여'이다. "받아가지고" - '받는다.'(동분사 과거)이다. "있는" - '나는 ~이다.'(동분사 현재)이다. "결박하여" - '묶는다.'(동분사 완료)이다. "끌어다가" - '데리고 온다.'(동분사 미래)이다. "형벌 받게" - '벌한다.'(동가정 과거)이다. "가더니" - '간다.'(동직설 미완료)이다.

그는 주님을 어떻게 만났는가?

6, "가는 중 다메섹에 가까이 갔을 때에 오정쯤 되어 홀연히 하늘로부터 큰 빛이 나를 둘러 비치매"

"가는" - '간다.'(동분사 현재)이다. "중에" - '일어난다.'(동직설 과거)이다. 행 9:1-18의 내용의 반복이다. "가까이 갔을 때에" - '접근한다.'(동분사 현재)이다. "비치(매)" - '두루 비춘다.'(동부정사 과거)이다.

7, "내가 땅에 엎드러져 들으니 소리 있어 이르되 사울아 사울아 네가 왜 나를 박해하느냐 하시거늘"

"엎드러져" - '넘어진다.'(동직설 과거)이다. "들으니" - '듣는다.'(동직설 과거)이다. "이르되" - '말한다.'(동분사 현재)이다. "박해하느냐 하시거늘" - '박해한다.'(동직설 현재)이다.

8, "내가 대답하되 주님 누구시니이까 하니 이르시되 나는 네가 박해하는 나사렛 예수라 하시더라"

"대답하되" - '대답한다.'(동직설 과거)이다. "(누구)시니이까 하니" - '당신은 ~이다.'(동직설 현재)이다. "이르시되" - '말한다.'(동직설 과거)이다. "박해하는" - '박해한다.'(동직설 현재)이다. "(예수)라 하시더라" - '나는 ~이다.'(동직설 현재)이다.

9, "나와 함께 있는 사람들이 빛은 보면서도 나에게 말씀하시는 이의 소리는 듣지 못하더라"

"있는" - '나는 ~이다.'(동분사 현재)이다. "보면서도" - '본다(behold).'(동직설 과거)이다. "말씀하시는" - '이야기한다.'(동분사 현재)이다. "듣지" - '듣는다.'(동직설 과거)이다. "못하더라" - '~아니다'이다.

4. 주님은 바울에게 누구를 통하여 무슨 사명을 주셨습니까(10-15)?
그가 예수님의 이름을 불러 죄를 씻음 받은 데는 무슨 뜻이 있
습니까(16)? 바울은 어떻게 해서 이방인의 사도가 되었습니까
(17-21)? 이 주님을 증언하는 목적은 무엇입니까?

10, "내가 이르되 주님 무엇을 하리이까 주께서 이르시되 일어나 다
메섹으로 들어가라 네가 해야 할 모든 것을 거기서 누가 이르리라 하시
거늘"
"내가 이르되" - '말한다.'(동직설 과거)이다. "하리이까" - '만들
다.' '한다.'(동가정 과거)이다. "이르시되" - '말한다.'(동직설 과거)이
다. "일어나" - '일어난다.'(동분사(명령적) 과거)이다. "들어가라" -
'간다.'(동명령 현재)이다. "해야 할" - '임명한다.'(동직설 완료)이다.
"것을" - '만들다.'(동부정사 과거)이다. "이르리라 하시거늘" - '말한
다.'(동직설 미래)이다.

11, "나는 그 빛의 광채로 말미암아 볼 수 없게 되었으므로 나와 함
께 있는 사람들의 손에 끌려 다메섹에 들어갔노라"
"볼 수" - '~를 주목한다.'(동직설 미완료)이다. "없게 되었(으므
로)" - '~아니다'이다. "(되었)으므로" - '~할 때'이다. "손에 끌려" -
'손으로 인도한다.'(동분사 현재)이다. "들어갔노라" - '온다.'(동직설
과거)이다.

12, "율법에 따라 경건한 사람으로 거기 사는 모든 유대인들에게 칭
찬을 듣는 아나니아라 하는 이가"
"사는" - '산다.'(동분사 현재)이다. "칭찬을 듣는" - '증언한다.'
(동분사 현재)이다. "이가" - '어떤 사람'이다.

13, "내게 와 곁에 서서 말하되 형제 사울아 다시 보라 하거늘 즉시

그를 쳐다보았노라"

"와" - '온다.'(동분사 과거)이다. "곁에 서서" - '곁에 선다.'(동분사 과거)이다. "말하되" - '말한다.'(동직설 과거)이다. "다시 보라 하거늘" - '쳐다본다.'(동명령 과거)이다. "쳐다보았노라" - '쳐다본다.'(동직설 과거)이다.

14, "그가 또 이르되 우리 조상들의 하나님이 너를 택하여 너로 하여금 자기 뜻을 알게 하시며 그 의인을 보게 하시고 그 입에서 나오는 음성을 듣게 하셨으니"

"이르되" - '대답한다.'(동직설 과거)이다. "택하여" - '지명한다.'(동직설 과거)이다. 조상들의 하나님이 바울을 택하셨다.

왜 택하셨는가? "알게 하시며" - '알다.'(동부정사 과거)이다. 하나님은 바울이 당신의 뜻을 '알기(to know)' 바라셨다. "그 의인을" - '그 의로운 분(the Righteous One)', '예수님'이다. "보게 하시고" - '본다.'(동부정사 과거)이다. 하나님은 바울이 '그 의인'을 '보기(to see)' 바라셨다. "에서 나오는" - '~에서부터(from)'이다. "듣게 하셨으니" - '듣는다.'(동부정사 과거)이다. 하나님은 바울이 '그 입에서 나오는 음성'을 '듣기(to hear)' 바라셨다.

하나님께서 그렇게 하신 목적은 무엇인가?

15, "네가 그를 위하여 모든 사람 앞에서 네가 보고 들은 것에 증인이 되리라"

"네가 그를 위하여" - '바로 그'이다. "네가 보고" - '본다.'(동직설 완료)이다. "들은" - '듣는다.'(동직설 과거)이다. "되리라" - '~하리라.'(동직설 미래)이다. 하나님은 바울이 그분을 위하여 그가 보고 들은 것을 모든 사람에게 증언하는 증인으로 삼으셨다.

16, "이제는 왜 주저하느냐 일어나 주의 이름을 불러 세례를 받고 너의 죄를 씻으라 하더라"

"주저하느냐" - '곧 ~하려고 한다.'(동직설 현재)이다. "일어나" -

'일어난다.'(동분사(명령적) 과거)이다. "불러" - '부른다.'(동분사(명령적) 과거)이다. '예수님을 그리스도로 믿음'을 뜻한다. "세례를 받고" - '세례를 베풀다.'(동명령 과거)이다. "씻으라" - '씻는다.'(동명령 과거)이다. 세례를 받음은 죄 씻음의 표현이다. 세례를 받음과 죄 씻음은 예수님의 이름을 부름으로 할 수 있다.

바울은 율법의 철저한 교육에 따라 경건하고 엄격하게 살았다. 하지만 예수님의 이름을 불러 세례받지 않으면 죄를 씻을 수 없다. 율법으로 구원받지 못하기 때문이다. 유대인도 예수님의 이름을 불러 세례를 받고 죄 용서를 받아야 한다.

17, "후에 내가 예루살렘으로 돌아와서 성전에서 기도할 때에 황홀한 중에"

"후에" - '된다.'(동직설 과거)이다. "돌아와서" - '돌아온다.'(동분사 과거)이다. "(성전)에서" - '된다.'(동부정사 과거)이다. "기도할 때" - '기도한다.'(동분사 현재)이다. "황홀한" - '무아의 경지(ecstasy)'이다. 그는 다메섹에서 예루살렘으로 돌아와서 기도할 때 놀라운 일이 일어났다.

18, "보매 주께서 내게 말씀하시되 속히 예루살렘에서 나가라 그들은 네가 내게 대하여 증언하는 말을 듣지 아니하리라 하시거늘"

"보매" - '본다.'(동부정사 과거)이다. "말씀하시되" - '말한다.'(동분사 현재)이다. "속히" - '서둘다.'(동명령 과거)이다. "나가라" - '나간다.'(동명령 과거)이다. "듣지" - '받는다.'(동직설 미래)이다. "아니하리라" - '~아니다'이다. 그들은 바울의 증언을 받아들이지 않을 것이기 때문이다. 이 사실은 바울이 주님을 직접 경험했음을 강조한다.

19, "내가 말하기를 주님 내가 주를 믿는 사람들을 가두고 또 각 회당에서 때리고"

"말하기를" - '대답한다.'(동직설 과거)이다. "믿는" - '믿는다.'(동분사 현재)이다. "가두(고)" - '투옥한다.'(동분사 현재)이다. "(가두)고" - '나는 ~이다.'(동직설 미완료)이다. "때리고" - '때린다.'(동분사 현재)이다.

20, "또 주의 증인 스데반이 피를 흘릴 때에 내가 곁에 서서 찬성하고 그 죽이는 사람들의 옷을 지킨 줄 그들도 아나이다"

"흘릴" - '붓는다.'(동직설 미완료)이다. "곁에 서서" - '~에 둔다.'(동분사 완료)이다. "(찬성)하고" - '있었다(was).'(동직설 미완료)이다. "지킨" - '지킨다.'(동분사 현재)이다. "(지킨)줄" - '~하는 것', '~ 때문에'이다. "아나이다" - '알다.'(동직설 현재)이다.

21, "나더러 또 이르시되 떠나가라 내가 너를 멀리 이방인에게로 보내리라 하셨느니라"

"이르시되" - '말한다.'(동직설 과거)이다. "떠나거라" - '간다.'(동명령 현재)이다. "보내리라" - '보낸다.'(동직설 미래)이다. 주님은 바울을 예루살렘에서 이방인에게로 멀리 보내신다. 주님은 바울을 유대인의 증인이 아닌 이방인의 증인으로 삼으셨다. 그리고 바울은 그 주님의 뜻 안에서 이방인의 증인으로 살았다.

바울은 이렇게 자기의 과거와 현재를 변명했다. 그는 유대인 중 유대인이었고, 율법으로도 정통파였고, 예수님을 믿는 사람을 박했던 핵심 인물이었다. 그랬던 그를 빛인 예수님께서 구원하셨다. 그는 그분을 믿음으로 죄를 씻었다. 그리고 조상들의 하나님께서 그를 택하셨다. 예수님의 증인으로 삼았다. 그것도 유대인이 아닌 이방인의 증인으로 삼았다. 그의 인생 소감에는 두 가지가 분명하게 나타난다. '나는 어떻게 구원받았는가?' '내가 구원받은 목적은 무엇인가?'

바울이 인생 소감을 밝힌 목적은 무엇인가? 첫째로, 유대인은 '나는 어떻게 구원받았는가?'에 관해서 알아야 한다. 둘째로, 유대인은 '내가 구원받은 목적은 무엇인가?'에 관해 알아야 한다. 그러면 그들은 이방인을 영접할 수 있다. 바울을 영접할 수 있다. 이방인 가운데서 일하신 하나님을 영접할 수 있다.

5. 사람들은 바울을 어떻게 대합니까(22-23)? 왜 바울은 지금 자기가 로마 시민권자임을 밝힐까요(24-25)? 천부장의 반응이 어떠했습니까(26-30)?

22, "이 말하는 것까지 그들이 듣다가 소리 질러 이르되 이러한 자는 세상에서 없애 버리자 살려 둘 자가 아니라 하여"

"그들이 듣다가" - '듣는다.'(동직설 미완료)이다. "질러" - '스스로를 높인다.'(동직설 과거)이다. "이르되" - '말한다.'(동분사 현재)이다. "없애 버리자" - '없애 버린다.'(동명령 현재)이다. 유대인의 심기를 불편하게 한 것은 주님이 바울을 이방인에게로 보냈다는 데 있다. "살려" - '살다.'(동부정사 현재)이다. "둘 자가" - '적합하다.'(동직설 미완료)이다. "아니라 하여" - '~아니다'이다.

23, "떠들며 옷을 벗어 던지고 티끌을 공중에 날리니"

"떠들며" - '소리 지른다.'(동분사 현재)이다. "벗어 던지고" - '벗어 던진다.'(동분사 현재)이다. "날리니" - '던진다.'(동분사 현재)이다.

24, "천부장이 바울을 영내로 데려가라 명하고 그들이 무슨 일로 그에 대하여 떠드는지 알고자 하여 채찍질하며 심문하라 한 대"

"데려가라" - '데리고 들어간다.'(동부정사 현재)이다. "명하고" - '명령한다.'(동직설 과거)이다. "떠드는지" - '큰 소리로 부른다.'(동직설 미완료)이다. "알고자" - '알다.'(동가정 과거)이다. "심문하라" - '심문한다.'(동부정사 현재)이다. "한 대" - '말한다.'(동분사 과거)이다.

25, "가죽 줄로 바울을 매니 바울이 곁에 서 있는 백부장더러 이르되 너희가 로마 시민 된 자를 죄도 정하지 아니하고 채찍질할 수 있느냐 하니"

"매니" - '내뻗는다.'(동직설 과거)이다. "곁에 서 있는" - '선다.'

(동분사 완료)이다. "이르되" - '말한다.'(동직설 과거)이다. "시민 된 자를" - '사람'이다. 바울은 자기를 로마 시민(a Roman citizen)이라고 신분을 밝힌다.

왜 그는 지금 밝힐까? 미리 밝혔다면 유대인에게 설교할 기회를 얻지 못했을 것이다. 그는 유대인에게 자기를 변호하려고 지금까지는 유대인으로 말했다. 하지만 이제는 로마 시민으로서 정당하게 대우받고자 한다. 로마 시민은 반드시 정당한 재판을 받고 그에 따른 벌을 받도록 했다.

"죄도 정하지 아니하고" - '정죄를 받지 않는'이다. "채찍질할" - '채찍으로 친다.'(동부정사 현재)이다. "수 있느냐 하니" - '합법적이다.'(동직설 현재)이다. 로마 시민은 반드시 정당한 재판을 받고 그에 따른 벌을 받도록 했다. 로마 사람은 '발레리안 법(Lex Valeria)'과 '포르시안 법(Lex Porcia)'에 의해 보호받았다. '쥴리안 법(Lex Julia)'은 로마 시민이 로마 법정에 호소할 수 있도록 규정했다.

천부장은 그 소식을 듣고 어떻게 반응했는가?

26, "백부장이 듣고 가서 천부장에게 전하여 이르되 어찌하려 하느냐 이는 로마 시민이라 하니"

"듣고" - '듣는다.'(동분사 과거)이다. "가서" - '~에게 간다.'(동분사 과거)이다. "전하여" - '보고한다.'(동직설 과거)이다. "이르되" - '말한다.'(동분사 현재)이다. "(어찌)하려" - '곧 ~하려고 한다.'(동직설 현재)이다. "(어찌하려) 하느냐" - '한다.'(동직설 현재)이다. "(시민)이라 하니" - '그는 ~이다.'(동직설 현재)이다.

27, "천부장이 와서 바울에게 말하되 네가 로마 시민이냐 내게 말하라 이르되 그러하다"

"와서" - '~에게 간다.'(동분사 과거)이다. "말하되" - '말한다.'(동직설 과거)이다. "(시민)이냐" - '당신은 ~이다.'(동직설 현재)이다. "말하라" - '말한다.'(동명령 현재)이다. "이르되" - '선언한다.'(동직설 과거)이다.

28, "천부장이 대답하되 나는 돈을 많이 들여 이 시민권을 얻었노라 바울이 이르되 나는 나면서부터라 하니"

"대답하되" - '대답한다.'(동직설 과거)이다. 얻었노라" - '얻는다.' '취한다.'(동직설 과거)이다. 천부장은 돈을 주고 로마 시민권을 샀다. 천부장의 말은 이렇다. "내가 살 때는 아주 비쌌는데, 지금은 누구나 마음먹으면 살 수 있다. 혹 너도 그런 것이니?"

"이르되" - '선언한다.'(동직설 과거)이다. "나면서부터라 하니" - '낳는다.'(동직설 완료)이다. 바울은 태어나면서부터 로마 시민이었다. 바울의 것과 천부장의 것은 그 질이 다르다.

29, "심문하려던 사람들이 곧 그에게서 물러가고 천부장도 그가 로마 시민인 줄 알고 또 그 결박한 것 때문에 두려워하니라"

"하려던" - '곧 ~하려고 한다.'(동분사 현재)이다. "물러가고" - '떠난다.'(동직설 과거)이다. "(시민)인" - '그는 ~이다.'(동직설 현재)이다. "알고" - '알다.'(동분사 과거)이다. "두려워하니라" - '무서워한다.'(동직설 과거)이다.

30, "이튿날 천부장은 유대인들이 무슨 일로 그를 고발하는지 진상을 알고자 하여 그 결박을 풀고 명하여 제사장들과 온 공회를 모으고 바울을 데리고 내려가서 그들 앞에 세우니라"

"그를 고발하는지" - '고소한다.'(동직설 현재)이다. "진상을" - '확실한'이다. "알고자" - '알다.'(동부정사 과거)이다. "하여" - '바란다.'(동분사 현재)이다. "풀고" - '풀다.'(동직설 과거)이다. "명하여" - '명령한다.'(동직설 과거)이다. "모으고" - '함께 온다.'(동부정사 과거)이다. "데리고 내려가서" - '인도한다.'(동분사 과거)이다. "세우니라" - '선다.'(동직설 과거)이다. 바울은 로마 사람으로 공식 재판 앞에 섰다. 그는 이제부터 자기를 당당하게 증언할 수 있다.

34
로마에서도 증언하여야 하리라

본문 사도행전 23:1-35
요절 사도행전 23:11
찬송 502장, 508장

1. 바울과 대제사장은 어떻게 논쟁했습니까(1-5)? 바울은 무엇을 주장합니까(6)? 왜 그렇게 합니까?

2. 왜 바리새인과 사두개인 사이에 다툼이 생겼습니까(7-8)? 바리새인은 바울을 어떻게 두둔했습니까(9)? 그때 누가 바울을 보호했습니까(10)?

3. 그날 밤 바울에게 누가 찾아왔습니까(11a)? 주님은 그에게 무엇을 말씀하셨습니까(11b)? 왜 바울은 담대해야 합니까(11c)? 왜 로마에서도 증언해야 하며, 어떻게 로마에서도 증언할 수 있습니까?

4. 유대인들은 바울을 어떻게 하고자 했습니까(12-15)? 그러나 그 일이 어떻게 알려졌습니까(16-22)?

5. 바울은 얼마나 안전하게 총독에게 호송되었습니까(23-24)? 바울의 죄목은 무엇이었습니까(25-29)? 그런데도 왜 바울은 총독 앞에 서야 했습니까(30-35)?

34
로마에서 증언하여야 하리라

본문 사도행전 23:1-35
요절 사도행전 23:11
찬송 502장, 508장

1. 바울과 대제사장은 어떻게 논쟁했습니까(1-5)? 바울은 무엇을 주
   장합니까(6)? 왜 그렇게 합니까?

   1, "바울이 공회를 주목하여 이르되 여러분 형제들아 오늘까지 나는
   범사에 양심을 따라 하나님을 섬겼노라 하거늘"
   "공회"(Congregation/ Sanhedrin) - 유대인의 법적, 종교적인 일을
   논의하기 위해 모이는 최고 기구이다. 공회의 기원은 모세를 돕기
   위해 세운 70명의 장로에게서 찾는다(민 11:16). 공회원 수는 71명,
   72명 등 조금씩 다르지만 70명으로 본다. 의장은 대제사장이고, 그
   구성원은 제사장, 장로, 서기관 등이다. 예수님(마 26:59)은 물론이
   고, 베드로와 요한(행 4:15), 그리고 스데반(행 6:12)도 이곳에서 심
   문받았다.
   "주목하여" - '열중하여 본다.'(동분사 과거)이다. "이르되" - '말
   한다.'(동직설 과거)이다. "섬겼노라 하거늘" - '시민이 된다.' '생활한
   다.'(동직설 완료)이다. 바울은 예수님의 증인으로서 하나님 앞에서
   한 점 부끄러움 없이 살았다.

   2, "대제사장 아나니아가 바울 곁에 서 있는 사람들에게 그 입을 치

라 명하니"

"곁에 서 있는" - '~의 처분에 맡긴다.'(동분사 완료)이다. "치라" - '때린다.'(동부정사 현재)이다. "명하니" - '명령한다.'(동직설 과거)이다. 대제사장이 볼 때 바울은 입으로 죄를 짓고 있다. 그래서 그 입을 치라고 말했다.

바울의 반응은 어떠했는가?

3, "바울이 이르되 회칠한 담이여 하나님이 너를 치시리로다 네가 나를 율법대로 심판한다고 앉아서 율법을 어기고 나를 치라 하느냐 하니"

"이르되" - '대답한다.'(동직설 과거)이다. "회칠한" - '회반죽을 바른다.'(동분사 완료)이다. "담이여" - '회칠한 담'은 '겉과 속이 다른 모습'이다. "치시리(로다)" - '때린다.'(동부정사 현재)이다. "(치시리)로다" - '곧 ~하려고 한다.'(동직설 현재)이다. 하나님께서 그를 심판하실 것이다. "심판한다고" - '판단한다.'(동분사 현재)이다. "앉아서" - '앉는다.'(동직설 현재)이다. "율법을 어기고" - '법을 어긴다.'(동분사 현재)이다. "치라" - '때린다.'(동부정사 현재)이다. "하느냐 하니" - '명령한다.'(동직설 현재)이다. 대제사장은 율법대로 심판한다고 하면서 율법을 어기기 때문이다.

4, "곁에 선 사람들이 말하되 하나님의 대제사장을 네가 욕하느냐"

"곁에 선" - '~의 처분에 맡긴다.'(동분사 완료)이다. "말하되" - '말한다.'(동직설 과거)이다. "네가 욕하느냐" - '모욕한다.'(동직설 현재)이다.

5, "바울이 이르되 형제들아 나는 그가 대제사장인 줄 알지 못하였노라 기록하였으되 너의 백성의 관리를 비방하지 말라 하였느니라 하더라"

"이르되" - '말한다.'(동직설 과거)이다. "(대제사장)인" - '그는 ~이다.'(동직설 현재)이다. "알지" - '알다.'(동직설 과거)이다. "못하였노라" - '~아니다.'이다. 바울은 그가 대제사장인 줄 몰랐다. "기록하였으되" - '기록한다.'(동직설 완료)이다. "(비방)하지" - '말한다.'

(동직설 미래)이다. "말라" - '~아니다.'이다. 이 말씀은 출 22:28의 인용이다. 지도자를 하나님께서 세우셨기에 욕하지 않아야 한다. 바울은 이 말씀을 알기에, 그가 대제사장인 줄 알았다면 비방하지 않았을 것이다.

6, "바울이 그중 일부는 사두개인이요 다른 일부는 바리새인인 줄 알고 공회에서 외쳐 이르되 여러분 형제들아 나는 바리새인이요 또 바리새인의 아들이라 죽은 자의 소망 곧 부활로 말미암아 내가 심문을 받노라"

"(사두개인)이요" - '그는 ~이다.'(동직설 현재)이다. "(바래새인)인줄" - '~ 때문에'이다. "알고" - '알다.'(동분사 과거)이다. "외쳐 이르되" - '소리 지른다.'(동직설 미완료)이다. "(바리새인)이요" - '나는 ~이다.'(동직설 현재)이다. "바리새인의 아들이라" - 정통 바리새인이다. "심문을 받노라" - '판단한다.'(동직설 현재)이다. 유대인이 바울을 반유대인으로 몰기 때문이다.

"죽은 자의 소망 곧 부활로" - '죽은 자의 소망, 부활'은 당시 유대인 신앙의 핵심이다. 물론 그리스도인의 그것과는 차이가 있었다. 그리스도인은 예수님의 부활을 모든 부활의 역사적 근거로 믿었다. 하지만 유대인은 그들이 전통적으로 믿는 부활 신앙이 예수님의 부활을 통해서 완성되었다고는 아직 영접하지 못했다. 그렇지만 그들은 부활을 믿었고, 바울도 그들의 정통 신앙과 다르지 않음을 강조한다.

2. 왜 바리새인과 사두개인 사이에 다툼이 생겼습니까(7-8)? 바리새인은 바울을 어떻게 두둔했습니까(9)? 그때 누가 바울을 보호했습니까(10)?

7, "그 말을 한즉 바리새인과 사두개인 사이에 다툼이 생겨 무리가 나누어지니"

"말을 한즉" - '말한다.'(동분사 과거)이다. "다툼이" - '사회적 분쟁'이다. "생겨" - '된다.'(동직설 과거)이다. "나누어지니" - '쪼갠다.'(동직설 과거)이다. 그들은 바울의 말을 듣고 서로 나뉘었다. 그들은 서로 다른 신학 사상으로 서로 함께하지 못했다.

어떻게 그들은 서로 다른가?

8, "이는 사두개인은 부활도 없고 천사도 없고 영도 없다 하고 바리새인은 다 있다 함이라"

"없(고)" - '어느 쪽도 ~아니'이다. "(없)고)" - '나는 ~이다.'(동부정사 현재)이다. "없고" - '~도 아니다.'이다. "없다" - '~도 아니다.'이다. "하고" - '말한다.'(동직설 현재)이다. 사두개인의 기원은 다윗 시대 때 대제사장 사독이다(삼하 8:17). 그들은 모세 오경만 인정하고, 죽은 자의 부활, 천사, 그리고 영적 세계도 부인했다. 그들은 현세 지향적, 친 로마적, 체제 유지적인 귀족 집단이었다.

"다 있다" - '둘 다'이다. "함이라" - '고백한다.'(동직설 현재)이다. 바리새인은 모세 오경 외에도 각종 전통을 믿었다. 죽은 자의 부활, 천사, 그리고 영적 세계도 믿었다. 로마에 대항했고, 민중 중심의 지도자였다.

바리새인은 바울을 어떻게 두둔했는가?

9, "크게 떠들새 바리새인 편에서 몇 서기관이 일어나 다투어 이르되 우리가 이 사람을 보니 악한 것이 없도다 혹 영이나 혹 천사가 그에게 말하였으면 어찌 하겠느냐 하여"

"떠들(새)" - '외침'이다. "(떠들)새" - '된다.'(동직설 과거)이다. "일어나" - '일어난다.'(동분사 과거)이다. "다투어" - '맹렬히 다툰다.'(동직설 미완료)이다. "가로되" - '말한다.'(동분사 현재)이다. "보니" - '찾는다.'(동직설 현재)이다. "없도다" - '하나도 아닌'이다. 바리새인은 바울 편에 섰다. "말하였(으면 어찌하겠느냐 하여)" - '이야기한다.'(동직설 과거)이다. 바리새인은 영적 존재로 사두개파를 공격하고 바울을 두둔했다.

10, "큰 분쟁이 생기니 천부장은 바울이 그들에게 찢겨질까 하여 군인을 명하여 내려가 무리 가운데서 빼앗아 가지고 영내로 들어가라 하니라"

"분쟁" - '사회적 분쟁'이다. "생기니" - '된다.'(동분사 현재)이다. "찢겨질(까)" - '갈기갈기 찢는다.'(동가정 과거)이다. "하여" - '무서워한다.'(동분사 과거)이다. "명하여" - '명령한다.'(동직설 과거)이다. "내려가" - '내려간다.'(동분사 과거)이다. "빼앗아 가지고" - 훔친다.'(동부정사 과거)이다. "들어가라" - '인도한다.'(동부정사 현재)이다. 천부장은 바울을 보호했다. 바울이 로마 시민이기 때문이다.

3. 그날 밤 바울에게 누가 찾아왔습니까(11a)? 주님은 그에게 무엇을 말씀하셨습니까(11b)? 왜 바울은 담대해야 합니까(11c)? 왜 로마에서도 증언해야 하며, 어떻게 로마에서도 증언할 수 있습니까?

11, "그날 밤에 주께서 바울 곁에 서서 이르시되 담대하라 네가 예루살렘에서 나의 일을 증언한 것 같이 로마에서도 증언하여야 하리라 하시니라"

"주께서"(κύριος, *kyrios*) - '주님'이다. 그날 밤 주님이 바울에게 오셨다. 주님이 바울과 함께하셨다. 그리고 말씀하셨다. "곁에 서서" - '곁에 선다.'(동분사 과거)이다. "이르시되" - '말한다.'(동직설 과거)이다. "담대하라" - '용기를 가지라.'(동명령 현재)이다. 그는 지금 두렵다. 그는 심문받기 때문이다. 죽음에 대한 두려움도 있다. 예수님의 증인으로서 역동적으로 일할 수 없음도 두렵다. 그런 그에게 주님은 "담대하라!"라고 하신다.

왜 바울은 담대해야 하는가? "일" - '~에 관하여(concerning)'이다. "증언한 것" - '증언한다.'(동직설 과거)이다. "같이" - '와 같이'이다. 바울은 지금 예루살렘에서 예수님에 관하여 증언했다. 예수님을 믿는 유대인과 믿지 않는 유대인, 그리고 로마 군대의 천부장 등에 증언했다. "로마" - 세상 권력을 대표하는 당대 최고의 도시, 세

계의 심장부이다. "에서" - '~로 향하여'이다. "(에서)도" - '그리고'
이다. "증언" - '증언한다.'(동부정사 과거)이다. "하여야 하리라" -
'반드시 ~해야 한다.'(동직설 현재)이다. 그는 예루살렘에서처럼 로마
에서도 증언해야 하기 때문이다.

왜 로마에서도 증언해야 하는가? 당시 로마는 단순히 세계의 수
도가 아니었다. 로마는 물리적 지리를 넘어섰다. 로마는 땅끝을 상징
한다. 예루살렘에서만 예수님을 증언해서는 안 되고 로마까지, 즉 땅
끝까지 증언해야 한다. 이것은 사도행전을 시작했을 때 제자들에게
두신 성령님의 뜻이었다(1:8). 주님께서 바울을 죄로부터 구원하셔서
사도로 택하신 목적이었다.

어떻게 로마에서도 증언할 수 있는가? 주님께서 함께하심으로 가
능하다. 증인의 삶은 바울이 살아가는 것이지만, 실은 증인으로 살도
록 하는 분은 주님이시다.

4. 유대인들은 바울을 어떻게 하고자 했습니까(12-15)? 그러나 그
   일이 어떻게 알려졌습니까(16-22)?

12, "날이 새매 유대인들이 당을 지어 맹세하되 바울을 죽이기 전에
는 먹지도 아니하고 마시지도 아니하겠다 하고"
"새매" - '된다.'(동분사 과거)이다. "당을" - '무질서하거나 선동
적인 모임'이다. "지어" - '만들다.'(동분사 과거)이다. "맹세하되" -
'~를 저주한다.'(동직설 과거)이다. "죽이기" - '죽인다.'(동가정 과거)
이다. "먹지도" - '먹는다.'(동부정사 과거)이다. "아니하고" - '~도
아니다.'이다. "아니하겠다" - '도 ~아니'이다. "하고" - '말한다.'(동
분사 현재)이다. 이런 맹세는 단순한 감정이 아닌 신앙적 신념에서
나왔다. 무지한 열심에서 나온 것이다.

13, "이같이 동맹한 자가 사십여 명이더라"
"동맹" - '공모'이다. "한" - '만들다.'(동분사 과거)이다. "이더라"
- '나는 ~이다.'(동직설 미완료)이다.

14, "대제사장들과 장로들에게 가서 말하되 우리가 바울을 죽이기 전에는 아무것도 먹지 않기로 굳게 맹세하였으니"

"가서" - '~에게 간다.'(동분사 과거)이다. "말하되" - '말한다.'(동직설 과거)이다. "먹지" - '참가한다.'(동부정사 과거)이다. "않기로" - '아무도 ~아닌'이다. "맹세하였으니" - '~를 저주한다.'(동직설 과거)이다.

15, "이제 너희는 그의 사실을 더 자세히 물어보려는 척하면서 공회와 함께 천부장에게 청하여 바울을 너희에게로 데리고 내려오게 하라 우리는 그가 가까이 오기 전에 죽이기로 준비하였노라 하더니"

"물어보려는" - '정확하게 알다.'(동부정사 현재)이다. "(물어보려는)척" - '곧 ~하려고 한다.'(동분사 현재)이다. "청하여" - '들어낸다.'(동명령 과거)이다. "데리고 내려오게 하라" - '데리고 간다.'(동가정 과거)이다. "가까이 오기" - '가까이 온다.'(동부정사 과거)이다. "죽이기로" - '죽인다.'(동부정사 과거)이다. "(준비)하였노라" - '우리는 ~이다.'(동직설 현재)이다. 결사대는 종교 지도자와 합심하여 바울을 죽일 준비를 했다.

16, "바울의 생질이 그들이 매복하여 있다 함을 듣고 와서 영내에 들어가 바울에게 알린지라"

"매복하여 있다 함을" - '잠복(amush)'이다. "듣고" - '듣는다.'(동분사 과거)이다. "와서" - '온다.'(동분사 과거)이다. "들어가" - '들어온다.'(동분사 과거)이다. "알린지라" - '보고한다.'(동직설 과거)이다. "생질이" - '자매'이다.

17, "바울이 한 백부장을 청하여 이르되 이 청년을 천부장에게로 인도하라 그에게 무슨 할 말이 있다 하니"

"청하여" - '부른다.'(동분사 과거)이다. "이르되" - '말한다.'(동직설 과거)이다. "인도하라" - '데리고 간다.'(동명령 과거)이다. "할 말이" - '보고한다.'(동부정사 과거)이다. "있다 하니" - '가진다.'(동직설 현재)이다.

18, "천부장에게로 데리고 가서 이르되 죄수 바울이 나를 불러 이 청년이 당신께 할 말이 있다 하여 데리고 가기를 청하더이다 하매"

"데리고" - '데리고 온다.'(동분사 과거)이다. "가서" - '데리고 온다.'(동직설 과거)이다. "이르되" - '말한다.'(동직설 현재)이다. "불러" - '부른다.'(동분사 과거)이다. "할" - '이야기한다.'(동부정사 과거)이다. "있다 하여" - '가진다.'(동분사 현재)이다. "데리고 가기를" - '데리고 온다.'(동부정사 과거)이다. "청하더이다" - '묻는다.'(동직설 과거)이다.

19, "천부장이 그의 손을 잡고 물러가서 조용히 묻되 내게 할 말이 무엇이냐"

"잡고" - '잡는다.'(동분사 과거)이다. "물러가서" - '물러간다.'(동분사 과거)이다. "묻되" - '묻는다.'(동직설 미완료)이다. "할 말이" - '보고한다.'(동부정사 과거)이다. "(무엇)이냐" - '그것은 ~이다.'(동직설 현재)이다.

20, "대답하되 유대인들이 공모하기를 그들이 바울에 대하여 더 자세한 것을 묻기 위함이라 하고 내일 그를 데리고 공회로 내려오기를 당신께 청하자 하였으니"

"대답하되" - '대답한다.'(동직설 과거)이다. "공모하기를" - '합의한다.'(동직설 과거)이다. "묻기" - '묻는다.'(동부정사 현재)이다. "위함이라" - '곧 ~하려고 한다.'(동분사 현재)이다. "내려오기를" - '이끌다.'(동가정 과거)이다. "청하자" - '묻는다.'(동부정사 과거)이다. "하였으니" - '~하기 위하여'이다.

21, "당신은 그들의 청함을 따르지 마옵소서 그들 중에서 바울을 죽이기 전에는 먹지도 않고 마시지도 않기로 맹세한 자 사십여 명이 그를 죽이려고 숨어서 지금 다 준비하고 당신의 허락만 기다리나이다 하니"

"따르지" - '설득한다.'(동가정 과거)이다. "마옵소서" - '아니'이
다. "죽이기" - '죽인다.'(동가정 과거)이다. "맹세한" - '를 저주한
다.'(동직설 과거)이다. "숨어서" - '숨어서 기다린다.'(동직설 현재)이
다. "다 준비(하고)" - '준비하고 있는'이다. "(준비)하고" - '그들은
~이다.'(동직설 현재)이다. "기다리나이다 하니" - '기다린다.'(동분사
현재)이다.

22, "이에 천부장이 청년을 보내며 경계하되 이 일을 내게 알렸다고
아무에게도 이르지 말라 하고"
"보내며" - '풀어 놓는다.'(동직설 과거)이다. "경계하되" - '명령
한다.'(동분사 과거)이다. "알렸다고" - '나타낸다.'(동직설 과거)이다.
"이르지" - '털어놓고 말한다.'(동부정사 과거)이다. "말라" - '아무도
~아닌'이다. 천부장은 바울을 보호하고자 했다.

5. 바울은 얼마나 안전하게 총독에게 호송되었습니까(23-24)? 바울
의 죄목은 무엇이었습니까(25-29)? 그런데도 왜 바울은 총독 앞
에 서야 했습니까(30-35)?

23, "백부장 둘을 불러 이르되 밤 제 삼 시에 가이사랴까지 갈 보병
이백 명과 기병 칠십 명과 창병 이백 명을 준비하라 하고"
"불러" - '부른다.'(동분사 과거)이다. "이르되" - '말한다.'(동직설
과거)이다. "갈" - '간다.'(동가정 과거)이다. "준비하라" - '준비한
다.'(동명령 과거)이다. 천부장은 많은 군인을 동원했다. 바울의 안전
을 최우선으로 했다. 로마 시민의 특권을 엿볼 수 있다.

24, "또 바울을 태워 총독 벨릭스에게로 무사히 보내기 위하여 짐승
을 준비하라 명하며"
"태워" - '~에 태운다.'(동분사 과거)이다. "벨릭스"(Felix) - 제11
대 유대 총독이다. 본래 노예였으나 로마의 글라우디우스(Claudius)
황제의 모친 안토니아(Antonia)에 의해 자유인이 되었다. 그를 안토

니우스 벨릭스(Antonius Felix)로 부른다. 52년 글라우디우스에 의해 총독이 되었고 58년까지 자리를 지켰다. 바울이 마지막으로 예루살 렘을 방문했을 때 그를 심문했다(23:24-24:27).

"무사히 보내기" - '안전하게 살려낸다.'(동가정 과거)이다. "짐승" - '타는 짐승(mounts)'이다. "준비하라" - '제공한다.'(동부정사 과거) 이다.

25, "또 이 아래와 같이 편지하니 일렀으되"
"아래와 같이" - '흔적'이다. "하니" - '쓴다.'(동분사 과거)이다.

26, "글라우디오 루시아는 총독 벨릭스 각하께 문안하나이다"
"글라우디오 루시아"(Claudius Lysias) - 당시 천부장의 이름이다. "각하께" - '탁월한'이다. "문안하나이다" - '기뻐한다.'(동부정사 현 재)이다.
그 내용은 무엇이었는가?

27, "이 사람이 유대인들에게 잡혀 죽게 된 것을 내가 로마 사람인 줄 들어 알고 군대를 거느리고 가서 구원하여다가"
"잡혀" - '붙잡는다.'(동분사 과거)이다. "죽게" - '죽인다.'(동부정 사 현재)이다. "된 것을" - '곧 ~하려고 한다.'(동분사 현재)이다. "(사람)인" - '그는 ~이다.'(동직설 현재)이다. "들어 알고" - '배운 다.'(동분사 과거)이다. "거느리고" - '함께'이다. "가서" - '곁에 선 다.'(동분사 과거)이다. "구원하여다가" - '구해낸다.'(동직설 과거)이 다.

28, "유대인들이 무슨 일로 그를 고발하는지 알고자 하여 그들의 공 회로 데리고 내려갔더니"
"고발하는지" - '고소한다.'(동직설 미완료)이다. "알(고자 하여)" - '알다.'(동부정사 과거)이다. "(알)고자 하여" - '바란다.'(동분사 현 재)이다. "데리고 내려갔더니" - '이끌다.'(동직설 과거)이다.

29, "고발하는 것이 그들의 율법 문제에 관한 것뿐이요 한 가지도 죽이거나 결박할 사유가 없음을 발견하였나이다"

"율법 문제에 관한 것뿐이요" - 유대 사람의 율법 문제로 고소당했다. "사유가" - '고소'이다. "(없)음을" - '가진다.'(동분사 현재)이다. "발견하였나이다" - '찾는다.'(동직설 과거)이다. 조사 결과 사형이나 구금에 처할 죄인이 아니었다.

30, "그러나 이 사람을 해하려는 간계가 있다고 누가 내게 알려 주기로 곧 당신께로 보내며 또 고발하는 사람들도 당신 앞에서 그에 대하여 말하라 하였나이다 하였더라"

"해하려는" - '~안으로'이다. "있다고" - '나는 ~이다.'(동부정사 미래)이다. "알려 주기로" - '보고한다.'(동분사 과거)이다. "보내며" - '보낸다.'(동직설 과거)이다. "말하라" - '말한다.'(동부정사 현재)이다. "하였나이다 하였더라" - '명령한다.'(동분사 과거)이다. "간계가" - '음모'이다.

31, "보병이 명을 받은 대로 밤에 바울을 데리고 안디바드리에 이르러"

"명을 받은" - '명령한다.'(동분사 완료)이다. "데리고" - '데리고 간다.'(동분사 과거)이다. "안디바드리" - 헤롯 대왕이 자기 아버지 안티파터(Antipater)를 떠나 샤론 평야에 세운 도시이다. 예루살렘에서 60km, 가이사랴에서 46km 떨어졌다. "이르러" - '인도한다.'(동직설 과거)이다.

32, "이튿날 기병으로 바울을 호송하게 하고 영내로 돌아가니라"

"기병으로" - '마병'이다. 다음날은 470명 중 기병 70명만 남고 보병은 모두 예루살렘으로 돌아왔다. 기동성을 살리기 위해서 기병이 호송을 맡았다. "호송하게" - '떠나간다.'(동부정사 현재)이다. "하고" - '하게 한다.'(동분사 과거)이다. "돌아가니라" - '돌아간다.'(동직설 과거)이다.

34, 23:1-35 로마에서도 증언하여야 하리라

33, "그들이 가이사랴에 들어가서 편지를 총독에게 드리고 바울을 그 앞에 세우니"

"가이사랴" - 총독이 있는 곳이다. 바울은 총독 앞에 섰다. "들어 가서" - '들어간다.'(동분사 과거)이다. "드리고" - '준다.'(동분사 과거)이다. "세우니" - '~의 처분에 맡긴다.'(동직설 과거)이다.

34, "총독이 읽고 바울더러 어느 영지 사람이냐 물어 길리기아 사람 인 줄 알고"

"읽고" - '읽는다.'(동분사 과거)이다. "(사람)이냐" - '그는 ~이 다.'(동직설 현재)이다. '어느 지방 출신인가'를 묻는다. 소속에 따라 서 재판관이 다르기 때문이다. "물어" - '묻는다.'(동분사 과거)이다. "(사람)인" - '~에서'이다. "알고" - '물음으로 알아낸다.'(동분사 과거)이다.

35, "이르되 너를 고발하는 사람들이 오거든 네 말을 들으리라 하고 헤롯 궁에 그를 지키라 명하니라"

"이르되" - '말한다.'(동직설 과거)이다. "오(거든) - '온다.'(동가정 과거)이다. "말을 들으리라" - '충분히 듣는다.'(동직설 미래)이다. "궁에" - '관저(praetorium)'이다. 헤롯 대왕의 가이사랴 궁전을 주전 6년부터 로마 총독의 관저로 사용했다. "지키라" - '지킨다.'(동부정 사 현재)이다. "명하니라" - '명령한다.'(동분사 과거)이다. 총독은 바 울을 헤롯 궁에 가두고 지키게 했다.

35
소망을 나도 가졌으니

본문 사도행전 **24:1-27**
요절 사도행전 **24:15**
찬송 **491**장, **493**장

1. 대제사장은 총독에게 바울을 어떻게 고발했습니까(1-8)? 유대인들은 그의 주장에 어떻게 동의했습니까(9)?

2. 그때 총독은 바울에게 어떤 기회를 주었습니까(10a)? 바울은 어디서부터 변호를 시작합니까(10b-13)? 그러나 그는 무엇을 고백합니까(14)? 그는 하나님을 어떻게 섬깁니까?

3. 바울은 또 하나님을 어떻게 섬깁니까(15a)? 그 소망은 어떤 소망입니까(15b)? 이 말씀에서 무엇을 배울 수 있습니까? 바울은 무엇을 힘씁니까(16)?

4. 바울은 예루살렘에 왜 돌아왔습니까(17-20)? 바울이 심문을 받는 이유는 무엇입니까(21)? 벨릭스는 바울의 변호를 듣고 나서 무엇을 했습니까(22-23)?

5. 바울은 벨릭스 부부에게 무엇을 강론합니까(24-25a)? 그러나 벨릭스의 반응은 어떠합니까(25b-27)?

35
소망을 나도 가졌으니

본문 사도행전 24:1-27
요절 사도행전 24:15
찬송 491장, 493장

1. 대제사장은 총독에게 바울을 어떻게 고발했습니까(1-8)? 유대인
들은 그의 주장에 어떻게 동의했습니까(9)?

1, "닷새 후에 대제사장 아나니아가 어떤 장로들과 한 변호사 더둘로
와 함께 내려와서 총독 앞에서 바울을 고발하니라"

"닷새 후에" - 총독 벨릭스는 바울을 헤롯 궁에 가두었는데
(23:35), 그로부터 닷새 후이다. "변호사" - '말하는 사람
(spokesman)'이다. 그 일은 검사의 역할이다. "더둘로"(Tertullus) -
'거짓말쟁이'이다. 그 이름을 통하여 그가 무슨 일을 할 것인가를 보
여준다. "내려와서" - '내려온다.'(동직설 과거)이다. "고발하니라" -
'알린다.'(동직설 과거)이다.

2, "바울을 부르매 더둘로가 고발하여 이르되"

"부르매" - '부른다.'(동분사 과거)이다. "고발" - '고소한다.'(동부
정사 현재)이다. "(고발)하여" - '시작한다.'(동직설 과거)이다. "이르
되" - '말한다.'(동분사 현재)이다.

3, "벨릭스 각하여 우리가 당신을 힘입어 태평을 누리고 또 이 민족

이 당신의 선견으로 말미암아 여러 가지로 개선된 것을 우리가 어느 모양으로나 어느 곳에서나 크게 감사하나이다"

"힘입어" - '~와 함께'이다. "태평을" - '많은 평화'이다. "누리고" - '얻는다.'(동분사 현재)이다. "선견으로" - '사전의 고려(forethought)'이다. "여러 가지로 개선" - '개선'이다. "된 것을" - '~이 된다.'(동분사 현재)이다. "어느 모양으로" - '모든 방면으로'이다. "어느 곳에서" - '어디서나'이다. "하나이다" - '환영한다.'(동직설 현재)이다.

4, "당신을 더 괴롭게 아니하려 하여 우리가 대강 여짜옵나니 관용하여 들으시기를 원하나이다"

"괴롭게" - '방해한다.'(동가정 현재)이다. "아니" - '아니'이다. "(아니)하려 하여" - '~하기 위해'이다. "대강" - '간결하게'이다. "들으시기를" - '듣는다.'(동부정사 과거)이다. "원하나이다" - '애원한다.'(동직설 현재)이다.

5, "우리가 보니 이 사람은 전염병 같은 자라 천하에 흩어진 유대인을 다 소요하게 하는 자요 나사렛 이단의 우두머리라"

"우리가 보니" - '찾는다.'(동분사 과거)이다. "전염병 같은 자라" - '악역 같은 녀석(a pestilent fellow)', '전염병(a plague)'이다. 전염병은 병원균이 사람에게서 사람으로 광범위하게, 또는 급속히 전염하는 병이다. 전염병은 사람에게 고통을 주고 생명을 앗아가고, 사회에 큰 혼란을 일으킨다. 더둘로는 바울을 그런 전염병 같은 사람으로 고소한다.

그 이유는 무엇인가? "에 흩어진" - '에 대하여'이다. "소요하게 하는 자요" - ''폭동을 일으킨다.'(동분사 과거)이다. 그는 바울이 로마 정권에 대항한다고 여겼다. "나사렛" - '나사렛 출신의(from Nazareth)'이다. "이단의" - '종파(sect)'이다. "우두머리라" - '맨 앞의 사람'이다. 그는 바울을 '나사렛 도당의 우두머리'로 여겼다.

6, "그가 또 성전을 더럽게 하려 하므로 우리가 잡았사오니"

"성전을" - 성전은 유대인의 삶의 중심지이다. "더럽게" - '모독한다.'(동부정사 과거)이다. "하려 하므로" - '시도한다.'(동직설 과거)이다. 성전 모독죄를 덧붙였다. "우리가 잡았사오니" - '붙잡는다.'(동직설 과거)이다.

7, "(없음)"

8, "당신이 친히 그를 심문하시면 우리가 고발하는 이 모든 일을 아실 수 있나이다 하니"

"심문하시면" - '조사한다.'(동분사 과거)이다. "고발하는" - '고소한다.'(동직설 현재)이다. "아실" - '알다.'(동부정사 과거)이다. "수 있나이다 하니" - '할 수 있다.'(동직설 미래)이다.

9, "유대인들도 이에 참가하여 이 말이 옳다 주장하니라"

"참가하여" - '결정한다.'(동직설 과거)이다. 유대인도 그의 말에 합세했다. "옳다" - '가진다.'(동부정사 현재)이다. "주장하니라" - '단언한다.'(동분사 현재)이다.

2. 그때 총독은 바울에게 어떤 기회를 주었습니까(10a)? 바울은 어디서부터 변호를 시작합니까(10b-13)? 그러나 그는 무엇을 고백합니까(14)? 그는 하나님을 어떻게 섬깁니까?

10, "총독이 바울에게 머리로 표시하여 말하라 하니 그가 대답하되 당신이 여러 해 전부터 이 민족의 재판장 된 것을 내가 알고 내 사건에 대하여 기꺼이 변명하나이다"

"머리로 표시하여" - '고개를 끄덕여 신호한다.'(동분사 과거)이다. "말하라" - '말한다.'(동부정사 과거)이다. "대답하되" - '대답한다.'(동직설 과거)이다. "된 것을" - '나는 ~이다.'(동분사 현재)이다. "알고" - '알다.'(동분사 현재)이다. "기꺼이" - '기분 좋게'이다. "변명하나이다” - ‘자신을 변호한다.’(동직설 현재)이다. 바울도 총독에게 예의를 갖추고 기쁜 마음으로 변호한다.

11, “당신이 아실 수 있는 바와 같이 내가 예루살렘에 예배하러 올라 간 지 열이틀밖에 안 되었고”

“아실” - ‘알다.’(동부정사 과거)이다. “수 있는” - ‘할 수 있다.’(동분사 현재)이다. “예배하러” - ‘예배한다.’(동분사 미래)이다. “올 라간” - ‘올라간다.’(동직설 과거)이다. “되었고” - ‘그들은 ~이다.’(동 직설 현재)이다. 이렇게 짧은 기간에는 소란을 일으킬 수 없다.

12, “그들은 내가 성전에서 누구와 변론하는 것이나 회당 또는 시중 에서 무리를 소동하게 하는 것을 보지 못하였으니”

“변론하는” - ‘토론한다.’(동분사 현재)이다. “소동” - ‘압력’이다. “하게 하는 것을” - ‘행한다.’(동분사 현재)이다. “보지” - ‘찾는다.’(동직설 과거)이다. “못하였으니” - ‘그리고 ~아니’이다.

13, “이제 나를 고발하는 모든 일에 대하여 그들이 능히 당신 앞에 내세울 것이 없나이다”

“고발하는” - ‘고소한다.’(동직설 현재)이다. “그늘이 능히” - ‘할 수 있다.’(동직설 현재)이다. “내세울 것이” - ‘둔다.’(동부정사 과거) 이다. “없나이다” - ‘그리고 아니’이다. 증인이나 증거가 없다. 그 고 소는 사실과 무관하다.
그러나 그는 무엇을 고백하는가?

14, “그러나 이것을 당신께 고백하리이다 나는 그들이 이단이라 하는 도를 따라 조상의 하나님을 섬기고 율법과 선지자들의 글에 기록된 것을 다 믿으며”

“고백하리이다” - ‘고백한다.’(동직설 현재)이다. 그러나 바울은 총 독에게 자기 신앙을 공개적으로 고백한다. “이단이라” - ‘종파(sect)’ 이다. “이라 하는” - ‘말한다.’(동직설 현재)이다. “도를” - ‘길’, ‘삶의 방식'이다. 유대인은 '예수님을 그리스도로 믿는 믿음'을 이단으로 여겼다. "따라" - '~따라(according to)'이다. "섬기고" - '섬긴다.'(동직설 현재)이다. 바울은 유대인이 '이단이라고 부르는 예수님을 그리스도로 믿는 믿음'을 따라 하나님을 섬긴다.

"글에 기록된" - '기록한다.'(동분사 완료)이다. "다" - '모든'이다. "믿으며" - '믿는다.'(동분사 현재)이다. 그는 율법과 선지자의 글을 다 믿는다. 구약은 예수님이 그리스도이심을 증언한다. 예수님의 죽음과 살아남은 구약 말씀의 완성이다. 바울은 그 말씀을 모두 믿음으로 하나님을 섬긴다. 따라서 그의 믿음에는 문제가 없다. 그의 신앙은 바른 신앙이고 정통 신앙이다.

3. 바울은 또 하나님을 어떻게 섬깁니까(15a)? 그 소망은 어떤 소망입니까(15b)? 이 말씀에서 무엇을 배울 수 있습니까? 바울은 무엇을 힘씁니까(16)?

15, "그들이 기다리는 바 하나님께 향한 소망을 나도 가졌으니 곧 의인과 악인의 부활이 있으리라 함이니이다"

"그들이" - '유대인'이다. '그들 스스로(themselves)'를 뜻한다. "기다리는" - '받는다(accept).'(동직설 현재)이다. "바" - '이것'이다. "하나님께 향한 소망" - '하나님 안에 희망(a hope in God)', '하나님을 향한(hope toward God)'이다. 유대인은 스스로 하나님께 향한 소망을 받아들인다. "나도 가졌으니" - '가진다.'(동분사 현재)이다. '유대인 스스로 받아들인 그 소망을 바울도 가지고'라는 뜻이다. 바울은 유대인과 같은 소망을 품고 있다.

유대인이 받아들인 그 소망은 무엇인가? "의인" - '올바른'이다. '믿는 사람'을 뜻한다. "악인의" - '불의한'이다. '믿지 않은 사람'을 뜻한다. "있으(리라)" - '나는 ~이다.'(동부정사 미래)이다. "(있으)리라" - '곧 ~하려고 한다.'(동부정사 현재)이다. 그것은 의로운 사람과 불의한 사람의 부활이 있으리라는 것이다.

이 말씀에서 우리는 무엇을 배울 수 있는가? 첫째는, 유대인과 바울의 소망이 다르지 않다. 한 가지 다른 점은, 그들은 예수님을 믿음으로 의인이 되고 의인으로 부활한다는 사실을 아직 모른다는 점이다. 예수님의 역사적인 부활은 의인은 물론이고 악인의 부활에 대한 소망의 기초를 놓았다.

둘째는, 세상에 두 종류의 사람이 있다. 예수님을 믿는 사람인 의인과 예수님을 믿지 않는 사람인 악인이다. 당시 유대인은 유대인과 비유대인, 즉 이방인으로 구분했다. 로마인은 헬라인과 야만인으로 구분했다. 그러나 성경은 아주 분명하게 의인과 악인으로 나눈다.

셋째는, 의인과 악인은 장차 살아난다. 그 부활의 날은 구원과 심판의 날이다. 의인은 구원으로 부활하지만, 악인은 심판으로 부활한다. 장차 나타날 부활은 마지막 심판의 날에 결정되지 않는다. 오늘의 삶이 결정한다. 지금 예수님을 믿으면 생명의 부활을, 지금 예수님을 믿지 않으면 심판의 부활을 체험한다.

지금 바울은 무엇을 힘쓰는가?

16, "이것으로 말미암아 나도 하나님과 사람에 대하여 항상 양심에 거리낌이 없기를 힘쓰나이다"

"이것으로 말미암아" - '부활에 대한 소망'이다. "거리낌이 없기를" - '비난할 것 없는'이다. "(없)기를" - '가진다.'(동부정사 현재)이다. "힘쓰나이다" - '어떤 것을 실행한다.'(동직설 현재)이다. 그는 하나님과 사람들 앞에서 거리낌 없는 양심을 가지려고 힘쓴다.

부활에 대한 소망이 오늘의 삶에 주는 의미가 무엇인가? 오늘 나의 삶을 바르게 살도록 인도한다. 장차 다시 살지 않는다면 양심대로 살 이유가 없다. 그 점에서 부활의 소망은 오늘의 삶을 결정한다.

4. 바울은 예루살렘에 왜 돌아왔습니까(17-20)? 바울이 심문을 받는 이유는 무엇입니까(21)? 벨릭스는 바울의 변호를 듣고 나서 무엇을 했습니까(22-23)?

17, "여러 해 만에 내가 내 민족을 구제할 것과 제물을 가지고 와서"

"여러 해 만에" - 그는 예루살렘으로 오랜만에 왔다.

무슨 일로 왔는가? "구제할 것" - '구제(alms)'이다. "제물을" - '제물(offering)'이다. "가지고" - '만들다.'(동분사 미래)이다. "와서" - '온다.'(동직설 과거)이다. 바울은 구제 헌금을 전달하고 하나님께 제물을 바치려고 왔다.

18, "드리는 중에 내가 결례를 행하였고 모임도 없고 소동도 없이 성전에 있는 것을 그들이 보았나이다 그러나 아시아로부터 온 어떤 유대인들이 있었으니"

"드리는" - '이것', '이 사람'이다. "결례를 행하였고" - '순결하게 한다.'(동분사 완료)이다. "그들이 보았나이다" - '찾는다.'(동직설 과거)이다. "유대인들이 있었으니" - '유대인'이다.

19, "그들이 만일 나를 반대할 사건이 있으면 마땅히 당신 앞에 와서 고발하였을 것이요"

"있으면" - '가진다.'(동희구 현재)이다. "마땅히" - '반드시 ~해야 한다.'(동직설 미완료)이다. "와서" - '왔다.'(동부정사 현재)이다. "고발하였을 것이요" - '고소한다.'(동부정사 현재)이다.

20, "그렇지 않으면 이 사람들이 내가 공회 앞에 섰을 때에 무슨 옳지 않은 것을 보았는가 말하라 하소서"

"섰을 때에" - '선다.'(동분사 과거)이다. "옳지 않은 것" - '부정한 행위'이다. "보았는가" - '찾는다.'(동직설 과거)이다. "말하라 하소서" - '말한다.'(동명령 과거)이다. 바울이 공회에 섰을 때 이 사람들이 바울의 어떤 잘못을 말했는지 지금 말하도록 해야 한다.

21, "오직 내가 그들 가운데 서서 외치기를 내가 죽은 자의 부활에 대하여 오늘 너희 앞에 심문을 받는다고 한 이 한 소리만 있을 따름이

35, 24:1-27 소망을 나도 가졌으니

니이다 하니"

"서서" - '선다.'(동분사 완료)이다. "외치기를" - '소리 지른다.' (동직설 과거)이다. "죽은 자" - '죽은 사람들', 즉 의인들을 뜻한다. "죽은 자의 부활" - '죽은 사람들의 부활'이다. "심문을 받는다" - '판단한다.'(동직설 현재)이다. "한 소리만" - 그는 이 말만 했다. 바울은 "죽은 사람의 부활과 관련한 일로 재판받는다."라고만 했다.

벨릭스는 바울의 변호를 듣고 무엇을 했는가?

22, "벨릭스가 이 도에 관한 것을 더 자세히 아는 고로 연기하여 이르되 천부장 루시아가 내려오거든 너희 일을 처결하리라 하고"

"아는 고로" - '안다.'(동분사 완료)이다. 그는 바울의 메시지에 대해서 자세하게 알고 있다. "연기하여" - '연기한다.'(동직설 과거)이다. "이르되" - '말한다.'(동분사 과거)이다. "내려" - '내려온다.' (동가정 과거)이다. "처결하리라" - '결정한다.'(동직설 미래)이다.

23, "백부장에게 명하여 바울을 지키되 자유를 주고 그의 친구들이 그를 돌보아 주는 것을 금하지 말라 하니라"

"명하여" - '명령한다.'(동분사 과거)이다. "지키되" - '보존한다.' '지킨다.'(동부정사 현재)이다. "주고" - '가진다.'(동부정사 현재)이다. "돌보아 주는 것을" - '섬긴다.' (동부정사 현재)이다. "금하지" - '방해한다.'(동부정사 현재)이다. "말라" - '아무도 ~아닌'이다. 벨릭스는 바울을 죄수로 대하면서도 자유를 준다.

5. 바울은 벨릭스 부부에게 무엇을 강론합니까(24-25a)? 그러나 벨릭스의 반응은 어떠합니까(25b-27)?

24, "수일 후에 벨릭스가 그 아내 유대 여자 드루실라와 함께 와서 바울을 불러 그리스도 예수 믿는 도를 듣거늘"

"드루실라" - 총독의 세 번째 아내이다. 헤롯 아그립바 1세(12:1)의 막내딸이며 미모가 빼어났다. "와서" - '온다.'(동분사 과거)이다.

"불러" - '~를 부르러 보낸다.'(동직설 과거)이다. "믿는 도를" - '믿음'이다. "듣거늘" - '듣는다.'(동직설 과거)이다. 그녀는 유대인이었기에 기독교에 대한 기초가 있었다.

바울은 벨릭스 부부에게 무엇을 강론하는가?

25, "바울이 의와 절제와 장차 오는 심판을 강론하니 벨릭스가 두려워하여 대답하되 지금은 가라 내가 틈이 있으면 너를 부르리라 하고"

"의" - '바름'이다. '도덕적인 바름'을 뜻한다. 벨릭스에게는 유대의 총독으로서 모든 일을 공정하고 올바르게 처리함을 뜻한다. "절제" - '자제'이다. 욕망을 절제하고, 뇌물을 받지 않음을 뜻한다. "장차 오는" - '곧 ~하려고 한다.'(동분사 현재)이다. "심판" - '심판'이다. 현재의 삶이 미래의 심판을 결정함을 뜻한다. "강론하니" - '토론한다.'(동분사 현재)이다. "(두려워)하여" - '일어난다.'(동분사 과거)이다. 그는 바울의 메시지를 듣고 두려워했다.

"대답하되" - '대답한다.'(동직설 과거)이다. "가라" - '간다.'(동명령 현재)이다. "있으면" - '몫을 취한다.'(동분사 과거)이다. "부르리라" - '부른다.'(동직설 미래)이다.

26, "동시에 또 바울에게서 돈을 받을까 바라는 고로 더 자주 불러 같이 이야기하더라"

"받을" - '준다.'(동직설 미래)이다. "바라는" - '기대한다.' '바란다.'(동분사 현재)이다. "불러" - '~를 부르러 보낸다.'(동분사 현재)이다. "같이 이야기하더라" - '이야기한다.'(동직설 미완료)이다. 그는 바울의 메시지를 듣고 두려워는 하지만 본질은 변하지 않는다.

27, "이태가 지난 후 보르기오 베스도가 벨릭스의 소임을 이어받으니 벨릭스가 유대인의 마음을 얻고자 하여 바울을 구류하여 두니라"

"이 태가" - 2년이다. "지난 후" - '채운다.'(동분사 과거)이다. 바울은 2년 동안 가이사랴 헤롯의 관저에 갇혀 있었다(23:33, 35). "보르기오 베스도" - 베스도가 벨릭스의 뒤를 이어 유대 총독이 되었다

35, 24:1-27 소망을 나도 가졌으니

(60년~62년). 바울이 경의를 표했다(26:24). "소임을" - '계승할', '계승자'이다. "이어 받으니" - '받는다.'(동직설 과거)이다. "얻고자" - '호의를 얻는다.'(동부정사 과거)이다. "하여" - '바란다.'(동분사 현재)이다. "구류하여" - '맨다.'(동분사 완료)이다. "두니라" - '남겨둔다.'(동직설 과거)이다. 벨릭스는 유대 사람의 환심을 사려고 바울을 가두어 두었다. 바울이 예수님의 모습이라면 벨릭스는 빌라도의 모습이다.

왜 바울은 고난을 겪는가? 그는 부활의 소망을 가졌기 때문이다. 부활의 소망은 고난을 겪게 하고, 감당하게도 한다. 부활의 소망은 증인의 삶의 시작이고 끝이다.

36

가이사께 상소하노라

본문 사도행전 25:1-27
요절 사도행전 25:11
찬송 425장, 430장

1. 베스도가 예루살렘으로 갔을 때 유대의 지도자들은 무엇을 했습니까(1-3)? 그들의 목적은 무엇이었습니까(3)? 베스도는 무엇이라고 대답했습니까(4-5)?

2. 유대인들은 재판할 때 바울을 어떻게 고발했습니까(6-7)? 바울은 무엇이라고 변명했습니까(8)? 그러나 베스도는 바울에게 무엇이라고 물었습니까(9)?

3. 바울은 무엇이라고 당당하게 말했습니까(10-11)? 왜 바울은 로마 황제 앞에서 재판받고자 합니까(23:11)? 베스도는 결국 어떤 결정을 내렸습니까(12)? 바울을 통하여 무엇을 배웁니까?

4. 베스도는 아그립바에게 무엇을 말했습니까(12-21)? 아그립바는 무엇이라고 대답합니까(22-23)?

5. 베스도는 바울에 대해서 무엇을 강조합니까(24-25)? 그의 고민은 무엇이었습니까(26-27)? 바울은 아무 죄가 없는데도 왜 재판을 받습니까?

36

가이사께 상소하노라

본문 사도행전 25:1-27
요절 사도행전 25:11
찬송 425장, 430장

1. 베스도가 예루살렘으로 갔을 때 유대의 지도자들은 무엇을 했습니까(1-3)? 그들의 목적은 무엇이었습니까(3)? 베스도는 무엇이라고 대답했습니까(4-5)?

1, "베스도가 부임한 지 삼 일 후에 가이사랴에서 예루살렘으로 올라가니"
"베스도" - 벨릭스의 뒤를 이어 유대 총독이 되었다(59(60)년~62년). "부임한 지" - '올라탄다.'(동분사 과거)이다. "가이사랴에서" - 헤롯 대왕(주전 37년~4년)이 로마 황제를 위하여 '가이사랴(Caesarea)'라는 이름으로 만들었다. 총독의 관저가 있었다. 바울은 이곳에 2년간 갇혀 있었다(23:33, 35; 24:27). "올라가니" - '올라간다.'(동직설 과거)이다. 베스도는 부임하자 유대 지도자들과 좋은 관계를 맺고자 예루살렘을 직접 찾았다.

2, "대제사장들과 유대인 중 높은 사람들이 바울을 고소할새"
"대제사장들" - '대제사장들'(복수)이다. 아그립바 왕(13절)이 '아나니아'를 '이스마엘'로 교체했다. '아나니아'가 살아 있어서 복수형으로 표현했다. "높은 사람들이" - '최고의'이다. "(찾아)" - '애원한다(beseech).'(동직설 미완료)이다. "고소" - '에 대항하여'이다. "할 새" - '알린다.'(동직설 과거)이다. 종교 지도자들은 베스도에게 바울을 고소했고, 애원했다.

3, "베스도의 호의로 바울을 예루살렘으로 옮기기를 청하니 이는 길에 매복하였다가 그를 죽이고자 함이더라"
"옮기기를" - '~를 부르러 보낸다.'(동가정 과거)이다. "청하니" - '간구한다.'(동분사 현재)이다. 그들은 베스도가 호의를 베풀어 달라고 간청하며 바울을 예루살렘으로 보내도록 애원한다.
그 이유는 무엇인가? "하였다가" - '만들다.' '한다.'(동분사 현재)이다. "죽이고자 함이더라" - '죽인다.'(동부정사 과거)이다. 그들은 매복했다가 길에서 바울을 죽이려 함이었다.
베스도는 무엇이라고 대답했는가?

4, "베스도가 대답하여 바울이 가이사랴에 구류된 깃과 자기도 멀지 않아 떠나갈 것을 말하고"
"대답하여" - '대답한다.'(동직설 과거)이다. "구류된 것과" - '보존한다.'(동부정사 현재)이다. "떠나" - '나간다.'(동부정사 현재)이다. "갈 것을 말하고" - '곧 가려고 한다.'(동부정사 현재)이다. 바울은 가이사랴에 갇혀 있고, 베스도도 곧 그곳으로 간다. 그는 그들의 요청을 정중히 거절했다.

5, "또 이르되 너희 중 유력한 자들은 나와 함께 내려가서 그 사람에게 만일 옳지 아니한 일이 있거든 고발하라 하니라"
"이르되" - '말한다.'(동직설 현재)이다. 또 베스도는 그들에게 제안한다. "유력한" - '능력 있는'이다. '실세'를 뜻한다. "나와 함께 내려가서" - 함께 내려간다.'(동분사 과거)이다. "있(거든)" - '그것은 ~ 이다.'(동직설 현재)이다. "고발하라" - '고소한다.'(동명령 현재)이다.

2. 유대인들은 재판할 때 바울을 어떻게 고발했습니까(6-7)? 바울은

무엇이라고 변명했습니까(8)? 그러나 베스도는 바울에게 무엇이라고 물었습니까(9)?

6, "베스도가 그들 가운데서 팔 일 혹은 십 일을 지낸 후 가이사랴로 내려가서 이튿날 재판 자리에 앉고 바울을 데려오라 명하니"
"내려가서" - '내려간다.'(동분사 과거)이다. "앉고" - '앉는다.'(동분사 과거)이다. "데려오라" - '데리고 온다.'(동부정사 과거)이다. "명하니" - '명령한다.'(동직설 과거)이다. 베스도는 가이사랴로 내려가서 바울을 데려오도록 명령했다.

7, "그가 나오매 예루살렘에서 내려온 유대인들이 둘러서서 여러 가지 중대한 사건으로 고발하되 능히 증거를 대지 못한지라"
"나오매" - '온다.'(동분사 과거)이다. "내려온" - '내려온다.'(동분사 완료)이다. "둘러서서" - '주위에 둘러선다.'(동직설 과거)이다. 유대인이 바울을 에워쌌다. "고발하되" - '~에 반대하여 표를 던진다.'(동분사 현재)이다. "능히" - '할 수 있다.'(동직설 미완료)이다. "증거를 대지" - '증명한다.'(동부정사 과거)이다. "못한지라" - '~아니다'이다. 유대인은 여러 가지 무거운 죄목을 걸어서 바울을 고발하는데도 전혀 증거를 대지 못했다.

8, "바울이 변명하여 이르되 유대인의 율법이나 성전이나 가이사에게나 내가 도무지 죄를 범하지 아니하였노라 하니"
"변명하여 이르되" - '자신을 변명한다.'(동분사 현재)이다. "도무지" - '어떤 사람'이다. "죄를 범하지" - '죄를 짓는다.'(동직설 과거)이다. "아니하였노라" - '그리고 ~아니'이다. 바울은 유대의 율법, 성전, 그리고 황제를 거스르는 그 어떤 죄도 짓지 않았다.

9, "베스도가 유대인의 마음을 얻고자 하여 바울더러 묻되 네가 예루살렘에 올라가서 이 사건에 대하여 내 앞에서 심문을 받으려느냐"
"얻고자" - '호의를 얻는다.'(동부정사 과거)이다. "하여" - '~하고

자 한다.'(동분사 현재)이다. "(대답한다)" - '대답한다.'(동분사 과거)
이다. "묻되" - '말한다.'(동직설 과거)이다. 그러나 베스도는 유대인
의 호감을 사려고 바울에게 물었다.

무엇을 물었는가? "올라가서" - '올라간다.'(동분사 과거)이다. "심
문을 받으" - '판단한다.'(동부정사 과거)이다. "(받으)려느냐" - '~하
고자 한다.'(동직설 현재)이다. "예루살렘에서 재판받겠느냐?" 앞에서
베스도는 유대인이 "예루살렘에서 재판하게 해달라."라고 했을 때는
"가이사랴에서 하면 된다."라고 했다(4-5). 지금은 말을 바꾼다.

3. 바울은 무엇이라고 당당하게 말했습니까(10-11)? 왜 바울은 로
   마 황제 앞에서 재판받고자 합니까(23:11)? 베스도는 결국 어떤
   결정을 내렸습니까(12)? 바울을 통하여 무엇을 배웁니까?

10, "바울이 이르되 내가 가이사의 재판 자리 앞에 섰으니 마땅히 거
기서 심문을 받을 것이라 당신도 잘 아시는 바와 같이 내가 유대인들에
게 불의를 행한 일이 없나이다"

"이르되" - '말한다.'(동직설 과거)이다. "가이사의" - '가이사
(Caesar)', '황제(emperor)'이다. "섰(으니)" - '선다.'(동분사 완료)이
다. "(섰)으니" - '나는 ~이다.'(동직설 현재)이다. "마땅히" - '반드시
~해야 한다.'(동직설 현재)이다. "심문을 받을 것이라" - '판단한다.'
(동부정사 현재)이다. 바울은 로마 황제의 법정에 이미 서 있다. 그
는 로마 시민임을 이미 선언했다(22:25). 그러므로 그는 황제 앞에서
마땅히 재판받아야 한다. "아시는" - '안다.'(동직설 현재)이다. "불의
를 행한 일이" - '부당하게 행한다.'(동직설 과거)이다. "없나이다" -
'하나도 아닌'이다.

11, "만일 내가 불의를 행하여 무슨 죽을죄를 지었으면 죽기를 사양
하지 아니할 것이나 만일 이 사람들이 나를 고발하는 것이 다 사실이
아니면 아무도 나를 그들에게 내줄 수 없나이다 내가 가이사께 상소하노
라 한 대"

"내가 불의를 행하여" - '부당하게 행한다.'(동직설 현재)이다. "죄를" - '합당한'이다. "지었으면" - '행한다.'(동직설 완료)이다. "죽기를" - '죽기 마련이다.'(동부정사 과거)이다. "사양하지" - '거절한다.'(동직설 현재)이다. "아니할 것이냐" - '~아니다'이다. 바울은 죄를 지었으면 사형도 마다하지 않는다. "고발하는" - '고소한다.'(동직설 현재)이다. "내 줄" - '값없이 준다.'(동부정사 과거)이다. "수" - '할 수 있다.'(동직설 현재)이다. "없나이다" - '하나도 아닌'이다. 그러나 유대인의 고소가 사실이 아니면 아무도 그를 유대인에게 넘겨질 수 없다. "상소하노라" - '청원한다(appeal to).'(동직설 현재)이다. 법에 호소하거나 통치자에게 상소할 때 법률적 용어로 사용한다. 바울은 로마 황제에게 상소한다.

그때 베스도는 어떻게 결정했는가?

12, "베스도가 배석자들과 상의하고 이르되 네가 가이사에게 상소하였으니 가이사에게 갈 것이라 하니라"

"배석자들" - '의회(council)'이다. "상의하고" - '의논한다.'(동분사 과거)이다. "이르되" - '대답한다.'(동직설 과거)이다. "상소하였으니" - '상소한다.'(동직설 완료)이다. "갈 것이라" - '간다.'(동직설 미래)이다. 베스도는 바울이 황제에게 상소했으니, 황제에게 보낸다. 바울은 마침내 로마로 간다. 그는 당대 최고의 권력자 앞에 선다.

바울로부터 무엇을 배우는가? 말씀에 순종하는 모습이다(23:11). 그는 성령님께서 자기를 로마로 인도하신 줄 믿는다. 비록 그 모습이 죄수일지라도 성령님이 함께하신 줄 믿는다. 그는 증인의 길이 쉽지 않은 줄 알면서도 주님의 뜻을 이루기 위해서 그 길을 가려고 한다.

이 말씀이 당시 청중에게 주는 의미는 무엇일까? 그들은 로마라는 거대한 세력에서 믿음의 길을 가고 있다. 그들은 세상 풍조가 아닌 말씀에 순종하여 살고자 한다. 그런데 그 길은 좋을 때도 있지만 힘들 때가 더 많았다. 그래서 그들은 고민했다. 하지만 누가는 그런 그들에게 그 길을 가도록 강력하게 권면한다.

4. 베스도는 아그립바에게 무엇을 말했습니까(12-21)? 아그립바는 무엇이라고 대답합니까(22-23)?

13, "수일 후에 아그립바 왕과 버니게가 베스도에게 문안하러 가이사랴에 와서"

"아그립바 왕" - '아그립바 2세'이다. 그의 정확한 이름은 '마르쿠스 율리우스 아그립바 2세(Marcus Julius Agrippa II)'이다. 그의 아버지는 '헤롯 아그립바 1세'인데, 사도 야고보를 죽이고 베드로를 감옥에 가두었다. 그는 벌레에 먹혀 죽었다(행 12:2, 5, 23). '아그립바 2세'는 갈릴리와 베레아의 분봉 왕인데도 예루살렘 성전 감독권과 대제사장 임명권을 받았다. 대제사장을 아나니아에서 이스마엘로 교체했다. "버니게" - '아그립바 1세'의 딸로 벨릭스의 아내 드루실라의 언니였다. "문안하러" - '인사한다.'(동분사 과거)이다. "와서" - '이른다.'(동직설 과거)이다.

14, "여러 날을 있더니 베스도가 바울의 일로 왕에게 고하여 이르되 벨릭스가 한 사람을 구류하여 두었는데"

"있더니" - '머무른다.'(동직설 미완료)이다. 아그립바 왕과 버니게는 여러 날을 머물고 있다. "고하여" - '알린다.'(동직설 과거)이다. "이르되" - '말한다.'(동분사 현재)이다. "구류하여" - '죄수'이다. "두었" - '남겨둔다.'(동분사 완료)이다. "(두었)는데" - '그것은 ~이다.'(동직설 현재)이다. 베스도는 바울 사건을 왕에게 알렸다.

15, "내가 예루살렘에 있을 때에 유대인의 대제사장들과 장로들이 그를 고소하여 정죄하기를 청하기에"

"있을 때에" - '된다.'(동분사 과거)이다. "고소하여" - '보인다.'(동직설 과거)이다. "정죄하기를" - '유죄 선고'이다. "청하기에" - '요구한다.'(동분사 현재)이다.

16, "내가 대답하되 무릇 피고가 원고들 앞에서 고소 사건에 대하여

변명할 기회가 있기 전에 내주는 것은 로마 사람의 법이 아니라 하였노라"

"내가 대답하되" - '대답한다.'(동직설 과거)이다. "피고가" - '고소한다.'(동분사 현재)이다. "원고를" - '원고'이다. "고소 사건에" - '고소'이다. "(변명)할" - '취한다.'(동희구 과거)이다. "있기" - '가진다.'(동희구 현재)이다. "내주는 것은" - '값없이 준다.'(동부정사 현재)이다. "아니(라)" - '~아니다'이다. "(아니)라" - '그것은 ~이다.'(동직설 현재)이다. "법" - '관례'이다. 로마법에 따르면, 피고가 원고를 직접 대면해서 고발한 내용에 대하여 변호하기 전에는 그 사람을 넘길 수 없었다.

17, "그러므로 그들이 나와 함께 여기 오매 내가 지체하지 아니하고 이튿날 재판 자리에 앉아 명하여 그 사람을 데려왔으나"

"오매" - '함께 온다.'(동분사 과거)이다. "(지체)하지" - '만들다.' '한다.'(동분사 과거)이다. "아니하고" - '아무도 ~아닌'이다. "앉아" - '앉는다.'(동분사 과거)이다. "명하여" - '명령한다.'(동직설 과거)이다. "데려왔으나" - '데리고 온다.'(동부정사 과거)이다.

18, "원고들이 서서 내가 짐작하던 것 같은 악행의 혐의는 하나도 제시하지 아니하고"

"서서" - '선다.'(동분사 과거)이다. "짐작하던" - '추측한다.'(동직설 미완료)이다. "혐의는" - '근거'이다. "제시하지" - '가한다.'(동직설 미완료)이다. "아니하고" - '하나도 아닌'이다. 그런데 원고는 베스도가 짐작한 그런 악한 죄는 들춰내지 못한다.

19, "오직 자기들의 종교와 또는 예수라 하는 이가 죽은 것을 살아 있다고 바울이 주장하는 그 일에 관한 문제로 고발하는 것뿐이라"

"종교" - '신에 대한 경외'이다. "죽은 것을" - '죽는다.'(동분사 완료)이다. "살아 있다고" - '살다.'(동부정사 현재)이다. "주장하는" - '주장한다.'(동직설 미완료)이다. "고발하는 것" - '~을 향하여'이다. "것뿐이라" - '가진다.'(동직설 미완료)이다. 베스도는 정치적인 문제로 생각했다. 하지만 정치적인 증거는 없고 유대 종교와 죽은 예수가 살아났다는 주장뿐이었다.

20, "내가 이 일에 대하여 어떻게 심리할는지 몰라서 바울에게 묻되 예루살렘에 올라가서 이 일에 심문을 받으려느냐 한즉"

"몰라서" - '어쩔 줄 몰라 한다.'(동분사 현재)이다. "묻되" - '말한다.'(동직설 미완료)이다. "올라가서" - '간다.'(동부정사 현재)이다. "심문을" - '판단한다.'(동부정사 현재)이다. "받으려" - '바란다.'(동희구 현재)이다. "(받으려)느냐" - '만일 ~이면'이다.

21, "바울은 황제의 판결을 받도록 자기를 지켜주기를 호소하므로 내가 그를 가이사에게 보내기까지 지켜 두라 명하였노라 하니"

"황제의"(σεβαστός, sebastos) - '신성한'이다. 주전 27년에 원로원은 황제에게 칭호로 붙여 주었다. 그 의미는 '높임 받는 자'이다. "받도록" - '~을 위하여'이다. "지켜주기를" - '지킨다.'(동부정사 과거)이다. "호소하므로" - '청원한다.'(동분사 과거)이다. 바울은 황제의 판결을 받도록 지켜주도록 호소했다. "보내기" - '보낸다.'(동가정 과거)이다. "지켜 두라" - '지킨다.'(동부정사 현재)이다. "명하였노라" - '명령한다.'(동직설 과거)이다. 베스도는 바울을 지키도록 명령했다.

22, "아그립바가 베스도에게 이르되 나도 이 사람의 말을 듣고자 하노라 베스도가 이르되 내일 들으시리이다 하더라"

"이르되" - '선언한다.'(동직설 미완료)이다. "말을 듣고" - '듣는다.'(동부정사 과거)이다. "(듣고)자 하노라" - '바란다.'(동직설 미완료)이다. "이르되" - '선언한다.'(동직설 현재)이다. "들으시리이다" - '듣는다.'(동직설 미래)이다.

23, "이튿날 아그립바와 버니게가 크게 위엄을 갖추고 와서 천부장들

과 시중의 높은 사람들과 함께 접견 장소에 들어오고 베스도의 명으로 바울을 데려오니"

"위엄을" - '화려한 행렬'이다. "갖추고" - '~와 함께'이다. "와서" - '온다.'(동분사 과거)이다. "접견 장소에" - '듣는 장소'이다. "들어오고" - '들어온다.'(동분사 과거)이다. "명으로" - '명령한다.'(동분사 과거)이다. "데려오니" - '데리고 온다.'(동직설 과거)이다. 아그립바가 바울의 말을 듣고자 한 것은 사람들과 바울에게 자신의 존재를 과시하기 위함이다.

5. 베스도는 바울에 대해서 무엇을 강조합니까(24-25)? 그의 고민은 무엇이었습니까(26-27)? 바울은 아무 죄가 없는데도 왜 재판을 받습니까?

24, "베스도가 말하되 아그립바 왕과 여기 같이 있는 여러분이여 당신들이 보는 이 사람은 유대의 모든 무리가 크게 외치되 살려 두지 못할 사람이라고 하여 예루살렘에서와 여기서도 내게 청원하였으나"

"말하되" - '선언한다.'(동직설 현재)이다. "여기 같이 있는" - '함께 있다.'(동분사 현재)이다. "당신들이 보는" - '지켜본다.'(동직설 현재)이다. "크게 외치되" - '소리 지른다.'(동분사 현재)이다. "살려 두지" - '살다.'(동부정사 현재)이다. "못(할)" - '~하지 않도록'이다. "(못)할" - '반드시 ~해야 한다.'(동부정사 현재)이다. "청원하였으나" - '간청한다.'(동직설 과거)이다. 유대 사람은 예루살렘과 가이사랴에서 바울을 살려 두지 말도록 간청했다.

25, "내가 살피건대 죽일 죄를 범한 일이 없더이다 그러나 그가 황제에게 상소한 고로 보내기로 결정하였나이다"

"살피건대" - '얻는다.'(동직설 과거)이다. "범한 일이" - '성취한다.' '한다.'(동부정사 완료)이다. "없더이다" - '아무도 ~아닌'이다. 베스도는 바울을 심문했지만, 그가 사형받을 만한 아무런 일도 하지 않았음을 알았다.

"황제에게"(σεβαστός, *sebastos*) - '신성한'이다. 주전 27년에 원로원은 황제에게 칭호로 붙였다. 그 의미는 '높임 받는 자'이다. "상소한" - '청원한다.'(동분사 과거)이다. "보내기를" - '보낸다.'(동부정사 현재)이다. "결정하였나이다" - '결정한다.'(동직설 과거)이다. 바울이 황제에게 상소하였으므로 그를 보내기로 했다.

26, "그에 대하여 황제께 확실한 사실을 아뢸 것이 없으므로 심문한 후 상소할 자료가 있을까 하여 당신들 앞 특히 아그립바 왕 당신 앞에 그를 내세웠나이다"

"황제께" - '주인'이다. "아뢸 것이" - '쓴다.'(동부정사 과거)이다. "없(으므로)" - '~아니다'이다. "(없)으(므로)" - '가진다.'(동직설 현재)이다. 베스도에게는 바울에 대해 황제에게 확실히 쓸 내용이 없다. "(심문)한 후" - '된다.'(동분사 과거)이다. "상소할" - '쓴다.'(동가정 과거)이다. "재료가" - '어떤 사람'이다. "있을" - '가진다.'(동가정 과거)이다. "내세웠나이다" - '앞으로 인도한다.'(동직설 과거)이다. 그래서 베스도는 아그립바 왕 앞에 데려와 심문하여 상소할 내용을 얻고자 했다.

27, "그 죄목도 밝히지 아니하고 죄수를 보내는 것이 무리한 일인 줄 아나이다 하였더라"

"밝히지" - '알린다.'(동부정사 과거)이다. "아니하고" - '아니'이다. "보내는 것이" - '보낸다.'(동분사 현재)이다. "무리한 일인 줄" - '불합리한'이다. "아나이다" - '생각한다.'(동직설 현재)이다. 정확한 죄목도 없이 황제에게 보내는 일은 불합리하기 때문이다.

왜 바울은 아무 죄가 없는데도 재판받는가? 바울은 종교 지도자, 총독, 그리고 왕에게 살아나신 예수님을 증언하기 위함이다. 장차 로마 황제에게도 증언하기 위함이다. 그는 죄수이지만, 실은 증인이다. 증인의 일을 위해 죄수가 되었다. 그리고 그 일을 성령님께서 그에게 맡기셨다.

37
나와 같이 되기를

본문 사도행전 26:1-32
요절 사도행전 26:29
찬송 520장, 521장

1. 바울은 아그립바 왕 앞에서 변명한 것을 왜 다행으로 여겼습니까(1-3)? 바울은 무엇이라고 변호했습니까(4-5)?
2. 왜 바울은 심문받습니까(6)? '그 약속'은 무엇입니까(7)? 유대인의 문제는 무엇입니까(8)? 바울도 과거에는 어떻게 행동했습니까(9-12)? 그런 그에게 무슨 일이 일어났습니까(13-15)?
3. 예수님께서 바울에게 나타난 목적은 무엇이었습니까(16-18)? 그는 그 사명을 어떻게 감당했습니까(19-22)? 그가 증언하는 핵심은 무엇입니까(23)?
4. 베스도의 반응은 무엇입니까(24)? 바울은 무엇이라고 응답합니까(25-27)? 아그립바는 어떻게 반응합니까(28)?
5. 바울은 왕에게 어떻게 다시 도전했습니까(29)? '나와 같이'라는 말은 무슨 뜻이며, 자기와 같이 되기를 원하는 대상은 누구입니까? 그는 왜 '하나님께 원한다.'라고 말할까요? 사람들의 반응은 어떠했습니까(30-32)?

37
나와 같이 되기를

본문 사도행전 26:1-32
요절 사도행전 26:29
찬송 520장, 521장

1. 바울은 아그립바 왕 앞에서 변명한 것을 왜 다행으로 여겼습니까(1-3)? 바울은 무엇이라고 변호했습니까(4-5)?

1, "아그립바가 바울에게 이르되 너를 위하여 말하기를 네게 허락하노라 하니 이에 바울이 손을 들어 변명하되"

"이르되" - '선언한다.'(동직설 과거)이다. "말하기를" - '말한다.'(동부정사 현재)이다. "허락하노라 하니" - '허락한다.'(동직설 현재)이다. "들어" - '내밀다.'(동분사 과거)이다. "변명하되" - '자신을 변명한다.'(동직설 미완료)이다.

2, "아그립바 왕이여 유대인이 고발하는 모든 일을 오늘 당신 앞에서 변명하게 된 것을 다행히 여기나이다"

"고발하는" - '고소한다.'(동직설 현재)이다. "변명하게" - '자신을 변명한다.'(동부정사 현재)이다. "된 것을" - '곧 ~하려고 한다.'(동분사 현재)이다. "다행히" - '복된'이다. "여기나이다" - '생각한다.'(동직설 완료)이다. 바울은 그 앞에서 변호하는 것을 다행으로 여긴다.

3, "특히 당신이 유대인의 모든 풍속과 문제를 아심이니이다 그러므

로 내 말을 너그러이 들으시기를 바라나이다"

"아심" - '전문가'이다. "이니이다" - '나는 ~이다.'(동분사 현재)
이다. "풍속과" - '관습'이다. "문제를" - '논쟁'이다. "들으시기를" -
'듣는다.'(동부정사 과거)이다. "바라나이다" - '요청한다.'(동직설 현
재)이다. 아그립바는 유대인의 관습과 논쟁에 정통했다.

바울의 변호는 어디서부터 시작했는가?

4, "내가 처음부터 내 민족과 더불어 예루살렘에서 젊었을 때 생활한
상황을 유대인이 다 아는 바라"

"생활한 상황을" - '생활 양식'이다. "아는 바라" - '알다.'(동직설
완료)이다. 유대인은 바울의 어린 시절을 알고 있다.

5, "일찍부터 나를 알았으니 그들이 증언하려 하면 내가 우리 종교의
가장 엄한 파를 따라 바리새인의 생활을 하였다고 할 것이라"

"일찍부터" - '처음부터'이다. "알았으니" - '미리 알다.'(동분사
현재)이다. "그들이 증언하려" - '증언한다.'(동부정사 현재)이다. "하
(면)" - '바란다.'(동가정 현재)이다. "우리 종교" - 바울은 유대인과
같은 종교를 가지고 있음을 강조한다. "가장 엄한" - '엄격한'이다.
"파를 따라" - '당파에 대하여'이다. "생활을 하였다고" - '살다.'(동
직설 과거)이다. "할 것이라" - '~ 때문에'이다. 유대인은 바울이 가
장 엄격한 바리새파로 살았음을 인정할 수 있다.

2. 왜 바울은 심문받습니까(6)? '그 약속'은 무엇입니까(7)? 유대인
   의 문제는 무엇입니까(8)? 바울도 과거에는 어떻게 행동했습니
   까(9-12)? 그런 그에게 무슨 일이 일어났습니까(13-15)?

6, "이제도 여기 서서 심문받는 것은 하나님이 우리 조상에게 약속하
신 것을 바라는 까닭이니"

"이제도" - '지금, 그리고'이다. "여기 서서" - '서다.'(동직설 완
료)이다. "심문받는 것은" - '판단한다.'(동분사 현재)이다. "하신 것

을" - '된다.'(동분사 과거)이다. "바라는" - '기대'이다. "까닭이니" - '가까이에'이다. 그는 하나님께서 조상에게 약속하신 것을 바라기 때문에 심문받는다.

7, "이 약속은 우리 열두 지파가 밤낮으로 간절히 하나님을 받들어 섬김으로 얻기를 바라는 바인데 아그립바 왕이여 이 소망으로 말미암아 내가 유대인들에게 고소를 당하는 것이니이다"

"우리 열두 지파" - '이스라엘'을 뜻한다. "간절히" - '인내와 함께'이다. "하나님을 받들어 섬김으로" - '섬긴다.'(동분사 현재)이다. "얻기를" - '이른다.'(동부정사 과거)이다. "바라는 바인데" - '소망한다.'(동직설 현재)이다. 그 약속은 부활에 관한 소망이다(욥 19:26, 시 17:15; 49:15; 73:24, 사 25:8; 26:19, 겔 37:1-14, 단 12:2-3, 13, 호 6:2). 열두 지파는 밤낮으로 하나님을 인내하며 섬기면서 그 약속이 이루어지기를 바라고 있다.

왜 바울은 고소당했는가? "소망으로"- '소망'이다. "말미암아" - '~에 관하여'이다. "고소를 당하는 것이니이다" - '고소한다.'(동직설 현재)이다. 바울은 조상이 품은 그 소망으로 고소당했다.

8, "당신들은 하나님이 죽은 사람을 살리심을 어찌하여 못 믿을 것으로 여기나이까"

"살리심을" - '죽은 자를 일으킨다.'(동직설 현재)이다. "못 믿을 것으로" - '믿을 수 없는'이다. "여기나이까" - '생각한다.'(동직설 현재)이다.

유대인의 문제는 무엇인가? 하나님께서 죽은 사람을 살리심을 믿지 못함이다. 그들은 그들이 품은 부활의 소망이 예수 그리스도의 부활을 통하여 이미 이루어졌다는 사실을 믿지 못한다. 바울은 비시디아 안디옥에서 이 사실을 가르쳤다(13:32). 이 약속은 예수님의 역사적 부활로 이루어졌다(13:33). 바울은 그 소망을 이미 고백했었다(24:15). 그런데 실은 바울도 예전에는 이 사실을 몰랐다.

9, "나도 나사렛 예수의 이름을 대적하여 많은 일을 행하여야 될 줄 스스로 생각하고"

"대적하여" - '반대하는'이다. "행하여야" - '행한다.'(동부정사 과거)이다. "될 줄" - '반드시 ~해야 한다.'(동부정사 현재)이다. "생각하고" - '생각한다.'(동직설 과거)이다. 바울도 예전에는 예수님의 이름을 반대하는데 온갖 일을 다 했다. 왜냐하면 그도 유대인의 소망이 나사렛 예수 안에서 이루어졌음을 몰랐기 때문이었다.

10, "예루살렘에서 이런 일을 행하여 대제사장들에게서 권한을 받아 가지고 많은 성도를 옥에 가두며 또 죽일 때에 내가 찬성투표를 하였고"

"행하여" - '행한다.'(동직설 과거)이다. "받아 가지고" - '받는다.'(동분사 과거)이다. "가두며" - '가둔다.'(동직설 과거)이다. "내가 찬성" - '에 반대하여 표를 던진다.'(동직설 과거)이다. "죽일 때에" - '죽인다.'(동분사 현재)이다. "투표를" - '투표'이다. 바울은 예수님의 부활을 믿는 많은 성도를 옥에 가두었고, 죽이는 일에 찬성했다.

11, "또 모든 회당에서 여러 번 형벌하여 강제로 모독하는 말을 하게 하고 그들에 대하여 심히 격분하여 외국 성에까지 가서 박해하였고"

"형벌하여" - '벌한다.'(동분사 현재)이다. "모독하는 말을" - '모독한다.'(동부정사 현재)이다. "하게 하고" - '억지로 하게 한다.'(동직설 미완료)이다. "격분하여" - '격노한다.'(동분사 현재)이다. "박해하였고" - '박해한다.'(동직설 미완료)이다.

12, "그 일로 대제사장들의 권한과 위임을 받고 다메섹으로 갔나이다"

"위임" - '맡김'이다. "을 받고" - '와 함께'이다. "갔나이다" - '간다.'(동분사 현재)이다. 그는 박해를 하나님께서 주신 사명으로 여겼다.

13, "왕이여 정오가 되어 길에서 보니 하늘로부터 해보다 더 밝은 빛이 나와 내 동행들을 둘러 비추는지라"

"보니" - '본다.'(동직설 과거)이다. "(동)행들을" - '간다.'(동분사 현재)이다. "둘러 비추는지라" - '빛으로 둘러싼다.'(동분사 과거)이다.

14, "우리가 다 땅에 엎드러지매 내가 소리를 들으니 히브리 말로 이르되 사울아 사울아 네가 어찌하여 나를 박해하느냐 가시채를 뒷발질하기가 네게 고생이니라"

"엎드러지매" - '넘어진다.'(동분사 과거)이다. "내가 소리를" - '음성'이다. "들으니" - '듣는다.'(동직설 과거)이다. "히브리" - '히브리 언어'이다. "말" - '말'이다. 바울이 정통 유대인임을 강조한다. "이르되" - '말한다.'(동분사 현재)이다. "박해하느냐" - '박해한다.'(동직설 현재)이다. "나를 박해하느냐" - '나를 박해한다.'라고 말한다.

바울이 '나를 박해하는 일'은 어떤 일과 같은가? "가시 채를" - '가시 돋친 채찍'이다. "뒷발질하기가" - '뒤꿈치로 찬다.'(동부정사 현재)이다. "고생이니라" - '굳은'이다. '가시 돋친 채찍을 발길로 차면 너만 아플 뿐이다.'라는 뜻이다. 바울이 성도를 박해하는 일은 마치 짐승이 가시 채를 뒷발로 차는 어리석음과 같다.

15, "내가 대답하되 주님 누구시니이까 주께서 이르시되 나는 네가 박해하는 예수라"

"대답하되" - '대답한다.'(동직설 과거)이다. "주님" - '주님'이다. "(누구)시니이까" - '당신은 ~이다.'(동직설 현재)이다. 바울은 그분께 관심을 두었다.

그분의 대답은 무엇인가? "이르시되" - '대답한다.'(동직설 과거)이다. "박해하는" - '박해한다.'(동직설 현재)이다. "(예수)라" - '나는 ~이다.'(동직설 현재)이다. 바울에게 나타나 히브리 말로 하신 그분은 예수님이다. 바울은 예수님을 믿는 사람을 박해했는데, 예수님은

'나를 박해한다.'라고 말씀하신다. 예수님은 당신을 믿는 사람을 당신과 동일시하신다.

3. 예수님께서 바울에게 나타난 목적은 무엇이었습니까(16-18)? 그는 그 사명을 어떻게 감당했습니까(19-22)? 그가 증언하는 핵심은 무엇입니까(23)?

16, "일어나 너의 발로 서라 내가 네게 나타난 것은 곧 네가 나를 본 일과 장차 내가 네게 나타날 일에 너로 종과 증인을 삼으려 함이니"
　"(그러나)" - '그러나'이다. "일어나" - '일어난다.'(동명령 과거)이다. "서라" - '선다.'(동명령 과거)이다. 그러나 그는 일어나야 하고, 발로 서야 한다.
　왜 그렇게 해야 하는가? "나타난" - '본다.'(동직설 과거)이다. "본" - '본다.'(동직설 과거)이다. "나타날" - '본다.'(동직설 미래)이다. "삼으려" - '지명한다.'(동부정사 과거)이다. "함이니" - '~을 위하여'이다. 왜냐하면 예수님께서 그가 예수님을 본 일과 장차 예수님이 그에게 나타날 일에 종과 증인으로 삼았기 때문이다.

17, "이스라엘과 이방인들에게서 내가 너를 구원하여 그들에게 보내어"
　"에게서" - '에서'이다. "구원하여" - '빼낸다.'(동분사 현재)이다. "에게" - '안으로'이다. "보내어" - '보낸다.'(동직설 현재)이다. 주님은 이스라엘과 이방인으로부터 바울을 구원하여 다시 그들에게로 보낸다.
　왜 주님은 그를 보내는가?

18, "그 눈을 뜨게 하여 어둠에서 빛으로, 사탄의 권세에서 하나님께로 돌아오게 하고 죄 사함과 나를 믿어 거룩하게 된 무리 가운데서 기업을 얻게 하리라 하더이다"
　"그" - '그는'(남성 복수)이다. 유대인과 이방인을 뜻한다. "뜨게

하여" - '열다.“(동부정사 과거)이다. “돌아오게 하고" - '돌아간다.'
(동부정사 과거)이다. 그들의 눈을 뜨게 하여 어둠에서 빛으로, 사탄
의 권세에서 하나님께로 돌아가도록 함이다.

"사함" - '용서'이다. “믿어" - '믿음'이다. “거룩하게 된" - '거룩
하게 한다.'(동분사 완료)이다. “무리 가운데서" - '사람 안에'이다.
"기업을" - '상속'이다. “얻게 하리라" - '가진다.'(동부정사 과거)이
다. 그들이 죄를 용서받고 예수님을 믿어 거룩하게 된 사람이 차지
할 기업을 얻도록 함이다.

바울은 그 사명을 어떻게 감당하는가?

19, “아그립바 왕이여 그러므로 하늘에서 보이신 것을 내가 거스르지
아니하고"

"보이신 것을" - '나타남'이다. “거스르지" - '불순종하는'이다.
"아니" - '~아니다'이다. “하고" - '된다.'(동직설 과거)이다. 그는 거
스르지 않았다.

20, “먼저 다메섹과 예루살렘에 있는 사람과 유대 온 땅과 이방인에
게까지 회개하고 하나님께로 돌아와서 회개에 합당한 일을 하라 전하므
로"

"먼저" - '첫째로'이다. “이방인에게까지" - '이방 사람'이다. '첫
째로 다메섹, 예루살렘에 있는 사람, 온 유대 지방 사람, 그리고 이
방 사람에게'라는 뜻이다. “회개하고" - '마음을 바꾼다.'(동부정사
현재)이다. “돌아와서" - '돌아간다.'(동부정사 과거)이다. 하나님 중
심으로 사는 것을 말한다. “합당한" - '가치 있는'이다. “하라" - '행
한다.'(동분사 현재)이다. 예수님의 죽음과 부활을 믿고, 그분을 다른
사람에게 증언하는 삶이다. “전하므로" - '알린다.'(동직설 미완료)이
다. 바울은 자기가 믿고 전하는 그 일을 다른 사람도 그렇게 하도록
선포한다.

21, “유대인들이 성전에서 나를 잡아 죽이고자 하였으나"

"잡아" - '붙잡는다.'(동분사 과거)이다. "죽이" - '죽인다.'(동부정사 과거)이다. "(죽이)고자 하였으나" - '노력한다.'(동직설 미완료)이다. 그러나 유대인은 바울을 잡아 죽이려고 한다.

22, "하나님의 도우심을 받아 내가 오늘까지 서서 높고 낮은 사람 앞에서 증언하는 것은 선지자들과 모세가 반드시 되리라고 말한 것밖에 없으니"

"도우심을" - '도움'이다. "받아" - '얻는다.'(동분사 과거)이다. "서서" - '선다.'(동직설 완료)이다. 바울은 오늘까지 하나님의 도우심을 받아 서 있다. "높고" - '큰'이다. "낮은 사람 앞에서" - '작은'이다. "증언하는 것은" - '증언한다.'(동분사 현재)이다. "반드시" - '곧 ~하려고 한다.'(동분사 현재)이다. "되리라고" - '일어난다.'(동부정사 현재)이다. "말한" - '말한다.'(동직설 과거)이다. "없으니" - '하나도 아닌'이다. 그는 낮은 사람에게나 높은 사람에게나 선지자와 모세가 말했던 한 가지만을 말했다. 바울의 증언은 선지자와 모세가 말했던 내용에 근거했다.

23, "곧 그리스도가 고난을 받으실 것과 죽은 자 가운데서 먼저 다시 살아나사 이스라엘과 이방인들에게 빛을 전하시리라 함이니이다 하니라"

"고난을 받으실 것" - '고난을 받는'이다. "다시 살아나사" - '부활'이다. "전(하시리라)" - '선포한다.'(동부정사 현재)이다. "하시리라" - '곧 ~하려고 한다.'(동직설 현재)이다. "함이니이다 하니라" - '만일 ~이면'이다. 선지자와 모세가 말했던 내용은 "그리스도가 고난을 받으시고 죽은 자 가운데서 먼저 살아나셔서 이스라엘과 이방인에게 빛을 선포한다."라는 것이다.

4. 베스도의 반응은 무엇입니까(24)? 바울은 무엇이라고 응답합니까(25-27)? 아그립바는 어떻게 반응합니까(28)?

24, "바울이 이같이 변명하매 베스도가 크게 소리 내어 이르되 바울

아 네가 미쳤도다 네 많은 학문이 너를 미치게 한다 하니"

"변명하매" - '자신을 변명한다.'(동분사 현재)이다. "소리 내어" - '소리'이다. "이르되" - '말한다.'(동직설 현재)이다. "네가 미쳤도다" - '미친다.'(동직설 현재)이다. "학문이" - '글자'이다. '많은 학습', '훌륭한 배움'을 뜻한다. "미치(게)" - '미침'이다. "(미치)게" - '~안으로'이다. "한다" - '미치게 한다.'(동직설 현재)이다. 바울의 많은 학문이 그를 미치게 한다.

왜 그는 '미쳤다.'라고 할까? 유대인과 로마인이 십자가에서 처형한 예수님이 다시 살아나셨다고 말하기 때문이다. 정신이 온전한 사람이라면 이런 내용을 말할 수도 없고, 믿을 수도 없기 때문이다.

25, "바울이 이르되 베스도 각하여 내가 미친 것이 아니요 참되고 온전한 말을 하나이다"

"이르되" - '말한다.'(동직설 현재)이다. "내가 미친 것이" - '미친다.'(동직설 현재)이다. "아니요" - '~아니다'이다. "참되고 - '진리'이다. "온전한" - '마음의 건전함'이다. "하나이다" - '선언한다.'(동직설 현재)이다. 바울은 미치지 않았다. 그는 맑은 정신으로 참말을 하고 있다.

26, "왕께서는 이 일을 아시기로 내가 왕께 담대히 말하노니 이 일에 하나라도 아시지 못함이 없는 줄 믿나이다 이 일은 한쪽 구석에서 행한 것이 아니니이다"

"왕께서는" - 바울은 대화 상대를 '총독'에서 '왕'으로 바꾼다. "아시(기로)" - '알다.'(동직설 현재)이다. "(아시)기로" - '왜냐하면'이다. "이 일을 아시기로" - 유대의 전문가인 아그립바 왕은 바울이 말하는 내용을 잘 알고 있다. "담대히" - '터놓고 말한다.'(동분사 현재)이다. "말하노니" - '말한다.'(동직설 현재)이다. 바울은 아그립바 왕이 모든 내용을 알고 있기에 거리낌 없이 말한다.

"아시지 못함이" - '아는 것 없이'(동부정사 현재)이다. "믿나이다" - '설득한다.'(동직설 현재)이다. "한쪽 구석" - '모퉁이'이다.

37, 26:1-32 나와 같이 되기를

"행한 것이" - '행한다.'(동분사 완료)이다. "아니니(이다)" - '~아니다'이다. "(아니니)이다" - '그것은 ~이다.'(동직설 현재)이다. 그 일은 구석에서 일어나지 않아서 왕은 빠짐없이 다 알고 있다.

27, "아그립바 왕이여 선지자를 믿으시나이까 믿으시는 줄 아나이다"

"믿으시나이까" - '믿는다.'(동직설 현재)이다. "믿으시는" - '믿는다.'(동직설 현재)이다. "아나이다" - '알다.'(동직설 완료)이다. 바울은 아그립바가 선지자를 믿는 줄 알았다. 이 말은 "아그립바가 선지자가 증언한 예수 그리스도를 믿는 줄 알았다."라는 뜻이다.

28, "아그립바가 바울에게 이르되 네가 적은 말로 나를 권하여 그리스도인이 되게 하려 하는도다"

"이르되" - '선언한다.'(동직설 미완료)이다. "적은 말로" - '짧은 시간에'라는 뜻이다. "권하여" - '설득한다.(동직설 현재)이다. "되게 하려 하는도다" - '만들다.'(동부정사 과거)이다. 아그립바는 바울이 짧은 시간에 자기를 설득하여 그리스도인으로 만들려고 한다고 선언한다.

5. 바울은 왕에게 어떻게 다시 도전했습니까(29)? '나와 같이'라는 말은 무슨 뜻이며, 자기와 같이 되기를 원하는 대상은 누구입니까? 그는 왜 '하나님께 원한다.'라고 말할까요? 사람들의 반응은 어떠했습니까(30-32)?

29, "바울이 이르되 말이 적으나 많으나 당신뿐만 아니라 오늘 내 말을 듣는 모든 사람도 다 이렇게 결박된 것 외에는 나와 같이 되기를 하나님께 원하나이다 하니라"

"이르되" - '선언한다.'(동직설 과거)이다. "듣는" - '듣는다.'(동분사 현재)이다. "나와" - '나는 ~이다.'(동직설 현재)이다. "되기를" - '된다.'(동부정사 과거)이다. "원하나이다" - '원한다.'(동희구 과거)이다. "나와 같이" - '나와 같은 종류의', '나와 같은 방식의'이다. 바울은 한 사람도 예외 없이 모두 자기와 같은 사람이 되기를 바랐다.

어떤 '나'인가? 영적인 어둠에서 빛으로, 사탄의 권에서 하나님께로 돌아온 나이다. 죄를 용서받고 믿음으로 거룩하게 되어 하나님 나라를 상속받은 나이다. 그런 삶을 다른 사람에게 살도록 예수 그리스도를 증언하는 나이다. 자기가 죄수라는 신분은 예외이다.

나와 같이 되기를 원하는 '대상'은 누구인가? 총독, 왕, 그리고 모든 사람이다. 그는 신분과 인종을 뛰어넘어, 사람이라면 누구든지 자기처럼 살기를 바란다.

왜 '하나님께 원한다.'라고 하는가? 바울이 원한다고 해서 왕이나 총독이 바울처럼 살 수 없기 때문이다. 성령 하나님께서 함께하시고 도와주셔야 한다.

30, "왕과 총독과 버니게와 그 함께 앉은 사람들이 다 일어나서"

"함께 앉은" - '함께 앉는다.'(동분사 현재)이다. "일어나서" - '일어난다.'(동직설 과거)이다.

31, "물러가 서로 말하되 이 사람은 사형이나 결박을 당할 만한 행위가 없다 하더라"

"물러가" - '물러간다.'(동분사 과거)이다. "말하되" - '이야기한다.'(동직설 미완료)이다. "행위가" - '행한다.'(동직설 현재)이다. "없다" - '하나도 아닌'이다. "하더라" - '말한다.'(동분사 현재)이다. 그 사람은 사형당하거나 갇힐 만한 일을 한 것이 하나도 없다.

32, "이에 아그립바가 베스도에게 이르되 이 사람이 만일 가이사에게 상소하지 아니하였더라면 석방될 수 있을 뻔하였다 하니라"

"이르되" - '선언한다.'(동직설 과거)이다. "상소하지" - '상소한다.'(동직설 과거)이다. "아니하였더라면" - '아니'이다. "석방될" - '석방한다.'(동부정사 완료)이다. "수 있을 뻔하였다" - '할 수 있다.'(동직설 미완료)이다. 황제에게 상소하지 않았다면 석방할 수 있다.

38
그대로 되리라고 믿노라

본문 사도행전 27:1-44
요절 사도행전 27:25
찬송 546장, 543장

1. 바울은 누구와 함께 이달리야로 갑니까(1-2)? 그의 여정은 어떠
   했습니까(3-9)? 바울은 그들에게 무엇을 충고합니까(10)?
2. 왜 백부장은 바울의 충고를 받아들이지 않았습니까(11-13)? 그러
   나 그들은 얼마나 심각한 상황을 만났습니까(14-21a)? 그들이
   그런 위기를 만나게 된 원인은 무엇이었습니까(21b)?
3. 바울은 그들에게 무엇이라고 권고합니까(22)? 그렇게 말하는 근
   거는 무엇입니까(23-24)? 그가 믿는 하나님은 어떤 분입니까
   (25-26)? '나는 내게 말씀하신 그대로 되리라고 믿노라.'라고 말
   하는 바울로부터 무엇을 배웁니까?
4. 바울은 사공들이 배에서 도망하려고 할 때 무슨 방향을 주었습
   니까(27-31)? 바울을 통해 무엇을 배웁니까? 그러자 군인들은 무
   엇을 했습니까(32)?
5. 바울은 사람들에게 무엇을 권합니까(33-37)? 그들은 어떻게 했습
   니까(38-44)?

38

그대로 되리라고 믿노라

본문 사도행전 27:1-44
요절 사도행전 27:25
찬송 546장, 543장

1. 바울은 누구와 함께 이달리야로 갑니까(1-2)? 그의 여정은 어떠했습니까(3-9)? 바울은 그들에게 무엇을 충고합니까(10)?

1, "우리가 배를 타고 이달리야에 가기로 작정되매 바울과 다른 죄수 몇 사람을 아구스도대의 백부장 율리오란 사람에게 맡기니"

"우리" - 누가, 데살로니가 출신 마게도냐인 아리스다고(에베소대 소란 때 극장 안으로 끌려 들어간 사람, 19:29; 27:2) 등이다. "배를 타고" - '배를 타고 간다.'(동부정사 현재)이다. 그들은 항해 비용을 개인이 부담했다. "작정" - '결정한다.'(동직설 과거)이다. "되매" - '할 때'이다. 그들은 바울 일행을 배로 이탈리아로 보내기로 했다. 바울은 마침내 로마로 간다.

"죄수 몇 사람" - 바울은 죄수로 다른 죄수와 함께한다. 그는 군인, 상인, 다른 죄수 가운데 있는 외로운 그리스도인이다. "아구스도"(σεβαστός, sebastos) - '로마 황제들의 칭호'인데, '아구스도(the Augustan)'로 번역했다. "(아구스도)대의" - '보병대(military cohort)'이다. "백부장" - '백부장(a centurion)'은 로마 군대에서 일백 명으로 구성된 '큐리아(curia)'를 통솔했다. "맡기니" - '전달한다.'(동직설 미완료)이다. 황제 부대의 백부장 율리오가 그들의 호송을 맡았다.

2, "아시아 해변 각처로 가려 하는 아드라뭇데노 배에 우리가 올라 항해할새 마게도냐의 데살로니가 사람 아리스다고도 함께 하니라"

"가려" - '배를 타고 간다.'(동부정사 현재)이다. "하는" - '곧 ~하려고 한다.'(동분사 현재)이다. "아드라뭇데노"(Aristarchus) - 소아시아 무시아 지방의 항구 이름인데, 여기서는 배 이름이다. "올라" - '올라탄다.'(동분사 과거)이다. "항해할새" - '데리고 올라간다.'(동직설 과거)이다. "하니라" - '나는 ~이다.'(동분사 현재)이다.

그들의 여정은 어떠했는가?

3, "이튿날 시돈에 대니 율리오가 바울을 친절히 대하여 친구들에게 가서 대접받기를 허락하더니"

"대니" - '인도한다.'(동직설 과거)이다. "대하여" - '다룬다.'(동분사 과거)이다. "가서" - '간다.'(동분사 과거)이다. "대접" - '돌봄'이다. "받기를" - '얻는다.'(동부정사 과거)이다. "허락하더니" - '허락한다.'(동직설 과거)이다.

4, "또 거기서 우리가 떠나가다가 맞바람을 피하여 구브로 해안을 의지하고 항해하여"

"떠나가다가" - '데리고 올라간다.'(동분사 과거)이다. "피하여" - '~을 통하여'이다. "의지하고 항해하여" - '아래로 항해한다.'(동직설 과거)이다. 그들은 맞바람을 피하여 구브로 해안을 의지해서 항해했다.

5, "길리기아와 밤빌리아 바다를 건너 루기아의 무라 시에 이르러"

"건너" - '배를 타고 건너간다.'(동분사 과거)이다. "이르러" - '내려온다.'(동직설 과거)이다.

6, "거기서 백부장이 이달리야로 가려 하는 알렉산드리아 배를 만나 우리를 오르게 하니"

"가려 하는" - '배를 타고 건너간다.'(동분사 현재)이다. "만나" -

'찾는다.'(동분사 과거)이다. "오르게 하니" - '~에 올려놓는다.'(동직설 과거)이다. 그들은 이탈리아로 가는 배를 만나서 갈아탔다.

7, "배가 더디 가 여러 날 만에 간신히 니도 맞은편에 이르러 풍세가 더 허락하지 아니하므로 살모네 앞을 지나 그레데 해안을 바람막이로 항해하여"
"배가 더디 가" - '천천히 항해한다.'(동분사 현재)이다. "이르러" - '일어난다.'(동분사 과거)이다. "풍세가" - '바람'이다. "더 허락하지" - '더 허락한다.'(동분사 현재)이다. 그들은 맞바람으로 더는 나아갈 수 없다. "앞을 지나" - '아래로'이다. "해안을 바람막이로 항해하여" - '~아래로 항해한다.'(동직설 과거)이다.

8, "간신히 그 연안을 지나 미항이라는 곳에 이르니 라새아 시에서 가깝더라"
"연안을 지나" - '연안을 따라 항해한다.'(동분사 현재)이다. "미항" - '아름다운 항구(Fair Havens)'이다. "이라는" - '부른다.'(동분사 현재)이다. "이르니" - '온다.'(동직설 과거)이다. "(가깝)더라" - '나는 ~이다.'(동직설 미완료)이다. "라새아" - 그레데섬의 한 도시이다.

9, "여러 날이 걸려 금식하는 절기가 이미 지났으므로 항해하기가 위태한지라 바울이 그들을 권하여"
"걸려" - '경과한다.'(동분사 과거)이다. "금식하는 절기가" - '금식'이다. 유대인의 속죄일을 말하는데, 유대력으로는 7월 10일이다. 그 기간에는 심한 겨울 폭풍, 짙은 구름, 안개로 가시거리가 크게 제한받았다. "지났(으므로)" - '지나간다.'(동부정사 완료)이다. "(위태한)지라" - '나는 ~이다.'(동분사 현재)이다. "권하여" - '충고한다.'(동직설 미완료)이다.

10, "말하되 여러분이여 내가 보니 이번 항해가 하물과 배만 아니라

우리 생명에도 타격과 많은 손해를 끼치리라 하되"

"말하되" - '말한다.'(동분사 현재)이다. "내가 보니" - '지켜본다.'(동직설 현재)이다. "끼치(리라)" - '나는 ~이다.'(동부정사 미래)이다. "(끼치)리라" - 곧 ~하려고 한다.'(동부정사 현재)이다. 바울은 그들에게 "항해하지 않아야 한다."라고 조언한다.

2. 왜 백부장은 바울의 충고를 받아들이지 않았습니까(11-13)? 그러나 그들은 얼마나 심각한 상황을 만났습니까(14-21a)? 그들이 그런 위기를 만나게 된 원인은 무엇이었습니까(21b)?

11, "백부장이 선장과 선주의 말을 바울의 말보다 더 믿더라"

"선장" - 배를 총지휘하는 사람이다. "선주" - 배의 주인이다. "말" - '말한다.'(동분사 현재)이다. "믿더라" - '설득한다.'(동직설 미완료)이다. 백부장은 바울의 말보다 선장과 선주의 말을 더 믿는다.

12, "그 항구가 겨울을 지내기에 불편하므로 거기서 떠나 아무쪼록 뵈닉스에 가서 겨울을 지내자 하는 자가 더 많으니 뵈닉스는 그레데 항구라 한쪽은 서남을, 한쪽은 서북을 향하였더라"

"(불편)하므로" - '시작한다.'(동분사 현재)이다. 그 항구는 겨울을 나기에 적합하지 못한 곳이었다. "떠나" - '데리고 올라간다.'(동부정사 과거)이다. "가서" - '이른다.'(동분사 과거)이다. "겨울을 지내" - '겨울을 지낸다.'(동부정사 과거)이다. "하는" - '둔다.'(동직설 과거)이다. 뵈닉스에서 겨울을 나기로 했다. "향하였더라" - '본다.'(동분사 현재)이다.

또 다른 이유는 무엇인가?

13, "남풍이 순하게 불매 그들이 뜻을 이룬 줄 알고 닻을 감아 그레데 해변을 끼고 항해하더니"

"순하게 불매" - '부드럽게 분다.'(동분사 과거)이다. "이룬 줄" - '붙잡는다.'(동부정사 완료)이다. "알고" - '추정한다.'(동분사 과거)이다. "감아" - '들어 올린다.'(동분사 과거)이다. "항해하더니" - '연안을 따라 항해한다.'(동직설 미완료)이다.

그러나 그들은 어떤 상황을 만났는가?

14, "얼마 안 되어 섬 가운데로부터 유라굴로라는 광풍이 크게 일어나니"

"(안)되어" - '~후에'이다. "유라굴라"(Euraquilo) - '유로스(Euros, 동풍)'와 '아쿠일로(Aquilo, 북풍)'의 복합어이다. '북동풍(northeaster)'이라는 뜻이다. "(유라굴라)라는" - '부른다.'(동분사 현재)이다. "크게 일어나니" - '던진다.'(동직설 과거)이다.

15, "배가 밀려 바람을 맞추어 갈 수 없어 가는 대로 두고 쫓겨가다가"

"밀려" - '붙잡아 끌고 간다.'(동분사 과거)이다. "맞추어 갈" - '~에 대하여 본다.'(동부정사 현재)이다. "수" - '할 수 있다.'(동분사 현재)이다. "없어" - '아니'이다. "가는 대로 두고" - '내맡긴다.'(동분사 과거)이다. "쫓겨가다가" - '운반한다.'(동직설 미완료)이다. 그들은 배가 폭풍에 휘말려서 앞으로 갈 수 없어서 포기하고 바람이 부는 대로 배를 맡기고 표류한다.

16, "가우다라는 작은 섬 아래로 지나 간신히 거루를 잡아"

"가우다" - 그레데 섬 근처에 남쪽으로 놓여 있는 작은 섬이며, '가우도스(Gaudo)'로 불린다. "라는" - '부른다.'(동분사 현재)이다. "아래로 지나" - '아래로 달린다.'(동분사 과거)이다. "거루" - '작은 배'이다. 돛을 달지 않고 갑판도 없는 작은 배이다. "잡아" - '관리하는(manage with)'을 뜻한다. "(할 수 있다)" - '할 수 있다.'(동직설 과거)이다. 첫째로, 거룻배를 간신히 붙들었다.

17, "끌어 올리고 줄을 가지고 선체를 둘러 감고 스르디스에 걸릴까 두려워하여 연장을 내리고 그냥 쫓겨가더니"

"끌어 올리고" - '들어 올린다.'(동분사 과거)이다. "가지고" - '이용한다.'(동직설 미완료)이다. "둘러 감고" - '단단히 묶는다.'(동분사 현재)이다. 선원들은 거룻배를 갑판 위에다가 끌어 올리고 밧줄을 이용하여 선체를 동여맨다.

"스르디스"(Syrts) - '모래톱이 있는 곳(sandbars of Syrtis)'이다. "걸릴(까)" - '~에서 떨어진다.'(동가정 과거)이다. "(걸릴)까" - '아니'이다. "두려워하여" - '무서워한다.'(동분사 현재)이다. "내리고" - '내린다.'(동분사 과거)이다. "쫓겨가더니" - '가져온다.'(동직설 미완료)이다. 그들은 배가 모래톱에 걸릴까 염려하여 돛을 내리고 배를 바람 부는 대로 떠밀려 가도록 했다.

18, "우리가 풍랑으로 심히 애쓰다가 이튿날 사공들이 짐을 바다에 풀어 버리고"

"애쓰다가" - '폭풍우를 만난다.'(동분사 현재)이다. "짐을 바다에 풀어 버리(고)" - '배 밖으로 던져버림'이다. "(버리)고" - '한다.'(동직설 미완료)이다. 선원은 짐을 바다에 던졌다.

19, "사흘째 되는 날에 배의 기구를 그들의 손으로 내버리니라"

"내버리니라" - '던진다.'(동직설 과거)이다. 그들이 할 수 있는 일은 배의 무게를 줄이는 것뿐이었다. 바울의 말대로 화물에 큰 손실이 생겼다.

20, "여러 날 동안 해도 별도 보이지 아니하고 큰 풍랑이 그대로 있으매 구원의 여망마저 없어졌더라"

"보이지" - '보인다.'(동분사 현재)이다. "아니하고" - '~도 아니다.'이다. "있으매" - '~에 놓여 있다.'(동분사 현재)이다. "여망" - '소망'이다. "없어졌더라" - '제거한다.'(동직설 미완료)이다. 구원의 소망도 사라졌다.

그때 바울은 무슨 말을 했는가?

21, "여러 사람이 오래 먹지 못하였으매 바울이 가운데 서서 말하되 여러분이여 내 말을 듣고 그레데에서 떠나지 아니하여 이 타격과 손상을 면하였더라면 좋을 뻔하였느니라"

"먹지 못(하였으매)" - '먹지 못함'이다. "(못)하였으매" - '있다.'(동분사 현재)이다. "서서" - '선다.'(동분사 과거)이다.

"말하되" - '말한다.'(동직설 과거)이다. "말을 듣고" - '순종한다.'(동분사 과거)이다. "떠나지" - '데리고 올라간다.'(동부정사 현재)이다. "아니하여" - '아니'이다. "면하였더라면" - '얻는다.'(동부정사 과거)이다. "좋을 뻔하였느니라" - '반드시 ~해야 한다.'(동직설 미완료)이다. 바울은 지금의 상황이 자기 말을 듣지 않은 결과임을 분명하게 밝힌다.

3. 바울은 그들에게 무엇이라고 권고합니까(22)? 그렇게 말하는 근거는 무엇입니까(23-24)? 그가 믿는 하나님은 어떤 분입니까(25-26)? '나는 내게 말씀하신 그대로 되리라고 믿노라.'라고 말하는 바울로부터 무엇을 배웁니까?

22, "내가 너희를 권하노니 이제는 안심하라 너희 중 아무도 생명에는 아무런 손상이 없겠고 오직 배뿐이리라"

"권하노니" - '촉구한다(urge).(동직설 현재)이다. "안심하라" - '용기가 있다.'(동부정사 현재)이다. 바울은 그들이 용기를 잃지 않도록 권고한다. "없(겠고)" - '하나도 아닌'이다. "(없)겠고" - '있으리라.'(동직설 미래)이다. "오직 배뿐이리라" - 그 배만 잃는다. 왜냐하면 한 사람도 생명을 잃지 않고 배만 잃기 때문이다.

그렇게 말하는 근거는 무엇인가?

23, "내가 속한바 곧 내가 섬기는 하나님의 사자가 어제 밤에 내 곁에 서서 말하되"

"내가 속한바" - '나는 ~이다.'(동직설 현재)이다. "내가 섬기는" - '섬긴다.'(동직설 현재)이다. '내가 속해 있고, 내가 섬기는'이라는 뜻

이다. "곁에 서서" - '나타낸다.'(동직설 과거)이다. "말하되" - '말한
다.'(동분사 현재)이다. 그 하나님의 사자가 바울에게 말하면서 나타
났다.

사자는 바울에게 무엇을 말했는가?

24, "바울아 두려워하지 말라 네가 가이사 앞에 서야 하겠고 또 하나
님께서 너와 함께 항해하는 자를 다 네게 주셨다 하였으니"

"두려워하지" - '무서워한다.'(동명령 현재)이다. "말라" - '아니'이
다. "앞에 서야" - '처분에 맡긴다.'(동부정사 과거)이다. "하겠고" -
'반드시 ~해야 한다.'(동직설 현재)이다. 바울은 가이사 앞에 반드시
서야 한다. 그러므로 그는 바다에서 죽지 않는다.

"항해하는" - '배를 타고 간다.'(동분사 현재)이다. "주셨다" - '은
혜를 베푼다.'(동직설 완료)이다. 하나님은 바울과 함께하는 모든 사
람의 생명을 그에게 맡기셨다.

바울이 믿는 하나님은 어떤 분인가?

25, "그러므로 여러분이여 안심하라 나는 내게 말씀하신 그대로 되리
라고 하나님을 믿노라"

"그러므로" - '그런 이유로(Wherefore)'이다. "안심하라" - '용기
가 있다.'(동명령 현재)이다. 하나님께서 그들의 생명을 바울에게 맡
기셨으므로 그들은 안심해야 한다.

"(왜냐하면)" - '왜냐하면(for)'이다. "말씀하신" - '말한다.'(동직설
완료)이다. "되리라" - '하리라.'(동직설 미래)이다. "믿노라" - '믿는
다.'(동직설 현재)이다.

'나는 내게 말씀하신 그대로 되리라고 믿노라.'라고 말하는 바울
로부터 무엇을 배우는가? 하나님의 말씀을 믿는 믿음을 배운다. 하
나님은 바울에게 두 가지를 말씀하셨다. '너는 가이사 앞에 서야 하
겠다.' '너와 함께 항해하는 자를 다 네게 주셨다.' 바울은 이 말씀
을 하나님께서 그대로 이루실 줄 믿는다. 그는 하나님이 자기를 바
다에서 구원하셔서 로마로 인도할 줄 믿는다. 하나님은 자기뿐만 아

니라, 한배에 타고 있는 사람도 살릴 줄 믿는다. 하나님은 말씀대로 하시는 분임을 믿는다.

그러나 그들은 어떻게 되는가?

26, "그런즉 우리가 반드시 한 섬에 걸리리라 하더라"

"그런즉" - '그러나'이다. "걸리(리라)" - '벗어난다.'(동부정사 과거)이다. "(걸리)리라" - '반드시 해야 한다.'(동직설 현재)이다. 하지만 우리는 어떤 섬에 걸려야 한다.

4. 바울은 사공들이 배에서 도망하려고 할 때 무슨 방향을 주었습니까(27-31)? 바울을 통해 무엇을 배웁니까? 그러자 군인들은 무엇을 했습니까(32)?

27, "열나흘째 되는 날 밤에 우리가 아드리아 바다에서 이리저리 쫓겨가다가 자정쯤 되어 사공들이 어느 육지에 가까워지는 줄을 짐작하고"

"되는 날" - '된다.'(동직설 과거)이다. "이리저리 쫓겨가다가" - '퍼진다.'(동분사 현재)이다. "되어" - '아래로'이다. "가까워지는 줄을" - '~으로 인도한다.'(동부정사 현재)이다. "짐작하고" - '추측한다.'(동직설 미완료)이다.

28, "물을 재어 보니 스무 길이 되고 조금 가다가 다시 재니 열다섯 길이라"

"재어 보니" - '잰다.'(동분사 과거)이다. "되고" - '찾는다.'(동직설 과거)이다. "가다가" - '떠난다.'(동분사 과거)이다. "재니" - '잰다.'(동분사 과거)이다. "(길)이라" - '찾는다.'(동직설 과거)이다.

29, "암초에 걸릴까 하여 고물로 닻 넷을 내리고 날이 새기를 고대하니라"

"걸릴(까)" - '~에서 떨어진다.'(동가정 과거)이다. "하여" - '두려워한다.'(동분사 현재)이다. "내리고" - '던진다.'(동분사 과거)이다.

"새기를" - '된다.'(동부정사 과거)이다. "고대하니라" - '원한다.'(동직설 미완료)이다.

30, "사공들이 도망하고자 하여 이물에서 닻을 내리는 체하고 거룻배를 바다에 내려놓거늘"

"도망하고자" - '도망한다.'(동부정사 과거)이다. "하여" - '찾는다.'(동분사 현재)이다. "이물" - '배의 앞부분(bow)'이다. "내리는" - '내밀다.'(동부정사 현재)이다. "(체)하고" - '곧 ~하려고 한다.'(동분사 현재)이다. "내려놓거늘" - '내린다.'(동분사 과거)이다.

그때 바울은 무엇을 했는가?

31, "바울이 백부장과 군인들에게 이르되 이 사람들이 배에 있지 아니하면 너희가 구원을 얻지 못하리라 하니"

"이르되" - '말한다.'(동직설 과거)이다. "있지" - '머무른다.'(동가정 과거)이다. "아니하면" - '~아니면'이다. 선원들은 항해 전문가이기에 배 안에 있어야 한다. "구원을 얻지" - '구원한다.'(동부정사 과거)이다. "못하(리라)" - '~아니다'이다. "(못하)리라" - '할 수 있다.'(동직설 현재)이다.

바울을 통해 무엇을 배우는가? 성령님은 바울에게 배에 있는 모든 사람의 안전을 맡겼다. 그들의 생명은 바울의 손에 달렸다. 하지만 바울은 자기 혼자 생명을 구원하는 일을 하지 않는다. 그는 항해 전문가와 동역하려고 한다.

그러자 군인들은 무엇을 했는가?

32, "이에 군인들이 거룻줄을 끊어 떼어 버리니라"

"끊어" - '끊어버린다.'(동직설 과거)이다. "떼어" - '~에서 떨어진다.'(동부정사 과거)이다. "버리니라" - '허락한다.'(동직설 과거)이다. 거룻배의 밧줄을 끊어서 거룻배를 떨어뜨렸다. 바울의 말에 즉시 순종했다.

5. 바울은 사람들에게 무엇을 권합니까(33-37)? 그들은 어떻게 했습니까(38-44)?

33, "날이 새어 가매 바울이 여러 사람에게 음식 먹기를 권하여 이르되 너희가 기다리고 기다리며 먹지 못하고 주린 지가 오늘까지 열나흘인 즉"

"새어" - '된다.'(동부정사 현재)이다. "가(매)" - '곧 ~하려고 한다.'(동직설 미완료)이다. "먹기를" - '몫을 취한다.'(동부정사 과거)이다. "권하여" - '훈계한다.'(동직설 미완료)이다. "이르되" - '말한다.'(동분사 현재)이다. "기다리고 기다리며" - '기다린다.'(동분사 현재)이다. "주린" - '받아들인다.'(동분사 과거)이다. "지가" - '계속 ~한다.'(동직설 현재)이다. 그들은 열나흘 동안이나 먹지 못하고 굶고 있다.

34, "음식 먹기를 권하노니 이것이 너희의 구원을 위하는 것이요 너희 중 머리카락 하나도 잃을 자가 없으리라 하고"

"먹기를" - '몫을 취한다.'(동부정사 과거)이다. "권하노니" - '훈계한다.'(동직설 현재)이다. "(위하는 것)이요" - '있다.'(동직설 현재)이다. "잃을" - '멸망시킨다.'(동직설 미래)이다.

35, "떡을 가져다가 모든 사람 앞에서 하나님께 축사하고 떼어먹기를 시작하매"

"가져다가" - '취한다.'(동분사 과거)이다. "축사하고" - '감사한다.'(동직설 과거)이다. "떼어" - '쪼갠다.'(동분사 과거)이다. "먹기를" - '먹는다.'(동부정사 현재)이다. "시작하매" - '시작한다.'(동직설 과거)이다. 바울은 사람들 앞에서 하나님께 감사했다. 먹기 시작했다.

36, "그들도 다 안심하고 받아먹으니"

"안심"- '용기를 가지는'이다. "(안심)하고" - '일어난다.'(동분사 과거)이다. "받아먹으니" - '받아들인다.'(동직설 과거)이다.

37, "배에 있는 우리의 수는 전부 이백칠십육 명이더라"
"(배에) 있는" - '~안에'이다. "(명)이더라" - '나는 ~이다.'(동직설 미완료)이다.

38, "배부르게 먹고 밀을 바다에 버려 배를 가볍게 하였더니"
"배부르게 먹고" - '음식으로 만족한다.'(동분사 과거)이다. "버려" - '내보낸다.'(동분사 현재)이다. "가볍게 하였더니" - '가볍게 한다.' (동직설 미완료)이다.

39, "날이 새매 어느 땅인지 알지 못하나 경사진 해안으로 된 항만이 눈에 띄거늘 배를 거기에 들여다 댈 수 있는가 의논한 후"
"새(매)" - '된다.'(동직설 과거)이다. "알지" - '알다.'(동직설 미완료)이다. "못하나" - '~아니다'이다. "(해안으로) 된" - '가진다.'(동분사 현재)이다. "눈에 띄거늘" - '지각한다.'(동직설 미완료)이다. "들여다 댈" - '운전한다.'(동부정사 과거)이다. "수" - '할 수 있다.'(동희구 현재)이다. "의논한 후" - '의논한다.'(동직설 미완료)이다.

40, "닻을 끊어 바다에 버리는 동시에 키를 풀어 늦추고 돛을 달고 바람에 맞추어 해안을 향하여 들어가다가"
"끊어" - '제거한다.'(동분사 과거)이다. "버리는" - '버려둔다.'(동직설 미완료)이다. "풀어" - '연결하거나 묶기에 적합한'이다. "늦추고" - '놓아준다.'(동분사 과거)이다. "달고" - '들어 올린다.'(동분사 과거)이다. "바람에 맞추어" - '불다.'(동분사 현재)이다. "들어가다가" - '차지한다.'(동직설 미완료)이다.

41, "두 물이 합하여 흐르는 곳을 만나 배를 걸매 이물은 부딪쳐 움직일 수 없이 붙고 고물은 큰 물결에 깨어져 가니"
"(그러나)" - '그러나'이다. "두 물이 합하여 흐르는" - '두 바다를 형성하는'이다. "만나" - '만난다.'(동분사 과거)이다. "걸매" - '물에 댄다.'(동직설 과거)이다. 그러나 두 물살이 만나는 지점으로 밀려들어서 배가 모래톱에 걸렸다. "부딪쳐" - '단단히 고정한다.'(동분사 과거)이다. "붙고" - '머무른다.'(동직설 과거)이다. 뱃머리는 단단히 박혀서 꼼짝하지 않았다. "깨어져 가니" - '풀다.'(동직설 미완료)이다. 배꼬리는 거친 파도에 깨졌다.

군인은 무슨 계획을 세웠는가?

42, "군인들은 죄수가 헤엄쳐서 도망할까 하여 그들을 죽이는 것이 좋다 하였으나"

"헤엄쳐서" - '헤엄쳐 나온다.'(동분사 과거)이다. "도망할(까)" - '도망한다.'(동가정 과거)이다. "죽이는 것이" - '죽인다.'(동가정 과거)이다. "하였으나" - '된다.'(동직설 과거)이다.

43, "백부장이 바울을 구원하려 하여 그들의 뜻을 막고 헤엄칠 줄 아는 사람들을 명하여 물에 뛰어내려 먼저 육지에 나가게 하고"

"(그러나)" - '그러나'이다. "구원하려" - '안전하게 살려낸다.'(동부정사 과거)이다. "하여" - '바란다.'(동분사 현재)이다. "막고" - '방해한다.'(동직설 과거)이다. 그러나 백부장은 바울을 구원하려고 군인의 뜻을 막았다.

"헤엄칠" - '바다로 뛰어들다.'(동부정사 현재)이다. "줄 아는" - '할 수 있다.'(동분사 현재)이다. "명하여" - '명령한다.'(동직설 과거)이다. "뛰어내려" - '던져버린다.'(동분사 과거)이다. "나가게 하고" - '나간다.'(동부정사 현재)이다.

44, "그 남은 사람들은 널조각 혹은 배 물건에 의지하여 나가게 하니 마침내 사람들이 다 상륙하여 구조되니라"

"의지하여 나가게 하니" - '~가까이에'이다. "(상륙)하여" - '된다.'(동직설 과거)이다. "상(륙)" - '~가까이에'이다. "구조되니라" - '안전하게 살려낸다.'(동부정사 과거)이다. 모두 뭍으로 올라와 구원받았다.

구원은 믿음과 순종을 통해 이루어진다. 처음에는 백부장을 비롯한 선장, 선주 등은 바울의 말을 믿지 않았다. 그랬을 때 그들은 절망의 나락으로 떨어졌다. 하지만 그들이 바울을 믿고, 하나님의 말씀을 믿었을 때 절망은 희망으로, 죽음은 생명으로 바뀌었다. 믿지 않음과 믿음이 죽음과 구원을 결정한다.

39

아침부터 저녁까지 강론하여

본문 사도행전 28:1-31
요절 사도행전 28:23
찬송 520장, 505장

1. 원주민들은 바울 일행을 어떻게 맞이했습니까(1-2)? 왜 그들은
   바울을 '신이라'라고 말합니까(3-6)? 왜 그들은 바울 일행을 후
   한 예로 대했습니까(7-10)?

2. 바울 일행은 어떻게 로마에 도착했습니까(11-14)? 로마에 도착
   한 바울은 가장 먼저 무엇을 했습니까(15)? 그의 현실은 어떠했
   습니까(16)? 그는 그곳에서 가장 먼저 무엇을 했습니까(17-20)?

3. 유대인 지도자들의 반응은 어떠했습니까(21-22)? 바울은 그들에
   게 무엇을 합니까(23)? 예수님을 구약성경에 근거하여 권한 데
   는 무슨 뜻이 있습니까? '하나님의 나라와 예수님'은 어떤 연관
   이 있습니까?

4. 그 결과는 무엇입니까(24-27)? 그들은 무엇을 알아야 합니까
   (28-29)?

5. 바울은 셋집에서 무엇을 합니까(30)? 그는 무엇을 했습니까(31)?
   '거침없이 가르친다.'라는 사실을 통하여 무엇을 배웁니까?

39

아침부터 저녁까지 강론하여

본문 사도행전 **28:1-31**
요절 사도행전 **28:23**
찬송 **520**장, **505**장

1. 원주민들은 바울 일행을 어떻게 맞이했습니까(1-2)? 왜 그들은 바울을 '신이라'라고 말합니까(3-6)? 왜 그들은 바울 일행을 후한 예로 대했습니까(7-10)?

1, "우리가 구조된 후에 안즉 그 섬은 멜리데라 하더라"
"구조된" - '안전하게 살려낸다.'(동분사 과거)이다. "후에" - 바울 일행은 모두 구조되었다(27:44). "안(즉)" - '알다.'(동직설 과거)이다. "하더라" - '부른다.'(동직설 현재)이다.

2, "비가 오고 날이 차매 원주민들이 우리에게 특별한 동정을 하여 불을 피워 우리를 다 영접하더라"
"오고" - '~에 둔다.'(동분사 완료)이다. "(차)매" - '~와 함께'이다. "원주민들이"(βάρβαρος, barbaros) - '말을 더듬는', '야만인'이다. 여기서는 '토착어를 말하는 사람(the native)', '헬라어를 말하지 않은 사람(non-Greek speakers)'을 뜻한다. "특별한" - '얻는다.'(동분사 과거)이다. "(아닌)" - '~아니다'이다. "동정을" - '특별한 친절'이다. "하여" - '제공한다.'(동직설 미완료)이다. "피워" - '불을 켠다.'(동분사 과거)이다. "영접하더라" - '자기가 속한 집단에 영접한다.'(동직설 과거)이다.

3, "바울이 나무 한 묶음을 거두어 불에 넣으니 뜨거움으로 말미암아 독사가 나와 그 손을 물고 있는지라"

"거두어" - '함께 모은다.'(동분사 과거)이다. "넣으니" - '둔다.' (동분사 과거)이다. "나와" - '나간다.'(동분사 과거)이다. "물고 있는 지라" - '붙잡는다.'(동직설 과거)이다. 뱀이 바울의 손을 물었다.

4, "원주민들이 이 짐승이 그 손에 매달려 있음을 보고 서로 말하되 진실로 이 사람은 살인한 자로다 바다에서는 구조를 받았으나 공의가 그를 살지 못하게 함이로다 하더니"

"매달려 있음을" - '매달다.'(동분사 현재)이다. "보고" - '본다.' (동직설 과거)이다. "말하되" - '말한다.'(동직설 미래)이다. "(살인한 자)로다" - '그는 ~이다.'(동직설 현재)이다. "구조를 받았으나" - '안 전하게 살려낸다.'(동분사 과거)이다. "공의가" - '공의(Justice)'이다. 공명정대한 처벌의 여신 디케(Dike)를 의미한다. "그를 살지" - '살 다.'(동부정사 현재)이다. "못" - '~아니다'이다. "(못)하게 함이로다" - '허락한다.'(동직설 과거)이다. 그들은 뱀이 사람을 문 것을 신의 징벌로 생각했다. 살인한 사람에 대한 벌로 여겼다.

그러나 바울은 무엇을 했는가?

5, "바울이 그 짐승을 불에 떨어 버리매 조금도 상함이 없더라"

"떨어 버리(매)" - '떨어버린다.'(동분사 과거)이다. "상함이" - '나 쁜'이다. "없(더라)" - '하나도 아닌'이다. "(없)더라" - '고난을 겪는 다.'(동직설 과거)이다. 바울은 아무런 해도 입지 않았다.

6, "그들은 그가 붓든지 혹은 갑자기 쓰러져 죽을 줄로 기다렸다가 오래 기다려도 그에게 아무 이상이 없음을 보고 돌이켜 생각하여 말하되 그를 신이라 하더라"

"붓든지" - '부어오른다.'(동부정사 현재)이다. "쓰러져" - '넘어진

다.'(동부정사 현재)이다. "(죽을) 줄로" - '곧 ~하려고 한다.'(동부정
사 현재)이다. "기다렸다가" - '기다린다.'(동직설 미완료)이다. "기다
려도" - '기다린다.'(동분사 현재)이다. "없(음을)" - '아무도 ~아닌'
이다. "(없)음을" - '된다.'(동분사 현재)이다. "보고" - '지켜본다.'(동
분사 현재)이다.

"돌이켜 생각하여" - '마음을 바꾼다.'(동분사 과거)이다. "말하
되" - '말한다.'(동직설 미완료)이다. "(신)이라 하더라" - '나는 ~이
다.'(동부정사 현재)이다. 그들은 마음을 바꿔서 바울을 신이라고 부
른다. 왜냐하면 독사에게 물렸는데도 죽지 않았기 때문이다. 이것은
신만이 가능한 일이기 때문이다.

7, "이 섬에서 가장 높은 사람 보블리오라 하는 이가 그 근처에 토지
가 있는지라 그가 우리를 영접하여 사흘이나 친절히 머물게 하더니"
"하는 이가" - '이름'이다. "있는지라" - '있다.'(동직설 미완료)이
다. "영접하여" - '받는다.'(동분사 과거)이다. "머물게 하더니" - '환
대한다.'(동직설 과거)이다.

8, "보블리오의 부친이 열병과 이질에 걸려 누워있거늘 바울이 들어
가서 기도하고 그에게 안수하여 낫게 하매"
"걸려" - '억압한다.'(동분사 현재)이다. "누워" - '드러눕는다.'(동
부정사 현재)이다. "있거늘" - '된다.'(동직설 과거)이다. "들어가서"
- '들어간다.'(동분사 과거)이다. "기도하고" - '기도한다.'(동분사 과
거)이다. "안(수하여)" - '놓는다.'(동분사 과거)이다. "낫게 하매" -
'고친다.'(동직설 과거)이다. 바울은 기도하고 그에게 손을 얹어서 치
료했다.

9, "이러므로 섬 가운데 다른 병든 사람들이 와서 고침을 받고"
"(이러)므로" - '된다.'(동분사 과거)이다. "(병)든" - '가진다.'(동
분사 현재)이다. "와서" - '~에게 간다.'(동직설 미완료)이다. "고침을
받고" - '치료한다.'(동직설 미완료)이다. 다른 사람도 찾아와서 고침

을 받는다.

10, "후한 예로 우리를 대접하고 떠날 때에 우리 쓸 것을 배에 실었더라"

"후한" - '많은'이다. "예로" - '존경'이다. "대접하고" - '존경한다.'(동직설 과거)이다. "떠날 때" - '데리고 올라간다.'(동분사 현재)이다. "실었더라" - '둔다.'(동직설 과거)이다. 바울은 그들로부터 극진한 대우를 받았다.

2. 바울 일행은 어떻게 로마에 도착했습니까(11-14)? 로마에 도착한 바울은 가장 먼저 무엇을 했습니까(15)? 그의 현실은 어떠했습니까(16)? 그는 그곳에서 가장 먼저 무엇을 했습니까(17-20)?

11, "석 달 후에 우리가 그 섬에서 겨울을 난 알렉산드리아 배를 타고 떠나니 그 배의 머리 장식은 디오스구로라"

"석 달 후에" - 3개월 동안 그곳에 머물렀다. "겨울을 난" - '겨울을 지낸다.'(동분사 완료)이다. "타고 떠나니" - '데리고 올라간다.'(동직설 과거)이다.

"디오스구로"(Dioscuri) - '쌍둥이 형제(The Twin Brothers)'라는 뜻이다. 제우스(Zeus, Jupiter) 쌍둥이 아들인 '카스토르(Castor)'와 '폴룩스(Pollux)'를 말한다(the twin gods Castor and Pollux). 그들은 곤경에 처한 선원을 돕는 신들로도 알려졌다.

12, "수라구사에 대고 사흘을 있다가"

"수라구사" - 시라쿠사(Syracusa)이다. 그리스 쪽에서 오는 모든 배가 정박하는 항구 도시였다. "대고" - '이끌다.'(동분사 과거)이다. "있다가" - '머무른다.'(동직설 과거)이다.

13, "거기서 둘러가서 레기온에 이르러 하루를 지낸 후 남풍이 일어나므로 이튿날 보디올에 이르러"

"둘러가서" - '돌아다닌다.'(동분사 과거)이다. "이르러" - '이른
다.'(동직설 과거)이다. "지낸 후" - '~후에'이다. "일어나므로" - '일
어난다.'(동분사 과거)이다. "보디올" - '이탈리아 항구 도시'이다.
"이르러" - '온다.'(동직설 과거)이다.

14, "거기서 형제들을 만나 그들의 청함을 받아 이레를 함께 머무니
라 그래서 우리는 이와 같이 로마로 가니라"
"만나" - '찾는다.'(동분사 과거)이다. "청함을 받아" - '초청한
다.'(동직설 과거)이다. "머무니라" - '머무른다.'(동부정사 과거)이다.
바울 일행은 그곳에서 일주일 동안 머물도록 초청받았다. "그래서
우리는 이와 같이 로마로" - '로마로 향하여'이다. "가니라" - '오
다.'(동직설 과거)이다. 이렇게 그들은 드디어 로마 안으로 왔다. 그
는 그토록 오랫동안 오고자 했던(롬 1:10-13) 그 로마에 왔다.
당시 로마는 어떤 곳이었는가? 세네카(Seneca, 고대 로마의 수사
학자)는 로마를 "악의 소굴"로 불렀고, 유베날리스(Decimus Iunius
Iuvenalis, 고대 로마의 시인)는 "더러운 하수구"로 불렀다. 요한계시
록은 로마를 "땅의 음녀들과 가증한 것들의 어미"(계 17:5)로 묘사
했다. 하지만 로마는 세계의 중심지였다. 그 로마를 네로(Nero)가 다
스리고 있었다. 로마 인구의 2백만 명 중 1백만 명이 노예였다. 1백
만 명의 시민 중 약 7백 명은 원로원 의원과 기사 계급이었다. 소수
의 사람이 로마의 모든 부와 권세를 장악하고 있었다. 로마를 여행
한 사람은 보통 두 가지를 기대했다. 하나는 빵이고, 하나는 원형
경기장에서 펼쳐지는 각종 경기를 관람하는 것이었다. 사람들은 빵
을 구하여 굶주린 배를 채우고, 원형 극장으로 몰려가서 검투사의
싸움을 구경하며 즐겼다.
로마의 형제자매는 바울을 어떻게 맞이했는가?

15, "그곳 형제들이 우리 소식을 듣고 압비오 광장과 트레이스 타베
르네까지 맞으러 오니 바울이 그들을 보고 하나님께 감사하고 담대한 마
음을 얻으니라"

"그곳 형제들" - 로마에 있는 가정교회의 형제자매이다. "듣고" - '듣는다.'(동분사 과거)이다. "압비오 광장" - 로마 남쪽 '아피안 도로(Appian way)'에 있는 '광장(the Forum of Appius)'이나 '시장(The Market of Appius)'을 말한다. "트레이스" - '셋(tree)'이다. "타베르네" - '여인숙', '가게'이다. '트레이스 타베르네'는 '세 개의 호텔(Three Taverns)'을 말한다. "오니" - '온다.'(동직설 과거)이다. 로마의 동역자들은 바울을 마중하러 먼 거리인 '세 개의 호텔'이 있는 곳까지 왔다.

"보고" - 본다.'(동분사 과거)이다. "감사하고" - '감사한다.'(동분사 과거)이다. "담대한 마음을" - '대담함'이다. "얻으니라" - '받는다.'(동직설 과거)이다. 바울은 그들을 보고 하나님께 감사하며 용기를 얻었다.

바울은 로마에서 어떻게 지냈는가?

16, "우리가 로마에 들어가니 바울에게는 자기를 지키는 한 군인과 함께 따로 있게 허락하더라"

"들어가니" - '들어간다.'(동직설 과거)이다. "지키는" - '보호한다.'(동분사 현재)이다. "따(로)" - '그 자신의'이다. "있게" - '머무른다.'(동부정사 현재)이다. "허락하더니" - '허락한다.'(동직설 과거)이다. 바울은 그를 지키는 병사 한 사람과 함께 따로 지내도록 허락받았다.

그는 그곳에서 가장 먼저 무엇을 했는가?

17, "사흘 후에 바울이 유대인 중 높은 사람들을 청하여 그들이 모인 후에 이르되 여러분 형제들아 내가 이스라엘 백성이나 우리 조상의 관습을 배척한 일이 없는데 예루살렘에서 로마인의 손에 죄수로 내준 바 되었으니"

"(후)에" - '된다.'(동직설 과거)이다. "청하여" - '함께 부른다.'(동부정사 과거)이다. 사흘 후에 바울은 그곳 유대인 지도자를 불렀다. "그들이 모인 후에" - '함께 온다.'(동분사 과거)이다. "이르되" - '말한다.'(동직설 미완료)이다. "(배척) 한 일이" - '한다.'(동분사 과거)이다. "없는데" - '하나도 아닌'이다. "내준 바 되었으니" - '전달한다.'(동직설 과거)이다. 바울은 유대인의 관습을 거스르는 일을 한 적이 없었다. 그런데도 그는 죄수가 되어서 예루살렘에서 로마 사람의 손에 넘겨졌다.

18, "로마인은 나를 심문하여 죽일 죄목이 없으므로 석방하려 하였으나"

"심문하여" - '조사한다.'(동분사 과거)이다. "없(으므로)" - '아무도 ~아닌'이다. "(없)으" - '있다.'(동부정사 현재)이다. "석방하려" - '석방한다.'(동부정사 과거)이다. "하였으나" - '바란다.'(동직설 미완료)이다.

19, "유대인들이 반대하기로 내가 마지못하여 가이사에게 상소함이요 내 민족을 고발하려는 것이 아니니라"

"반대하기로" - '반대하여 말한다.'(동분사 현재)이다. "내가 마지못하여" - '억지로 하게 한다.'(동직설 과거)이다. "상소함이요" - '청원한다.'(동부정사 과거)이다. 바울은 하는 수 없이 황제에게 상소했다. "고발" - '고소한다.'(동부정사 현재)이다. "(고발)하려는" - '가진다.'(동분사 현재)이다. "아니니라" - '~아니다'이다. 그는 유대 민족을 고발하려는 것은 아니다.

바울이 죄수가 된 진짜 이유는 무엇이었는가?

20, "이러므로 너희를 보고 함께 이야기하려고 청하였으니 이스라엘의 소망으로 말미암아 내가 이 쇠사슬에 매인 바 되었노라"

"보고" - '본다.'(동부정사 과거)이다. "함께 이야기하려고" - '~에게 이야기한다.'(동부정사 과거)이다. "청하였으니" - '초청한다.'(동직설 과거)이다. 바울은 진짜 이유를 말하려고 초청했다. "매인 바 되었노라" - '~에 에워싸고 있다.'(동직설 현재)이다. 바울이 죄수가 된 진짜 이유는 이스라엘의 소망 때문이다.

이스라엘의 소망은 죽은 자의 부활이다(23:6; 24:15; 26:7). 이스라엘은 의인과 악인이 부활할 소망을 품었다. 바울도 그 소망을 품었다. 그리고 그 소망이 예수 그리스도를 통해 이루어졌음을 증언했다. 그가 로마까지 온 진짜 이유도 그 소망을 증언하기 위함이다.

3. 유대인 지도자들의 반응은 어떠했습니까(21-22)? 바울은 그들에게 무엇을 합니까(23)? 예수님을 구약성경에 근거하여 권한 데는 무슨 뜻이 있습니까? '하나님의 나라와 예수님'은 어떤 연관이 있습니까?

21, "그들이 이르되 우리가 유대에서 네게 대한 편지도 받은 일이 없고 또 형제 중 누가 와서 네게 대하여 좋지 못한 것을 전하든지 이야기한 일도 없느니라"

"이르되" - '말한다.'(동직설 과거)이다. "받은" - '받는다.'(동직설 과거)이다. "일이 없고" - '그리고 ~아니'이다. "와서" - '온다.'(동분사 과거)이다. "전(하든지)" - '보고한다.'(동직설 과거)이다. "이야기한" - '말한다.'(동직설 과거)이다. "일도 없느니라" - '그리고 ~아니'이다. 그들은 유대로부터 바울에 관해 편지도 받지 않았고, 나쁜 말도 듣지 않았다.

22, "이에 우리가 너의 사상이 어떠한가 듣고자 하니 이 파에 대하여는 어디서든지 반대를 받는 줄 알기 때문이라 하더라"

"이에" - '그리고'이다. "너의 사상이" - '생각한다.'(동직설 현재)이다. "듣고자" - '듣는다.'(동부정사 과거)이다. "(듣고자) 하니" - '가치 있다고 보거나 생각한다.'(동직설 현재)이다. 그들은 바울의 생각을 듣고자 한다.

왜 그들은 듣고자 하는가? "파에" - '종파'이다. '나사렛 예수 그리스도를 믿는 사람의 모임(this sect)'을 말한다. "반대를 받는" - '반대하여 말한다.'(동직설 현재)이다. "알기" - '알려진'이다. "때문이라" - '그것은 ~이다.'(동직설 현재)이다. 그들은 바울의 종파가 어디서 반대 받는 줄 알기 때문이다.
  바울은 그들에게 무엇을 하는가?

  23, "그들이 날짜를 정하고 그가 유숙하는 집에 많이 오니 바울이 아침부터 저녁까지 강론하여 하나님의 나라를 증언하고 모세의 율법과 선지자의 말을 가지고 예수에 대하여 권하더라"
  "그들이 날짜를" - '날'이다. "정하고" - '정한다.'(동분사 과거)이다. "유숙하는 집" - '거주하는 장소나 방'이다. "오니" - '온다.'(동분사 과거)이다. 그들이 날을 정하고 그가 묵는 곳으로 더 많이 왔다.
  "강론하여" - '자세히 설명한다.'(동직설 미완료)이다. "증언하고" - '증언한다.'(동분사 현재)이다. "권하더라" - '설득한다.'(동분사 현재)이다. "예수에 대하여" - '예수의 죽음과 살아남'이다. 바울은 하나님의 나라를 증언하면서, 모세의 율법과 선지자의 말에 근거해서 예수님에 대하여 자세히 설명한다. "모세의 율법과 선지자의 말을 가지고" - 구약성경에 근거한다. 그는 성경의 그리스도와 역사적인 예수님을 연결하고 있다.
  하나님의 나라와 예수님과는 어떤 연관이 있는가? 예수님을 통하여 하나님의 은혜로운 통치가 인간 역사에 개입했다. 하나님의 나라는 예수님의 죽으심과 부활을 통하여 시작했다.

4. 그 결과는 무엇입니까(24-27)? 그들은 무엇을 알아야 합니까 (28-29)?

  24, "그 말을 믿는 사람도 있고 믿지 아니하는 사람도 있어"
  "말을" - '말한다.'(동분사 현재)이다. "믿는" - '설득한다.'(동직설 미완료)이다. "믿지 아니하는" - '믿지 않는다.'(동직설 미완료)이다.

  25, "서로 맞지 아니하여 흩어질 때에 바울이 한 말로 이르되 성령이 선지자 이사야를 통하여 너희 조상들에게 말씀하신 것이 옳도다"

39, 28:1-31 아침부터 저녁까지 강론하여

"맞지 아니(하여)" - '일치하지 않는'이다. "(아니)하여" - '나는 ~
이다.'(동분사 현재)이다. "흩어질 때에" - '풀어 놓는다.'(동직설 미
완료)이다. 그들은 서로 의견이 맞지 않아 흩어진다.

그때 바울은 무슨 말을 했는가? "이르되" - '말한다.'(동분사 과
거)이다. "말씀하신" - '말한다.'(동직설 과거)이다. "성령님이 이사야
를 통하여 조상에게 하신 말씀은 적절하다."

26, "일렀으되 이 백성에게 가서 말하기를 너희가 듣기는 들어도 도
무지 깨닫지 못하며 보기는 보아도 도무지 알지 못하는도다"

"일렀으되" - '말한다.'(동분사 현재)이다. "가서" - '간다.'(동명령
과거)이다. "말하기를" - '대답한다.'(동명령 과거)이다. "이 백성에게
가서 말하라." "듣기는" - '들음'이다. "들어도" - '듣는다.'(동직설
미래)이다. "도무지" - '결코 ~아니다.'이다. "깨닫지" - '이해한다.'
(동가정 과거)이다. "못하며" - '결코 ~아니다.'이다. "너희가 듣기는
들어도 깨닫지 못한다." "보기는" - '본다.'(동분사(명령적) 현재)이
다. "보아도" - '본다.'(동직설 미래)이다. "알지" - '알다.'(동가정 과
거)이다. "못하는도다" - '결코 ~아니다.'이다. "보기는 보아도 알지
못한다."

27, "이 백성들의 마음이 우둔하여져서 그 귀로는 둔하게 듣고 그
눈은 감았으니 이는 눈으로 보고 귀로 듣고 마음으로 깨달아 돌아오면
내가 고쳐 줄까 함이라 하였으니"

"우둔하여져서" - '무감각하게 한다.'(동직설 과거)이다. "듣고" -
'듣는다.'(동직설 과거)이다. "감았으니" - '눈을 감는다.'(동직설 과
거)이다. "보고" - '본다.'(동가정 과거)이다. "듣고" - '듣는다.'(동가
정 과거)이다. "깨달아" - '깨닫는다.'(동가정 과거)이다. "돌아오면"
- '~로 돌아간다.'(동가정 과거)이다. "내가 고쳐줄" - '고친다.'(동직
설 미래)이다. "까 함이라" - '결코 ~아니다.'이다. 성령님은 이사야
선지자를 통해 그 백성이 돌아오지 않도록 하셨다. 바울의 증언을
유대인이 믿지 않음은 이사야 시대 때의 조상과 같은 모습이다. 그

들이 믿는 것을 거부하면 하나님은 그 조상에게 하셨던 것처럼 그들도 치료하지 않으신다.

그러므로 그들은 무엇을 알아야 하는가?

28, "그런즉 하나님의 이 구원이 이방인에게로 보내어진 줄 알라 그들은 그것을 들으리라 하더라"

"보내어진" - '보낸다.'(동직설 과거)이다. "알라" - '알려진'이다. "(알)라" - '나는 ~이다.'(동명령 현재)이다. 유대인은 자기들이 믿지 않아서 구원의 소식이 이방 사람에게 전파되었음을 알아야 한다. "들으리라" - '듣는다.'(동직설 미래)이다. 유대인이 거부한 그 복음을 이방인은 듣는다.

29, "(없음)"

5. 바울은 셋집에서 무엇을 합니까(30)? 그는 무엇을 했습니까(31)? '거침없이 가르친다.'라는 사실을 통하여 무엇을 배웁니까?

30, "바울이 온 이태를 자기 셋집에 머물면서 자기에게 오는 사람을 다 영접하고"

"온" - '모든'이다. "이태를" - '두 해'이다. 61년~63년까지이다. "자기" - '자기 자신에 속한 것(his own)', '개인적으로'이다. "셋집" - '약정 가격(contract price)', '임대료'이다. 자기가 세를 주고 집을 빌었다. 빌립보 교회에서 헌금하여 지원했다(빌 4:18). "머물면서" - '에 머무른다.'(동직설 미완료)이다. 그는 자기가 얻은 셋집에서 두 해 동안 지낸다. "오는" - '들어간다.'(동분사 현재)이다. "영접하고" - '환영한다.'(동직설 미완료)이다. 그는 오는 사람을 다 영접한다.

31, "하나님의 나라를 전파하며 주 예수 그리스도에 관한 모든 것을 담대하게 거침없이 가르치더라"

"전파하며" - '크게 선포한다.'(동분사 현재)이다. "담대하게" -

'밝히', '확신'이다. "거침없이" - '방해 없이'이다. "가르치더라" - '가르친다.'(동분사 현재)이다. 바울은 하나님 나라를 전파하면서, 예수 그리스도에 관한 모든 내용을 담대하고 자유롭게 가르치면서 그들을 영접한다.

'거침없이 가르친다.'라는 사실을 통하여 무엇을 배우는가? 바울의 가르침을 들으러 왔다고 해서 그 사람 모두가 다 믿는 것은 아니었다. 바울의 말을 믿는 사람도 있고, 믿지 않은 사람도 있었다. 그는 결과는 주님께 맡기고 자기가 할 수 있는 일에 최선을 다한다. 바울은 찾아온 사람에게는 거침없이 가르치면서 영접한다. 비록 그의 발은 묶였을지라도 그의 입은 열려 있다. 그는 로마에 재판받으러 왔지만, 재판보다는 예수님을 증언하는 일에 집중한다.

이곳은 열 평 정도의 집이었다. 그는 오는 사람에게 담대하게 거침없이 가르쳤고, 한편으로는 에베소서, 골로새서, 빌레몬서를 기록했다. 그를 고소했던 유대인이 나타나지 않아서 재판받지 않고 2년 후에 풀려났다. 약 7년 동안 전도했는데, 다시 체포되었다. 그때는 사형이 결정된 상태여서 힘든 시기를 보냈다. 그는 추위와 외로움으로 말년을 보냈다. 그는 67년 봄 로마 외곽 오스티안(Ostian Road) 언덕에서 목 베임을 당했다.

사도행전은 바울의 죽음을 말하지 않는다. 오히려 그가 주님 예수 그리스도에 관한 일을 가르쳤다는 사실로 끝난다. 성경은 증인으로서 그의 삶이 데오빌로에게 이어지고, 오늘 우리에게 이어져서 사도행전 '29장'의 페이지를 쓰기를 바란다.

참고서

참고서

김회권. 『(하나님 나라 신학으로 읽는) 사도행전』. 서울: 복 있는 사람, 2007.

박형룡. 『사도행전』. 서울: 성광문화사, 1983.

유상섭. 『분석 사도행전I』. 서울: 생명의말씀사, 2002.

............『분석 사도행전II』. 서울: 생명의말씀사, 2002.

이상원. 『자기 십자가를 지고』. 서울: 솔로몬, 2001.

정훈택. 『복음을 따라서』. 서울: 한국로고스연구원, 1996.

최홍석. 『성령행전』. 서울: 솔로몬, 2000.

한규삼. 『세상을 바꾼 부흥 공동체』. 서울: 아가페, 2000.

Guthrie, Donald. *New Testament Introduction.* 김병국 · 정광욱 옮김. 『신약서론』. 서울: 크리스챤 다이제스트, 2000.

Jervell, Jacob. *Theology of The Acts of the Apostles.* 윤철원 옮김. 『사도행전 신학』. 서울: 한들출판사, 2000.

Keener, Craig S. *The Bible Background Commentary-NT.* 정옥배 · 김현희 · 유선명 옮김. 『성경배경주석-신약』. 서울: 한국기독학생회출판부, 2001.

Morgan, G. Campbell. *Acts.* 이용복 · 조계광 옮김. 『사도행전강해』. 서울: 아가페, 1992.

Powell, Mark A. *What are they saying about Acts.* 이운연 역. 『사도행전 신학』. 서울: 기독교문서선교회, 2000.

Stott, John. *The Message of Acts: To the ends of the earth.* 정옥배 옮김. 『사도행전 강해: 땅끝까지 이르러』. 서울: IVP, 2002.

참고서

Wenahm, David · Walton, Steve. *Exploring the New Testament: A Guide to the Gospels and Acts.* 박대영 옮김. 『성경이해 1: 복음서와 사도행전』. 서울: 성서유니온선교회, 2007.

Wright, Tom. *Act for Everyone* I. 양혜원 옮김. 『모든 사람을 위한 사도행전 I부』. 서울: IVP, 2012.

Barrett, C.K. *The Acts of the Apostles: A Shorter Commentary.* England: T&T Clark, 2002.

Fernando, Ajith. Acts: *The NIV Application Commentary.* Grand Rapids: Zondervan, 1998.

Keener, Craig S. *Acts: An Exegetical Commentary v.1 Introduction and 1:1-2:47.* Grand Rapids: Baker Academic, 2012.

Parsons, Mikeal Carl. *Acts: Paideia.* Grand Rapids: Baker Academic, 2008.

Witherington III, Ben. *The Acts of The Apostles; A Socio-Rhetorical Commentary.* Grand Rapids: Eerdmans Publishing Co., 1998.

이병철 편저. 『성경원어해석 대사전: 바이블렉스 10.0』. 서울: 브니엘성경연구소, 2021.